일상생활의 정신 병리학

일상생활의 정신 병리학

지크문트 프로이트 이한우 옮김

일러두기

1. 열린책들의 『프로이트 전집』 2020년 신판은 기존의 『프로이트 전집』(전15권, 제2판, 2003)을 다시 한 번 교열 대조하여 펴낸 것이다. 일부 작품은 전체를 재번역했다. 권별 구성은 제2판과 동일하다.
2. 번역 대본은 독일 피셔 출판사S. Fischer Verlag 간행의 『지크문트 프로이트 전집Sigmund Freud Gesammelte Werke』과 현재까지 발간된 프로이트 전집 가운데 가장 충실하고 권위 있는 전집으로 알려진 제임스 스트레이치James Strachey 편집의 『표준판 프로이트 전집The Standard Edition of the Complete Psychological Works of Sigmund Freud』을 사용했다. 그러나 각 권별 수록 내용은 프로이트 저술의 발간 연대기순을 따른 피셔판 『전집』이나 주제별 편집과 연대기적 편집을 절충한 『표준판 전집』보다는, 『표준판 전집』을 토대로 주제별로 다시 엮어 발간된 『펭귄판』을 참고했다.
3. 본 전집에는 프로이트의 주요 저술들이 모두 수록되어 있다. 다만, (1) 〈정신분석〉이란 용어가 채 구상되기 이전의 신경학에 관한 글과 초기의 저술, (2) 정신분석 치료 전문가들을 위한 치료 기법에 관한 글, (3) 개인 서신, (4) 서평이나 다른 저작물에 실린 서문 등은 제외했다. (이들 미수록 저작 중 일부는 열린책들에서 2005년 두 권의 별권으로 발행되었다.)
4. 논문이나 저서에 이어 ( ) 속에 표시한 연도는 각 저술의 최초 발간 시기를 나타내며, 집필 연도와 발간 연도가 다를 경우에는 [ ] 속에 집필 연도를 병기했다.
5. 주석의 경우, 프로이트 자신이 붙인 원주는 각주 뒤에 〈 ─ 원주〉라고 표시했으며, 옮긴이주는 별도 표시 없이 각주 처리했다.
6. 본문 중에 용어의 원어가 필요할 때는 독일어를 병기했다.

차례

일상생활의 정신 병리학
(망각, 잘못 말하기, 잘못 잡기, 미신과 착오에 관하여)

Zur Psychopathologie des Alltagslebens

(Über Vergessen, Versprechen, Vergreifen, Aberglaube und
Irrtum, 1901)

1898년 『정신 의학과 신경학 월보*Monatsschrift für Psychiatrie und
Neurologie*』에 실린 짤막한 논문에서 프로이트는 고유 명사의 망각
에 대한 간략한 사례를 제시함으로써 일상생활에서 흔히 나타나
는 잘못 말하기, 잘못 놓기, 잘못 쓰기, 잘못 읽기 등 여러 종류의
실수 행위에 대한 그의 관심을 드러냈다. 일반적으로 이러한 실
수 행위들은 아무런 의미 없는 행위로 취급하여 넘겨 버리기 쉽
다. 그러나 프로이트는 이러한 행위들마다 각기 생각하지 않았던
의도가 숨어 있다고 주장하고 있다. 그는 이러한 행위에 무의식
이 어떤 영향을 미치고 있는지, 다양한 사례와 특히 자신이 집필
한 책 — 예를 들면 『꿈의 해석』과 같은 저술들 — 에서 스스로 범
한 실수들을 통해 밝히고 있다.

이 논문은 1901년 『정신 의학과 신경학 월보』 제10권 1호에 처
음 수록되었으며, 1904년 베를린의 카르거 출판사에서 책으로 출

간되었다. 1907년부터 1917년까지는 같은 출판사에서 제5판까지 출간했으며, 1919년부터 1924년까지는 수정과 내용 첨가를 거듭하며 국제 정신분석 출판사에서 제10판까지 출간되었다. 1924년에는 『저작집*Gesammelte Schriften*』 제4권에 수록되었고, 1929년에는 국제 정신분석 출판사에서 제11판이 발간되었다. 또한 1941년에는 『전집*Gesammelte Werke*』 제4권에도 실렸다. 영어 번역본은 1914년 브릴A. A. Brill이 번역하여 *Psychopathology of Everyday Life*라는 제목으로 런던의 피셔 어윈 사와 뉴욕의 맥밀란 사에서 출간되었고, 1938년에는 펭귄 북스에서 출간되었다. 또한 『지크문트 프로이트의 기본 저작집*The Basic Writings of Sigmund Freud*』(1938)에도 수록되었다. 1944년에는 런던의 어니스트 벤, 1958년에는 런던의 콜린스 출판사에서 출간되었으며, 1960년에는 앨런 타이슨Alan Tyson이 번역하여 『표준판 전집*The Standard Edition of The Complete Psychological Works of Sigmund Freud*』 제6권에 실렸다. 또한 1966년에 런던 어니스트 벤 출판사에서 다시 출간되었다.

첫 번째 장
고유 명사의 망각

『정신 의학과 신경학 월보』의 1898년판에 나는 〈망각의 심리적 메커니즘〉이라는 제목으로 짧은 논문을 게재한 적이 있다. 나는 그 논문의 내용을 여기서 다시 다룰 것이며, 동시에 더욱 광범위한 연구를 위한 출발점으로 삼고자 한다. 그 논문에서 나는 나 자신을 관찰하여 얻어 낸 풍부한 사례에 입각해, 고유 명사들을 일시적으로 망각하게 되는 빈번한 상황에 대해 심리학적 분석을 시도했다. 그리고 나는 하나의 정신 기능 — 기억 — 이 작동하지 않는 특정한 경우(물론 그것은 흔히 있는 일이고, 실제 생활에서 큰 중요성을 갖는 것도 아니다)에는 그런 현상에 대한 통상적인 설명 이상의 상세한 해명이 필요하다는 결론에 도달했다.

만일 한 심리학자가, 왜 우리가 완벽하게 잘 알고 있다고 스스로 생각하는 고유 명사가 머릿속에 떠오르지 않는 경우가 그렇게 많은지 그 이유에 대해 설명해 달라는 요구를 받는다면, 그는 — 내가 큰 잘못을 저지르고 있는 것이 아니라면 — 고유 명사들은 다른 종류의 기억 내용들에 비해 훨씬 쉽게 망각된다는 정도의 대답을 하고서 끝내 버릴 것이다. 혹은 한 걸음 더 나아가, 그는 고유 명사들이 그처럼 특별한 취급을 받는 것에 대해 그럴듯한 근거들을 제시할 수도 있을 것이다. 그렇지만 이런 경우에도 그

는 그 밖의 다른 제약 조건들이 고유 명사의 망각이라는 사건에
작용하고 있다는 사실은 생각조차 못 할 것이다.

  내가 이름의 일시적 망각이라는 현상에 집중적으로 몰두하게
된 동기는 — 비록 빠짐없이 인식되지는 않아도 개개의 경우들에
서는 충분히 명백하게 인식되는 — 일정한 특징들을 관찰한 데서
나온 것이다. 그런 경우들에서는 이름이 〈망각〉될 뿐만 아니라
〈잘못 기억〉되기도 한다. 갑자기 생각나지 않는 이름을 되살리려
고 노력하다 보면 다른 이름들 — 〈대체 이름Ersatzname〉들 — 이
머릿속에 떠오른다. 그때 우리는 그 이름들이 우리가 기억해 내
려고 하는 그 이름이 아니라는 것을 즉각 알아차린다. 그러나 대
체 이름들은 대단히 집요하게 계속 바뀌어 가며 우리에게 강박적
으로 작용한다. 기억해 내려고 하는 이름에 도달하기 위해서 거
쳐야 하는 과정은 말하자면 〈위치가 잘못되어〉 있고, 그래서 엉뚱
한 대체물에 도달하게 된다. 그래서 나는 이렇게 전제(前提)하려
고 한다. 즉 이처럼 위치가 잘못되는 것은 정신이 마음대로 할 수
있는 것이 아니며, 규칙적이고 예측 가능한 길들을 따르고 있다
는 것이다. 달리 말해, 기억해 내려고 하는 이름과 대체 이름이 일
정한 방식으로 연관되어 있으며, 그 연결 방식이 무엇인지 찾아
낼 수 있는 것은 아닐까 하는 생각을 해보는 것이다. 그리고 내가
만일 이런 연관을 입증하는 데 성공한다면, 이름들이 망각되는
경과들에 대해서도 조명해 볼 수 있지 않을까 하는 희망을 품어
본다.

  1898년의 논문에서 내가 분석을 위해 든 예에서 기억해 내려
고 노력했지만 결국은 실패하고 만 이름은 오르비에토 성당의 돔
에 「최후의 네 가지 일들」[1]이라는 위대한 프레스코화를 그린 거

---

1 여기서 말하는 네 가지 일이란 죽음, 최후의 심판, 지옥, 천당을 말한다.

장(巨匠) 화가의 이름이었다. 내가 기억해 내려고 했던 이름 시뇨
렐리Signorelli 대신에 보티첼리Botticelli와 볼트라피오Boltraffio라
는 다른 두 화가의 이름만이 머릿속에 떠올랐다. 물론 나의 판단
력은 즉각적이고 단호하게 그것들이 틀렸다는 것을 알고 머릿속
에서 지워 버렸다. 다른 사람을 통해 올바른 이름을 들었을 때, 나
는 그 이름이 맞다는 것을 즉각적으로 조금도 망설임 없이 인정
했다. 이런 식으로 시뇨렐리가 보티첼리나 볼트라피오로 잘못 재
생되는 데 영향을 준 것들과 연상 방식들에 대한 탐구는 다음과
같은 성과들을 얻어 냈다.

(1) 시뇨렐리라는 이름이 깜빡 생각나지 않은 이유는, 이 이름
자체가 특이해서도 아니고 그 이름이 등장하게 된 맥락의 심리적
특성 때문도 아니다. 내가 잊어버린 시뇨렐리라는 이름은 대체
이름들 중의 하나인 보티첼리만큼이나 나에게 친숙했고, 또한 밀
라노 학파에 속한다는 것 이외에 더 이상의 정보를 갖고 있지 않
은 볼트라피오라는 또 다른 대체 이름보다 훨씬 〈더〉 친숙했다.
그러나 그 이름이 생각나지 않았던 맥락이 나에게는 아무런 해도
끼치지 않는 것 같았고, 동시에 나를 더 이상 계몽시켜 주지도 못
했다. 그때 나는 달마티아의 라구사에서 헤르체고비나의 어떤 지
역으로 한 이방인과 함께 자동차 여행을 하고 있었다. 우리의 대
화 주제는 이탈리아 여행에 이르렀고, 나는 그에게 오르비에토
성당에 가본 적이 있는지, 그리고 거기서 ……가 그린 유명한 프
레스코화를 본 적이 있는지를 물었다.

(2) 시뇨렐리라는 이름 망각Namenvergessen은 우리가 그에 앞
서 이야기한 주제를 회상했을 때에야 비로소 설명되었다. 즉 이
망각은 새롭게 등장한 주제가 그 앞의 주제에 의해 교란된 경우
로 밝혀졌다. 다시 말해 내가 이방인에게 오르비에토 성당에 가

본 적이 있는지를 묻기 바로 직전에, 우리는 보스니아와 헤르체고비나에 살고 있는 터키인들의 관습에 대해 이야기하고 있었던 것이다. 나는 그에게 그들 사이에서 실습을 했던 나의 동료에게 들은 이야기를 해주었다. 그들은 자신들의 의사에 대해 대단한 신뢰감을 느꼈고, 운명에 대해 완전히 체념적인 태도를 갖고 있었다. 만일 어떤 의사가 그들에게 환자를 위해 아무런 도움도 줄 수 없다고 통고한다면 그들은 언제나 이렇게 답할 것이다. 〈선생님 Herr, 무슨 할 말이 있겠습니까? 만약에 그가 구원받을 수 있다면 그것은 선생님께서만 하실 수 있는 일이라는 것을 알 뿐입니다.〉이 문장들에서 처음으로 우리는 보스니아, 헤르체고비나, 헤어 Herr 등과 같은 단어와 이름들을 만나게 된다. 그리고 이것들은 시뇨렐리와 보티첼리 사이에 있는 하나의 연상 계열 — 즉 볼트라피오 — 속에 삽입될 수 있다.

(3) 나는 이렇게 생각한다. 보스니아에 거주하는 터키인들의 관습에 관한 일련의 생각들은 그다음에 이어 나오는 생각들을 교란할 수 있는 힘을 갖게 된다. 왜냐하면 나는 나의 관심이 사라지기 전에 그런 일련의 생각들에 대한 관심을 철회했기 때문이다. 사실 나는 나의 기억 속에서 첫 번째 일화에 가까이 있는 두 번째 일화를 말하고 싶었던 것을 회상한다. 이 터키인들은 다른 어느 것보다 성적 쾌락에 높은 가치를 두며, 성적 쾌락을 방해하는 일이 일어날 경우 그들은 죽음의 위험 앞에서 보여 주는 체념과는 극명하게 대비되는 절망에 빠져든다. 내 동료의 환자들 중 한 명은 그에게 이런 말을 한 적이 있다. 〈선생님도 잘 아시겠지만, 그것 das을 더 이상 할 수 없게 되면 삶은 이제 가치가 없습니다.〉나는 이 독특한 특질에 대한 나의 설명을 억제 Unterdrückung했다. 왜냐하면 나는 한 이방인과의 대화에서 그 주제를 언급하고 싶지는

않았기 때문이다. 그러나 나는 훨씬 더 많은 것을 했다. 나는 내 마음속에서 일어났을지도 모를 생각들, 즉 〈죽음과 성(性)〉이라는 주제에서 관심을 돌렸다. 이때 나는 여전히 내가 트라포이²에 잠깐 머물기 몇 주 전 나에게 전달된 한 가지 소식으로부터 큰 영향을 받고 있었다. 그 소식이란, 내가 치료하는 데 상당한 어려움을 겪었던 한 환자가 불치의 성적 질환 때문에 자살했다는 것이었다. 나는 이 안타까운 사건과 그와 관련된 모든 것이 내가 헤르체고비나를 여행하는 동안 나의 의식적인 기억 속에 떠오르지 않았다는 것을 확실히 알고 있다. 그러나 〈트라포이〉와 〈볼트라피오〉의 유사성은, 내가 관심을 돌리려고 의도적으로 노력했음에도 불구하고 나로 하여금 그 회상이 (대화를 하던) 그 시간에 나에게 작용했다고 생각하게 만들었다.

(4) 나는 이제 더 이상 시뇨렐리라는 이름의 망각을 우연한 사건으로 간주할 수 없다. 나는 이 과정에서 동기(動機)의 영향을 인정하지 않을 수 없다. 내 마음속에 (터키인들의 관습에 대해) 생겨났던 바를 다시 생각하는 동안 나로 하여금 스스로 혼란에 빠지게 만든 것은 다름 아닌 동기였다. 그리고 더 나아가 나와 그것들이 관련된 생각들, 즉 트라포이의 소식으로 이끌었던 생각들이 더 이상 나의 마음속에서 의식되지 않도록 영향을 준 것도 바로 그 동기였다. 따라서 나는 뭔가를 망각하고 싶어 했다. 그러므로 나는 뭔가를 억압Verdrängung해야 했다. 사실 내가 망각하고 싶어 했던 것은 오르비에토 성당 벽화를 그린 화가의 이름이 아니라 다른 어떤 것이었다. 그런데 그것은 그의 이름과의 연관 속에 있으려 했고, 그 결과 나의 의지 작용은 목표를 상실했으며, 내가 그것을 의도적으로 망각하려고 애쓰는 동안 내 의지에 반하여 나

2 티롤 지방의 작은 마을.

는 그 화가의 이름을 망각했던 것이다. 기억하기를 꺼리는 성향은 하나의 내용에 대립되는 방향을 취했고, 기억할 수 없는 능력은 또 다른 내용에서 나타났다. 아마도 그런 성향과 무능력이 동일한 내용과 관계를 갖고 있었다면 문제는 훨씬 더 단순해졌을 것이 분명하다. 게다가 대체 이름들은 더 이상 나에게 그것들이 전적으로 정당치 못한 것이라는 인상을 심어 주지 못했다. 분명 그것들은 이 문제가 해명되기 전에는 그런 인상을 주었다. 결국 일종의 타협책으로 대체 이름들은 나에게 내가 기억하고 싶어 하는 것만큼이나 망각하고 싶어 하는 것을 떠올리게 해주었다. 그리고 그것들은 나에게 뭔가를 망각하고자 하는 나의 의도란 완전한 성공도, 완전한 실패도 아니었다는 것을 보여 준다.

(5) 잊어버린 이름과 억압된 주제(보스니아, 헤르체고비나, 트라포이 등의 이름에서 나타나는 죽음과 성욕이라는 주제)가 서로 연관을 맺게 된 방식은 매우 특징적이다. 내가 여기에 삽입하고 1898년의 논문에서도 사용한 바 있는 다음과 같은 그림은 그런 연관 방식을 명백하게 보여 줄 것이다(〈그림 1〉 참조).

시뇨렐리Signorelli라는 이름은 두 부분으로 쪼개진다. 그중 한 부분인 *elli*는 아무런 변화도 없이 대체 이름들 중 하나에서 그대로 반복된다. 반면에 다른 한 부분인 *Signor*는 *Herr*로 번역되면서 억압된 주제에 포함된 이름들과 다양한 형태의 관계를 맺게 된다. 그러나 바로 이 때문에 그것은 재생을 위해 사용될 수 없다. *Signor*의 대체물에 다다른 방식은 철자들의 의미나 음향의 범위 설정에 대한 고려 없이 〈헤르체고비나'Her'zegovina〉와 〈보스니아'Bo'snia〉라는 연관된 이름들이 전위(轉位)되는 방식을 시사해 준다.[3] 그래서 그 이름들은 이 과정에서는 그림 퍼즐(혹은 그림이

3 오스트리아-헝가리 제국에 속하는 이 두 지역은 습관적으로 마치 한곳인 것처

14

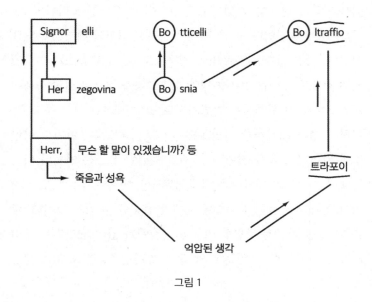

그림 1

나 기호 등을 짜 맞추어 어구를 만드는 수수께끼 그림)로 전환될 수밖에 없는 어떤 문장에서의 그림 문자와 같은 것으로 다루어져 왔다. 이 같은 과정에서 시뇨렐리라는 이름을 대신할 대체 이름들을 만들어 내는 모든 경과에 대해 의식에는 그 어떤 통보도 주어지지 않는다. 시뇨렐리라는 이름이 등장하는 주제와 시간적으로 그에 선행하는 억압된 주제 사이의 관계를 찾아내는 일은 똑같은 철자들(혹은 문자들의 계열)의 반복과는 별도로, 일단 불가능한 것으로 여겨진다.

아마도 심리학자들이 재생과 망각에 필수적이라고 여기는 조건들, 그들이 일정한 관계와 성향에서 찾아내는 조건들이 위의 설명과 모순되는 것은 아니라고 천명해 두는 일이 불필요하지는 않을 것이다. 지금까지 우리가 해온 작업이란 일부 사례들에서

럼 언급된다.

이름 망각을 일으킬 수 있다고 인정되어 온 요인들에 하나의 〈동기〉를 추가한 것이다. 또 그 밖에도 그릇된 회상의 메커니즘을 해명한다. 이런 성향들은 우리의 경우에도, 억압된 요소가 연상에 의해 찾으려고 하는 이름을 장악하고 그것을 저절로 억압 상태에 처하도록 하기 위해서는 마찬가지로 필수 불가결하다. 좀 더 유리한 재생의 조건들을 가진 다른 이름의 경우에는 아마도 이런 일이 일어나지 않을 것이다. 실제로 억압된 요소는 언제나 다른 곳에서 스스로의 타당성을 내세우겠지만, 여기에서는 오로지 거기에 적합한 조건들이 충족될 때에만 성공할 수 있을 것이다. 다른 때 그런 억압은 특별한 기능상의 장애가 없더라도 혹은 우리가 정당하게 말할 수 있는 바와 같이 그 어떤 〈징후〉도 없이 성공을 거둔다.

그릇된 회상을 수반하는 이름 망각의 경우에 하나의 이름을 망각하는 데 필요한 조건들은 다음과 같이 요약할 수 있을 것이다. (1) 이름을 망각하는 일정한 성향. (2) 바로 직전에 이루어지는 억압의 과정. (3) 문제가 된 이름과 사전에 억압된 요소 간의 〈외적인〉 연관을 확립할 수 있는 가능성. 마지막 조건을 충족시키는 데 따르는 어려움을 지나치게 높이 볼 필요는 없을 것이다. 왜냐하면 이런 종류의 연관에 기대하는 낮은 수준의 척도들을 고려할 때, 거의 대부분의 경우에 그런 연관이 확립될 수 있기 때문이다. 그러나 거기에는 이 같은 외적 연관이 정말로 억압된 요소가 잃어버린 이름의 재생을 방해하기 위한 충분 조건이 될 수 있는가, 다시 말해 두 주제 사이에 좀 더 친밀한 연계가 필요한 것은 아닌가 하는 더욱 심오한 문제가 자리 잡고 있다. 피상적으로 고찰했을 경우, 사람들은 쉽게 후자의 요구를 거부하고 두 주제 사이의 일시적인 접촉을 — 설령 그 내용들이 전혀 다르다 하더라도 —

충분한 것으로 수용해 버리는 경향을 보일 것이다. 그러나 엄밀하게 탐구할 경우, 우리는 점점 더 빈번하게 외적 연관에 의해 결합되어 있는 두 요소(즉 억압된 요소와 새로운 요소)가 그 밖에 일정한 내용의 연관을 갖고 있음을 발견하게 된다. 그리고 그런 연관은 사실상 〈시뇨렐리〉의 사례에서 입증될 수 있다.

　시뇨렐리 사례를 분석하는 과정에서 우리가 얻은 통찰의 가치는 당연히 그것을 전형적인 것으로 볼 것인지, 아니면 고립된 한 경우로 볼 것인지에 달려 있다. 그런데 나는 그릇된 회상에 수반되는 이름들의 망각이 아주 빈번하게 우리가 시뇨렐리 사례를 설명했던 그 방식대로 일어난다는 점을 수긍하지 않을 수 없다. 나 자신에게 일어난 이런 현상을 직접 관찰한 거의 모든 경우에서 그것을 위에 서술한 방식대로, 즉 억압에 의해 동기가 주어지는 방식대로 설명할 수 있었다. 나는 또 우리의 분석이 갖는 전형적 성격을 지지해 주는 또 다른 고찰에 주목하지 않을 수 없다. 나는 이름 망각에 그릇된 회상이 수반되는 경우와 부정확한 대체 이름들이 저절로 생겨나지 않는 경우를 이론적으로 분리하는 것에 대해서는 아무런 정당화도 있을 수 없다고 생각한다. 이런 대체 이름들은 수많은 경우에 자발적으로 생겨난다. 또 그런 명사들이 자발적으로 생겨나지 않은 다른 경우들에서도 주의를 집중함으로써 그것들이 생겨나게 하는 일은 얼마든지 가능하다. 그렇게 해서 생겨난 대체 이름들은 억압된 요소와 찾아내려고 하는 이름에 대해 그것들이 자발적으로 생겨났을 때와 동일한 관계를 보여준다. 다음의 두 요인들은 대체 이름들이 의식*Bewußtsein*에 나타나게 하는 데 결정적인 역할을 하는 듯 보인다. 첫째는 주의를 집중하는 것이고, 둘째는 심리적 재료에 수반되는 내적 조건이다.

나는 다소간의 편의를 생각하여, 후자를 더 중시할 수 있을 것이다. 왜냐하면 그런 편의성에 의해 두 요소 사이의 필연적이고 외적인 연관은 저절로 확립될 것이기 때문이다. 그릇된 회상이 수반되지 않는 이름 망각의 사례들 중 상당수는 그런 이유 때문에 대체 이름들이 형성되는 경우들, 즉 시뇨렐리 사례의 메커니즘이 응용되는 경우들에 추가될 수 있을 것이다. 그러나 물론 나는 이름 망각의 모든 경우들이 동일한 그룹으로 분류되어야 한다고 감히 말할 수는 없다. 의심할 것도 없이 훨씬 더 간단한 이름 망각의 사례들이 있다. 만일 우리가 다음과 같은 사실을 인정한다면 우리는 충분한 주의력을 쏟아 사태를 진술해야 할 것이다. 〈고유 명사가 망각되는 간단한 사례들 말고도 억압에 의해 동기가 주어지는 망각의 유형이 존재한다.〉

두 번째 장
외국어 단어의 망각

    현재 사용하고 있는 우리 언어[1]의 어휘는 정상적인 기능의 범위 내에서는 망각에 대한 저항력을 갖고 있는 것처럼 보인다. 그런데 주지하는 바와 같이 외국어 어휘들에서는 사정이 다르다. 외국어 어휘를 망각하는 성향은 모든 품사에 걸쳐 나타나고, 기능 장애의 첫 단계는 외국어 어휘에 관한 통제력의 불균형, 즉 우리의 전반적인 건강 상태나 피곤의 정도에 따른 불균형에서 저절로 드러난다. 이런 망각은 일련의 경우들을 통해 시뇨렐리 사례에서 밝혀진 것과 동일한 메커니즘을 보여 준다. 나는 이를 입증하기 위해 단 하나의, 그러면서도 대단히 가치 있는 특성을 가진 분석을 제시할 것이다. 그것은 라틴어 인용에서 나오는 비명사(非名詞)의 망각 사례에 관한 것이다. 여러분이 허락한다면 나는 이 사소한 사례를 충분하고도 명석하게 설명해 보이겠다.

    지난여름 나는 ─ 그리고 이번 휴가 여행 때 다시 한번 ─ 학문적 교양을 갖춘 한 젊은이와 교제를 나누게 되었다. 나는 그가 나의 몇몇 심리학 분야의 저작물들에 대해 잘 알고 있다는 것을 곧바로 알아차렸다. 우리는 우리가 함께 속해 있는 민족의 사회적 상황

1 독일어를 말한다.

에 관한 대화 — 지금은 그 대화가 어떻게 진행되었는지를 잊었지만 — 에 빠져들었다. 그리고 야심만만한 그 젊은이는 자신의 세대가, 그의 표현에 따르면 위축될 수밖에 없는 운명에 처해 있기 때문에 각자가 가진 재능을 펼칠 수도 없고 욕구를 충족시킬 수도 없는 데 대해 아쉬움을 갖고 있었다. 그는 고대 로마의 시인 베르길리우스의 유명한 시구(詩句)를 인용하며 격정적인 일장 연설을 끝맺었다. 그 시구는 불행한 처지에 빠진 디도[2]가 아이네이아스에 대한 자신의 복수를 후세에 맡기는 내용이다. ⟨Exoriare······.⟩ 아니, 오히려 그는 그렇게 끝맺고 ⟨싶어 했다⟩고 하는 것이 정확한 표현일 것이다. 왜냐하면 그는 인용구를 제대로 장악하지 못했고, 단어들의 순서를 바꿔서 자신이 기억하고 있는 것과의 명백한 차이를 숨기려고 했기 때문이다. 그는 ⟨Exoriar(e) ex nostris ossibus ultor⟩라고 읊조렸다. 마침내 그는 짜증스럽게 말했다.

「그렇게 경멸하듯이 보지 마세요. 마치 내가 당황해하는 것을 즐기고 있는 것처럼 보이는군요. 좀 도와주세요. 시구 중에 뭔가가 빠졌어요. 올바른 구절은 어떻게 되지요?」

나는 ⟨기꺼이 도와드리리다⟩라고 말하고 그 구절이 정확히 어떻게 되는지를 인용했다.

「⟨Exoriar(e) ALIQUIS nostris ex ossibus ultor(복수해 줄《누군가》가 나의 뼈에서 나오기를).⟩」

「어떻게 그런 단어를 잊어버릴 수 있죠? 그런데 선생님은 우리가 아무런 이유 없이 어떤 것을 잊어버리는 일은 없다고 주장하셨습니다. 저는 이 경우에서 부정칭 대명사 aliquis를 어떻게 망각하게 되었는지 대단히 궁금합니다.」

나는 이 도전을 기꺼이 받아들였다. 왜냐하면 나는 그때 나의

---

2 베르길리우스의 『아이네이스』에 등장하며, 카르타고를 창설했다는 여왕.

선집에 실릴 한 논문을 구상하는 중이었기 때문이다. 나는 이렇게 말했다.

「우리는 그것을 곧바로 해볼 수 있습니다. 나는 다만 당신에게 이런 부탁을 하고 싶습니다. 만일 당신이 어떤 특정한 의도 없이 망각한 단어에 주의를 집중할 경우, 당신의 정신 속에 떠오르는 것을 모두 다 〈솔직하게〉 그리고 〈무비판적으로〉 나에게 말해 주세요.」[3]

「좋습니다. 마음속에 뭔가 떠올랐습니다. 그 단어가 둘로 쪼개져서 *a*와 *liquis*가 된다고 하는 웃기는 개념입니다.」

「그게 무슨 뜻이죠?」

「전 모르겠습니다.」

「자, 그러면 다음에는 뭐가 떠오릅니까?」

「*Reliquien*(성유물)[4] — *Liquidation*(액화) — *Flüssigkeit*(유동성) — *Fluid*(유동하는, 액체의) 순으로 떠오릅니다. 뭔가를 알아내셨습니까?」

「아니요, 아직은 아무것도 알아낸 바가 없습니다. 하지만 계속해 보세요.」

그는 조소를 띠며 계속 이야기했다.

「전 지금 〈트리엔트의 시몬〉에 대해 생각하고 있습니다. 그의 유골을 저는 2년 전 트리엔트의 한 교회에서 본 적이 있습니다. 저는 바로 지금 다시 유대인들에 대해 적대성을 띠기 시작하는 피의 단죄(斷罪)에 대해, 그리고 이 추정되는 희생자들에게서 신의 화신(化身), 다시 말해 신판 구세주를 보았던 〈클라인파울〉의 저작[5]

---

3 이것은 은폐되어 있는 관념 요소들을 의식의 수준으로 이끌어 내는 일반적 방법이다. 『꿈의 해석』(프로이트 전집 4, 열린책들)을 참조 — 원주.

4 영어 *relic*의 어원이 되는 라틴어로, 유적이나 유물, 유골 등을 뜻한다.

5 클라인파울R. Kleinpaul의 『인신 제물과 인신 희생*Menschenopfer und Ritualmorde*』(1892) 참조.

에 대해 생각하고 있습니다.」

「그런 생각은 라틴어 단어가 당신의 기억에서 멀어지기 전에 우리가 토론하고 있던 주제와 전혀 무관한 것이 아닙니다.」

「그건 맞아요. 나의 다음 생각은 이탈리아 신문에서 최근에 읽었던 한 기사에 관한 것입니다. 그 기사의 제목은 생각컨대 《성 아우구스티누스》의 여성에 대한 견해〉입니다. 이걸 갖고 선생님은 어떤 것을 알아낼 수 있습니까?」

나는 기다렸다.

「그리고 이제 우리의 주제와는 정말로 관계없는 것이 떠올랐습니다.」

「오, 그 어떤 비평도 자제해 주세요. 그리고…….」

「예, 알겠습니다. 저는 지난주 여행 때 만난 아주 말쑥한 노신사에 대해 생각하는 중입니다. 그는 거대한 맹금(猛禽)의 모습을 한 진짜 〈오리지널original〉 신사였습니다. 선생님이 알고 싶어 할지 모르지만 그의 이름은 〈베네딕트〉였습니다.」

「여하간에 지금 성(聖) 시몬, 성 아우구스티누스, 성 베네딕트 등 성인(聖人)과 교부(敎父)의 이름들이 나왔습니다. 그리고 내가 알기에는 오리게네스라는 교부도 있었습니다. 게다가 이들의 명칭 셋은 클라인파울Kleinpaul의 파울Paul처럼 모두 세례명입니다.」

「이번에 내 머릿속에 떠오른 것은 성 야누아리우스와 그가 행한 피의 기적입니다. 내 생각에 이것들은 기계적으로 나오는 것 같습니다.」

「잠깐만, 성 야누아리우스와 성 아우구스티누스는 둘 다 달력과 관계가 있는 존재들입니다. 나에게 피의 기적에 대해 조금 이야기해 주지 않겠습니까?」

「당신도 이미 알고 있는 것이 아닙니까? 사람들은 성 야누아리우스의 피를 나폴리의 한 성당 안에 있는 작은 유리병에 보관하고 있습니다. 그리고 특정한 축일이 되면 그 피는 기적처럼 밖으로 흘러내립니다. 사람들은 이런 기적에 커다란 의미를 부여하고 그 기적이 지연이라도 될라치면 대단히 흥분합니다. 실제로 그런 일은 프랑스군이 그 도시를 점령했을 때 일어났습니다. 그래서 총사령관 — 아마도 내가 틀리지 않다면 그 사람은 가리발디 장군이었을 겁니다 — 은 그 교회의 성직자에게 다가가 밖에 대기하고 있던 병사들을 향해 분명한 제스처를 취하며, 자신은 그 기적이 아주 빠른 시간 안에 일어나기를 기대한다는 점을 설명했습니다. 그리고 실제로 그 기적은 일어났습니다…….」

「자, 계속해 봐요. 왜 멈추지요?」

「아, 지금 막 뭔가가 떠올랐습니다……. 그런데 그게 전달하기에는 너무나 내밀한 것이에요……. 게다가 저는 그걸 반드시 설명해야 할 어떤 연관이나 필연성 같은 것이 있는지 모르겠습니다.」

「그런 연관은 나한테 맡기면 됩니다. 물론 나는 당신이 불쾌하게 생각하는 것을 말하라고 억지로 강요할 수는 없습니다. 하지만 그럴 경우 당신은 나에게서 왜 당신이 *aliquis*를 망각하게 되었는지를 알아낼 수 없다는 점을 말씀드립니다.」

「예? 정말 그렇게 생각하세요? 그럼 얘기하죠. 저는 갑자기 우리 두 사람을 모두 불쾌하게 할 수도 있는 어떤 소식을 저에게 전해 준 한 여인을 떠올렸습니다.」

「생리(生理)가 멈췄다는 얘기죠?」

「어떻게 그걸 알아맞힐 수 있었습니까?」

「그건 별로 어려운 일이 아닙니다. 당신이 나에게 그에 관한 충분한 암시를 줬습니다. 〈달력과 관련 있는 성인들, 특정한 날에 흘러내리기 시작하는 피, 그 일이 일어나지 않았을 때의 당혹스러움, 기적이 일어나지 않으면 안 된다는 명백한 강박감) 등에 대해 생각해 보세요. 사실 당신은 여성의 생리에 대한 특출난 암시를 위해 성 야누아리우스의 기적을 이용했던 겁니다.」

「전 결코 그것을 알지 못했습니다. 그리고 선생님은 사실상 내가 *aliquis*와 같은 사소한 단어를 생각해 내지 못한 까닭이 바로 이 불안한 기대 때문이었다고 생각하는 것인가요?」

「내가 볼 때 그것은 부인할 수 없습니다. 그건 당신이 *a-liquis*로 분리한 것과 당신이 새롭게 연결 지은 *Reliquien*, *Liquidation*, *Flüssigkeit* 같은 단어들을 회상해 보기만 하면 됩니다. 성 시몬은 어린 나이에 희생을 당했습니다. 어떻게 해서 그가 등장하게 되었는지를 말씀드려도 될까요? 당신은 성유물 때문에 성 시몬과 연결을 갖게 된 것입니다.」

「글쎄요, 그렇지 않은 것 같은데요. 저는 당신이 저의 이런 생각들을 지나칠 정도로 진지하게 받아들이지 않았으면 좋겠습니다. 설령 제가 그렇게 한다고 해도 말입니다. 그리고 다시 선생님께 고백하겠습니다. 그 여인은 이탈리아인이었고 저는 그녀와 함께 나폴리로 갔습니다. 그러나 이 모든 일들은 그저 우연한 것들이 아닐까요?」

「나는 이 모든 연관들을 그저 우연의 문제라고 생각함으로써 설명할 수 있다고 보는지의 여부에 대해서는 당신에게 맡기겠습니다. 그러나 나는 당신에게 이 점만은 말할 수 있습니다. 당신이 분석하려고 했던 이와 같은 유형의 일들로 인해 당신은 바로 그 〈우연의 문제〉와 마주치게 됐다는 것입니다. 그것도 아주 인상적인 방식으로.」[6]

---

6 (1924년에 추가한 각주) 이 짧은 분석은 심리학계에서 많은 주목을 받았고 활발한 논쟁을 불러일으켰다. 블로일러E. Bleuler(『의학에서의 자폐적이고 방종한 생각

내가 이 간략한 분석을 소중히 여기는 데는 몇 가지 이유가 있다. 그리고 나에게 그런 분석의 기회를 준 그 여행의 동반자에게 나는 감사하는 마음을 갖고 있다. 첫째, 이 경우 나는 일상생활 속에서는 부정되는 원천을 끌어낼 수 있는 입장에 있었다. 나는 내가 여기에 모아 놓은 일상생활에서의 심리적 기능 장애의 사례들을 주로 나의 자기 관찰Selbstbeobachtung에 의존해야 한다. 나는 나를 찾아왔던 신경증 환자들의 더욱 풍부한 자료들은 애써 피하고 싶다. 왜냐하면 그런 자료들을 활용할 경우, 여기서 문제가 되고 있는 현상은 한낱 신경증의 결과이자 발현 정도에 불과하다는 반박을 받을 수도 있기 때문이다.[7] 따라서 나의 목적은 나 아닌 다른 사람이, 그것도 신경 질환을 앓고 있지 않은 사람이 탐구의 대상이 되어 줄 때 특히 쉽게 달성될 수 있다. 이런 분석은 또 다른 차원에서도 의의를 갖는다. 즉 그 분석은 어떤 단어가 그것을 대체할 단어가 기억 속에 떠오르지 않은 상태에서 망각되는 경우를 해명하는 데 도움을 준다. 그래서 그것은 내가 앞서 했던 주장, 부정확한 대체 이름이 기억에서 떠오르고 안 떠오르고 하는 것이 어떤 엄밀한 구별의 잣대가 될 수 없다는 주장을 재확인시켜 준다.[8]

과 그 극복Das autistisch-undisziplinierte Denken in der Medizin und seine Überwindung』, 1919) 는 자신이 직접 그 분석에 바탕을 두고서 정신분석학적 해석들의 신뢰성을 수학적으로 밝히려 했고, 그 결과 다음과 같은 결론을 내놓았다. 정신분석학은 전인미답의 상태로 있는 수천 가지 의학적 〈진리들〉보다 훨씬 높은 개연적 가치를 가지며, 또한 정신분석학이 현재 처해 있는 고립적 위치는 단지 우리가 아직 과학의 영역에서 심리학적 개연성들을 고찰하는 데 익숙하지 않다는 사실에 기인한다는 것이다 — 원주.

7 프로이트는『꿈의 해석』첫 번째 판 서문에서 분석을 위한 꿈의 선택이라는 주제에 대해 언급하고 있다.

8 좀 더 면밀히 고찰해 보면, 대체 기억과 관련한 시뇨렐리의 분석과 알리퀴스의 분석 사이의 대립은 한결 완화될 수 있다. 후자에서도 망각은 대체물 형성을 수반하는 것으로 보인다. 내가 나의 동료에게 잃어버린 단어를 되찾으려고 노력하는 과정에서 대체물이 머릿속에 떠오르는지의 여부를 물었을 때, 그는 이렇게 보고했다. 처음에는 ab를 그 행에 끌어들이려는 유혹을 느꼈다(nostris ab ossibus). 그리고 계속해서 그는

그러나 알리퀴스*aliquis* 사례의 주요한 가치는 그것이 시뇨렐리 사례와 구별되는 또 하나의 방식에서 찾을 수 있다. 후자에서 이름의 재생은 바로 직전에 시작되어 곧바로 사라져 버린 일련의 사고 작용이 초래한 잔존 효과에 의해 교란되었다. 그런데 그 사고 작용의 내용은 시뇨렐리라는 이름을 포함하는 새로운 주제와 아무런 명확한 연관성도 갖고 있지 않다. 시간의 연속성만이 억압된 주제와 망각된 이름이 포함된 주제 사이의 유일한 관계였다. 그러나 이로 인해 두 주제는 외부적 형태의 연관을 가질 수 있었다.[9]

*exoriare*라고 말하고 싶었는데, 그것은 그에게 대단히 명료하고 확고한 것으로, 〈즉 자명한 것으로〉 주어졌다고 말했다. 그러면서 그는 특유의 회의주의적 태도로 다음과 같이 덧붙였다. 〈왜냐하면 그것이 그 행의 첫 단어였기 때문입니다.〉

내가 그에게 *exoriare*에서 시작하는 연상들에 줄곧 신경을 쓰고 있는지 물었을 때 그는 엑소시즘*Exorzismus*이라는 단어를 만들어 냈다. 따라서 나는 *exoriare*의 강화는 그것이 재생되었을 때 사실상 이런 종류의 대체물 형성의 가치를 갖는다고 확신할 수 있게 되었다. 이 대체물은 결사체〈엑소시즘〉을 거쳐 성인들의 이름에서 나왔을 것이다. 그러나 이것들은 우리가 전혀 중요하게 생각하지 않는 것들이다.

(다음 두 문장은 1924년에 추가된 것이다.) 다른 한편으로 윌슨P. Wilson은 1922년의 저작 「미세한 명백함The Imperceptible Obvious」에서 *exoriare*의 강화는 그 사례를 이해하는 데 엄청난 중요성을 갖는다는 사실을 강조하고 있다. 왜냐하면 〈엑소시즘〉은 낙태에 의해 원치 않았던 아이를 없애는 데 대한 억압된 사고를 상징적으로 대체해 주는 최선의 것이기 때문이다. 나는 그 분석의 타당성을 약화시키지 않는 이 같은 수정을 감사하게 받아들인다.

그러나 그 어떤 종류든 대체 기억의 출현이 억압에 의해 나타나는 의도적인 망각성의 영속적(永續的)인 표시라는 것은 그럴듯한 주장이다. 대체물의 형성은 대체물로서 부정확한 이름이 등장하지 않는 경우들에도 이루어질 수 있는 것처럼 보인다. 또한 이런 경우들에서 그런 형성은 망각된 이름과 밀접하게 관련된 요소를 강화하는 데서 일어나는 것처럼 보인다. 예를 들면 시뇨렐리의 경우에 화가의 이름이 계속 생각나지 않는 한 내가 일련의 프레스코화와, 그중 한구석에 그려져 있는 자화상들에서 갖게 되는 시각적 기억은 극단적으로 명확했다. 시각적인 기억의 흔적들이 통상 나에게 나타나는 것보다 훨씬 강렬했다는 뜻이다. 내가 1898년의 한 글 ─ 그것은 내키지 않은 연설을 위해 낯선 도시를 방문해야 했던 일에 관한 것이다 ─ 에서 언급한 바 있는 또 다른 사례에서도 나는 거리의 이름을 망각했는데, 아무리 노력해도 재생되지 않았다. 그러나 주소의 기억은 극단적으로 명확했다. 나는 일반적으로 숫자를 기억하는 데는 손방이었는데도 말이다 ─ 원주.

다른 한편, 알리퀴스 사례에서는 바로 직전 의식적인 사고에 관여하고 이어 교란 속에서 울림을 남기는 이런 식의 독립적이고 억압된 주제가 전혀 보이지 않는다. 이 경우 재생의 교란(攪亂)은 인용 표시가 된 바로 그 주제의 본성에서 일어났다. 왜냐하면 거기에 표현된 소망의 관념에 무의식적으로 대립이 생겨났기 때문이다. 사람들은 그 결과를 다음과 같이 추정할 것이다. 화자(話者)는 자기 민족의 현세대가 자신들의 수많은 권리를 박탈당하고 있는 반면, 그가 디도처럼 예언한 바와 같이 새로운 세대는 압제자들에게 보복을 하게 될 것이라는 데 대해 유감스러워했다. 그는 이런 식으로 후손들에게 자신의 소망을 표현했다. 이 순간 정반대의 생각이 끼어들었다. 〈당신은 정말로 후손들에게 그렇게 절절한 소망을 갖고 있는가? 그렇지 않다. 만일 당신이 바로 지금 후손들에게 기대하고 있는 소식을 그들이 접하게 될 경우 얼마나 당황하겠는가? 아니다. 그 어떤 후손도 그렇지 않다. 우리가 아무리 그들에게 보복을 기대하더라도.〉 이런 모순은 시뇨렐리 사례에서와 동일한 바로 그 수단, 즉 표상(表象)의 요소들과 거부당한 소망의 요소 사이의 외부적 결합에 의해 정당성을 갖는다. 실제로 이번에는 모든 면에서 인위성의 외관을 지닌 완곡한 결합의 길을 이용해 지극히 인위적인 방식으로 그렇게 한다. 시뇨렐리 사례와의 두 번째 본질적 일치는, 그 모순이 억압된 원천들에 뿌리를 두고 있고 주의력의 분산을 초래하게 되는 사고들에서 나온다는 점이다.

9 나는 시뇨렐리의 사례에서 나타난 두 유형의 사고(思考) 사이에 아무런 내적 연관성이 없다고 확신하지는 않는다. 무엇보다도 만일 죽음과 성생활이라는 주제에 관해 억압된 사고를 주의 깊게 추적하다 보면, 우리는 오르비에토에 있는 프레스코화의 주제와 결코 동떨어져 있지 않은 생각과 마주치게 될 것이다 ─ 원주. 『꿈의 해석』에는 오르비에토 부근의 에트루리아인의 무덤에 대한 언급이 나온다.

단어를 망각하는 이 두 가지 전형적인 사례 간의 불일치와 내적 친화성도 마찬가지다. 우리는 망각의 두 번째 메커니즘을 알게 되었다. 그것은 다름 아닌 억압당하는 사람에게서 생겨나는 내적 모순에 의한 사고의 교란이다. 두 과정 중에서 내가 생각하기에는 두 번째가 더 이해하기 쉽다. 그리고 우리는 앞으로 논의해 가는 과정에서도 이를 반복해서 만나게 될 것이다.

세 번째 장
이름과 단어군의 망각

　두 번째 장에서는 외국어 단어군(單語群)의 일부를 망각하는 심리 과정을 설명했다. 다음으로 모국어의 단어군을 망각하는 경우, 외국어의 경우와는 본질적으로 구분되는 설명이 필요한지 궁금해질 것이다. 우리는 마음속에 지니고 있는 문구(文句)나 시가 어느 정도 시간이 지난 후 단어가 약간 바뀌거나 생략되는 등의 이유로 부정확하게라도 재생될 수 있다면 그리 놀라지 않는 것이 사실이다. 그러나 이런 망각은 습득된 문장 전체에 대하여 한결같은 영향을 갖지 않고, 오히려 반대로 그중 고립된 개개의 부분들에 대해 일어나기 때문에, 그 같은 잘못된 재생의 몇몇 사례에 대해 분석적 규명을 시도하는 것도 무의미한 일은 아닐 것이다.

　나보다 젊은 한 동료가 대화 중에, 자신은 모국어로 된 시의 망각은 외국어 단어군의 단일한 요소들을 망각하는 것과 대단히 유사한 동기들을 갖는 것으로 생각한다고 나에게 말했다. 동시에 그는 자신이 그런 실험의 대상이 되겠다고 제안했다. 나는 그에게 실험하고 싶은 시가 무엇인지를 물었고, 그는 괴테의 시 「코린토스의 신부Die Braut von Korinth」를 골랐다. 그는 이 시를 매우 좋아했고, 그중 일부 구절은 암송도 할 수 있다고 생각했다. 그가 시를 되살리기 시작했을 때, 그는 상당한 불확실성에 의해 난관에

봉착했다. 그는 〈그 시가 《코린토스에서 아테네로 여행하는 것》으로 나가는지, 아니면 《아테네에서 코린토스로 여행하는 것》으로 나가는지 모르겠다〉고 말했다. 나는 잠시 동안 망설이다가 급기야 웃음이 터져 나왔다. 그 시의 제목 「코린토스의 신부」 자체가 그 젊은이가 어디로 여행하고 있었는지를 의심할 바 없이 분명하게 보여 주는 것이었기 때문이다. 그래서 첫 번째 연의 재생은 별다른 뚜렷한 반증(反證)거리도 남기지 않고 부드럽게 이루어졌다. 나의 동료는 잠시 동안 두 번째 연의 첫 행을 생각해 내려는 것 같았다. 곧이어 그는 다음과 같이 암송했다.

> 매일 새로운 일들이 생겨나는 지금
> 실제로 그가 환영할 것인가?
> 왜냐하면 그는 아직 이교도이고
> 그의 친척들은 기독교인이며 세례를 받았으니.[1]

그가 이 정도까지 외웠을 때 나는 이미 뭔가 잘못되고 있다고 판단했다. 그리고 마지막 행의 암송이 끝난 후, 우리는 여기서 뭔가 왜곡된 것이 있다는 데 의견이 일치했다. 그러나 우리는 그것을 바로잡는 데 실패했기 때문에 괴테의 시를 직접 찾아보기 위해 책장으로 갔다. 거기서 우리는 놀랍게도 그 연의 두 번째 행이 완전히 다른 구절로 바뀌어 있음을 확인했다. 말하자면 그 구절은 내 동료의 기억에서 추방되었고, 그 자리에는 그것과 전혀 무관한 것이 자리 잡고 있었던 것이다. 원래의 구절을 보충하면 이렇다.

---

1 *Aber wird er auch willkommen scheinen, / Jetzt, wo jeder Tag was Neues bringt? / Denn er ist noch Heide mit den Seinen / Und sie sind Christen und getauft.* 이 시는 잘못 인용된 것이다. 〈그의 친척들은 기독교인이며 세례를 받았으니〉에는 사실 〈그의 친척들은 기독교인이며 《이미》 세례를 받았으니〉이다.

30

〈그가 진심으로 선물을 사지 않을 경우〉
실제로 그가 환영할 것인가?[2]

두 행 아래에 있는 〈세례받은〉이란 뜻의 〈*gekauft*〉는 〈*erkauft*〉
와 운이 맞는 것이었고, 나는 〈이교도〉, 〈기독교도〉, 〈세례받은〉으
로 이루어진 단어군이 그 시의 원문(原文)을 재생하는 데 거의 아
무런 도움도 주지 못한 것으로 생각했다.

나는 그에게 요청했다. 「당신이 어떻게 해서 시의 한 행을 통째
로 삭제하고서도 그 시를 잘 알고 있다고 말했는지, 그리고 당신
이 그 대체물을 취할 수 있었던 문맥에서 어떤 예감 같은 것을 얻
었는지를 나에게 설명해 줄 수 있겠습니까?」

그는 분명히 꺼려 했지만 결국은 설명을 해야 할 입장에 있었
다. 「*Jetzt, wo jeder Tag was Neues bringt*(매일 새로운 일들이 생
겨나는 지금)라는 행은 나에게 낯익습니다. 나는 그 단어들을 나
의 개업(開業)과 관련해서 얼마 전 사용할 일이 있었습니다. 당신
도 알다시피 나는 요즘 일이 잘 풀리고 있어 대단히 만족하고 있
습니다. 그러나 어떻게 그 문장이 여기에 딱 들어맞을까요? 나는
한 가지 연관을 생각해 볼 수 있습니다. *Wenn er teuer nicht die
Gunst erkauft*(그가 진심으로 선물을 사지 않았을 경우)라는 행은
분명 나로서는 동의하기에 뭔가 꺼림칙했습니다. 그것은 내가 처
음으로 거절당한 구혼(求婚)과 관련이 있습니다. 그리고 최근 경
제 상황이 대단히 호전되었기 때문에 다시 구혼해 볼까 생각 중
입니다. 더 이상 말씀드리기는 곤란합니다만 만일 이번에 나의
구혼이 승낙받는다면, 그때나 지금이나 뭔가 그런 종류의 계산이

---

2 *Aber wird er auch willkommen scheinen,* / 〈*Wenn er teuer nicht die Gunst
erkauft?*〉

결정적이었다는 것을 생각해 볼 때 나의 기분은 그리 유쾌하지 않을 겁니다.」

그의 이런 설명은 더 이상 내가 파고들 필요도 없을 만큼 명석한 것이었다. 그러나 나는 질문을 계속했다. 〈어쨌거나 당신과 당신의 개인사가 어떻게 해서 「코린토스의 신부」의 문구 속에 포함되었을까요? 당신의 경우도 어쩌면 이 시에서 중요한 역할을 하고 있는 종교의 차이가 문제되는 것 아닙니까?〉

　　　신앙이 새롭게 샘솟으면
　　　사랑과 신화는 흔히
　　　잡초처럼 뜯겨 버리고 만다.[3]

내 추측은 빗나갔다. 그러나 조준이 잘된 단 하나의 질문이 그의 눈을 뜨게 함으로써, 그는 그때까지 자신도 모르고 있었던 뭔가를 나에게 답해 줄 수 있었다. 그는 뒤에 나오는 시구를 거북스럽고 심지어 무례하기까지 한 표정으로 우물거리며 읊어 보였다.

　　　그녀를 주의 깊게 살펴보라!
　　　내일 그녀는 백발이 될 것이다.[4]

3　*Keimt ein Glaube neu, / Wird oft Lieb'und Treu / Wie ein böses Unkraut ausgerauft.*

4　내 동료는 시의 이 멋진 구절에서 단어와 단어가 지시하는 것을 우연히 조금씩 바꾸었다.

그 백발의 여인이 신랑에게 이렇게 말한다.

나는 그대에게 내 목걸이를 주었어요. / 이제 나는 그대의 머리 타래를 가져가겠어요. / 그것을 자세히 보세요. / 내일 당신은 백발이 되리니 / 그리고 그것은 다시 갈색으로 변할 거예요*Meine Kette hab'ich dir gegeben: / Deine Locke nehm'ich mit mir fort. / Sieh sie an genau! / Morgen bist du grau, / Und nur braun erscheinst du wieder dort* — 원주.

그리고 다음과 같은 말을 덧붙였다. 〈그녀는 오히려 나보다 나이가 많아요.〉 더 이상 그를 궁지로 몰아넣지 않도록 나는 탐문을 중지했다. 그 설명만으로 나는 충분했다. 그러나 분명 놀라운 것은 아무런 해도 끼치지 않은 기억의 실패를 그 원인으로 추적해 올라가려는 시도가, 그의 내면 세계에서 매우 동떨어져 있으면서도 친숙한 문제들과 직면하게 만들어 그 같은 심리적 억압 효과를 유발했다는 점이다.

이번에는 유명한 시의 단어군을 망각하는 카를 융의 임상 사례를 살펴보자. 융 자신의 말을 인용해 보겠다.[5]

어떤 사람이 〈*Ein Fichtenbaum steht einsam*(전나무 한 그루가 혼자 서 있네……)〉로 시작하는 유명한 시를 암송하려 했다. 〈*Ihn schläfert*(그가 잠들어 있다)〉로 시작하는 행을 외우려다가 그는 결국 좌절하고 말았다. 그는 다음에 나올 〈*mit weisser Decke*(흰 덮개에 덮여)〉라는 단어군을 완전히 망각해 버렸다. 그처럼 귀에 익은 시에서 뭔가를 망각한다는 것이 나에게는 충격적이었다. 그래서 나는 〈*mit weisser Decke*〉라는 구절과 관련해 그에게 떠오르는 것을 상기해 보도록 했다. 그는 다음과 같은 일련의 연상 작용들을 들려주었다. 〈흰 덮개는 사람들에게 수의(壽衣)를 떠오르게 한

본문의 시구는 다음과 같다.
Sieh sie an genau! / Morgen ist sie grau.
프로이트가 설명하고 있는 다섯 행의 시에서 세 번째 행의 〈그것sie〉은 머리 타래를 가리키는 것이다. 그러나 또 다른 문맥에서 보면 〈그녀를 자세히 보세요〉라는 뜻이 될 수 있다.
5   융의 『조발성 치매의 심리학에 관하여*Über die Psychologie der Dementia Praecox*』 (1907) 참조 — 원주. 다음에 암송하려는 시는 하이네의 『서정적 간주곡』에 실려 있다.

다 — 시체를 덮는 아마포 덮개 — (잠깐 쉬고) — 이번에는 친한 친구가 떠오른다 — 그의 형이 최근 갑자기 죽었다 — 그는 심장병으로 죽었다고 했다 — 그는 《또한》 매우 뚱뚱했다 — 내 친구도 《역시》 뚱뚱하고, 그래서 나는 방금 심장병이 그에게도 일어날 수 있다고 생각했다 — 그는 너무도 운동을 하지 않는다 — 나는 그의 형의 사망 소식을 들었을 때, 갑자기 그런 일이 그에게도 《또한》 일어날 수 있다는 것을 걱정했다. 왜냐하면 우리 가족도 비만증을 보이는 경향이 있었고, 나의 할아버지도 심장병으로 사망했기 때문이다. 나는 나 자신도 비만이고 따라서 최근 살 빼기를 시작했다는 점에 유의했다.〉

융은 이렇게 말하고 있다. 〈그래서 그 사람은 무의식중에 자신을 흰 수의에 둘러싸인 전나무와 동일시했던 것이다.〉

내가 부다페스트에 있는 동료 샨도르 페렌치S. Perenczi에게서 전해 들은 단어군 망각의 다음 사례는 앞의 사례들과 차이가 있다.[6] 그의 사례는 시에 나오는 구절을 인용할 때가 아니라 자신이 말한 구절에 관한 것이다. 그것은 일시적인 욕구로 인해 분별력을 잃었을 때 망각이 일어나게 되는 약간은 특별한 사례라고 할 수 있다. 그래서 망각이나 착각은 유용한 기능을 하게 된다. 우리가 일단 제정신을 차리고 나면 이런 내적 흐름 — 그것은 제정신을 차리기 전까지는 오직 기능의 좌절, 다시 말해 정신적 무기력 상태인 망각으로서만 표출된다 — 의 긍정적 기능에 감사하게 된다.

한 사교 모임에서 어떤 사람이 〈*Tout comprendre c'est tout*

6 이 문단과 다음의 네 문단은 1910년에 추가되었다.

pardonner(모든 것을 이해한다는 것은 모든 것을 용서하는 것이다))라는 말을 화제로 삼았다. 나는 그에 대해 그 문장의 앞부분이면 충분하다고 말했다. 왜냐하면 〈용서한다〉는 것은 신과 사제의 고유 영역이기 때문에 거만을 떠는 것일 수 있기 때문이다. 참석자들 중 한 명이 나의 이런 견해에 대해 뛰어난 통찰이라고 칭찬을 했고, 나는 이 말에 고무되어 — 아마도 그의 칭찬이 틀리지 않았음을 확인시켜 줄 요량으로 그랬던 것 같은데 — 최근에 더 나은 것을 생각했다고 말했다. 그러나 막상 그것을 떠올리려고 했을 때, 이미 그것은 내 머릿속에 없다는 것을 알았다. 그래서 나는 즉시 그 모임에서 빠져나와 은폐된 관념들을 써내려 갔다. 먼저 (내가 찾고 있던) 그 관념의 탄생을 목격한 나의 친구와 부다페스트의 거리 이름이 떠올랐다. 이어 우리가 흔히 맥시Maxi라고 부르는 또 다른 친구 맥스의 이름이 떠올랐다. 이것은 나에게 격언*Maxime*이란 단어와, 내가 생각해 내려 했던 것이 처음에 말했던 대로 한 유명한 격언에 약간 수정을 가한 것이라는 기억을 떠오르게 했다. 아주 묘하게도 그다음 내 머리에 떠오른 것은 격언이 아니라 다음과 같은 문장이었다. 〈신은 자신의 형상을 본떠 인간을 창조했다〉와 그 역인 〈인간은 자신의 형상을 본떠 신을 창조했다〉이다. 그때 내가 찾고 있었던 것에 대한 기억이 즉각 되살아났다. 그 당시 나의 친구는 안드라시 거리에서 나에게 이렇게 대답했었다. 〈인간적이지 않은 모든 것은 나에게 낯설다.〉 이에 대해 나는 정신분석학적 지식을 은근히 과시하며 말했다. 〈너는 한 걸음 더 나아가 동물적이지 않은 그 어떤 것도 너에게는 낯설다는 것을 받아들여야 한다.〉

　그러나 마침내 내가 원했던 것을 기억해 냈을 때, 나는 그 모임에서 생각만큼 그것을 제대로 외워서 이야기할 수가 없었다. 내가 무의식의 동물적 본성을 떠올린 친구의 젊은 부인이 거기에 있었고, 나는 그녀가 결코 그 같은 기분 나쁜 진리를 수용할 태세가 되어 있지 않다는 것을 인정하지 않을 수 없었기 때문이다. 나의 망각으로 인해 나는 그녀가 퍼부었을지 모르는 수많은 불쾌한 질문을 피할 수 있었고, 또한 부질없는 토론도 하지 않을 수 있었다. 바로 이것이 나의 일시적인 〈건망증〉의 동기였던 것이다.

은폐된 기억이 신을 인간의 창조물로 폄하하는 문장에 의해 제공된 반면, 망각된 문장에서는 인간 속의 동물성에 대한 암시가 있었다는 것은 대단히 흥미롭다. 둘 사이에는 공통적으로 〈지위의 격하〉라는 요소가 들어 있다. 이것들은 모두 그 모임에서 촉발된 이해와 용서에 관한 생각들의 연속일 뿐이다.

이 사례에서 내가 찾던 것이 그처럼 빨리 회상될 수 있었던 것은, 아마도 검열이 이루어지고 있던 모임을 떠나 즉각 빈 방으로 물러나서 처음부터 다시 생각했기 때문일 것이다.

그 이후에도 나는 단어군의 망각이나 기억 착오가 일어나는 수없이 많은 다른 사례를 분석했고, 이런 탐구들의 일관된 결과로 인해 나는 〈알리퀴스〉와 〈코린토스의 신부〉의 사례에서 입증된 망각의 메커니즘이 거의 보편적 타당성을 갖는다고 가정하게 되었다. 그런 분석들을 설명한다는 것은 다소 꺼려지는 면들이 있다. 왜냐하면 방금 언급했던 경우에서처럼, 그런 분석들은 늘상 주변에서 쉽게 접하는 것들이라 분석 대상이 되는 사람의 기분을 상하게 하기 때문이다. 따라서 나는 더 이상 상세한 사례들을 제시할 수 없다. 분석 자료를 떠나 이들 사례 모두에 공통되는 점은 망각되거나 왜곡된 사안은 무의식적인 사고 내용, 즉 망각의 형태로 표출되는 결과의 원천인 사고 내용과 연관된 것들에 의해 생겨난다는 것이다.

나는 이제 이름 망각의 문제로 돌아가겠다. 지금까지 우리는 사례나 그 배후에 놓인 동기들 중 어느 하나에만 집중해서 고찰하지 않았다. 이는 내가 나 자신에게서 종종 풍부하게 관찰할 수 있는 종류의 실수 행위이기 때문에 사례가 모자라서 곤란을 겪지는 않았다. 나는 지금도 종종 경미한 편두통에 시달리는데 편두통이 찾아오기 몇 시간 전에 나의 이름 망각이 일어난다. 그리고 내가 업무를 포기하지 않은 상태에서 편두통이 절정에 이르는 순간 흔히 내 머릿속에서는 모든 고유 명사들이 사라져 버린다. 나의 경우와 같은 이런 사례들은, 우리가 행하는 정신분석학의 노력에 대해 원칙적인 반론을 제기할 수 있는 근거들을 제공한다. 그 같은 관찰들을 통해 망각의 원인, 특히 이름 망각의 원인이 대뇌(大腦)의 혈액 순환 장애와 일반적인 기능 장애 때문이라는 결론이 필연적으로 나와야 하지 않는가? 또 그렇다면 우리는 이런 현상들을 더 이상 심리학적으로 설명하려는 노력을 할 필요가 없지 않은가? 내 견해로는 결단코 그렇지 않다. 그것은 모든 사례에 동일한 과정의 메커니즘을, 가변적이고 반드시 본질적이지는 않으면서 그 과정을 뒷받침해 주는 요인들과 혼동한 것이다. 그렇지만 나는 그런 반론에 맞서기 위해 논쟁 대신 하나의 비유로써 대답하겠다.

어느 날 밤 내가 조심성 없이 도시의 우범 지대를 산책하다가 강도에게 시계와 지갑을 강탈당했다고 생각해 보자. 나는 가장 가까운 경찰서로 가서 다음과 같은 말로 신고한다. 〈나는 이러저러한 거리에 있었는데, 《한적함》과 《어둠》이 나의 시계와 지갑을 빼앗아 갔습니다.〉 나는 이 진술에서 틀린 말을 찾아내지 못하겠지만, 나의 신고 내용을 들은 경찰은 나를 제정신이 아닌 사람으로 생각할 가능성이 높다. 당시의 사태는 그 장소의 한적함에《뒷받침된》어둠을《방패》삼은 가려진《미지의 악당》에게 나의 귀중품들을 빼앗겼다고 말해야만 정확하게 묘사될 수 있을 것이다. 그런데 고유 명사들이 망각된 사태는 이와 다를 바 없다. 피곤함, 혈액 순환 장애, 중독 등에 의해 뒷받침된 미지의 심리적 힘 — 이 힘은 다른 사례들에서는 신체 기능에는 아무런 이상도 없고 아주 건강할 때에도 마찬가지의 기억 장애를 일으킬 수 있다 — 이 나의 기억에 속해 있던 고유 명사에 접근하는 통로를 앗아 간 것이다.

내가 나 자신에게서 관찰한 이름 망각의 사례들을 분석해 보면, 망각된 이름은 거의 언제나 내게 개인적으로 매우 밀접한 중요성을 가지고 있으며, 내게 강력하고 종종 괴로운 감정을 불러일으키는 일과 관련되어 있음을 알게 된다. 취리히 학파(블로일러, 융, 리클린)의 편리하고 공감이 가는 실습에 따라 나도 이런 사실을 다음과 같이 표현할 수 있다. 망각된 이름은 나의 〈개인 콤플렉스Personenkomplex〉를 건드린 것이다. 그 이름이 나에 대해 갖는 관계는 내가 전혀 예기치 못했던 관계이며, 또한 일반적으로 피상적인 연상(예를 들면 이중적 의미를 갖는 단어나 발음상의 유사성 등)을 통해 이루어진다. 그것은 매우 일반적으로 간접적인 관계라고 부를 수 있으며, 그 특성은 다음의 간단한 사례들에서 아주 명백하게 드러날 것이다.

(1) 한 환자가 나에게 리비에라에 있는 요양원을 추천해 달라고 했다. 나는 제노바에서 아주 가까운 곳에 있는 요양지를 알고 있었고, 또한 거기서 개업하고 있는 독일인 동료의 이름을 기억해 냈다. 그러나 나는 그 요양지의 이름을 생각해 낼 수가 없었다.

나는 일단 환자에게 잠시 기다리라 하고 급히 내 가족 중의 여성들에게 물어보았다. 〈N 박사가 작은 요양원을 운영하고 있고 당신이 그리 오랫동안 치료를 받았던 제노바 인근 장소의 이름이 도대체 뭐지?〉 〈그 이름을 잊을 사람은 당신 말고는 없을 거예요. 그곳은 네르비Nervi잖아요.〉 말할 것도 없이 나는 매일 수많은 신경증 환자들과 접하고 있다.[7]

(2) 또 다른 환자는 나에게 인근의 여름 휴양지에 관해 이야기하고 있었다. 그는 거기에 있는 두 개의 유명한 여관 옆에 그의 기억과 연관이 있는 제3의 여관이 있다고 말했다. 내버려 뒀다면 그는 잠시 후 그 여관의 이름을 나에게 말했을 것이다. 나는 이 제3 여관의 존재 자체를 문제 삼았고, 나도 바로 그 휴양지에서 일곱 번의 여름휴가를 보냈다는 사실을 상기시키며, 거기에 대해서는 그보다 내가 훨씬 잘 알고 있다고 말했다. 그러나 나의 이 같은 도발에도 불구하고 그는 이미 그 이름을 알고 있었다. 그 여관의 이름은 〈호호바르트너Hochwartner〉였다. 이 순간 나는 그에게 손을 들었고, 심지어 내가 그 존재를 부정했던 바로 그 여관 옆에서 7년 동안 여름을 지냈다는 사실을 고백하지 않을 수 없었다. 이 경우 나는 왜 이름과 여관의 존재를 망각한 것일까? 내가 생각할 때 그 이유는, 여관 이름이 단지 소리에서 빈에 있는 나의 동료 의사의 이름과 너무나 비슷했고, 또한 나에게 잠재된 〈직업 콤플렉스Professionenkomplex〉를 자극했기 때문이다.

(3) 또 한 가지 사례는 라이헨할역에서 표를 예약하려고 할 때였다. 나는 다음 주요 역의 이름을 생각해 낼 수가 없었다. 그 역은 나에겐 대단히 친숙한 곳이었고 수시로 거기를 지나다녔다. 나는 결국 시간표를 봐야 했다. 그 이름은 〈로젠하임Rosenheim〉

7 *Nervi*는 라틴어로 〈신경증〉이라는 뜻.

이었다. 그러나 그 즉시 나는 내가 잃어버린 연관이 무엇인지를 알아차렸다. 한 시간 전 나는 라이헨할역에서 가까운 내 여동생의 집을 방문했다. 내 여동생의 이름은 로사Rosa였는데 그 역의 이름 또한 〈로젠하임〉[8]이었다. 〈가족 콤플렉스 *Familienkomplex*〉가 그 역의 이름을 나에게서 앗아 간 것이다.

(4) 나는 〈가족 콤플렉스〉의 훨씬 약탈적인 작용들을 입증해 줄 수 있는 사례들을 충분히 갖고 있다.

어느 날 한 여성 환자의 남동생인 젊은 남자가 진료를 받으러 온 적이 있다. 그전에도 나는 그를 수없이 많이 보았고 그를 지칭할 때는 흔히 이름을 불렀다. 그런데 막상 그와 이야기를 나누려고 할 때, 나는 별로 특이하지도 않은 것으로 알고 있던 그의 이름을 기억해 낼 수가 없었다. 아무것도 그의 이름을 되살리는 데 도움을 주지 못했다. 그후 즉시 나는 거리로 나가 상점들의 간판을 읽었는데, 그의 이름과 같은 것을 보자마자 바로 그의 이름이 무엇인지를 알아차렸다. 이 사건에 대한 분석을 통해 나는 그 방문객과 나의 동생을 비교했음을 알게 되었다. 〈내 동생이라면 동일한 상황에서 비슷하게 행동했을까, 아니면 정반대로 행동했을까?〉 나 자신의 가족과 관련된 생각들과 그의 가족과 관련된 생각들의 외적인 관계는 우연적인 사실, 즉 두 가족 모두 어머니의 이름이 똑같이 아말리아라는 사실에 의해 맺어진 것이었다. 또한 얼마 후 회고(回顧)를 통해 나는 특별한 지적 노력 없이 나에게 밀려들어와 있던 다니엘과 프란츠라는 대체 이름들도 이해하게 되었다. 아말리아와 마찬가지로 이 이름들도 실러의 작품 『군도 *Die Räuber*』에서 온 것이었다. 이 작품은 〈다니엘〉 슈피처 Daniel Spitzer 가 쓴 연재 기사 「빈의 산책」의 소재였다.[9]

8 〈장미의 집〉이라는 뜻.

(5) 또 한번 역시 내가 어떤 환자의 이름을 기억해 낼 수가 없었다. 그 이름은 나의 젊은 시절의 연상들에 속하는 것이었다. 나의 분석은 내가 찾고 있던 이름을 제시하기 전까지 상당한 우회로를 거쳤다. 그 환자는 자신의 시각을 잃을지도 모른다는 두려움을 표명했다. 이 일은 총상(銃傷)으로 실명한 한 젊은이에 대한 기억을 일깨웠다. 그리고 이는 다시 스스로 총을 쏘아 상처를 입은 또 다른 젊은이의 얼굴과 연결되었다. 부상당한 그 젊은이는 바로 그 환자와 이름이 같았다. 물론 두 사람은 아무런 관계도 없었다. 그렇지만 나의 불안한 기대가 이 부상당한 두 젊은이에게서 내 가족의 한 구성원에게로 전이되고 있다는 것을 의식하고서야 비로소 그 이름을 떠올릴 수 있었다.

따라서 여기에서는 내 생각 중에 〈사적인 관계〉라는 연속적인 흐름이 이어지고 있다. 그런데 나는 그런 관계에 대해 전혀 눈치채지 못했고, 그것은 다만 나의 이름 망각과 같은 현상들에 의해 드러난다. 이는 마치 내가 다른 사람들에 대해 들은 모든 것을 나 자신과 비교하려는 것과 같으며, 또한 다른 사람이 나의 주목을 끌 때마다 내 콤플렉스가 발동하는 것과 같다고 할 수 있다. 이는 아마도 나 혼자만의 일은 아닐 것이다. 오히려 그것은 우리가 〈우리 자신과는 다른 어떤 것〉, 일반을 이해하는 방식과 관련된 것임에 틀림없다. 나는 다른 사람들이 이런 측면에서 나와 대단히 유사하다고 가정할 수 있는 여러 가지 이유를 댈 수 있다.

가장 비근한 예는 레더러 씨가 나에게 보고한 사례다. 그것은 레더러 씨 자신이 직접 겪은 일이었다. 그가 베네치아로 신혼여행을 갔을 때였다. 거기서 레더러 씨는 자신이 피상적으로 알고

9 다니엘 슈피처(1835~1893)는 유명한 언론인으로, 〈빈의 산책〉이라는 제목을 가지고 정기적으로 신문에 기고해 왔다.

지내던 한 신사를 만나, 그를 자신의 젊은 신부에게 소개해야 했다. 그런데 그는 그 신사의 이름을 잊고 있었기 때문에 처음에는 알아들을 수 없는 중얼거림으로 넘어갔다. 베네치아에서 관광을 하다가 두 번째로 그 신사를 만났을 때, 그는 그 사람에게 살짝 다가가 이름이 생각나지 않는다며 이름을 얘기해 달라고 부탁했다. 그의 다음과 같은 대답은 인간 본성에 대한 범상치 않은 지식의 증거를 제공했다. 〈나는 이미 당신이 내 이름을 떠올리지 못하고 있다고 생각했다. 내 이름은 당신과 같은 레더러다.〉 사실 우리는 자신과 똑같은 이름을 가진 사람을 만났을 때 약간은 꺼림칙한 기분이 드는 것을 피할 수 없다. 최근에 프로이트라는 환자가 나에게 진료를 받으러 왔을 때 나는 그것을 분명히 알게 되었다(그러나 여기서 나는, 이런 경우 그 사람의 감정은 내 경우의 감정과는 정반대라고 주장하는 비평가의 확신에 찬 견해를 기록해 두고자 한다).[10]

(6) 사적인 관계가 만들어 낼 수 있는 결과들은 그 밖에도 융이 1907년에 보고한 다음과 같은 사례에서도 볼 수 있다.[11]

Y 씨가 한 여성과 사랑에 빠졌다. 그러나 그는 아무런 성공을 거두지 못했고, 얼마 후 그 여성은 X 씨와 결혼했다. 그 후 Y 씨는 X 씨를 그전부터 알고 지냈음에도 불구하고 오랫동안, 그리고 그와 사업상의 거래를 할 때조차도 그의 이름을 반복해서 잊어버렸다. 결국 그가 X 씨와 서신 교환을 해야 할 때에는 여러 차례에 걸쳐 다른 사람에게 그의 이름이 무엇인지를 물어야 했다.

10 이 설명은 1907년에 추가되었다.
11 융의 『조발성 치매의 심리학에 대하여』 참조 — 원주.

그러나 이 경우 망각의 동기는 앞서 경우들에 비하면 훨씬 명백하다. 여기서 망각은 자신보다 행운을 더 많이 누린 경쟁자에 대한 Y 씨의 적대감의 직접적 결과라고 할 수 있다. 그는 경쟁자에 대해 아무것도 알고 싶지 않았던 것이다. 〈그에 관한 것은 아무것도 생각나지 않는다.〉

(7) 이름 망각의 동기는 또 상당히 세련된 것일 수도 있다. 망각된 이름의 소유자에 대한 〈승화(昇華)된〉 분노라고 불릴 수 있는 것이다. 부다페스트에 사는 I. von K. 양은 다음과 같은 편지를 보냈다.

저는 제 나름의 작은 이론을 개발했습니다. 저는 그림에 재능을 가진 사람은 음악에 대해 잘 모르고, 또 그 반대도 성립한다는 것을 알아차렸습니다. 얼마 전 저는 한 사람과 이 문제를 갖고 대화를 나눴는데, 그때 저는 이렇게 말했습니다. 〈지금까지 나의 관찰은 딱 한 사람만 제외하고는 항상 들어맞았다.〉 제가 그 사람의 이름을 떠올리려 했을 때 도무지 생각이 나지 않았어요. 심지어 그 사람이 나의 가장 친한 친구 중 한 명이었는데도 말이지요. 그 후 며칠이 지나고 나서 아주 우연히 제가 그 이름을 어딘가에서 들었을 때, 저는 즉시 그가 바로 제 이론의 파괴자였다는 사실을 알아차렸습니다. 제가 무의식적으로 그에 대해 갖고 있던 적대감이 이름 망각을 통해 표출된 것이었습니다. 그 이름을 제가 정말 잘 알고 있었는데도 말입니다.

(8) 페렌치가 보고한 다음 사례는 사적인 관계가 이름을 망각하게 하는 조금은 다른 길을 보여 준다.[12] 그 사례에 대한 분석은

12 이 사례는 1910년에 추가되었다.

특히 (시뇨렐리에 대한 대체 이름으로 언급된 보티첼리와 볼트라피오의 경우에서처럼) 대체 연관에 대한 설명 때문에 시사하는 바가 많다.

정신분석학에 대해 약간 들어 본 적이 있는 한 여성이 정신 의학자 융의 이름을 기억해 낼 수 없었다.[13] 대신 그녀의 머릿속에는 다음과 같은 이름들이 떠올랐다. Kl-(이름), 와일드, 니체, 하우프트만.

나는 그녀에게 그 이름을 말하지 않았고, 그 이름들에 대해 차례대로 자유 연상을 해보도록 했다.

그녀는 Kl-에서 시작해 즉각 Kl 부인을 생각했고, 그다음에는 그녀가 얼마나 새침을 떨고 잘난 체하는 사람인지에 관한 생각이 떠올랐다. 그러나 나이에 비해서는 매우 아름다웠다. 〈그녀는 나이를 먹지 않는다.〉 그녀는 와일드와 니체의 공통된 특성을 〈정신병 환자〉라고 했다. 그러면서 그녀는 놀리듯 말했다. 〈당신네 프로이트주의자들은 자신들이 미칠 때까지 계속해서 정신병의 원인들을 찾으려고 노력할 거예요.〉 그러고 나서 그녀는 말했다. 〈나는 와일드와 니체를 참을 수 없어요. 난 그들을 이해하지 못합니다. 난 두 사람 모두 동성연애자라고 들었어요. 게다가 와일드는 어린 사람들하고도 했다면서요.〉

하우프트만에서 시작해 처음에는 〈할베Halbe〉,[14] 그리고 다음에는 〈유겐트Jugend〉가 그녀에게 떠올랐다. 그리고 유겐트라는 단어에 그녀가 주목한 후에야, 처음으로 그녀는 자신이 융이라는 이

13 독일어로 융jung은 〈젊은〉이라는 뜻을 가지고 있다.
14 하우프트만과 할베는 유명한 독일 드라마 작가다. 할베의 잘 알려진 희곡 중에 「젊음Jungen」이라는 것이 있다.

름을 찾고 있었다는 것을 깨달았다.

이 여성은 서른아홉 살 때 과부가 되었고 재혼의 가능성은 없었다. 따라서 그녀는 자신에게 젊음이나 나이를 떠올리는 것들을 회피하려는 충분한 이유가 있었다. 놀라운 것은 망각된 이름을 은폐하는 관념들이 그 이름의 내용과 전적으로 관련 맺고 있었고, 그 이름의 소리와는 아무런 관련도 갖고 있지 않았다는 사실이다.

(9) 이번에는 아주 미묘한 동기에서 비롯되는 또 하나의 이름 망각 사례다.[15] 이에 대해서는 그 주인공이 직접 설명을 한다.

내가 부전공인 철학 시험을 칠 때였다. 시험관은 나에게 에피쿠로스의 학설에 대해 물었다. 또 그는 수 세기 후에 그의 학설을 받아들인 사람이 누구인지를 물었다. 나는 피에르 가생디라는 이름을 대답했다. 나는 그 이름을 불과 며칠 전 한 카페에 앉아 있다가 누군가가 에피쿠로스의 제자 어쩌고 하며 이야기할 때 들은 것이다. 그것을 어떻게 알았느냐고 하는 당혹스러운 질문이 주어졌을 때, 나는 대담하게 오래전부터 가생디에게 관심을 갖고 있었다고 답했다. 그 결과 좋은 성적을 받을 수 있었다. 그러나 불행하게도 나는 계속해서 가생디라는 이름을 망각하는 성향을 갖게 되었다. 내가 생각할 때 아마 양심을 속였다는 사실이 나로 하여금 온갖 노력에도 불구하고 그 이름을 기억해 내지 못하도록 하는 것 같다. 왜냐하면 나는 분명 그 순간에는 그 이름에 대해 잘 몰랐기 때문이다.

이 사례 제공자가 시험 때의 에피소드를 회상하기 싫어하는 성

15   이 사례는 1907년에 추가되었다.

벽(性癖)의 강도를 제대로 이해하려면, 독자는 그가 자신의 학위에 두었던 높은 가치를 이해해야 한다. 즉 학위가 그 밖의 다른 수많은 것을 대신하게 될 만큼 그는 학위에 큰 비중을 두고 있었던 것이다.

(10) 여기서 나는 마을 이름을 망각하게 되는 사례를 다루어 보겠다.[16] 이 사례는 앞의 것들처럼 그렇게 단순하지는 않다. 그러나 이런 종류의 분석에 아주 정통한 사람들이라면 누구나 그 사례를 대단히 신빙성 있고 귀중한 것으로 간주할 것이다. 어떤 사람의 기억에서 이탈리아의 한 마을 이름이 사라져 버렸다. 그것은 그 마을의 발음이 한 여성의 이름과 너무나 흡사하기 때문이었다. 물론 여기서 충분히 상술할 수는 없지만, 그 이름은 다른 수많은 기억과도 연관을 맺고 있었다. 그 자신에게서 이 같은 망각의 사례를 관찰한 바 있는 부다페스트의 페렌치는, 그것을 사람들이 꿈이나 신경증 환자의 심리를 분석하는 방식 — 그것은 충분히 정당화된 절차이기도 하다 — 으로 다루었다.

오늘 나는 내가 아는 한 가족과 함께 있었다. 대화의 주제가 북부 이탈리아의 도시들 이야기로 넘어갔다. 어떤 사람들은 그 도시들이 여전히 오스트리아로부터 받은 영향의 흔적들을 보여 주고 있다고 말했다. 이 도시들 중 몇몇이 언급되었고, 나도 한 도시의 이름을 이야기하고 싶었지만 그 이름은 내 머리를 떠나고 없었다. 내가 그곳에서 두 번이나 며칠씩 즐거운 시간을 보냈는데도 말이다. 이는 프로이트의 망각 이론과는 잘 부합되지 않는 사실이다. 내가 되찾으려고 했던 이름 대신에 떠오른 것은 다음과 같은 억지 연상이었다. 〈카푸아, 브레시아, 브레시아의 사자.〉

16 이 사례는 1910년에 추가되었다.

이 〈사자〉에 대한 나의 인상은 내 눈앞에 고체처럼 서 있는 대리석상의 형태를 갖고 있었다. 그러나 나는 즉시 그것이 브레시아의 해방 기념비에 있는 사자(나는 그것을 직접 본 것이 아니라 삽화를 통해 보았다)보다는 루체른에 있는 전사자 기념비 — 튈르리궁에서 전사한 스위스 근위병들을 기념하는 비 — 에서 내가 보았던 사자와 훨씬 비슷하다는 것을 알아차렸다. 그리고 나는 이 사자의 소형 복제품을 내 서가에 갖고 있다. 이렇게 해서 마침내 잊었던 이름이 되살아났다. 그 이름은 베로나였다.[17] 동시에 나는 이같은 나의 망각이 누구 때문이었는지를 바로 알게 되었다. 그 사람은 다름 아닌 내가 초대받아 갔던 집의 전(前) 하녀였다. 그녀의 이름이 바로 베로니카(헝가리어로는 베로나)였고 나는 추악한 외모, 귀에 거슬리는 쉰 목소리, 참기 힘든 독단적 태도 등으로 인해 그녀에 대해 강한 반감을 느꼈다. 그녀는 스스로 그런 것들이 오랜 하녀 생활로 인해 생겨난 것으로 믿고 있었다. 동시에 그녀가 그 집의 아이들을 다루던 독재적 방식은 나로서는 도저히 참을 수 없는 것이었다. 이제 나도 대체 연관들의 의미를 이해하게 되었다.

카푸아에 대해 내 머릿속에서 즉각 떠오른 연상은 카푸트 모르툼(사자[死者]의 머리)이었다. 나는 종종 베로니카의 머리를 사자의 머리에 비유하곤 했다. 헝가리어 〈카프지(탐욕적인)〉는 말할 것도 없이 사라진 단어에 대한 추가적인 단서를 제공했다. 물론 나는 또 카푸아와 베로나를 지리적 관념으로, 그리고 동일한 리듬을 갖는 이탈리아어로 서로 연결시키는 훨씬 많은 직접적인 연상의 길들을 알게 되었다.

브레시아Brescia에 대해서도 마찬가지로 이야기할 수 있다. 그러나 여기에는 관념들을 연결 짓는 또 다른 길들이 있다.

17 베로나와 브레시아는 이탈리아 북부의 인접한 도시들이다.

나의 반감은 한때 대단한 것이어서, 나는 베로니카에 대해 심한 메스꺼움-Brechreiz 같은 것을 느꼈다.[18] 그리고 나는 그녀가 에로틱한 생활을 하면서 누군가에게 사랑을 받는 것이 가능하다는 데 대한 나의 놀라움을 최소한 한 번 이상 표현했다. 나는 〈그녀와 키스한다는 것이 왜 사람들로 하여금 메스꺼움을 불러일으킬까〉라고 말했다. 그럼에도 불구하고 그녀는 그 이후 오랫동안 전사한 스위스 근위병의 관념과 함께 연상되는 것이었다.

　　브레시아라는 이름은 이곳 헝가리에서도 종종 사자가 아니라 다른 야수와 연결되어 언급되곤 한다. 이 나라와 이탈리아 북부에서 가장 혐오스러운 이름은 흔히 〈브레시아의 하이에나〉로 알려진 하이나우 장군이다. 그래서 내 머릿속에서 생각의 한 단서는 증오의 대상이 되는 독재자 하이나우에서 브레시아를 거쳐 베로나시에 도달했고, 또 다른 단서는 사자(死者)의 무덤들 주위를 떠도는 쉰 목소리의 동물이라는 관념을 거쳐 사자의 머리와 베로니카 ─ 그녀는 나의 무의식에 의한 남용의 희생물이다 ─ 의 듣기 싫은 목소리에 이르렀다. 베로니카도 그 오스트리아의 장군이 그랬듯이 그 집에서 거의 독재자처럼 행동했다.

　　루체른은 베로니카가 루체른시 인근에서 그 가족들과 함께 보낸 여름의 기억과 연결되어 있다. 그리고 다시 스위스 근위병은 그녀가 아이들뿐만 아니라 그 가족의 성인들에게까지 독재자 행세를 하는 법을 알고 있었고, 그녀 스스로 자신을 여성들의 수호자로 착각하고 있었다는 사실을 떠올리게 한다.

　　베로니카에 대한 나의 이런 반감이 오랫동안 누적되어 온 것임을 나는 분명히 밝히지 않을 수 없다. 그때 이후로 그녀의 용모와 태도 둘 다 바뀌었으며, 그것은 그녀에게 큰 이점이 되었다.

18　브레시아Brescia와 메스꺼움Brechreiz은 앞부분 발음이 비슷하다.

그리고 나는 사실 그럴 기회가 거의 없긴 했지만, 진정 따뜻한 감정으로 그녀를 만날 수 있다. 평상시처럼 나의 무의식은 더욱 집요하게 나의 (초기의) 인상들에 집착하고 있다. 그것은 〈회고적 *nachträglich*〉이며 분노에 찬*nachtragend* 것이다.

툴르리궁은 또 다른 사람에 대한 암시이다. 그 사람은 나이 든 프랑스 여인으로, 여러 차례에 걸쳐 그 집의 여성들을 사실상 〈보호했던〉 인물이다. 그녀는 젊은 사람이든 늙은 사람이든 모든 이들로부터 존경을 받았고, 또한 의심할 바 없이 다소간은 두려움의 대상이기도 했다. 한동안 나는 학생*élève* 자격으로 그녀에게서 프랑스어 회화를 배운 적이 있었다. *élève*란 단어는 다시 내가 북부 보헤미아에 있는 그 집 주인의 처남 집을 방문했을 때, 현지 사람들이 임업 학교의 학생들을 뢰벤*Löwen*(사자)이란 이름으로 부르는 것을 보고 재미있어 했던 일을 떠올리게 한다. 이 즐거운 기억은 또한 하이에나가 사자로 전위*Verschiebung*되는 과정에서 어떤 역할을 했을지도 모른다.

(11) 다음 사례도 특정 시기에 어떤 사람을 지배하고 있는 개인적인 콤플렉스가 어떻게 대단히 거리가 있는 연관으로 이름 망각을 불러일으킬 수 있는지를 보여 준다.

6개월 전에 함께 시칠리아를 여행한 두 사람이 여행 당시의 즐거웠던 추억들을 서로 나누고 있었다. 둘 중 나이가 어린 사람이 말했다. 「우리가 셀리눈테에 가기 전 하룻밤을 보낸 곳의 이름이 무엇이었는지 생각나세요? 칼라타피미가 아니었나요?」

나이가 많은 사람은 부인했다. 「아니야, 그건 분명 아닌데 이름이 생각나지 않는군. 그 장소의 세세한 부분까지도 분명하게 떠올릴 수 있는데 말이야. ······이름을 더 생각해 보자고. 그런데 내 머릿속에 맴도는 것은 칼타니세타라는 이름이야. 당연히 그 이름은 아니지.」

나이 어린 사람은 〈그러고 보니 그 이름은 w로 시작하던가 w가 포함되어 있어요〉라고 말했다. 그러자 나이가 많은 사람은 〈이탈리아어에는 w가 없어〉라며 반박했다. 〈내가 말하려 했던 것은 v였는데 w라고 말한 것은 독일어의 습관 때문이었어요.〉 그러나 나이 많은 사람은 v도 아니라고 했다.

그는 이렇게 말했다. 「사실 나는 이미 수많은 시칠리아의 이름을 망각했다고 생각하네. 이번 일은 몇 가지 실험을 해보기에 좋은 기회인 것 같군. 예를 들어 고대 로마 시대에 엔나라고 불렸던 언덕 위의 장소 이름은 무엇이었지? 아, 생각났다. 카스트로지오반니.」

그 순간 나이 어린 사람은 망각했던 이름을 생각해 냈다. 그는 〈카스텔베트라노〉라고 소리치며, 특히 자신이 주장했던 v가 포함되어 있는 것에 기뻐했다. 나이 든 사람은 처음에는 어리둥절해하다가 그 이름이 맞다는 것을 인정한 후, 왜 자신이 그 이름을 망각했는지를 설명했다.

「분명 그것은 그 단어의 후반부 베트라노vetrano가 베테랑Veteran (늙은)과 소리가 비슷했기 때문이야. 나는 나이 들어 가는 것에 대해 생각하는 것을 좋아하지 않아. 그래서 내가 그 단어를 생각하려 했을 때 이상한 반응이 생긴 거야. 예를 들어 나는 최근 존경하는 친구에게 아주 이상한 어조로 〈당신의 청년기가 지나가고 있다〉고 말한 적이 있지. 왜냐하면 일전에 그가 나에 대해 아주 의례적인 말을 하는 가운데 나는 〈더 이상 청년이 아니다〉라고 말한 적이 있기 때문이네. 카스텔베트라노라는 이름 중 후반부에 대해 내가 저항감을 느꼈다는 또 다른 징후는, 첫음절이 그 대신 떠오른 칼타니세타와 같은 〈카〉였다는 점이야.」

「칼타니세타라는 이름은 도대체 뭡니까?」

젊은 사람이 물었다. 나이 든 사람은 〈그건 사실 그냥 젊은 여성에 대해 내가 늘상 붙이는 애칭과 같은 거야〉라고 솔직히 시인했다. 잠시 후 그는 다음과 같이 덧붙였다.

「물론 엔나라고 불린 마을이라고 생각했던 것도 대체 이름이었네. 그리고 지금 나에게 한 가지 생각이 떠올랐는데, 망각된 이름 카스텔베트라노와 〈베테랑(늙은)〉과 발음이 유사한 것과 마찬가지로 카스트로지오반니 또한 〈지오반네(젊은)〉와 발음이 유사하다는 거야.」

나이 든 사람은 이런 식으로 해서 자신이 그 이름을 망각한 이유를 설명했다고 믿었다. 젊은 사람이 기억해 내지 못한 것의 동기에 대해서는 아무런 검토도 이루어지지 않았다.

동기들뿐만 아니라 이름 망각을 지배하는 메커니즘 또한 우리의 관심 대상이다. 수많은 경우에서 이름 자체가 그 같은 동기를 자극해서가 아니라, 발음이나 연상 작용의 유사성으로 인해 그 이름이 이런 동기들의 작동과는 배치되는 또 다른 이름과 연결되기 때문에 망각이 일어나게 된다. 결정 요인들이 이처럼 느슨한 관계를 갖게 될 경우, 이름 망각이라는 현상의 발생은 분명 다음 사례들이 보여 주듯이 훨씬 쉽게 이루어질 것이다.

(12) 에두아르트 히치만Eduard Hitschmann 박사가 보고한 사례이다.[19]

---

19 히치만의 「이름 망각의 두 가지 사례 Zwei Fälle von Namenvergessen」(1913) 참조 — 원주.

N 씨가 어떤 사람과 이야기하면서 빈의 서점 길호퍼-란쉬부르크를 언급하려고 했다. 그러나 아무리 생각해도 란쉬부르크라는 이름만 떠오를 뿐이었다. 물론 그는 그 서점을 잘 알고 있었다. 그는 뭔가 불만스러움을 느끼며 집에 돌아왔다. 그리고 분명 이미 잠들었을 동생에게 그 이름의 앞부분이 무엇인지를 물어보는 것이 매우 필요하겠다고 생각했다. 동생은 즉각 그 이름을 이야기했다. 그러고 나서 N 씨의 머릿속에는 즉각 〈갈호퍼Galhofer〉라는 이름이 길호퍼Gilhofer의 연상 작용으로 떠올랐다. 갈호퍼는 몇 달전 그가 한 매력적인 젊은 여성과 기억에 남을 만한 산책을 했던 곳이었다. 그 여성은 그에게 〈갈호퍼에서 행복한 시간을 보낸 기념품〉이라고 새긴 선물을 선사했다. 그 이름을 망각하기 며칠 전이 선물은 N 씨가 아마도 우연히 서랍을 너무 급하게 닫는 과정에서 심한 손상을 입었다. 그는 이에 대해 상당한 죄책감을 느꼈다. 왜냐하면 그는 증상 행위의 의미를 잘 알고 있었기 때문이다. 그 당시 그 여성에 대한 N 씨의 감정은 다소 복합적이었다. 그는 분명 그녀를 사랑했지만 두 사람이 결혼해야 한다고 생각하는 그녀에 대해서는 망설임을 느끼고 있었기 때문이다.

(13) 한스 작스Hanns Sachs 박사가 보고한 사례이다.

한 젊은이는 제노아와 그 주변 환경에 대해 이야기하면서 〈펠리Pegli〉라고 불리는 장소를 언급하고자 했으나 아무리 생각해도 그 이름을 떠올릴 수 없었다. 집으로 돌아오면서 그는 이처럼 친숙하게 알고 있는 이름이 망각되는 짜증스러운 경우에 대해 계속 생각했다. 그러다가 발음이 비슷한 펠리Peli라는 단어에까지 이르렀다. 그는 남부해에 펠리라는 섬이 있다는 것을 알고 있었다. 그곳의 주민들은 몇 가지 주목할 만한 관습들을 계속 유지하고 있었다. 그는 최근 한 민속학 책에서 그런 관습들에 대해 읽은 바 있었으며, 그 당시 그는 자신의 가설을 지지하는 근거의 하나로 그런 정보를 사용하기로 결심한 바 있었다. 또한 그때 그의 머릿속에 펠리는 자신이 흥미진진하게 읽었던 소설의 배경이기도 하다는 생각이 떠올랐다. 그 소설은 라우리즈 브룬의 작품 『반 잔텐의 행복했던 시절*Van Zantens glücklichste Zeit*』이었다. 그날 하루 종일 그의 마음속을 지배한 생각은 바로 그날 아침 자신이 사모하는 한 여성에게서 받은 편지에 집중되어 있었다. 이 편지를 읽고서 그는 약속되어 있는 만남이 취소될 수도 있다는 두려움에 사로잡혔다. 하루 종일 울적한 기분에 젖어 지낸 끝에 그는 더 이상 피곤한 생각으로 골머리를 앓지 말고, 사실 그 자신이 높은 가치를 두고 있던 사교 모임이나 가능한 한 즐기자고 결심했다. 그의 그런 결심은 분명 펠리라는 단어로 인해 흔들릴 수 있었다. 왜냐하면 그 단어는 발음상 펠리와 너무 밀접했기 때문이다. 또한 펠리라는 단어는 민속학적 맥락에서 그와 개인적인 관계까지 형성되어 있었기 때문에 반 잔텐뿐만 아니라 그 자신의 행복한 시절의 상징물이었다. 따라서 그날 하루 종일 그를 감싸고 있던 심려와 불안의 상징물이기도 했다. 흥미롭게도 이 간단한 설명은 결국 그 여성에게서 두 번째 편지가 와서 그의 의심이 재회에 대한 행복한 확신으로 바뀐 후 명료해졌다.

이 사례는 네르비라는 지명을 기억해 낼 수 없었던 앞의 사례 (1)과 대단히 비슷하다. 따라서 우리는 발음이 비슷한 두 단어는 두 개의 의미를 가진 한 단어와 동일한 효과를 낼 수 있다는 것을 알게 되었다.

(14) 1915년 이탈리아에서 전쟁이 발발했을 때, 나는 나 자신에게서 평시에는 얼마든지 생각해 낼 수 있던 이탈리아의 지명전체가 갑자기 머릿속에서 사라져 버리는 것을 관찰할 수 있었다. 많은 독일인과 마찬가지로 나도 당시 내 휴가의 일부를 이탈리아 땅에서 보내는 것을 습관으로 여기고 있었다. 그리고 나는 이 같은 다수의 이름 망각은 이탈리아에 대한 이해할 수 있는 적대감의 표현이었다는 것을 의심하지 않았다. 그리고 그 적대감은 다름 아닌 그 이전까지 갖고 있었던 호의(好意)의 대체물이었다. 그러나 이처럼 직접적 동기에 의한 이름 망각 이외에 — 물론 결국은 같은 이유로 소급될 수는 있겠지만 — 간접적인 동기에 의한 이름 망각도 일어날 수 있다는 것을 간파할 수 있었다. 나는 이탈리아 이외 지역의 이름들을 망각하는 성향도 보였다. 그리고 그런 사안들을 잘 검토해 보면서, 나는 이런 이름들은 어떤 식으로든 다소 동떨어져 보이는 발음상의 유사성에 의해 적국의 지방이름들과 연결되어 있다는 것을 발견했다. 그래서 나는 모라비아의 도시 비젠츠를 생각해 내려고 하루 종일 애쓴 적이 있다. 결국그 이름이 머릿속에 떠올랐을 때, 나는 즉시 이런 망각 작용이 오르비에토에 있는 비젠치궁 때문이라는 것을 깨달았다. 내가 오르비에토를 방문할 때마다 머무는 벨레 아르티 호텔이 바로 이 궁안에 있었다. 가장 소중한 기억일수록 당연히 나의 감정상의 태도 변화가 일어났을 때 가장 치명적인 손상을 입게 마련이다.

일부 사례들은 이름 망각이라는 실수 행위가 여러 가지 목적에 기여할 수 있다는 것을 우리가 깨닫는 데 도움을 준다.

(15) 슈토르퍼A. J. Storfer가 보고한 사례이다.[20]

---

20 슈토르퍼의 「일상생활의 정신 병리학에 관하여Zur Psychopathologie des Alltagsleben」(1914) 참조 — 원주.

어느 날 아침 바젤에 살고 있는 한 여성이 신혼여행 중이던 베를린에 사는 친구 셀마 X에게서, 바젤을 지나가게 되었는데 바젤에는 하루만 묵을 예정이라는 내용의 편지를 받았다. 그 여성은 서둘러 호텔로 달려갔다. 그들은 헤어지면서 오후에 다시 만나 친구가 바젤을 떠날 때까지 같이 있기로 약속했다.

그런데 막상 오후가 되자 그 여성은 재회의 약속을 잊어버렸다. 나는 그녀로 하여금 약속을 잊게 만든 결정적 요인이 무엇인지 모른다. 하지만 이런 특정한 경우, 즉 이제 막 결혼한 학교 친구와 만나기로 한 경우에 만남의 반복을 피하려고 하는 성향을 규정하는 여러 가지 유형이 있을 수 있다. 여기서 관심의 초점은 첫 번째 망각을 더욱 확실히 하려는 무의식적인 노력인 또 한 번의 망각에 있다. 바젤의 여성은 베를린에서 온 친구를 만나야 할 그 시간에 다른 장소에서 모임에 참석하고 있었다. 최근 결혼한 빈의 오페라 가수 쿠르츠[21]에 대한 이야기가 나왔을 때, 바젤의 여성은 쿠르츠의 결혼에 대해 상당히 비판적인 언급을 했다. 그러나 그 여가수의 이름을 떠올리려고 했을 때 세례명이 생각나지 않아 무척 당혹스러워했다(주지하는 바와 같이 성이 쿠르츠처럼 단일 철자일 경우에 세례명도 함께 사용하는 경향이 있다). 그녀는 더욱이 쿠르츠의 노래를 종종 들었고, 보통 때에는 그녀의 이름 전체를 완벽하게 알고 있었기 때문에 그만큼 더 당혹스러웠다. 그러나 누군가가 망각된 세례명을 언급하기도 전에 대화는 다른 주제로 넘어가 버렸다.

그날 저녁 이 바젤의 여성은 수많은 사람들과 함께 있었는데, 그들 중 일부는 오후에 함께 있었던 사람들이었다. 우연히 대화는 다시 쿠르츠의 결혼 이야기로 돌아갔다. 그리고 그 여성은 아무런

21 유명한 콜로라투라 소프라노.

어려움도 없이 〈셀마 쿠르츠〉라는 이름을 내뱉었다. 그녀는 즉시
안타까움의 비명을 내질렀다. 〈아이구, 오늘 오후에 내 친구 셀마
와 만나기로 했던 것을 새까맣게 잊고 있었네!〉 시계를 보니 친구
는 이미 떠나 버렸을 시간이었다.

우리는 아마도 이 사례가 함축하는 제반 측면들을 충분히 이해
하기에는 아직 준비가 덜 되었다고 할 수 있을 것이다. 다음에 나
오는 예는, 비록 그것이 이름 망각이 아니라 상황에서 벗어남으
로써 생기는 외국어 망각이긴 하지만 훨씬 간단한 것이다(우리는
이미 다루는 대상이 고유 명사든 세례명이든 외국어든 단어군이
든 간에 동일한 과정들을 다루고 있다는 것을 알 수 있을 것이다).
여기서 다루는 것은 다름 아닌 자신이 하고 싶은 행동을 실행에
옮길 기회를 찾기 위해 영어 단어 *gold* ─ 그것은 독일어에서도
같은 단어다 ─ 를 망각한 한 젊은이의 사례이다.
(16) 한스 작스 박사가 보고한 사례이다.

한 젊은이가 하숙집에서 한 영국 아가씨를 알게 되었는데 그는
그 아가씨를 좋아했다. 그들이 처음 만난 그날 저녁 그는 영어로
그녀와 이야기를 나누고 있었다. 그도 영어를 상당히 잘했다. 그
리고 대화 도중 그가 영어 단어 *gold*를 사용하려고 했다. 그런데
엄청난 노력에도 불구하고 그 단어가 떠오르지 않았다. 대신 프랑
스어 *or*, 라틴어 *aurum*, 그리스어 *chrysos* 같은 단어들만이 집요하
게 그의 머릿속을 맴돌았다. 그래서 그는 그 단어들이 자신이 생
각해 내려는 단어와 전혀 관계가 없다는 것을 알고 있었음에도 불
구하고 그 단어들을 머릿속에서 지우는 데 별도의 상당한 노력이
들었다. 결국 그가 그 단어를 생각해 낸 계기는 그녀의 손에 있는

금반지를 만지고서였다. 그는 그녀에게서, 자신이 오랫동안 생각해 내지 못했던 단어 *gold*가 독일어에서도 철자까지 똑같다는 이야기를 듣고서 대단히 부끄러웠다. 이때의 만짐 — 망각이 그런 기회를 부여해 주었다고 할 수 있다 — 이 갖는 중요한 가치는, 일반적으로 좋아하는 사람을 만지고 싶은 본능의 확실한 만족에 있는 것이 아니라 구애의 가능성을 높여 준 데 있다고 할 수 있다. 사실 연인들이 사용할 수 있는 접촉의 기회는 그것 말고도 여러 가지가 있을 수 있다. 그녀의 무의식은, 그녀가 무의식중에 이야기를 나누고 있는 그 남자에게 마음이 끌리고 있는 상태였다면, 마치 반지를 만지는 척하면서 신체 접촉을 시도한 순진함의 가면 속에 숨어 있는 망각의 성적(性的) 목적을 알아차릴 것이다. 그녀가 그에 의한 접촉을 이해하고 그 동기를 받아들이는 방식은, 이런 식으로 이제 막 시작된 구애의 기회를 성공적으로 포착하는 수단 — 두 사람 모두에게 무의식적이겠지만 상당한 의미를 갖는 수단이다 — 이 될 수 있을 것이다.

(17) 슈테르케J. Stärcke를 통해 나는 망각과 그에 따른 고유 명사의 재생에 관한 또 다른 흥미로운 관찰을 보고하겠다.[22] 이 사례의 특징은 〈코린토스의 신부〉 사례에서 보듯, 이름 망각이 시에서 단어군을 잘못 인용하는 것과 관련되어 있다는 점이다.

노법률가이자 문헌학자인 Z 씨는 한 모임에서, 독일에서 보낸 학창 시절에 자신이 정말로 멍청한 한 학생을 어떻게 알게 되었는지 이야기하고 있었는데, 그는 그 학생의 어리석음을 보여 줄 몇 가지 일화를 알고 있었다. 그러나 그는 그 학생의 이름을 생각해

[22] 슈테르케의 「일상생활에 관하여Aus dem Alltagsleben」(1916) 참조 — 원주.

낼 수가 없었다. 그 이름이 w로 시작한다고는 생각했지만 더 이상 아무것도 생각나지 않았다. 그는 그 멍청한 학생이 포도주 상인이 되었다는 것을 기억해 냈다. 그러고 나서 그는 그 학생의 멍청함과 관련된 또 다른 일화들을 이야기하다가 다시 한번 그의 이름이 생각나지 않는 것을 알고 놀랐다. 그는 이렇게 말했다. 〈그 친군 정말 멍청했어요. 내가 그에게 라틴어를 가르치려 했다는 사실을 나는 지금도 이해하지 못하겠어요.〉 잠시 후 그는 자기가 생각해 내려 하는 이름이 〈······man〉으로 끝난다는 것을 알아냈다. 이때 우리는 그에게 혹시 〈man〉으로 끝나는 다른 이름들을 생각해 보지 않겠느냐고 권유했다. 그러나 그는 〈에르트만Erdmann〉을 이야기했다. 그게 누구냐고 묻자 그는 〈당시 같이 학교에 다녔던 또 다른 학생이다〉라고 대답했다. 그러나 그의 딸은 당시에 에르트만이라는 교수가 있었다는 점을 지적했다. 좀 더 질문을 계속해 들어가자, 우리는 한 잡지의 편집자였던 에르트만 교수가 최근 Z 씨가 기고한 논문의 게재를, 일부 동의할 수 없는 내용이 있다는 이유로 거부했다는 사실을 알게 되었다. 에르트만 교수는 요약본이면 몰라도 전부를 실을 수는 없다고 했던 것이다. Z 씨로서는 대단히 기분이 상하는 일이었다(게다가 나는 그 후에 Z 씨가 몇 년 전 에르트만 교수가 재직하고 있던 바로 그 학과에 임용되기를 상당히 기대하고 있었다는 사실을 알게 되었다. 따라서 이 또한 그 이름이 왜 민감한 부분을 건드린 것인지를 보여 주는 또 하나의 이유가 된다).

그때 그 멍청한 학생의 이름이 갑자기 그에게 떠올랐다. 〈린데만Lindeman.〉 그는 이미 이름이 〈······만〉으로 끝난다는 것을 알고 있었기 때문에 여전히 억압되고 있었던 부분은 결국 〈린데 Linde〉[23]였다. 린데를 생각하면 가장 먼저 무엇이 떠오르는가 하고 그에게 묻자, 그는 처음에는 〈아무것도 생각나지 않는다〉고 말했다. 내가 이 단어와 관련된 어떤 사항이 분명 당신에게 떠오르지 않느냐고 재차 촉구하자, 그는 눈을 치켜뜨고 강한 부정의 제스처까지 해보였다. 〈린데, 그야 정말 아름다운 나무지.〉 그에게는 실제로 더 이상 아무것도 떠오르지 않았을지도 모른다. 더 이상 사람들은 이에 대해 묻지 않고 각자 자신의 일에만 몰두했다. 그러나 얼마 후 그가 은은한 목소리로 다음의 시 구절을 인용하면서 사정은 바뀌었다.

설사 그가 대지*Erde* 위에
확고하면서도 유연한 뼈로 서 있다 하더라도
보리수*Linde*나 포도나무*Rebe*와 비교할 만큼
그렇게 튼튼하지는 못하리라.

나는 쾌재를 불렀다. 나는 〈바로 거기에 우리의 에르트만이 숨어 있었다〉고 말했다. 《땅 위에 서 있는》 사람, 바로 그 사람이 에르트만이다. 에르트만과 린데만 혹은 포도주상이 서로 비교되기에는 너무나 동떨어진 것이었기 때문에 쉽게 연결성을 찾지 못했던 것이다. 다시 말해 나중에 포도주상이 되는 멍청한 학생 린데만은 분명 어리석기는 했지만, 에르트만은 그와 비교할 수도 없을 만큼 더 안 좋은 사람으로 각인되었던 것이다.〉 이처럼 무의식적인 조소나 모욕은 아주 흔한 일이다. 따라서 내가 볼 때 이 경우 이름 망각의 주요 원인은 아마도 이미 앞에서 나왔던 것들이라고 할 수 있을 것이다.

나는 그 시 구절을 어느 시에서 인용한 것이냐고 물었다. Z 씨

23 보리수나무.

는 괴테의 시라고 답하며, 그 시는 이렇게 시작하는 것이라고 말했다.

인간이여 고귀하니
남을 돕고 선하여라!

그리고 뒷부분 어딘가에는 이런 구절도 있다고 대답했다.

그리고 인간이 스스로를 높인다면
바람이 그와 함께 어울릴 것이다.

다음 날 나는 괴테의 이 시를 찾아보았다. 그러고 나서 나는 이 사례가 처음에 생각했던 것보다 (다소 복잡하기는 했지만) 훨씬 흥미로운 것임을 알게 되었다.

(a) 그가 인용했던 첫 구절은 이렇게 시작하고 있다.

설사 그가 대지*Erde* 위에
확고하면서도 〈강건한〉 뼈로 서 있다 하더라도

〈유연한 뼈〉는 오히려 전후 맥락이 맞지 않는 연결이었다. 그러나 이 점에 대해서는 더 이상 논의를 하지 않겠다.

(b) 이 시의 다음 행은 이렇게 이어진다.

…… 확고하게 뿌리내리고 있고 끈기가 있는 대지에서

그는 떡갈나무*Eiche*나 포도나무*Rebe*와 비교할 만큼
그렇게 튼튼하지는 못하리라.

따라서 시 전체에서 보리수에 대한 언급은 전혀 없다. 떡갈나
무를 보리수나무로 바꾼 것은 단지 (그의 무의식에서) 〈대지 ―
보리수나무 ― 포도나무〉의 말 연결을 가능하게 하기 위해서
였다.

(c) 이 시의 제목은 〈인간의 한계*Grenzen der Menschheit*〉라고도
불리는데, 신들의 전능함을 인간의 무력함과 대비하고 있다. 그러
나 그 시는 이렇게 시작한다.

인간이여 고귀하니
남을 돕고 선하여라!

이 구절은 뭔가 다른 구석이 있다. 그 제목은 〈신적인 것*Das
Göttliche*〉인데, 거기에는 신들과 인간들에 대한 생각이 담겨 있다.
이 점을 더 이상 탐구하지는 않을 것이기 때문에 여기서 나로서는
생과 사, 유한한 것과 영원한 것, 자신의 불우한 인생과 미래에 다
가올 죽음 등에 대한 생각들이 이름 망각을 발생시키는 데 일정한
역할을 했다는 정도의 이야기만 하고 넘어가겠다.

이런 사례에서 보듯, 이름 망각을 설명하기 위해서는 대단히
세밀한 정신분석학적 기술을 동원할 필요가 있다. 그런 작업에
대해 좀 더 많은 것을 알고 싶은 사람은 영국 학자 어니스트 존스
의 논문을 참조하라.[24] 그 논문은 독일어로 번역되어 있다.[25]

(18) 페렌치는 이름 망각이 히스테리의 한 증상으로 일어날 수
도 있음을 관찰한 바 있다. 다음 상황에서 이름 망각은 실수 행위
때와는 상당히 다른 메커니즘을 갖는다. 이런 차이의 근본 성격
에 대해서 그는 다음과 같이 지적하고 있다.

최근 나는 한 노처녀 환자를 치료하고 있다. 그녀의 증상은, 다
른 기억력은 양호한데 아주 잘 알고 있거나 유명한 사람의 이름을
곧잘 망각하는 것으로 수년째 고생하고 있다고 했다. 정신분석을
진행하는 과정에서 이 증상은 자신의 무식을 과시하려는 그녀 자
신에 의해 의도적으로 생겨난 것임을 알게 되었다. 그러나 이 같
은 자신의 무지의 과시는 사실 그녀로 하여금 고등 교육을 받도록
해주지 않은 부모에 대해 비판이었다. 그녀가 가진 병적인 결벽증
(부엌데기 정신병) 또한 부분적으로는 동일한 원천에서 나온 것
이다. 이를 통해 그녀가 보여 주려는 것은 이런 것이다. 〈당신들이
나를 부엌데기로 만들어 버렸다.〉

여기서 나는 이와 관련된 더 많은 사례를 인용하고 더욱 상세
하게 이 문제들을 다룰 수는 있다. 그러나 어차피 다른 관점에서
다루는 가운데 뒤에서 또 논의될 것이기 때문에 더 이상의 인용
은 하지 않겠다. 다만 지금까지 보고된 분석 내용들에서 도출된
몇 가지 결론을 요약하는 것이 좋을 것 같다.

이름이 망각되는 메커니즘(혹은 좀 더 정확히 표현하자면 이
름이 기억에서 달아나 일시적으로 망각되는 메커니즘)은 그 시

---

24 「이름 망각 사건에 대한 분석Analyse eines Falles von Namenvergessen」(1911)
참조—원주.
25 이 문단은 1912년에 추가되었다. 또한 다음 사례 (18)은 1920년에 추가되
었다.

점에서 의식되지 않는 일련의 낯선 생각들에 의해 의도했던 이름의 재생이 방해를 받는 것이다. 방해받는 이름과 방해하는 콤플렉스 사이에는 처음부터 하나의 연관이 있거나, 아니면 피상적인 (외적인) 연상들에 의해 인위적으로 보이는 그런 연관이 생겨나게 된다.

방해하는 콤플렉스들 중에서 사적인 연관에서 생겨난 콤플렉스(즉 개인적·자족적·직업적 콤플렉스들)가 가장 강력한 영향을 미친다는 것이 입증된 바 있다.

한 가지 이상의 의미를 갖고, 따라서 한 가지 이상의 사고 집단 (콤플렉스)에 속하는 이름은, 흔히 또 다른 더 강력한 콤플렉스와 관련을 맺는 일련의 생각들에 의해 방해받는다.

이런 방해를 일으키는 동기들 중에 기억으로 인해 불쾌감이 유발되는 것을 피하려는 목적은 아주 뚜렷하다.

일반적으로 이름 망각은 크게 두 가지 유형으로 대별될 수 있을 것이다. 하나는 그 이름이 불쾌한 일과 연관되어 있을 때이고, 또 하나는 그 이름이 그런 결과를 초래한 또 다른 이름과 연관되어 있을 때이다. 따라서 이름의 재생이 방해받는 것은 이름 그 자체에 의한 것이거나, 그것과 밀접하든 소원하든 간에 어떤 식으로든 연관을 갖는 관계에 의한 것이다.

이런 일반적 명제들에 대한 고찰을 통해 우리는 이름의 일시적 망각은 우리의 모든 실수 행위 중에서 가장 빈번하게 관찰되는 것임을 알 수 있다.

(19) 그러나 우리는 이름 망각이라는 현상의 모든 특징을 개관할 수는 없었다. 여기서 나는 한 가지 더 지적하고 싶은 사항이 있다. 이름 망각은 상당히 전염성이 강하다. 두 사람이 대화를 하고 있을 때 그중 한 사람이 자신은 이런저런 이름을 망각했다고만

언급하는 것으로 충분할 때가 많다. 그렇게 되면 그 이름은 다른 사람에게서도 사라질 가능성이 높다. 그러나 전염에 의해 이름이 망각된 경우에는 훨씬 쉽게 재생할 수 있다. 이 〈집단적인〉 망각, 엄밀히 말해 집단 심리학적 현상인 이런 망각은 아직 정신분석학의 탐구 주제가 되지 못하고 있다. 딱 하나의 예외로서 라이크T. Reik는 이 흥미로운 현상에 대해 훌륭한 설명을 제공한 바 있다.[26]

두 명의 여성 철학도가 포함된 대학의 한 작은 모임에서 종교 연구와 관련된 분야와 기독교 문명사에서 제기되는 수많은 문제에 대해 토론하고 있었다. 대화에 참가하고 있던 한 젊은 여성이 자신이 최근에 읽은 한 영국 소설 속에 그 시대를 움직인 여러 가지 종교 사조(思潮)에 대한 흥미진진한 묘사가 나온다고 말했다. 이어 그녀는 그 소설이 예수의 탄생에서 죽음에 이르기까지 전 생애를 다루고 있다는 점도 덧붙였다. 그러나 그 작품의 이름이 뭐냐는 질문에 생각이 나지 않는다고 했다(더욱이 그녀가 책의 표지와 제목의 글자체까지 똑똑히 머릿속으로 그리고 있는데도 그러했다). 토론에 참가하고 있던 세 명의 남성들도 자신들이 그 소설을 알고 있는데, 마찬가지로 그들도 책 제목을 생각해 낼 수 없다고 말했다.

그 여성은 왜 이 이름이 망각되었는지를 알아내기 위해 스스로를 분석할 수 있는 유일한 사람이었다. 그 책의 제목은 루이스 월리스Lewis Wallace의 소설 『벤 허Ben Hur』였다. 그녀가 이 이름을 생각하기 위해 고심할 때 대체 이름으로 떠오른 것은 〈*Ecce homo*

---

26   라이크의 「집단적 망각에 대하여Über kollektives Vergessen」(1920) 참조 — 원주.

(보라, 이 사람을) — *Homo sum*(나는 사람이다) — *Quo vadis?* (어디로 가시나이까?)〉였다. 그녀는 스스로 〈(다른 여학생들과 마찬가지로) 나도 주의 깊게 사용하지 못한 표현 — 특히 젊은 남자들 앞에서 — 이 거기에 포함되어 있기 때문에〉 그 이름을 망각했다는 것을 깨달았다.[27]

대단히 흥미 있는 분석이라는 점에서 이 설명은 더욱 중요한 의의를 갖는다. 이미 암시한 바 있는 맥락에서 볼 때 *homo*의 번역어 *Mensch*(인간)도 중요한 의미를 갖는다. 라이크의 결론은 이렇다.

그 젊은 여대생은 마치 젊은 남자들 앞에서 논란의 여지가 있는 제목을 말하는 것이, 자신이 스스로 자신의 성격과 맞지 않는다고 하여 거부한 적이 있는 소망들을 인정하는 태도인 양 그 단어를 다루었다. 좀 더 간단히 말하면, 〈벤 허〉[28]라는 단어를 말한다는 것은 무의식적으로 그녀에게서는 성적인 방종과 동일시되었던 것이고, 따라서 그녀가 그 이름을 망각한 것은 그런 종류의 무의식적인 유혹을 물리치려 했다는 것을 뜻한다. 우리는 마찬가지로 무의식적인 과정들이 젊은 남자들의 망각에도 결정적 영향을 미쳤다고 생각할 만한 이유를 갖고 있다. 그들의 무의식은 그 여대생의 망각이 갖는 진정한 의미를 이해했다. 즉 그 의미를 제대로 해석했던 것이다. 그들의 망각은 이런 건전한 행동에 대한 존중을 보여 준다……. 그것은 마치 자신들과 이야기하고 있던 그 여대생이 갑작스러운 이름 망각을 통해 명백한 신호를 준 것이나 마찬가지라는 것이다. 그리고 무의식중에 그들은 그 신호의 의미

---

27 독일어 *Hure*는 〈창녀〉라는 뜻을 가지고 있다.
28 〈*Ben Hur*〉와 발음이 비슷한 독일어 〈*bin Hure*〉는 〈나는 창녀다〉라는 뜻.

를 충분히 이해했던 것이다.

또한 연속적인 이름 망각, 즉 일련의 관련된 이름 전체가 한꺼번에 기억에서 사라지는 일이 일어나기도 한다. 만일 잊어버린 이름을 되찾으려고 시도하는 가운데 다른 이름들이 되찾으려는 그 이름과 밀접하게 연결되어 있으면, 종종 그 다른 이름들도 함께 사라져 버리는 일들이 일어난다. 그래서 이름 망각은 쉽게 넘어설 수 없는 장애물이 존재하고 있다는 것을 입증이라도 해주는 양, 이 이름에서 저 이름으로 옮겨 가며 일어난다.[29]

29 이 문단은 1907년에 추가되었다.

네 번째 장
어린 시절의 기억과 덮개-기억들

  1899년 『정신 의학과 신경학 월보』에 실린 또 하나의 논문에
서 나는 우리의 기억 작용이 예기치 못한 목적성을 갖는다는 점
을 논증하려고 했다. 나는 어떤 사람의 아주 어린 시절의 기억들
은 흔히 사소하고 별로 중요하지 않은 것을 보존하고 있는 반면,
(보편적이라고 말할 수는 없지만 아주 빈번하게) 어른이 되어 실
제로 어린 시절의 중요하고 강렬했던 인상들에 대해 갖게 되는
기억에서 그 흔적을 찾기란 불가능하다는 놀라운 사실에서 그 논
증을 시작했다. 이런 사실로부터 아마도 — 기억이란 제공된 인
상들 중에서 선택하게 된다는 것은 이미 알려져 있기 때문에 —
어린 시절 그런 선택은 지적 성숙이 이루어진 후의 원리와는 전
혀 다른 원리에 따라 이루어진다는 점을 가정할 수 있을 것이다.
그럼에도 불구하고 주의 깊게 관찰해 보면 그 같은 가정은 불필
요한 것임을 쉽게 알 수 있다. 어린 시절의 사소한 기억들은 전위
의 과정을 통해 생겨난다. 그 기억들은 기억 재생 과정에서 정말
로 중요한 다른 인상들을 대체한 것들이다. 이 중요한 인상들에
대한 기억은 심리 분석에 의해 별로 중요치 않은 인상들에서 생
겨날 수 있다. 그러나 그런 인상들은 저항Widerstand으로 인해 직
접 재생되지는 않는다. 사소한 기억들은 그 내용이 아니라 그 내

용이 다른 억압된 내용과 맺고 있는 연상 관계에 의해 보존되기 때문에, 내가 그것들을 표현할 때 사용하는 용어인 〈덮개-기억 *Deckerinnerung*〉이라고 불릴 나름대로의 이유를 갖게 된다.

앞서 언급한 논문에서 나는 덮개-기억들의 관계나 의미의 다양함을 살짝 다루었을 뿐이다. 내가 상세한 분석을 한 바 있는 그 논문의 한 사례에서, 나는 덮개-기억과 그것에 의해 은폐되는 내용 간의 연대기적 관계의 특징을 특별히 강조한 바 있다. 그 사례에서 덮개-기억의 내용은 아주 어린 시절의 기억에 속하는 반면, 기억 속에서 그것에 의해 대체되고 거의 무의식적인 것으로 남아 있게 되는 정신적 체험들은 기억 주체의 성인 시절에 일어났다. 나는 이런 종류의 전위를 퇴행성 전위라고 불렀다. 정반대의 경우도 그만큼 빈번하게 보게 된다. 예를 들어 최근에 얻은 사소한 인상은 기억 속에서 덮개-기억으로 정립된다. 다만 이 경우 그 인상이 갖는 특별한 지위는, 저항으로 인해 직접 재생되지 못하는 어린 시절의 경험과 그것의 관계에서 나온다는 점이 앞의 경우와는 차이가 난다. 이것들은 전향성 기억이라고 부를 수 있을 것이다. 여기서 기억을 채우게 되는 본질적인 내용은 시간상으로 덮개-기억에 선행한다. 결국 우리는 덮개-기억이, 그것의 내용뿐만 아니라 시간상의 근접성에 의해 은폐시키는 인상과 연관을 맺는 제3의 가능성도 발견하게 된다. 그것을 동시성 덮개-기억 혹은 근접한 덮개-기억이라고 부르자.

우리 기억의 저장고에서 얼마나 많은 부분이 덮개-기억의 범주에 속하는 것인지, 그리고 그런 덮개-기억들이 다양한 신경증적 사고 과정에서 어떤 역할을 하는지의 문제는, 이전의 논문이나 혹은 이 책의 앞부분에서조차 그 중요성을 한 번도 논의한 바 없는 것이다. 나의 유일한 관심사는 실수 행위에 의해 생겨나는 고유 명사의 망각과 덮개-기억 형성 사이의 유사성이다.

얼핏 보면 이 두 현상 사이에는 유사성보다 차이점들이 훨씬 뚜렷하다. 전자의 현상은 고유 명사와 관계를 갖는 반면, 후자의 현상은 현실이나 상상 속에서 체험된 인상 전체와 관계한다. 전자에서 우리는 기억 기능의 명백한 실패를 보게 되는 반면, 후자에서는 우리에게 낯설게 여겨지는 기억 작용을 보게 된다. 전자에서 그것은 일시적 교란의 경우다. 왜냐하면 방금 망각된 그 이름은 그전에 수백 번도 더 정확하게 재생되었던 것이고, 내일부터 다시 재생될 것이기 때문이다. 그러나 후자에서 그것은 영구적이고 지속적인 기억의 경우이다. 왜냐하면 사소했던 어린 시절의 기억들은 거의 일생 동안 우리에게 머무는 힘을 가진 듯이 보이기 때문이다. 이 두 경우에서 문제의 초점 또한 달라 보인다. 우리의 학문적 호기심을 불러일으키는 것이 전자에서는 망각이지만, 후자에서는 보존이다. 그러나 좀 더 심도 있게 연구해 보면, 심리적 실체와 지속 시간이라는 면에서 두 현상의 차이에도 불구하고 둘 사이에는 합치되는 면이 차이점보다 훨씬 많다. 둘 다 기억하는 과정에서의 잘못을 다루어야 한다. 기억이 재생하는 것은 정확히 재생되었어야 할 것이 아니라 대체물로서의 다른 어떤 것이다. 이름 망각의 경우, 비록 대체 이름들의 형태이긴 하지만 기억 작용 자체는 일어난다. 덮개-기억 형성의 경우, 그 기초는 더욱 중요한 다른 인상들의 망각이다. 두 경우에서 볼 때 우리는 어떤 교란 요인에 의해 방해가 이루어진다는 것을 알 수 있다. 그런데 거기에는 두 가지 서로 다른 형태가 있다. 이름들의 망각에서 우리는 대체 이름들이 틀린 것이라는 사실을 안다. 덮개-기억들에서 우리는 우리가 그런 기억들을 갖고 있다는 사실에 놀란다. 그래서 만일 심리학적 분석을 통해 두 경우에서 피상적인 연관에 따른 전위에 의해 동일한 방식으로 대체 작용이 이루어진다면, 뭔가 중요하고 보편타당성을 갖는 어떤 것을 발견하려고 하는 우리의 기대를 높여 주는 것은 분명 실체, 지속 시간, 초점들과 관련한 두 현상 사이의 차이점들이 될 것이다. 이 일반적 원리는 다음과 같다. 기억 재생 기능이 실패하거나 방향을 상실할 경우, 그런 일은 우리가 상상하는 것보다 훨씬 빈번하게 의도적인 요인, 즉 어떤 기억은 촉진하면서 다른 기억은 재생을 억제하려는 목적을 갖는 교란을 통해 일어난다는 명제이다.[1]

어린 시절의 기억이라는 주제는 나에게 대단히 중요하면서도 흥미 있는 주제라고 할 수 있다. 따라서 나는 지금까지 내가 그것들에 대해 견해를 표명할 기회를 갖지 못했던 몇 가지 관찰 사실을 여기서 추가로 다루어 보고자 한다.

우리의 기억은 어느 정도까지 어린 시절로 소급해서 올라갈 수 있을까? 나는 앙리[2]와 포트윈[3]에 의해 이루어진 이 주제에 대한 몇 가지 탐구 내용을 잘 알고 있다. 이 탐구들은 고찰 대상이 된 사람들 사이에 상당한 개인차가 존재한다는 것을 보여 준다. 어떤 사람들은 생후 6개월까지 거슬러 올라가기도 하는 반면, 또 다른 사람들은 여섯 살 심지어 여덟 살 때의 일에 대해서도 아무런 기억을 하지 못한다. 그러나 어린 시절의 기억들을 보존하는 데 있어 이러한 차이들은 무엇과 연관이 되며, 또 그런 차이는 어떤 의의를 갖는가? 이런 문제에 답하기 위해 설문지를 활용하는 방

---

1 1901년과 1904년판에는 이 부분이 이 장의 마지막이었다.
2 앙리V. Henri & C. Henri의 「어린아이의 초기 기억에 대한 조사Enquête sur les premiers souvnirs de l'enfance」(1897) 참조 — 원주.
3 포트윈E. Potwin의 「초기 기억에 대한 연구Study of Early Memories」(1901) 참조 — 원주.

법만으로는 분명 충분치 않다. 그 밖에 요구되는 사항은 자료를 제공하는 사람이 참여하는 과정이 반드시 있어야 한다는 것이다.

내가 볼 때 우리는 유년기 기억 상실, 다시 말해 인생의 최초 몇 년 동안에 대한 기억의 상실이라는 사실을 너무나도 당연하게 받아들인다. 즉 그것을 불가사의한 수수께끼로 생각하지 않는다는 것이다. 우리는 네 살짜리 아이의 지적 성취가 얼마나 높은지, 그리고 정서적 충동이 얼마나 복잡한지를 잊고 있다. 성인의 기억이 대체로 어린 시절의 정신적 과정 중 극히 일부만을 보존해 왔다는 사실은 놀랄 만한 일임에 분명하다. 특히 이 어린 시절의 체험들은 흔히 생각하듯이 인격 발달에 아무런 흔적도 남기지 않고 사라지는 것이 아니라, 이후 그의 인생 전반에 결정적인 영향을 행사해 왔다고 생각할 만한 충분한 이유가 있다. 그리고 이러한 독특한 영향에도 불구하고 그 체험들은 망각되어 버린 것이다! 이는 아주 특별한 종류의 상기(想起) ― 의식적인 재생이라는 의미의 ― 조건들이 있음을 시사한다. 그런데 우리는 지금까지 그런 조건들을 인정하기를 꺼려 왔다. 말할 것도 없이 어린 시절의 망각은 우리에게 ― 아주 최근 정신분석학의 성과에 따르면 ― 모든 신경증적 증상을 형성하는 기초에 놓여 있는 그런 종류의 망각을 이해하는 데 중요한 열쇠를 제공할 수 있다.[4]

보존된 어린 시절의 기억들 중 일부는 우리가 완벽하게 이해할 수 있지만, 또 다른 일부는 이해하기 힘든 것처럼 보인다. 이 두 종류의 기억들에서 생기는 오류들을 정정하는 일은 어렵지 않다. 어떤 사람이 성인이 될 때까지 보존한 기억들을 분석적 탐구의 대상으로 삼는다면, 그것들의 정확성을 보장해 주는 것이 없다는

4 프로이트는 「성욕에 관한 세 편의 에세이」(프로이트 전집 7, 열린책들)에서 어린아이의 기억 상실과 정신 신경증 사이의 연관에 대해 더 자세히 논하고 있다.

사실은 명백하다. 그것들의 기억상(記憶像) 중 일부는 시간이나 장소가 잘못되거나 불완전하거나 전위된 것들이다. 자신의 최초 회상은 두 살 무렵의 것이라고 주장하는 분석 대상자의 진술을 분명 그대로 믿어서는 안 된다. 게다가 경험의 왜곡과 전위를 이해할 수 있게 해주면서, 동시에 이런 잘못된 회상들이 단순히 기억의 부족에서 생겨난 것이 아님을 보여 주는 동기들은 금방 찾을 수 있다. 성인기의 강력한 힘들은 어린 시절의 체험들을 회상하는 능력에 영향을 미쳐 왔다. 아마도 바로 그 힘은 우리가 지금까지 일반적으로 우리의 어린 시절을 이해하는 것에서 멀어지게 하는 데도 책임이 있을 것이다.

잘 아는 바와 같이, 성인들이 회상을 하는 경우에 다양한 심리적 소재가 사용된다. 어떤 사람들은 시각적인 이미지로 기억해 낼 것이고 그런 기억들은 시각적 성격을 갖게 된다. 또 다른 사람들은 자신들이 체험한 것의 시각적인 개요조차 재생해 내지 못할 수도 있다. 장 마르탱 샤르코Jean-Martin Charcot의 제안에 따르면, 이런 사람들은 시각형에 대비해 청각형 인간 혹은 운동형 인간이라고 부를 수 있을 것이다. 그러나 이런 구별은 꿈에서는 사라진다. 우리는 모두 지배적으로 시각적 이미지들로 꿈을 꾼다. 그러나 어린 시절의 기억에서는 관계가 역전된다. 그 기억들은 성인이 되어 기억의 기능이 그 어떤 시각적 요소와 관계가 없어진 사람에게서조차 시각적이다. 시각적 기억은 따라서 유아기 기억의 형태를 유지한다. 나 자신의 경우, 가장 어린 시절의 기억들은 시각적 성격의 기억들뿐이다. 그것들은 오직 무대에서의 장면들만이 비교 대상이 될 수 있을 만큼 명확한 형태를 가진 장면들이다. 어린 시절의 이런 장면들은 그것들이 올바른 것인지 잘못된 것인지를 떠나, 우리 자신이 거기에 어린아이의 모습과 어린아이의 옷을 입고서 등장하게 된다. 이런 상황은 우리에게 놀라움을 자아낼 것임이 분명하다. 왜냐하면 시각형 성인들이 어린 시절 이후의 체험들을 회상할 경우에 더 이상 거기에 그 자신이 등장하지 않기 때문이다.[5] 게다가 그것은 우리가 그동안 배워 온 것, 즉 어린아이의 체험에서 그 아이의 주의력은 외부에서 온 인상들을 향하는 것이 아니라 그 자신을 향하게 된다는 견해와 정면으로 대립된다. 따라서 우리는 다양한 고찰들을 통해 다음과 같은 생각을 갖게 된다. 즉 소위 가장 어린 시절의 기억들에서 우리는 진정한 기억 흔적*Erinnerungsspur*이 아니라 이후에 수정된 흔적을 갖게 된다는 것이다. 결국 이런 수정된 기억이란 그 사이에 일어날 수 있는 다양한 심리적 요인들에 의해 영향을 받았을 것이 분명하다. 따라서 개개인들의 〈어린 시절의 기억들〉은 일반적으로 〈덮개-기억〉이라는 의미를 갖게 되며, 나아가 그렇게 됨으로써 한 민족이 전설과 신화들 속에 보존하고 있는 어린 시절의 기억들과 상당한 유사성을 보이게 된다.

정신분석학의 방법으로 수많은 사람을 심리학적으로 조사해 온 사람은, 자신이 작업을 하는 과정에서 모든 종류의 덮개-기억에 관한 수많은 사례를 수집하게 된다. 그러나 이런 사례들을 보고하는 일은 대단히 어렵다. 그것은 방금 우리가 이야기했던, 어린 시절의 기억과 성인이 된 후 생활 사이의 관계들이 갖는 특성 때문이다. 어린 시절의 기억이 덮개-기억으로 간주되어야 한다는 점을 입증하기 위해서는 종종 문제가 된 사람의 완전한 개인사가 제시될 필요가 있다. 아주 드문 일이긴 하지만, 그것을 설명하기 위해 그것이 놓여진 맥락에서 단 하나의 덮개-기억을 추출

5 이 진술은 내가 그동안 진행했던 수많은 연구 작업에 바탕을 둔 것이다 — 원주.

해 내는 일도 가능하다. 다음은 바로 그 점을 보여 주는 적절한 사례다.

스물네 살의 한 남자가 다섯 살 때부터 다음과 같은 정경을 마음속에 간직해 왔다. 그는 여름 별장의 정원에 있는 작은 의자에 앉아 있다. 곁에는 숙모가 있는데, 그녀는 그에게 알파벳을 가르치려 애쓰고 있다. 그는 m과 n을 구별하는 데 애를 먹다가 숙모에게 그 차이가 무엇인지를 가르쳐 달라고 부탁한다. 숙모는 그에게 m이 n보다 봉우리가 하나 더 있다고 지적한다. 이 어린 시절 기억의 진실성을 의심할 만한 아무런 이유도 없는 것처럼 보였다. 그러나 그 기억은 한참이 지나 그것이 그 소년의 또 다른 호기심을 상징적으로 대변하고 있다는 사실이 드러난 연후에야 비로소 나름의 의미를 갖게 되었다. 왜냐하면 바로 그 당시 그가 m과 n의 차이를 알고 싶어 했던 것과 마찬가지로 소년과 소녀의 차이를 알고 싶어 안달이었고, 바로 그 숙모가 그에게 그것을 가르쳐 줄 만한 사람이었기 때문이다. 그는 또한 그 당시 그 차이는 비슷한 차이라는 것을 발견했다. 다시 말해 소년도 m처럼 소녀보다 뭔가 하나가 더 있다는 것을 발견했다. 그리고 그가 이런 유의 지식을 배웠을 무렵, 그는 어린 시절에도 거기에 상응하는 호기심을 가졌던 것이 생각났다.

다음 사례는 어린 시절 중에서도 좀 후반기에 속하는 것이다. 여자관계를 엄격히 금지당하고 있는 마흔을 넘긴 이 남자는 아홉 자녀 가운데 맏이다. 막내가 태어났을 때 그의 나이는 열다섯 살이었다. 하지만 그는 단호하게 자신은 자기 어머니의 임신 사실을 전혀 몰랐다고 주장한다. 내가 계속 의심의 말을 던지자 그에게 한 가지 기억이 떠올랐다. 그가 열한 살인가 열두 살 무렵 어머니가 거울 앞에서 급히 치마끈을 푸는 것을 목격한 적이 있었다.

그러고 나서 그는 어머니가 외출하고 돌아와 예상치 못한 진통을 시작했다고 덧붙여 설명했다. 〈치마끈을 푼 것 Aufbindung〉은 〈분만 Entbindung〉에 대한 덮개-기억이었다. 우리는 앞으로의 사례들에서 이런 종류의 〈언어의 다리〉 사용을 자주 접하게 될 것이다.[6]

나는 이제 이전까지 아무런 의미도 없는 것 같던 어린 시절의 기억이, 분석 결과 의미를 가질 수 있게 되는 방식을 보여 주는 사례 한 가지를 다루고자 한다. 마흔세 살이 되어 내가 나의 어린 시절 기억 중에 남아 있는 것에 관심을 쏟기 시작했을 때, 나에게는 하나의 장면이 떠올랐다. 그 장면은 상당한 기간 동안 종종 내 의식의 표면에 나타난 적이 있었고, 그 시기를 세 살 말경으로 생각할 만한 충분한 증거가 있다. 나는 찬장 Kasten 앞에서 뭔가를 요구하며 울고 있었고, 나보다 스무 살 많은 이복형이 찬장 여는 것을 도와줬다. 그때 갑자기 아름답고 날씬한 몸매를 가진 나의 어머니가 외출에서 돌아온 것처럼 그 방에 들어왔다. 이것들은 내가 분명한 상(像)을 갖고 있는 그 장면을 묘사할 때 했던 말이다. 그러나 나는 그것에 대해 더 이상 무엇을 할 수 있는지를 몰랐다. 나의 형이 찬장 — 내가 그 인상을 처음 번역할 때 나는 그것을 옷장 Schrank이라고 불렀다 — 을 열고 싶었던 건지 닫고 싶었던 건지, 왜 내가 울고 있었는지, 그리고 나의 어머니의 귀가가 그것과 무슨 관계가 있는지 등의 물음은 나에게 불분명한 것이었다. 내 스스로 하고 싶었던 설명은, 형이 나를 괴롭혔고 어머니는 그것을 말리려 했다는 것이었다. 기억 속에 보존되어 있는 어린 시절의 장면에 대한 이 같은 오해들은 결코 드물게 일어나는 것이 아니

6 프로이트의 「덮개-기억에 대하여 Über Deckerinnerungen」(1899)를 참조할 것. 앙리 V. Henri & C. Henri는 「어린아이의 초기 기억에 대한 조사」에서 더욱 자세히 논의하고 있다.

다. 상황은 재생되지만 거기서의 초점이 무엇인지는 명확하지 않으며, 따라서 우리는 심리적인 악센트가 그 요소들 중 어디에 주어져야 하는지를 모른다. 정신분석을 한 결과, 나는 전혀 예기치 못한 견해에 도달했다. 나는 어머니가 보고 싶었고, 그래서 어쩌면 어머니가 옷장이나 찬장 속에 감금되어 있을지 모른다고 불안해했던 것이다. 바로 그 때문에 나는 형에게 찬장의 문을 열라고 떼를 썼던 것이다. 그가 내 요구대로 하고 막상 거기에 어머니가 없다는 것을 확인했을 때 나는 울기 시작했던 것이다. 이는 내 기억 중에서도 생생하게 남아 있는 부분이다. 그리고 곧바로 어머니가 등장했다. 그로 인해 나의 불안은 해소되었다. 그러나 나는 어떻게 찬장에서 집에 없는 어머니를 찾으려고 했던 것일까? 그 무렵 꾼 꿈에서 나는 어떤 유모에 대한 모호한 암시들을 보았다. 그 유모에 대해 나는 다음과 같은 기억들, 예를 들면 내가 선물로 받은 동전들을 반드시 자신에게 넘겨줄 것을 강요한 것 등과 같은 또 다른 기억들을 갖고 있다. 그것은 이후의 체험들에 대한 덮개-기억으로서의 가치를 가질 수 있을 것이다. 그래서 나는 이 문제에 대한 해석을 간편하게 하기 위해, 이제는 늙으신 나의 어머니에게 직접 그 유모에 대해 물어보기로 결심했다. 거기서 나는 상당히 많은 것들을 알게 되었는데, 그중 하나가 이 똑똑하지만 정직하지 못했던 유모는 내 어머니가 산욕기(産褥期)에 있는 동안 집 안의 물건들을 많이 훔쳐 갔고, 내 형이 신고해 경찰에 인계되었다는 것이다. 이 사실은 내 어린 시절의 장면에 환한 빛을 드리웠고, 그래서 나는 그 장면을 정확히 이해하게 되었다. 유모의 갑작스러운 사라짐이 나에게는 사소한 문제가 아니었던 것이다. 내가 바로 그 형에게 특히 의존하며 그녀를 찾아 달라고 떼를 썼던 것도, 아마 그가 그녀의 사라짐에 중요한 역할을 했다는 것을 내가 알아차리고 있었기 때문일 것이다. 그리고 또 형이 특유의 모호한 스타일로 〈그녀를 통 속에 집어넣어 버렸어*eingekaselt*〉라고 답한 사실 때문일 것이다. 그 당시 나는 이 말을 어린아이답게, 즉 문자 그대로 받아들였다. 그러고는 이제는 알 것이 없다는 듯이 더 이상 질문하지 않았던 것이다. 내 어머니가 잠시 나를 혼자 두었을 때, 나는 형이 어머니에게도 유모에게 했던 것과 똑같은 짓을 하지 않았을까 의심했고, 그래서 찬장을 열라고 떼를 썼다. 나는 이제 이 시각상의 어린 시절을 회상할 때마다 나의 어머니가 날씬했다는 점이 강조되는 까닭을 이해할 수 있게 되었다. 어머니가 임신 이전의 상태로 돌아간 것이 나에게 강한 인상을 남겼던 것이다. 나는 그때 태어난 여동생보다 나이가 두 살 반이 많다. 그리고 내가 세 살 때부터 이복형과 나는 떨어져 살게 되었다.[7]

---

7 (1924년에 추가된 각주) 유아기의 심리에 관심이 있는 사람이라면 누구든, 자신이 형에게 무엇을 요구한다는 것이 갖는 깊은 의미를 쉽게 알 수 있을 것이다. 아직 세 살이 안 된 아이는 최근에 생겨난 어린 여동생이 엄마의 태내(胎內)에서 자랐다고 이해했다. 그는 자신의 가족에 또 한 명이 추가되는 것을 좋아하지 않았고, 또 어머니 뱃속에서 아이가 자라면 어떻게 하나 하는 불안감에 휩싸였던 것이다. 그래서 그는 그 찬장 속을 보려 했던 것이고 이를 위해 형의 힘을 빌려야 했다. 다른 논문들에서 이미 밝힌 바와 같이, 형이란 아버지를 대신한 그 아이의 경쟁자였다. 바로 그 형이 사라진 유모를 〈통 속에 집어넣었다〉고 하는 당연한 의심 이외에, 그 아이는 형에 대해 또 하나의 의심을 하고 있었다. 즉 형이 어떤 식으로든 최근에 태어난 아이를 어머니의 뱃속으로 다시 집어넣으려 할 것이라는 의심이 그것이다. 찬장이 비어 있다는 것을 확인했을 때의 실망감은 그 아이의 요구에 대한 피상적인 동기에서 나온 것이었다. 사고의 저류를 감안해 보건대 그런 실망감은 잘못된 것이었다. 다른 한편으로 어머니의 날씬함에 대해 그 아이가 만족했던 까닭도 이런 심층적 차원에서만 제대로 이해될 수 있다 — 원주. 프로이트는 어린 시절의 기억이라는 주제를 반복해서 논의했다. 「레오나르도 다빈치의 유년의 기억」(프로이트 전집 14, 열린책들)과 「괴테의 『시와 진실』에 나타난 어린 시절의 추억」(프로이트 전집 14, 열린책들)에서 프로이트는 히스테리적 성격에 대한 의학적 관찰에 이 주제를 적용했다.

다섯 번째 장
잘못 말하기

  자국어로 말할 때 사용하는 일상 언어는 좀처럼 망각되지 않는
것 같다. 그러나 〈잘못 말하기*Versprechen*〉로 알려져 있는 또 하나
의 장애는 좀 더 빈번히 일어나고 있다. 정상적인 사람에게 일어
나는 잘못 말하기라는 현상은 병적인 원인으로 일어나는 이른바
〈실수 행위〉의 전 단계인 것 같다.[1]

  이전에 이루어진 작업을 인정하지 않는 것은 아니지만 이 주제
는 내 스스로 발견한 것이다. 1895년에 메링거R. Meringer와 마이
어C. Mayer는 『잘못 말하기와 잘못 읽기, 심리학적-언어학적 연
구*Versprechen und Verlesen, eine psychologisch-linguistische Studie*』라는
글을 발표했다. 그들의 접근 방식은 나와는 상당히 다른 것이었
다. 이 논문의 주요 저자인 메링거는 사실상 언어학자로, 언어학
적 관심에서 잘못 말하기가 일어나는 규칙을 발견하고자 시도했
던 것이다. 그는 이와 같은 규칙들에서 〈단어나 문장을 구성하는
음(音)의 하나하나 혹은 단어를 전혀 다른 특수한 방법으로 연결
시킨 원인의 심리적 메커니즘〉이 존재한다는 결론을 이끌어 낼
수 있기를 희망했다.

---

  1 프로이트는 이미 1891년 『실어증에 관하여』에서 뇌의 질병에서 파생하는 실
수 행위에 관하여 논의했다.

저자들이 수집하는 잘못 말하기의 사례들은 순전히 기술적인 범주에 따라 다음과 같이 분류되었다. 즉 혼동-*Vertauschungen*(밀로의 비너스를 비너스의 밀로로 부르는 경우), 선발음*Vorklänge*(나에게는 대단히 힘든 일이었습니다*es war mir auf der Brust so schwer*를 *es war mir 'auf der schwest'*라고 발음하는 경우),[2] 후발음 *Nachklänge*(선생님을 위해 모두 건배합시다*Ich fordere Sie 'auf', 'auf' das Wohl unseres Chefs anzustoßen*에서 *anzustoßen*[축배를 하다] 대신 *aufzustoßen*[트림합시다]으로 잘못 발음하는 경우),[3] 혼합 *Vermengungen*(고집을 부리다*er setzt sich einen Kopf auf* 와 저항하다 *er stellt sich auf die Hinterbeine*가 혼합되어 *er setzt sich auf den Hinterkopf*라고 말하는 경우),[4] 대치*Erstzungen*(부란[孵卵] 상자에 표본을 넣어 두겠습니다*Ich gebe die Pärparate in den 'Brüt'kasten*라고 해야 할 것을 우편함에*in den 'Brief'kasten*라고 잘못 말하는 경우) 등 다섯 가지 범주다. 이들 주요 범주 외에도 덜 중요한(혹은 우리의 관점과 관련성이 덜한) 몇 가지 다른 범주도 있다. 이상의 범주들에서 혼동, 왜곡, 융합 등이 한 단어의 발음과 관계하든 철자와 관계하든, 아니면 의도와 문장의 부분을 구성하는 단어 전체와 관계하든 그것은 중요한 차이가 없다.

메링거는 자신이 관찰했던 다양한 잘못 말하기 현상을 설명하기 위해, 소리가 다를 경우 그에 따른 심리적 요소도 다르다는 가설을 제시한다. 즉 한 단어의 첫 음 혹은 한 문장의 첫 단어에 신

---

2 원래 *Brust*라고 발음해야 하는데 뒤에 따라올 말인 *schwer*의 영향을 받아 *schwe*가 *Brust*의 *Bru* 대신에 미리 발음된 것이다. *schwer*(무거운 , 힘든)라는 감정이 앞서기 때문에 일어난 일로 볼 수 있다.

3 앞에서 *auf*라는 음이 두 번 나왔기 때문에 이 발음이 뒤의 단어에 영향을 미쳤다는 것을 알 수 있다.

4 문자 그대로의 뜻으로 보면 *er setzt sich einen Kopf auf*는 〈머리를 들이밀다〉, *er stellt sich auf die Hinterbeine*은 〈뒷다리를 내밀다〉는 뜻.

경 자극이 생기면 흥분 과정은 이미 뒤에 따라오는 음이나 단어로 확장되고, 이 같은 신경 자극들이 동시에 생기는 한 그런 자극들은 상호 변형을 일으킬 수 있다. 심리적으로 더 강렬한 음의 자극은 그 음의 전후에 영향을 미쳐 선발음이나 후발음 현상을 일으키고, 이렇게 해서 그보다 덜 강렬한 신경 자극 과정을 교란한다. 따라서 한 단어에서 어떤 소리가 가장 강렬한 것인지가 결정되어야 한다. 메링거의 관점은 다음과 같다. 〈한 단어에서 어떤 음이 가장 강렬한지 알려면 망각한 언어, 예를 들어 어떤 이름을 찾고 있을 때의 그 자신을 관찰해야 한다. 어떤 경우에서든 가장 먼저 의식에 떠오르는 음이 바로 그 단어가 망각되기 전에 가장 강렬했던 음이다.〉〈고도의 강렬함을 갖는 음들은 통상 어간의 첫음, 단어의 첫 음 혹은 악센트를 지닌 모음이다.〉[5]

나는 여기서 그를 논박하지 않을 수 없다. 어떤 이름을 구성하는 음 속에 가장 중요한 음이 그 이름의 최초 음이라는 것은 타당하지 않다. 망각한 이름을 떠올리려고 노력하다 보면, 그 이름이 어느 글자로 시작하리라는 것을 예측할 수 있는 것은 사실이다. 이 예상은 맞을 수도 있고 맞지 않을 수도 있다. 그런 사실을 제외하더라도 나는 최초 음이라고 생각한 음이 현실에서는 그렇지 않은 편이 더 많다고 주장하고 싶다. 이미 서술한 시뇨렐리Signorelli의 경우, 대신 떠올린 이름에는 최초의 음도 주요한 철자도 보이지 않는다. 보티첼리Boticelli라는 대체 이름 속에는 도리어 그다지 중요하지 않은 elli라는 철자가 중복되고 있다.

망각한 이름 대신에 떠올린 이름 속에서 그 망각한 이름의 최초음이 어떻게 해서 무시되었는지는 다음 예에서 이제 알 수 있다.[6]

---

5 메링거와 마이어의 『잘못 말하기와 잘못 읽기, 심리학적-언어학적 연구』 참조.
6 이 문단과 다음 문단은 1907년에 추가되었다.

어느 날 나는 수도(首都)가 몬테카를로Monte Carlo인 어느 소국(小國)의 이름을 잊어버리고 말았다. 그 대신 떠오른 이름들은 다음과 같다. 피에몬테Piemonte, 알바니아Albania, 몬테비데오Montevideo, 콜리코Colico. 그리고 곧바로 알바니아 대신 몬테네그로Montenegro라는 이름이 떠올랐다. 나는 대신 연상된 이름에는 콜리코를 제외하고는 모두 *Mont*(*Mon*으로 발음한다)이라는 단어가 들어 있는 것에 주의했다. 그리고 알베르트Albert라는 현 국왕의 이름에서 쉽게 모나코Monaco라는 이름을 떠올릴 수 있었다. 콜리코라는 이름은 망각한 이름과 철자의 배열과 리듬이 아주 비슷하다.[7]

잘못 말하기 현상에서도 이름 망각*Namenvergessen*에서 입증된 메커니즘이 마찬가지로 중요한 역할을 한다고 가정할 경우, 우리는 좀 더 심층적인 바탕에서 잘못 말하기의 사례들을 판단할 수 있게 된다. 잘못 말하기에서 드러나는 발화상의 장애는 우선 동일한 문장의 다른 부분에 의해 영향받을 수 있다. 즉 그가 말하려 했던 문장이나 문맥에 담겨 있는 또 다른 착상들에 의해 영향받을 수 있다. 메링거와 마이어에게서 차용한 앞의 사례들은 모두 이 유형에 속한다. 그러나 두 번째 유형의 장애는 시뇨렐리의 사례에서 나타나는 과정과 흡사하다. 즉 이 유형의 교란은 이러한 단어, 문장 혹은 문맥 〈이외의〉 영향에 의해 생겨난다. 다시 말해 화자가 말하려 하지 않았던 요소들에 의해 생겨나는 것이다. 그리고 우리는 실제 장애가 일어났을 때에만 그 요소들이 어떤 것

7　프로이트는『정신분석 강의』(프로이트 전집 1, 열린책들) 중 여섯 번째 강의에서 이 예화를 거론했다. 알바니아와 몬테레그로의 대치는 흑과 백의 대조에서 기인한 것이다. *Albus*는 〈흰색〉이라는 뜻의 라틴어, *negro*는 스페인어, 포루투갈어로 〈검은색〉이라는 뜻이다. 모나코는 뮌헨München의 이탈리아식 이름으로 뮌헨이 그 이름을 잊게 만들었던 것이다.

이었는지를 확인하게 된다. 잘못 말하기가 일어나는 이 두 가지 방식의 공통점은 방해 자극의 동시성이다. 반면 차이점은 그 같은 자극의 위치가 문장이나 문맥의 내부냐 외부냐에 따라 나뉜다. 이런 차이점은 그것이 잘못 말하기의 증후학으로부터 연역해 낸 결과들을 다루는 한, 처음에는 그렇게 커 보이지 않는다. 그러나 전자의 경우에서만, 언어학자 메링거가 잘못 말하기에 대한 연구를 통해 얻어 내려 했던 것처럼, 음이나 단어들이 서로 연계되어 발음되는 과정에 상호 영향을 주는 메커니즘에 관한 결론들을 찾아내는 것이 가능할 것이다. 이에 반해 말하고 있는 것과 동일한 문장이나 문맥 이외의 영향들로 인해 장애가 일어나는 두 번째 경우에서는, 무엇보다도 방해 요소들이 어떤 것들인지를 파악하는 것이 중요하다. 그런 연후라야 이러한 장애의 메커니즘도 앞서 말한 발화상의 법칙을 따르는지의 여부를 따져 볼 수 있을 것이다.

그렇다고 메링거와 마이어가 발화상의 장애들이 〈복합적인 심리적 영향 요소들〉, 다시 말해 말하고 있는 것과 동일한 단어, 문장 혹은 문맥 이외의 요소들에 의한 결과일 수 있는 가능성을 간과했다고 말할 수는 없다. 그러나 소리가 서로 다른 심리적 요소들을 갖는다고 주장하는 그들의 이론은, 엄격히 말해 선발음이나 후발음과 함께 소리 장애를 설명하는 데에만 적합하다는 점을 관찰하지 않을 수 없었다. 단어 장애를 소리 장애로 환원할 수 없는 경우(예를 들어 단어의 대체나 혼합이 일어났을 때), 두 사람은 망설이지 않고 잘못 말하기의 원인을 의도된 문맥 외부에서 찾으려고 했다. 그들은 이런 절차를 몇 가지 적당한 사례에 의해 정당화한다. 몇 구절을 인용해 보겠다.[8]

8 이후의 세 가지 예는 메링거와 마이어의 『잘못 말하기와 잘못 읽기, 심리학적— 언어학적 연구』에서 인용한 것이다.

Ru.는 마음속에서 자신이 〈불결하다*Schweinereien*〉라는 단어를 발음했던 일에 대해 이야기하려고 했다. 그러나 그는 좀 더 온건한 표현을 찾으려고 애쓰다가 이렇게 말을 시작했다. 〈*Dann aber sind Tatsachen zum Vorschwein gekommen*(그런데 그후 이런《사실》들이 나타났다)〉.[9] 그 자리에는 나와 마이어가 있었고 Ru.는 우리에게 자신은 *Schweinereien*이라는 단어를 생각하고 있었다고 인정했다. 그 문장에서는 *Vorschein*이라는 말을 썼어야 했는데 그 시점에 그의 생각 속에 *Schweinereien*이라는 단어가 들어 있었고, 그 단어가 *Vorschwein*이라는 단어로 바뀌게 된 것은 단어들 간의 유사성으로 충분히 설명할 수 있다.

혼합의 경우에서처럼 대치의 경우에서도 이른바 〈부유성(浮游性)〉 혹은 〈부동성(浮動性)〉 발화 이미지들은 마찬가지로 중요한 — 혹은 더욱더 중요한 — 역할을 하고 있다. 설령 그런 이미지들이 의식의 저변에 숨어 있다고 하더라도 그것들은 의식과 아주 가까이에서 작용하고 있으며, 따라서 그것들이 발화되고 있는 것과의 유사성으로 인해 쉽게 영향을 발휘하게 된다. 그렇기 때문에 그런 이미지들은 단어들이 이어져 나올 때(다시 말해 발화할 때) 잘못을 일으키는 것이다. 이미 여러 차례 이야기한 바와 같이, 〈부유성〉 혹은 〈부동성〉 발화 이미지들은 방금 전에 일어난 발화 과정들(후발음)을 뒤따르는 추적자들인 경우가 많다.

유사성도 말하려는 단어와 유사한 또 하나의 단어가 〈미처 그것을 말하겠다는 결심도 하기 전에〉 의식의 저변에 근접하게 되면 잘못 말하기를 유발할 수 있다. 대체의 경우가 그것이다. 그래서 나는 나의 규칙들이 시험을 통해 필연성을 인정받게 되기를 기대한다. 그러나 이를 위해서는 (만일 이야기하는 사람이 다른 사

9 *Vorschein*(출현) 대신에 *Vorschwein*이라는 존재하지 않는 단어를 말한 것이다.

람이라면) 〈우리는 말하는 사람의 생각 속에 있었던 모든 것에 대한 명확한 개념을 갖고 있어야 한다〉는 점이 반드시 선행될 필요가 있다. 여기에 한 가지 교훈적인 사례가 있다. 교장 선생님 Li. 씨는 〈*Die Frau würde mir Furcht 'einlagen'*(그 여인은 나에게 공포감을 불러일으켰습니다)〉라고 말했다.[10] 나는 깜짝 놀랐다. *einlagen*에서 *l*은 도저히 이해가 되지 않는 철자였기 때문이다. 그래서 나는 그에게 혹시 *einjagen*을 *einlagen*으로 발음한 것이 아닌지 물어보았다. 그는 곧 〈그렇습니다. 사실 나는《나는 ······ 할 수 있는 자리에 있어서는 안 된다*ich ware nicht in der Lage*······ 》는 생각을 하고 있었습니다〉라고 대답했다.

또 하나의 예가 있다. 나는 폰 시트R. von Schid 씨에게 〈요즘 병든 말[馬]의 상황은 어떻습니까?〉라고 물었다. 그는 〈*Ja, das draut*······ *dauert vielleicht noch einen Monat*(네, 그것은《계속······ 》 아니 아직 한 달 정도는 더 계속될 것 같은데요)〉라고 대답했다. *draut*의 *r*이 어째서 나타난 것인지 이해할 수 없다. *dauert*의 *r*이 위치가 변해 그렇게 되었을 가능성은 거의 없었다. 그래서 그에게 이 점에 대한 주의를 환기시키자, 그는 원래 자신은 머릿속에서 〈*das ist eine 'traurige' Geschichte*(그것은 정말 슬픈 이야기이다)〉라고 말하려 했다고 설명했다. 이처럼 그는 두 가지 대답을 생각하다가 그것들을 뒤섞어 버린 것이다.

의식의 입구에 있으면서 말로 표현될 의도 없는 〈부동성〉 발화 이미지들에 대한 고찰과, 말하는 사람의 마음속에 있었던 모든 것에 대한 정보의 요구는 우리의 분석 대상이 되는 사안에 대한 면밀한 접근을 이루는 절차들이라는 점은 아주 명백하다. 또한

10 〈나는 저 여자가 무섭다*Die Frau würde mir Furcht einjagen*〉라는 뜻이 된다.

우리는 무의식적인 실체를 찾고 있다. 그것도 동일한 길을 따라 그것을 찾는다. 다만 예외가 있다면, 그것은 분석 대상이 되고 있는 사람의 정신 속에 들어온 관념들에서 출발해 방해 요소를 찾아내기까지의 과정에서 우리는 복잡한 연상들의 계열을 통한 더욱 먼 길을 따라야 한다는 점이다.

나는 잠시 동안 메링거의 사례들이 보여 주는 또 하나의 흥미로운 과정을 살펴보고자 한다. 메링거는 말하려 의도했던 문장 속의 단어와 그렇지 않은 단어 간의 일종의 유사성으로 인해 후자의 단어가 변형, 혼합, 타협(혼합) 등을 만들어 냄으로써 의식에서 그 자신의 존재를 느끼게 된다고 주장한다. *jagen*과 *lagen*, *dauert*와 *traurig*, *Vorschein*과 *Vorschwein*의 관계가 그렇다.

그런데 나는 『꿈의 해석』에서, 잠재적인 꿈-사고*latenter Traum - gedanke*에서 소위 외현적인 꿈-내용*manifester Trauminhalt*을 형성함에 있어 압축 작업이 하는 역할을 입증한 바 있다. 무의식적인 실체의 두 가지 요소들 간의 유사성은 혼합 관념 혹은 타협 관념이라는 제3의 요소를 만들어 낼 수 있는 기회로 간주된다. 꿈-내용에서 이 제3의 요소는 그것의 두 가지 요소를 대변한다. 제3의 요소는 이런 식으로 생겨난 것이기 때문에 종종 모순된 특징들을 갖게 된다. 따라서 잘못 말하기에서 생겨나는 대체물이나 혼합물의 형성은 꿈-내용을 형성하는 데 상당한 역할을 하는 압축 작업의 시작이다.[11]

일반 독자를 위해 쓴 짧은 글 「잘못 말하기는 어떻게 일어나는가Wie man sich versprechen kann」(1900)에서 메링거는 한 단어가 다른 단어로 교체되는 특정한 경우들, 즉 한 단어가 그와는 반대되는 의미를 갖는 다른 단어에 의해 대체되는 경우들에 대해 특

11 『꿈의 해석』 참조.

별한 실제적 의의가 부여된다고 주장했다. 그는 그 글에서 이렇게 말하고 있다.

여러분은 아마도 오스트리아의 국회 의장이 개회를 선언하면서 〈여러분, 성원이 되었으므로 폐회를 선언합니다〉라고 말한 일을 기억하고 있을 것이다. 그는 모두의 이의 제기에 따라 자신의 잘못을 알아차리고 곧 정정했다. 이 특수한 사례에 대해서는 다음과 같은 설명이 가능하다. 이를테면 이 의장은 개정해 봤자 별로 얻을 것이 없다는 생각에서 은근히 회의가 폐회되기를 바랐던 것이다. 그런데 흔히 일어나는 바와 같이 동반된 생각이 적어도 부분적으로 치고 올라오는 바람에 〈개회〉라고 말해야 할 것을 〈폐회〉라고 정반대의 말을 해버렸다. 많은 사례를 검토해 본 결과, 일반적으로 정반대의 의미를 가진 말이 종종 서로 뒤바뀌는 경우가 많았다. 그것들은 애당초 우리의 언어 의식에서 서로 연결되어 있고 서로 간의 거리도 가까워, 자칫하면 반대의 단어가 튀어나올 가능성이 큰 것이다.[12]

단어들이 정반대 의미를 갖는 단어로 대체되는 모든 경우에서, 의장의 경우처럼 그 잘못이 이야기하는 사람의 마음속에서 일어나는 갈등에서 비롯된다고 말하기는 어렵다. 우리는 〈알리퀴스 *aliquis*〉 사례에 대한 분석에서 같은 메커니즘을 보게 된다. 그 경우에는 마음속에 있는 저항이 정반대 의미의 언어를 떠올리는 형태가 아니라 그 언어를 망각하는 형태로 나타난다. 그러나 독자가 이 차이를 과장되게 평가하는 일이 없도록 나는 〈알리퀴스〉라

12 프로이트는 『정신분석 강의』에서 이러한 관점에 의거한 문학적 사례들을 밝히고 있다.

는 단어에는 〈개회〉와 〈폐회〉에 해당하는 반대 의미의 언어가 없다는 것과, 또한 〈개회〉라는 말은 일상적으로 자주 사용되는 어휘이기 때문에 망각되기가 어렵다는 것을 밝혀 두고자 한다.

메링거와 마이어의 마지막 예에 따르면, 잘못 말하기에는 두 가지 원인이 있는 것을 알 수 있다. 이를테면 말하려는 문장을 구성하는 음이나 단어가 그 문장 속의 앞이나 뒤에 있는 말에 영향을 미침으로써 잘못 말하기가 일어나는 경우와, 말하려고 생각한 문장에는 포함되지 않은 말의 영향을 받아서 잘못 말하기가 일어나는 경우이다. 후자의 경우에는 그와 같은 말이 의식되지 않아서 잘못 말하기가 일어나지 않는다면 흥분은 일어나지 않게 된다. 우리는 우선 두 종류의 잘못 말하기를 엄밀히 구별할 수 있을지 없을지, 어떻게 하면 한쪽의 예를 다른 쪽과 구별하는 것이 가능한지 검토해 보도록 하자. 그러나 이 지점에서 우리는 분트W. Wundt의 견해를 염두에 두어야 한다. 그는 발화의 발전 법칙에 대한 포괄적인 논의를 하는 과정에서 잘못 말하기라는 현상을 다루고 있다.

그에 따르면 잘못 말하기와 그 유사 현상에서 확인할 수 있는 한 가지 공통된 특징은 일정한 심리적인 영향 요소들의 활동이다.

무엇보다 먼저 그 영향 요소들은 발성된 소리에 의해 생겨난 소리 연상Kangassoziation과 단어 연상Wortassoziation의 유연한 흐름을 형성하는 데서 적극적인 결정 인자를 갖는다. 게다가 이러한 경향을 저지하려는 힘의 억제나 완화의 형성, 그리고 의지의 작용으로서 활동하고 있는 주의력을 형성하는 데 부정적인 요인이 있다. 이와 같은 연상 작용에는 다양한 종류가 있다. 이를테면 나중에 나와야 할 음이 빨리 나오기도 하고, 앞에 나온 음이 나중에 다시 나오기도 하며, 구별이 되어 있는 음이 다른 음 사이에 잘못 섞여 들거나 혹은 말하려는 음과 연상 관계는 있으나 전혀 다른 말이 그 음에 영향을 미치기도 한다. 그러나 이것들은 이미 연상의 방향 혹은 가능한 한 연상이 생기는 범위의 차이일 뿐이며, 연상의 일반적인 성질의 차이는 아니다. 게다가 어느 잘못 말하기가 어느 형식에 속하는지 혹은 〈원인 중복의 원리에 따라서〉[13] 몇 개의 동기가 함께 작용하고 있다고 생각하는 것이 옳은 것인지도 쉽게 판단하기 어렵다.[14]

나는 이러한 분트의 관찰에 전적으로 동의하며 시사하는 바도 크다고 생각한다. 우리는 여기서 분트보다 좀 더 단호하게, 잘못 말하기를 적극적으로 촉진하는 요소 ― 즉 억제되지 않는 연상의 흐름 ― 와 그 부정적인 요소 ― 결국 잘못 말하기를 저지하는 주의력의 지원 ― 라는 것은, 일반적으로 협력 작용을 하고 있는 이들 두 가지 요소가 똑같은 심리 과정을 그저 다른 면에서 규정하고 있는 것에 지나지 않다고 말해도 좋을 것이다. 다시 말해서 방해하는 주의력의 완화에 따라, 좀 더 쉽게 말하면 이런 완화의 결과로 방해받지 않는 연상의 흐름이 작동하는 것이다.

내가 직접 수집한 잘못 말하기의 사례들 중에서 그 원인을 오로지 분트의 이른바 〈소리들의 접촉 효과〉에만 귀결시킬 수 있는 것을 나는 하나도 찾을 수 없었다. 대부분의 경우 말하려고 한 문장 밖에서 전해 오는 무엇인가의 방해 작용이 인정되는 것이 보통이다. 이 방해 요소는 원래 무의식 속에 있으나 잘못 말하기라

---

13 이것은 내가 강조한 것이다 ― 원주. 이 개념은 프로이트가 『히스테리 연구』 (프로이트 전집 3, 열린책들)에서 말한 〈중복 결정 *Überdeterminierung*〉과 같은 것이라고 보아도 될 것이다.

14 분트의 『민족 심리학 *Völkerpsychologie*』(1900) 참조 ― 원주.

는 형태를 취해 밖으로 표현되는 것이고, 여러 차례의 상세한 분석에 의해서만 의식 속으로 들어온다. 또는 방해 요소는 완전한 발화에 저항하는 더욱 일반적인 심리적 동기의 힘이라고 할 수 있다.

(1) 나의 딸이 얼굴을 찌푸리면서 사과를 먹고 있을 때 나는 다음과 같은 말을 인용하고자 했다.

> 원숭이는 정말로 우스꽝스럽다.
> 사과를 씹고 있을 때.
> *Der Affe gar possierlich ist,*
> *Zumal wenn er vom Apfel frist.*

그러나 나는 이 인용을 존재하지도 않는 단어인 *Der Apfe*로 시작했다. 이것은 *Affe*(원숭이)와 *Apfel*(사과)의 혼합(즉 타협 형성)이거나 이미 나의 머릿속에 떠올랐던 *Apfel*이라는 말에 대한 준비 단계의 말이라고 생각해도 될 것이다. 그러나 좀 더 상세한 사정을 조사하면서 다음과 같은 사실이 밝혀졌다. 나는 바로 그전에 이 구절을 입에 담을 때에는 제대로 말했으나 그다음 인용할 때 처음으로 잘못 말한 것이다. 내 딸은 처음에는 다른 뜻과 혼동해 내가 한 말을 들으려 하지 않았기 때문에 나는 다시 같은 말을 반복하지 않으면 안 되었다. 같은 구절을 빨리 말해 버려야 한다는 초조감도 이 잘못 말하기가 압축 작업이란 형태를 취해 나타나게 된 동기의 하나인 것에 틀림없다.

(2) 내 딸이 〈나는 슈레징거 씨의 부인에게 편지를 씁니다*Ich schreibe der Frau Sch'r'esinger……*〉라고 말했다. 그 부인의 정확한 이름은 *Sch'l'esinger*였다. 이 잘못 말하기는 아마 가능한 한 발음이 쉬

운 음을 선택한다는 일반적인 경향에서 오는 것이 아닐까? 이런 것은 되풀이해 *r*이란 음이 나온 후에 *l*을 발음하는 것은 곤란하기 때문에 발생한다. 이제 하나 덧붙여야 할 것은, 내 딸이 이 잘못 말하기를 저지른 것은 내가 딸에게 *Affe*라고 할 것을 *Apfe*라고 실수해 버린 바로 다음이었다는 점이다. 메링거와 마이어는 이름 망각이 전염성을 지니고 있다는 것을 지적하고 있으나, 잘못 말하기도 마찬가지로 전염성이 대단히 강하다는 것을 알 수 있다. 그러나 어떻게 이와 같은 심리적인 전염이 생기는지는 알 수 없다.

(3) 어떤 여자 환자가 초진(初診) 때 〈나는 마치 *Tassenmescher* 처럼 앙상해집니다 ── 포켓 나이프*Taschenmesser*처럼 말입니다〉라고 말했다. 이 사례에서는 전후의 음이 서로 엇갈린 것이라거나 또는 발음이 어려웠다는 변명이 가능할까? (이를테면 〈*Wiener Weiber Wäscherinnen waschen weise Wäsche*〉[15]나 〈*Fischflosse*〉[16] 같은 돌려 말하기를 참조하라.) 실수하지 않으려고 주의하면서 그녀는 곧 〈네, 그런데 그것은 오늘 선생님이 *Ernscht*라고 말씀하셔서 그래요〉라고 대답했다. 사실 나는 그녀가 진찰실에 들어왔을 때 〈그럼, 오늘은 검진이에요*Heute wird es also Ernst*〉라고 말하며 맞이했다(그날 진료를 마지막으로 휴가에 들어가기 때문이었다). 그때 나는 *Ernst*라는 말을 농담으로 *Ernscht*로 늘여서 발음했다. 그 환자는 치료 중에도 몇 번이나 잘못 말하기를 되풀이했다. 나는 마침내 그녀가 그저 나의 흉내를 내는 것만이 아니라 무의식 속으로 〈에른스트〉라는 이름에 집착하지 않으면 안 되는 특별한 이유가 있을 것이란 점을 관찰하게 되었다.[17]

15　〈빈의 부인용품 가게의 점원이 하얀 속옷을 세탁하다〉라는 뜻.
16　〈물고기의 지느러미〉라는 뜻.
17　나중에 알게 되겠지만, 이 부인은 무의식 속에서 임신과 피임을 생각하고 있었던 것이다. 〈포켓 나이프처럼 앙상해진다〉라는 말은, 의식적으로는 스스로 고통을

(4) 같은 여성 환자의 일이다. 그녀는 어느 날 〈코감기에 걸려 *durch die Ase natmen* 할 수 없어요 — 아니, 코로 숨을 쉴*durch die Nase atmen* 수 없어요〉라고 말했다. 이 경우 그녀는 곧 이 잘못 말하기의 원인을 생각하면서 〈나는 항상 하제나우어*Hasenauer*가에서 전차를 탑니다. 오늘 아침 전차를 기다리고 있는 사이《혹시 내가 프랑스인이라면 아제나우어*Asenauer*로 발음하겠지. 프랑스인은 단어의 처음 *H*를 발음하지 않으니까》하고 생각했습니다〉라고 말했다. 그다음에 그녀는 자신이 알게 된 프랑스 사람들에 대한 추억을 몇 개 이야기하고 나서, 아주 빙돌아 열네 살 때 「브란덴부르크인과 피카르데*Kurmärker und Picarde*」[18]라는 짧은 희곡 중에서 피카르데 역을 연기하면서 짧은 독일어를 지껄였던 일을 떠올렸다. 그녀의 하숙집에 가끔 파리에서 한 손님이 왔는데 여러 가지 추억을 되살리게 했다. 따라서 그녀의 소리 바꾸기는 그때의 화제와는 전혀 무관한 무의식적인 사고에 의한 방해의 결과였다.

(5) 또 다른 여성 환자가 저질렀던 잘못 말하기의 메커니즘도 이와 유사하다. 그녀는 오랜 옛날에 잊어버렸던 유아기의 기억을 떠올리려고 했으나 아무리 애를 써도 떠오르지 않았다. 그녀의 기억은 남자의 뻔뻔스러운 욕망에 불타는 손이 자기 신체의 특정 부위를 쥐고 있었다는 것을 떠올리고 싶지 않았던 것이다. 바로 그다음에 그녀는 어느 여자 친구를 방문해 여름 별장에 대해 이

호소하고 있으나 무의식적으로는 태아의 자세를 표현하는 것이었다. 내가 〈에른스트〉라는 말을 했을 때 그녀는 빈의 케르트너가에 있는 S. 에른스트라는 유명한 가게를 떠올린 것이다. 이 가게는 자주 피임약이나 피임용품의 광고를 하고 있었다 — 원주. 여기서 〈앙상해진다*zusammenklappen*〉에는 〈접히다〉라는 의미도 있다.

18 베를린의 극작가 루이스 슈나이더Louis Schneider(1805~1875)의 단막극이다.

야기하게 되었다. 그때 그 환자는 M에 있는 친구의 별장이 어느 곳에 세워졌는지를 듣고서 산기슭*Berglehne*이라고 말할 작정이었는데, 산허리*Berglende*라고 잘못 말했다.[19]

(6) 또 다른 어떤 여성 환자는 치료가 끝나고 나서 그녀 숙부의 근황을 물어보자 〈모르겠어요. 저는 요사이 *in flagranti*(현장에서)만 그를 볼 수 있어요〉라고 말했다. 다음 날 다시 만났을 때 그녀는 〈그런 엉터리 대답을 하고 나서 정말 창피해 혼났어요. 외국어를 한답시고 틀리게 말했으니, 물론 선생님은 저를 교양 없는 여자라고 생각했겠지요. 사실은 *en passant*(지나는 길에)라고 말할 생각이었어요〉 하고 말했다. 그때까지는 아직 우리 둘 다 어째서 그녀가 그렇게 부적절한 외국어를 사용했는지 몰랐다. 그 치료 시간 중에 그녀는 전날의 화제를 들먹이고 어느 추억을 얘기하다가, 그 추억은 〈현장에서*in flagranti* 붙잡혔다〉라는 것이 중심 주제라는 것이 드러나게 되었다. 이를테면 전날의 잘못 말하기는 그때에는 아직 의식되지 않았던 주제가 미리 드러난 것이었다.

(7) 언젠가 또 한 명의 여성 환자를 분석하면서 나는 그녀에게 〈당신은 지금 우리가 문제로 삼는 시기에 일어난 가족의 일을 부끄럽게 생각해 아직 우리가 모르는 일로 아버지를 비난하는군요〉라고 말했다. 그녀는 그런 기억은 없고 또 그런 일은 없을 거라고 대답했다. 그리고 그녀는 자기 가족의 일에 대해 다음과 같이 말했다. 〈우리 가족에게는 한 가지 인정해야 할 부분이 있습니다. 그들은 분명히 비범한 인물들로 모두 *Geiz*(탐욕) — 아니, 아닙니다. *Geist*(정신력)를 소유하고 있습니다.〉 사실 그녀는 부친이 탐욕스럽다고 비난하고 싶었으나 이 기분을 억제하려고 했던 것이 잘못 말하기라는 형태로 나타난 것이다. 이러한 현상의 예들은 종종

19 *Lende*는 〈넓적다리〉라는 뜻.

찾아볼 수 있다(메링거가 열거한 *Vorschwein*이라는 잘못 말하기
의 예를 참조할 것). 메링거의 예에서는 의식하고 있는 것을 숨길
수 있으나, 내 환자는 그 말 뒤에 무엇이 숨어 있는지도 모르고 자
신이 무엇을 숨기고 있다는 사실도 모른다는 점이 다르다.

(8) 다음의 잘못 말하기의 예 또한 무언가를 의식적으로 제지
하려고 한 결과로 생긴 것이다.[20] 나는 어느 날 돌로미텐[21]으로 여
행객 복장을 한 두 명의 여성과 동행하게 되었다. 나는 잠시 그녀
들과 나란히 걸으면서 여행의 즐거움과 고충에 대해 대화를 나누
었다. 그중 한 여성은 연속된 나날의 여러 가지 불편한 점을 토로
하며 〈사실이에요. 햇볕 속에서 하루 종일 걷는다는 것은 정말 유
쾌하지 못해요. 블라우스와 속옷까지 땀에 흠뻑 젖는다니까요〉
라고 말하면서 잠시 말을 우물거렸다. 덧붙여 〈하지만 속바지*Hose*
에 돌아가서 옷을 갈아입을 수 있을 때는〉이라고 말했다. 이 잘못
말하기를 설명하는 데는 새삼스러운 분석이 필요로 하지 않을 것
이다. 이를테면 이 여성은 분명히 옷가지를 모두 염두에 두어 〈블
라우스와 속옷도, 속바지도······〉라고 말하려 했으나 여성으로서
의 조심성(점잖지 못한 인상을 줄까 봐) 때문에 마지막의 속바지
란 말이 입에서 튀어나오려는 것을 억제한 것이다. 그런데 억제
되었던 이 말은 그녀의 의지에 반해 내용과는 아무런 관계없이
곧 다음 말 속에서 〈집에*nach Hause*〉와 발음이 좀 비슷한 〈속바지
에*nach Hose*〉라는 말로 변해 나타났다.

(9) 어느 부인이 나에게 〈융단을 사러 마테우스가(街)에 있는
카우프만에 가시지 않겠습니까? 원하신다면 소개해 드리지요〉라

---

20 이 예는 1917년에 추가되었다. 『정신분석 강의』 중 네 번째 강의에서도 동일
한 예가 제시되고 있다.

21 동(東)알프스산맥 일부의 이름.

고 말했다. 나는 그 부인의 말을 반복해서 〈마테우스 씨 댁, 아니 카우프만 씨 댁 말이군요〉라고 대답했다. 내가 이름을 잘못 말한 것은 그 장소에 대해 들으면서 방심했기 때문이다. 그녀의 말 때문에 나의 주의력은 융단보다도 훨씬 중대한 다른 일을 향해 있었다. 사실 마테우스가에는 내 아내가 나와 약혼했던 시기에 살던 집이 있었다. 그 집의 입구는 다른 소로(小路)에 있었다. 그때 나는 그 거리의 이름을 잊어버려 좀처럼 떠오르지 않는 것이 신경에 쓰였다. 결국 내가 실수로 입 밖에 내뱉은 마테우스라는 이름은 그 잊어버린 거리 이름의 대치로서의 의미를 지니고 있었다. 이 마테우스라는 이름이 카우프만이라는 이름보다 대치하기에 적당한 이유는, 마테우스는 인명(人名)으로 쓰기 쉬우나 카우프만[22]은 그렇지 않다는 것이다. 내가 망각한 거리의 이름은 인명에서 따온 라데츠키 거리였다.

(10) 다음에 드는 예는 나중에 논할 〈착각〉으로 분류해도 좋은 것이다. 여기서 먼저 이 예를 언급하고자 하는 것은 발음이 유사하기 때문에 잘못 말하기가 일어난 것이 분명하기 때문이다. 어떤 여성 환자가 자신의 꿈을 이야기해 주었다. 〈한 아이가 뱀에 물려서 죽으려는 결심을 실행에 옮겼다. 그녀는 그 아이가 경련을 일으키고 있는 것을 방관하고 있는데…….〉 거기서 나는 그녀에게 그날 낮에 일어난 일 중에서 뭔가 그 꿈과 관계가 있는 것이 없었는지, 또 거슬리는 것이 없었는지 물어보았다. 그녀는 그 전날 밤에 뱀에게 물렸을 때 어떻게 응급 처치를 해야 하는지에 대한 강연을 들었다는 사실을 곧 떠올렸다. 어른과 어린이가 동시에 물렸을 경우에는 우선 아이의 상처를 치료해야 한다는 것 등,

---

22 카우프만Kaufmann은 인명으로도 사용하지만 〈상인〉이라는 보통 명사이기도 하다.

치료하는 데 어떤 주의가 필요한지에 대해 들었다는 것을 생각해 냈다. 이를테면 어떠한 종류의 뱀에 물렸는가에 따라 치료 방법이 다르다는 것 등이다. 여기까지 왔을 때 나는 이야기를 가로막고 그녀에게, 그 강연자가 이 지방에는 독사의 종류가 매우 적다는 것과 조심해야 하는 뱀의 종류에 관해서 이야기했는지 물었다. 거기에 대해 그녀는 〈네, 방울뱀*Klapperschlange*이 특히 위험하다고 하더군요〉라고 대답했다. 내가 웃었기 때문에 그녀도 자신의 잘못 말하기를 알아차렸다. 그러나 그녀는 그 뱀 이름을 바로 정정하려 하지 않고 자신이 말한 것을 철회하면서 〈아아, 그랬습니다. 물론 이 주변에 방울뱀 따위는 살지 않아요. 강연자가 이야기했던 것은 살무사에 관해서였습니다. 도대체 왜 나는 방울뱀이라는 말을 생각했을까요?〉 하고 말했다. 나는 그녀의 꿈 배후에 숨어 있는 심리적 내용의 영향으로 생겨난 것이 틀림없다고 생각했다. 뱀에게 물려 자살한다는 것은 아름다운 클레오파트라*Kleopatra*를 빗대어 말하는 것이라고밖에 생각할 수 없다. 두 단어의 발음이 매우 많이 닮은 것, 두 단어 모두 *Kl* …… *p* …… *r*이라는 철자가 같은 순서로 포함되고 게다가 양쪽 모두 *a*에 악센트가 있다는 것에 주의를 기울여 보자. 이와 같이 〈방울뱀*Klapperschlange*〉과 〈클레오파트라*Kleopatra*〉라는 이름 사이에는 깊은 관련이 있었기 때문에, 그녀의 판단력이 일시적으로 저하되어 아무 저항 없이 〈강연자는 빈의 청중에게 방울뱀에 물렸을 때 응급 처치하는 방법을 가르쳤다〉고 말했던 것이다. 그녀도 나와 마찬가지로 방울뱀이 우리 지방에 없다는 것을 잘 알고 있었다. 또 그녀가 아무 주저 없이 방울뱀과 이집트를 연결했던 것도 전혀 이상하지 않다. 왜냐하면 우리는 유럽 이외의 지역을 통째로 외국이라고 치부해 버리는 일에 익숙해 있기 때문이다. 나도 방울뱀은 신대륙에만 있다고 말하기 전에 잠시 생각해 보지 않을 수 없었다.

분석을 계속해 나가자 여러 증거가 속속 드러났다. 그 부인은 이 꿈을 꾸기 전날 자신의 집 가까이에 서 있는 슈트라세가 만든 안토니우스 군상을 처음 보았다.[23] 이것이 꿈을 꾸게 된 두 번째 요소이다(첫 번째 요소는 물론 뱀에게 물렸을 때의 처치에 관한 강연이다). 꿈의 뒷부분에 그녀가 한 명의 아이를 팔에 안고 어르는 부분이 있었다. 그녀는 이 정경에 관해서 그레트헨[24]이라는 이름을 생각했다. 더욱이 연상을 계속하고 있는 중에 「아리아와 메살리나Arria und Messalina」[25]라는 희곡에 관한 추억이 떠올랐다. 꿈-사고 중에 희곡의 등장인물이 이처럼 많이 나타났다는 것을 통해서, 그녀가 젊었을 때 여배우라는 직업에 은밀한 동경을 품고 있었다는 사실을 엿볼 수 있었다. 〈한 아이가 뱀에 물려서 죽으려고 결심했다〉는 꿈의 첫 부분은, 그녀가 아이였을 때 언젠가는 유명한 여배우가 되려고 결심했다는 것을 의미하는 것임에 틀림없다. 마지막으로 메살리나라는 이름에서 이 꿈의 중요한 내용을 시사해 주는 사실이 연상되었다. 즉 그녀는 최근의 어떤 사건에서 자신의 하나뿐인 남동생이 아리아 인종이 아닌 여자와 *Mésalliance*[26] 할지도 몰라서 신경 쓰고 있었던 것이다.[27]

(11) 나는 여기서 전혀 무해한 사례(혹은 그 동기들이 충분히 해명되지 못한 사례)를 소개해 보겠다. 왜냐하면 그것은 아주 투

23 오스트리아의 조각가 아서 슈트라세Ather Strasser(1854~1927)가 만든 청동상 〈마르쿠스 안토니우스의 승리〉를 말한다. 이 동상은 빈에 있다.

24 괴테의 『파우스트』에 등장하는 인물.

25 빈의 희곡 작가 아돌프 빌브란트Adolf Wilbrandt(1837~1911)의 비극.

26 이 단어는 프랑스어로 신분이 맞지 않는 사람끼리의 결혼, 신분이 낮은 사람과의 결혼이라는 뜻을 갖고 있다.

27 〈아리아와 메살리나〉라는 희곡의 제목과 동생의 결혼에 관련된 〈아리아인〉, 〈메잘리앙스〉는 발음이 비슷하다.

명한 메커니즘을 보여 주기 때문이다.

이탈리아를 여행하고 있던 독일 사람이 망가진 여행 가방을 묶을 가죽끈*Riemen*이 하나 필요했다. 사전을 찾아보니 가죽끈에 해당하는 이탈리아어는 코레지아*correggia*였다. 그는 이런 발음이라면 예전의 화가 코레지오Corregio의 이름을 떠올리기만 하면 되기 때문에 쉽게 기억해 낼 수 있을 것이라고 생각했다. 그런데 실제로 그는 어떤 가게에 들어가 〈리베라*ribera* 하나 주시오〉라고 말해 버렸다.

얼핏 보면 그는 독일어에 해당하는 이탈리아어를 기억하는 데 실패해 버린 것 같은 인상을 준다. 그러나 그의 노력이 모두 헛된 것만은 아니었다. 그는 어느 화가의 이름을 기억해 두면 좋다는 것은 알고 있었다. 가죽끈에 해당하는 이탈리아어와 유사한 화가의 이름은 기억하지 못했지만 독일어 *Riemen*과 비슷한 다른 화가의 이름을 생각해 냈다.[28] 물론 이 예는 잘못 말하기의 예로서 여기에 들 수도 있고, 또한 이름 망각 부분에 포함할 수도 있다.

이 책의 제1판을 출간하기 위해서 잘못 말하기의 예를 모으고 있을 때, 나는 스스로 관찰할 수 있는 예는 모두 분석하고 있었으므로 거기에는 그다지 중요하지 않은 예도 포함되어 있었다. 그러나 그 후 나 이외에도 많은 사람들이 잘못 말하기의 예를 모으고 분석하는 이 흥미로운 일에 종사하게 되었으므로, 현재로서는 나도 전보다 많은 자료 속에서 상당히 자유롭게 사례를 선택할수 있게 되었다.[29]

(12) 어떤 젊은 남자가 자신의 누나에게 〈나는 요사이 D 가(家)의 사람들과는 완전히 사이가 틀어져서 이제는 인사도 하기 싫

---

28 리베라Ribera는 잘 알려진 17세기의 스페인 화가.
29 이 예와 사례 (12)는 1907년에 추가되었다.

어〉라고 말했다. 누나는 〈정말이야. 여하튼 *Lippschaft*[30]한 사람들이야〉라고 대답했다. 그녀는 〈심한*Sippschaft* 사람들〉이라고 말하려 했던 것이다. 이 잘못 말하기는 전에 이 남동생이 D 가의 딸에게 비위를 맞추고 있다는 소문과, 그 딸이 최근에 비윤리적 연애 사건*Liebschaft*에 휘말려 있다는 소문이 뒤엉킨 결과로 생겨난 것이다.

(13) 어떤 젊은 남자가 거리에서 여성에게 〈괜찮으시다면 제가 동행해도 될까요?〉라고 말하려는 것을 〈*Wenn Sie gestatten, mein Fräulein, möchte ich Sie gerne 'begleit-digen'?*〉라고 말해 버렸다. 이 남자는 그녀와 동행하고 싶다*Begleiten*고 생각하면서도 그것이 혹시 이 여자를 모욕하는*beleidigen* 결과가 되는 것은 아닌가 하는 생각을 하고 있었던 것이 분명하다. 서로 모순된 두 개의 감정이 하나의 말 — 즉 잘못 말하기 — 이 되어 표현되었다는 것은, 원래 이 젊은 남자의 의도가 반드시 순수한 것은 아니었으며 그 스스로도 이 여성을 모욕하는 결과가 될 수도 있다고 여겼다는 것을 시사하고 있다. 그는 이런 생각을 그녀에게 숨기려고 했던 것인데, 그의 무의식이 그를 배반하여 그의 숨겨진 의도를 폭로해 버린 셈이다. 한편으로 그는 이 잘못 말하기를 통해 이와 같은 경우에 흔한 여성의 반응, 〈도대체 나를 어떤 여자라고 생각하시는 거예요. 그렇게 나를 모욕하다니〉라는 문구를 앞질러서 말해 버린 것이 된다(랑크의 보고에서 인용한 것이다).[31]

다음 예들[32]은 〈무의식의 고백〉이라는 제목으로 1904년 1월 4일 『베를린 신문』에 발표된 슈테켈의 글에서 인용한 것이다.

---

30 실제로 존재하지 않는 단어다.
31 이 예는 1912년에 추가되었다.
32 사례 (14)에서 (20)까지는 1907년에 추가된 것이다.

(14) 앞으로 이야기하는 것은 나의 무의식의 불유쾌한 면이 폭로된 예다. 미리 말해 두지만 나는 의사로서 나 자신의 이익 따위는 한 번도 생각한 적이 없으며, 언제나 환자의 이익만을 염두에 두고 있었다. 내가 어떤 여자 환자를 진찰했을 때의 일이다. 그녀는 내 진료를 받고 무거운 병에서 회복되어 가고 있었다. 그 이전까지 우리 두 사람은 괴로운 밤낮을 보내고 있었다. 나는 그녀의 상태가 좋아진 것을 기뻐하여, 그녀에게 아파치아[33]에서의 요양 생활이 얼마나 멋진 것인가를 이야기로 들려주고 다음과 같이 덧붙였다. 〈원컨대, 당신은 병상을 곧 떠날 수 없을······.〉 이 잘못 말하기는 이 부자(富者)의 치료를 더 오래 계속하고 싶다는 무의식 속의 이기적인 동기, 즉 내 의식에는 전혀 나타나지 않고 만약 나타났더라도 스스로 분개하여 물리쳤을 것이라고 여길 만한 소망에서 비롯된 것이 틀림없다.

(15) 슈테켈에게서 인용한 다른 예다.

내 아내는 오후에만 집안일을 도와주는 프랑스 여자를 고용하기로 했다. 조건에 관해서 이야기가 잘되었으므로 그 여자의 신분 증명서를 맡아 두려고 했다. 그러나 그 여자는 그것을 자신이 가지고 있고 싶다고 말하면서 〈오후의, 아니 실례했습니다, 오전의 일자리를 찾고 싶기 때문에〉라고 덧붙였다. 그 여자는 찾아본다면 조건이 더 좋은 곳을 발견하게 될지도 모른다고 생각하고 있었던 것이 틀림없었다. 그리고 그녀는 실제로 그렇게 행동했다.

(16) 슈테켈의 예다.

33 북이탈리아의 휴양지.

나는 어떤 부인에게 충고해 달라는 부탁을 받았다. 그것을 의뢰한 그녀의 남편은 문 뒤에서 귀를 기울이고 있었다. 내 충고는 확실히 효과가 있었는데, 마지막에 〈그럼 안녕히 계십시오, 주인 어른〉이라고 말해 버렸다. 모르는 사람이 듣더라도 내가 그녀의 남편에게 이런 말을 했으며, 그의 부탁을 받고 이런 충고를 했음을 알아차릴 수 있었을 것이다.

(17) 슈테켈은 이런 사건을 보고한 적이 있다. 트리에스테 출신의 환자를 두 사람 치료하고 있을 때였는데, 그는 언제나 그들을 혼동해서 아스코리 씨에게는 〈안녕하세요, 페로니 씨〉, 페로니 씨에게는 〈안녕하세요, 아스코리 씨〉라고 인사를 했다. 그는 처음에는 이 잘못에 무언가 깊은 동기가 있다고 생각하지 않고 두 사람 사이에 여러 공통점이 있기 때문일 것이라고만 생각했다. 그런데 어느 날 어떤 사람에게서 이렇게 이름을 잘못 부르는 것은 일종의 허세에 의한 것이라는 말을 듣고 그것을 인정하지 않을 수 없었다. 이름을 잘못 부름으로써 그는 두 사람의 이탈리아인 환자에 대해서 은연중에 〈내 치료를 받기 위해 빈에 와 있는 트리에스테 출신의 환자는 당신 한 사람뿐이 아닙니다〉라고 말하려 했던 것이다.

(18) 슈테켈은 격렬했던 어떤 총회에서 다음과 같이 말했다고 한다. 〈우리는 의제를 네 가지 중점 사항으로 논쟁할streiten (schreiten[진행할] 대신에 쓰였음) 수 있습니다.〉

(19) 어느 교수가 취임 강연 중에 〈나에게 존경해 마지않는 전임자의 공적을 치하하는 데 적당한 자격이 있다고는 생각지 않습니다nicht geeignet〉라고 말할 것을 〈공적을 치하하는 것을 좋아하지 않습니다nicht geneigt〉라고 말해 버렸다.

(20) 슈테켈은 바제도씨병에 걸린 것이 아닌가 여겨지는 어느 여성에 대해서 〈당신은 여동생보다 목*Kopf*만큼 키가 큽니다〉라고 말하려다가 *Kropf*(갑상선)이라는 단어를 사용했다.

(21) 슈테켈은 다음과 같은 보고를 하고 있다.

어떤 사람이 두 명의 친구 관계에 대하여 이야기하고 있었는데 그중의 한 사람은 유대인이었다. 그는 말했다. 〈두 사람은 마치 카스토르와 폴락Pollak같이 지냈어요.〉[34] 그런데 정작 그렇게 말한 본인은 부주의하여 잘못 말하기를 알아차리지 못하고 내게서 주의를 받고서야 그것을 깨달았다.[35]

(22) 때로는 하나의 잘못 말하기를 통해 그 사람의 성격의 미묘한 점까지 드러나게 되는 경우가 있다. 언제나 남편을 무시하는 경향이 있는 젊은 부인이, 병이 있는 남편이 어떤 식이 요법을 해야 하는지 어느 의사에게 상담했다며 나에게 이야기했다. 〈우리 남편이 의사에게 자기가 어떤 식이 요법을 해야 하는지 물어보았는데, 아무런 식이 요법도 할 필요가 없고 남편이 《내》가 원하는 것은 무엇이든지 먹고 마셔도 좋다고 하더라지 뭐예요.〉

라이크T.Reik가 보고한 다음 두 가지 예는 입 밖에 내어 말하기보다는 참아야 했기 때문에 잘못 말하기가 특히 잘 일어나는 상황에서 생겨난 것들이다.[36]

(23) 어떤 남자가 최근 남편을 잃은 젊은 여성에게 위로의 말

34 카스토르와 폴룩스Pollux는 그리스 신화에 등장하는 쌍둥이로 형제애의 귀감이 되고 있다. 폴락은 유대인이 많이 쓰는 이름이다.

35 이 사례와 다음 사례는 1910년에 추가되었다.

36 라이크의 「일상생활의 실수 행위Fehlleistungen im Alltagsleben」(1915) 참조 — 원주. 이 문단부터 사례 (26)까지는 1917년에 추가되었다.

을 늘어놓은 후 〈아이에게 몰두하면widmen 위안을 얻을 수 있겠지요〉라고 말하려고 했는데 widwen이라는 단어를 사용했다. 이 남자는 무의식중에 〈젊고 아름다운 미망인Witwe이니까 새로운 남자친구가 생겨 위안을 얻을 것이다〉라고 생각하고 있었던 것이다.

(24) 어느 날 밤 모임에서 방금 말한 그 남자가 바로 그 여성에게, 베를린에서 벌어지는 부활절을 위한 대대적인 행사 준비에 대해 이야기하면서 〈부인은 오늘 베르트하임³⁷의 진열Auslage을 보셨습니까? 완전히 어깨가 드러나 있었다고요dekolletiert〉라고 말해 버렸다. 이 남자는 겉으로 칭찬할 수 없었던 상대의 아름다운 목덜미에 대한 억압된 생각을 진열장의 장식Dekoratrou을 잘못 말함으로써 드러냈다. 이 경우 Auslage라는 말도 무의식 속에서는 이중의 의미로 사용되고 있다.³⁸

한스 작스가 상세히 설명하고 있는 다음과 같은 보고에서도 지금 서술한 것과 같은 요소들을 확인할 수 있다.

(25) 어느 여성이 나에게 우리 둘 다 알고 있던 한 남자에 관해서 말했다. 〈최근 만났을 때에도 그는 언제나 매우 우아한 차림새를 하고 있었습니다. 특히 그분이 신고 있던 갈색 단화Halbschuhe는 멋지고 고급스러운 것이었습니다〉라고 말했다. 내가 그와 어디에서 만났냐고 물었더니, 그녀는 〈그 사람이 우리 집의 초인종을 누르는 것을 커튼 너머로 봤을 뿐입니다. 나는 문도 열지 않고 인기척도 내지 않으려고 했습니다. 그것은 내가 이미 마을에 와 있다는 것을 그에게 알리고 싶지 않았기 때문입니다〉라고 대답했다. 나는 그녀의 말을 들으면서 손님을 맞이할 만한 몸치장을 하고 있

---

37 유명한 백화점의 이름.
38 Auslage에는 〈진열장〉 외에 〈열려서 펼쳐져 있는 것〉이라는 의미가 있다.

지 않았기 때문일 거라고 생각했다. 그래서 나는 조금 놀리는 듯한 말투로 〈그러면 차양이 내려져 있었는데도 당신은 그가 그렇게 멋진 슬리퍼*Hausschuhe*, 아니 실례했습니다, 단화*Halbschuhe*를 신고 있었다는 것을 알아볼 수 있었군요〉라고 했다. 내가 무심코 *Hausschuhe*라고 말해 버렸던 것은 내가 연상하고 있던 그녀의 *Hauskleid*(네글리제)를 입 밖에 내지 않으려고 한 결과다. 한편 내가 *Halb*[39]라는 말을 피한 것은 그녀를 향해 〈당신은 나에게 진실을 말하지 않는군요. 그가 왔을 때 당신은 반라(半裸)이지 않았습니까?〉라고 말하고 싶었으나 억제한 것이다. 만약 *Halb*라는 말을 입에 담으면 애써 한 억제가 헛수고가 될 우려가 있었기 때문이다. 또 바로 전에 우리가 이 남자의 결혼 생활, 즉 가정적인 *häuslich* 행복에 대해 이야기하고 있었던 것도 이 잘못 말하기가 일어나기 쉽게 만든 원인이라고 볼 수 있다.[40] 분명 이 일이 이 남자의 경우에 전위*Verschiebung*가 일어난 원인의 하나일 것이다. 마지막으로 고백해 두지 않으면 안 되는 일은, 내가 이 고상한 신사를 슬리퍼를 신은 채로 길거리에 세워 둔 것에는 내 질투도 필시 한몫했을 것이라는 점이다. 즉 나도 최근 갈색 단화를 샀는데 결코 〈멋지고 고급스러운〉 것은 아니었다.

현재와 같은 전시(戰時)[41]에는 그 정체가 금방 드러나 버리는 잘못 말하기가 자주 일어난다.

(26) 〈당신의 아들은 어느 연대(聯隊)에 속해 있습니까?〉라는 질문을 받은 어느 부인이 〈제42 살인범*Mörder*입니다〉라고 대답

39　〈절반〉이라는 뜻이 있다.
40　*Hausschuhe, Hauskleid* 등의 *Haus*는 〈집〉, 〈가정〉에서 유래된 말이다.
41　제1차 세계 대전을 말한다.

했다.[42]

(27) 하이만H. Haiman 소위는 전선(戰線)에서 다음과 같은 보고를 보내 주었다.[43]

멋지고 재미있는 책을 읽고 있을 때 잠시 정찰 전화를 대신 맡으라는 지시를 받고서 독서를 중단했습니다. 포병대에서 전화선 시험을 해왔을 때, 나는 〈준비 좋음, 조용히Ruhe〉라고 대답해 버렸습니다. 원래는 〈준비 좋음, 끝Schluss〉이라고 말해야 했던 것입니다. 이 잘못 말하기는 독서를 방해받아 분개하고 있었기 때문에 일어난 것이겠죠.

(28) 어느 상관이 부하에게 〈Gespeckstücke〉[44]이 분실되지 않도록 수취인 이름을 확실히 적으라고 지시했다.[45]

(29) 다음은 체서L. Czeszer가 내게 전해 준 훌륭한 예로 매우 주목할 만하다. 그는 전쟁 당시 스위스에 머무르면서 경험한 예를 상세히 분석했다. 다음은 중요하지 않은 부분은 생략하고 그대로 인용한 것이다.

내가 이제부터 보고하는 〈잘못 말하기〉의 예는 앞서 끝난 여름 학기에 O 시(市)의 M. N. 교수가 행한 감각 심리에 관한 강의 중에 일어났던 것이다. 미리 말해 두지만, 대학의 대강당에서 행해진

42 사실은 〈제42 박격포대Mörser입니다〉라고 대답하려 했던 것이다.

43 하이만의 「싸움터의 실수 행위Fehlhandlung im Felde」(1917) 참조 — 원주. 이 사례는 1919년에 추가되었다.

44 Gepäckstücke(소포)라고 말할 생각이었을 것이다. Gespeckstücke은 존재하지 않는 단어이며 Speckstücke에는 〈베이컨 조각〉이라는 뜻이 있다.

45 이 사례와 (30), (31) 사례는 1920년에 추가되었고, (29) 사례는 1919년에 추가되었다.

이 강의에는 억류되어 있던 프랑스인 포로 외에는 거의 대부분 협상주의 원칙을 고수하고 있던 프랑스계 스위스인 학생이 출석하고 있었다. 요즈음은 프랑스에서와 마찬가지로 O시에서도 일반에게 독일인을 표현하는 데 한결같이 *boche*라는 말이 사용되고 있다. 그러면서도 공적인 집회와 강의 등의 경우에는 고급 관리, 교수 등 책임 있는 자리에 있는 사람들은 스위스가 중립국이라는 것을 고려하여 이 품위 없는 말을 사용하지 않도록 애쓰고 있다.

어느 날 강의에서 N교수는 정서(情緖)의 실제적인 의의를 논하면서, 근육 노동에 그 자체로는 전혀 갖고 있지 않은 쾌감을 줌으로써 능률을 올리려고 정서를 의식적으로 이용한 경우의 예를 들었다. 즉 그는 그때 이곳의 각 신문에 전 친(親)독일계의 한 신문에서 옮겨 실은 어느 독일인 교장의 이야기를 프랑스어로 말했던 것이다. 그 교장은 학생들을 교정에서 일하게 하고, 더 능률적으로 일이 진척되도록 하려고 〈흙을 으깨고 있다고 생각하지 말고 모두 프랑스인의 두개골이라고 생각해라〉 하고 말했다고 한다. 물론 N교수는 이 이야기를 하고 있는 사이, 독일인이라는 말이 나올 때마다 *allemand*라고 말하고 *boche*라고는 말하지 않았다. 그런데 이야기가 절정에 달했을 때, 그는 그 교장이 한 말이라고 하며 다음과 같이 서술했던 것이다. 〈자네들이 으깨고 있는 *moche* 하나하나는 프랑스인의 두개골이라고 생각하게.〉 즉 *motte*[46] 대신에 *moche*라고 말해 버렸다.

꼼꼼한 이 학자가 처음부터 습관이 되어 있으며 그 자신의 마음속에서 유혹하고 있음에도 불구하고, 연방 정부의 법령에 의해 금지되어 있는 이 말을 대학 강단에서 입에 담거나 하지 않으려고 자제하고 있던 것은 누구의 눈에도 분명했다. 독일인 교장이라는

46 프랑스어로 〈흙덩이〉라는 뜻.

말도 *allemand*(독일의)라고 말하고는 내심 안심하여, 이제 아무
걱정도 없다고 생각한 마지막 부분에서 서두르다가 지금까지 고
생하며 억제해 온 말이 *motte*라는 비슷한 음과 혼합되어 잘못 말
하기가 생겨 버린 것이다. 이와 같은 말을 입에 담아 정치적으로
난처해지지 않을까 하는 불안과, 일반적으로 쓰이고 있으며 강의
를 듣고 있는 사람들도 자신이 쓸 것이라고 기대하고 있는 이 말
을 사용하고 싶다는 억압된 욕망, 게다가 어떠한 형태든 타고난
자유주의자이며 민주주의자인 이 교수의 마음속에 숨어 있던 언
론 자유의 제약에 대한 울분, 이것들이 함께 신문 기사를 틀리지
않고 인용하려 했던 그의 의도를 방해했다고 볼 수 있다. 교수도
이와 같은 방해 경향의 존재를 알아차렸으며, 당연한 일이지만 이
잘못 말하기가 일어나기 직전에 그러한 일들을 생각했던 것이다.

그러나 N 교수는 자신의 잘못 말하기를 알아차리지 못했다. 적
어도 대개의 사람이 그러하듯이, 거의 자동적으로 자신의 잘못 말
하기를 정정하는 일은 없었다. 그러나 이 잘못 말하기는 대부분이
프랑스계였던 청강자들에게는 대단한 만족을 주고, 교수가 고의
로 시원스럽게 말했을 때와 비교해 조금도 부족하지 않은 효과를
나타냈다. 어떻게 보면 아무 의미도 없을 것 같은 사건을 깊은 흥
분을 느끼면서 관찰했다고 할 수도 있다. 하지만 나는, 물론 정신
분석적인 입장에서 생각하면 당연히 해야 하는 질문을 이 교수에
게 직접할 수는 없었지만, 이 잘못 말하기가 나에게 여러 실수 행
위의 원인, 또는 잘못 말하기와 농담 사이에 존재하는 깊은 관계
에 관한 당신 학설의 올바름을 확실히 증명해 주는 것이었다고 생
각한다.

(30) 오스트리아의 T 중위가 보고한 다음의 잘못 말하기의 예

도 전시의 우울한 분위기 속에 생긴 것이다.

전쟁 포로로 이탈리아에 억류되어 있을 때, 나를 비롯하여 2백
명 정도의 사관(士官)이 수개월 동안 어느 좁은 별장에 수용된 적
이 있었다. 그 기간 중에 전우(戰友) 한 사람이 독감으로 사망했
다. 이 사건이 우리들 사이에 일으킨 충격은 당연히 심각한 것이
었다. 그것은 당시 우리의 생활 환경에 대한 생각, 의사의 진료를
기대할 수 없으며 우리의 입장으로서 의지할 만한 것이 아무것도
없다는 생각에서 시작하여, 전염병의 만연은 피할 수 없다고 여겨
졌기 때문이다. 우리는 이 전우의 시체를 지하의 어느 방에 안치
했다. 그런데 그날 저녁 무렵 동료와 둘이서 우리가 살고 있던 별
장 주위를 둘러보다가 그 시체를 엿보자는 말을 꺼냈다. 그러나
내가 먼저 지하실에 들어간 순간 그곳의 광경에 깜짝 놀랐다. 왜
냐하면 관이 입구 가까이에 놓여 있고, 하늘거리는 촛불에 일렁여
서 마치 움직이고 있는 듯이 보이는 시체의 얼굴을 아주 가까이에
서 보리라고 생각하지 않았기 때문이다. 다시 별장 주위를 둘러보
기 시작했을 때에도 우리에게는 이 광경 때문에 받은 충격이 남아
있었다. 달빛을 한껏 받고 있는 정원, 밝게 빛나고 있는 풀밭, 그
뒤쪽으로 깔려 있는 엷은 안개의 휘장 등이 보이는 곳까지 와서,
나는 그 광경을 보고 받은 느낌을 소나무 숲 가장자리의 나무 그
늘에서 요정들이 원을 이루어 춤추고 있는 것을 보고 있는 듯하다
고 표현했다.

그 전우의 매장은 다음 날 오후에 행해졌다. 수용소에서부터
이웃의 작은 마을 묘지까지 이르는 길은 우리에게 고통스럽고 굴
욕적인 것이었다. 아우성치는 아이들, 조소하고 경멸하는 사람들,
조심성 없이 욕하며 떠드는 남자들이, 이때라는 듯이 호기심과 증

오 섞인 감정을 드러내 보였던 것이다. 무저항의 상태에 있으면서
도 여전히 모욕받지 않으면 안 되는 것인가 하는 감정과 노골적으
로 나타난 그들의 야만성에 대한 혐오감 때문에, 그날 저녁 무렵
까지 나의 격분은 진정되지 않았다. 나와 내 동료는 전날과 같은
시각에 이번에도 똑같이 별장 주위를 순회하기 시작했다. 시체가
놓여 있었던 지하실 앞에 다다랐을 때, 나는 전날 그 시체를 봤을
때 받은 인상이 되살아오는 것을 느꼈다. 다시 어제와 같은 만월
(滿月)의 빛이 밝게 비추고 있는 정원이 보이는 곳까지 왔을 때, 나
는 멈춰 서서 동행한 전우에게 어제의 기억을 간직한 채 〈이 묘
Grab — 잔디Gras — 에 앉아 세레나데를 가라앉히는sinken[47] 것도
나쁘지 않겠군〉이라고 말해 버렸다. 나는 두 번째 잘못 말하기를
하고 나서야 처음의 잘못을 깨달았다. 처음의 잘못 말하기는 그
의미도 생각하지 않은 채 고쳐 말하고 있었다. 나는 잠시 생각하
고 이 두 개의 잘못 말하기를 연결하여, 〈묘 안에 — 가라앉다〉를
생각해 보니 돌연 내 머리에는 달빛 속에 떠오르는 듯이 춤추고
있는 요정들, 관에 옆으로 눕혀 놓은 전우의 시체, 그것을 봤을 때
받은 인상, 매장할 때의 여러 가지 정경, 주민들에 대한 혐오감, 그
때문에 전우의 죽음을 애도하는 기분이 엉망이 되었던 일, 유행성
독감에 관한 여러 가지 기억, 몇 명의 사관이 입에 담은 불안한 말
등이 계속 떠올랐다. 나는 나중에야 그날이 아버지의 기일(忌日)
이었다는 것을 생각해 냈지만, 이 일은 보통 날짜를 자주 잊어버
리는 내게 있어서 드문 일이었다.

　나중에 생각해 보니, 전우가 죽은 날 저녁과 매장한 날의 저녁
사이에는 같은 시각, 같은 달빛, 같은 장소, 같은 무리라는 모두 같
은 외적인 조건이 있었다는 것을 알았다. 나는 유행성 독감이 만

47　〈노래하다singen〉라는 단어를 사용했어야 할 것이다.

연할지도 모른다는 이야기를 들었을 때 느낀 불안한 기분을 생각해 내는 동시에, 그와 같은 공포에 몸을 맡기지 않으면 안 된다고 자신에게 들려준 것도 생각했다. 이렇게 생각하자, 내가 〈우리는 묘 속에 가라앉아 버릴지도 모른다〉라고 말한 의미를 이해할 수 있었다. 또 나는 처음 확실히 의식하지 않은 채 〈묘〉를 〈잔디〉로 고쳐 말한 것이, 〈노래한다〉 대신에 〈가라앉다〉라고 말하는 제2의 잘못 말하기를 가능하게 했고, 그것이 억압되어 있던 콤플렉스의 표면화를 최종적으로 확실하게 했던 것이라고 믿게 되었다.

다시 덧붙여 두면, 나는 그때 일련의 무서운 꿈 때문에 괴로워하고 있었다. 그 꿈속에서 나와 극히 가까운 관계에 있던 어느 여성이 몇 번이나 병에 걸리고, 한 번은 죽어 버린 것이다. 나는 포로가 되기 얼마 전에 이 여성이 살고 있는 지방에서 유행성 독감이 맹위를 떨치고 있다는 소식을 듣고, 나도 매우 걱정하고 있다는 편지를 보냈다. 그 이후 그녀와의 편지는 왕래가 끊겼던 것이다. 그후 수개월이 지나서, 즉 지금 서술한 사건이 일어나기 2주 전에 나는 그녀가 유행성 독감으로 죽었다는 소식을 받았다.

(31) 다음에 서술하는 예는, 의사의 숙명적인 딜레마 중 하나를 잘 표현하고 있다. 아직 진단은 확실치 않지만, 아무래도 죽을 병에 걸린 듯한 남자가 최종적인 진단을 받기 위해 빈에 와서, 지금은 고명한 의사가 되어 있는 젊은 시절 친구에게 자신의 치료를 맡아 주지 않겠느냐고 부탁했다. 의사는 처음에는 거절하려고 했지만, 결국 그 남자의 부탁을 들어주기로 했다. 입원할 필요가 있었으므로 의사는 〈헤라〉라는 병원을 권했다. 그러나 환자는 〈그런데 그 병원은 산부인과가 전문이지 않은가?〉라며 반대했다. 의사가 〈아니, 그렇지 않네. 《헤라》는 어떤 환자든 죽여*umbringen* —

아니 실례, 수용할 수 있는*unterbringen* 곳이라네〉라고 흥분하여 말했기 때문에, 환자는 이 잘못 말하기를 다르게 해석하려고 했다. 그러나 의사는 강하게 부정하며 〈내게 악의가 없다는 사실을 알고 있지 않은가〉라고 말했다. 그리고는 10여 분이 지나, 의사는 돌아가며 배웅 나온 간병인을 향해 〈지금은 아무 이상이 없습니다. 물론 나도 아직 그렇게 될 거라고는 생각지도 않습니다. 그러나 만일의 경우에는 몰핀을 사용해서 평화롭게 잠들게 하길 권합니다〉라고 말했다. 즉 환자는 의사에게 목숨을 건지지 못하는 것이 확실해지면 약이든 무엇으로든 괴로워하지 않도록 해달라고 부탁하고 있었던 것이다. 따라서 이 의사는 사실 이 친구를 죽이는*umbringen* 역할을 떠맡은 셈이다.

(32) 다음은 이 사례의 보고자에 따르면 약 20년 전의 일이나, 시사하는 바가 매우 크므로 소개하기로 한다.[48]

　어느 사교 모임에서 한 부인이 다음과 같이 말했다. 그녀가 여러 가지 비밀스러운 충동의 영향을 받아 흥분하며 말했다는 것은 그 말의 부분부분에서 엿볼 수 있었다. 〈여성은 남자의 마음에 들기 위해서는 미인이 아니면 안 됩니다. 남자는 이보다 낫지요. 오지(五肢, *fünf gerade*)가 멀쩡하기만 하면 더 이상 다른 게 필요 없으니까요.〉 이 예는 압축 또는 혼합에 의한 잘못 말하기 메커니즘의 비밀을 확실히 가르쳐 준다.

　이 사례는 의미가 닮은 다음 두 개의 표현이 융합하여 생긴 것이라고 생각해도 좋을 것이다. 〈사지가 완전하기만 하면 / 오감을 만족시키도록 갖춰져 있기만 하면.〉 완전하다는 말이 두 개의 표현 사이의 공통된 요소라고 한다면, 이 두 개의 표현은 다음과 같

48　이 사례는 1910년에 추가되었다.

이 될 것이다. 〈수족이 완전하기만 하면 5를 짝수로 간주한다.〉[49]

이것은 다음과 같이 생각할 수 있다. 즉 완전한 손발이라는 표현에 숫자가 붙어 있지만, 그것이 지극히 당연한 것을 나타내는데 불과한 4라는 숫자가 아니라 까닭이 있는 것처럼 보이는 5라는 숫자였다는 것은, 〈오감〉이라는 글자의 표현이 함께 영향을 미친것이라고 할 수 있다. 이러한 융합이 생긴 것은 잘못 말하기라는 형태로써 나름대로 빈정거림이기는 하지만, 틀림없는 진실로서의 의미를 가지고 있었기 때문이다. 물론 그럴듯하게 둘러대지 않는 한, 여성으로서 있는 그대로를 인정할 수는 없는 일이긴 하다.[50] 마지막으로 덧붙이고 싶은 말은, 그 표현 방법으로 보아 이사례를 멋진 농담이라고 해석할 수도 있고, 또는 익살스러운 잘못말하기라고 해석할 수도 있다는 것이다. 그리고 이 두 가지 해석 중 어느 것이 맞는지는 그 부인이 이 말을 의식적으로 사용한 것인지, 아니면 무의식중에 사용한 것인지에 달려 있다. 물론 위의예에서는, 그 부인의 태도로 보아 의식적으로 사용했다고는 도저히 생각할 수 없다. 따라서 이것을 농담이라고 해석할 여지는 전혀 없었던 것이다.

어떤 경우에는 잘못과 농담이 거의 구별되지 않는 일도 있어서, 랑크가 보고한 다음의 예처럼 잘못 말하기를 한 화자가 결국은 그 말이 농담이었다고 인정함으로써 웃음을 터뜨리게 되는 경우도 없지 않다.[51]

49 〈완전한〉이라고 번역한 *gerade*에는 〈짝수의〉라는 의미도 있다.
50 〈사지(四肢)〉라고 번역한 〈*Glied*〉에는 〈남근〉이라는 뜻도 있으므로 〈다섯 개의 *Glied*를 가진 남자〉라는 표현도 충분히 성립된다.
51 랑크의 「잘못 말하기의 두 가지 예Zwei witzige Beispiele von Versprechen」(1913) 참조 — 원주.

(33) 최근에 막 결혼한 어떤 남자가 나에게, 나중에는 그 남자도 부인도 배꼽을 쥐고 웃었다는 다음과 같은 놀라운 이야기를 해주었다. 그 남자의 부인은 자신을 소녀처럼 보이게 하는 일에만 신경을 쓰고 있어서, 남편의 빈번한 잠자리 요구에는 마지못해 응하고 있었다고 한다. 잠자리를 거부하는 부인의 기분을 또 한 번 짓밟아 버린 다음 날 아침, 그는 두 사람이 공동으로 사용하고 있는 침실에서 수염을 깎을 때, 아직 자고 있는 부인의 화장대 위에 있었던 화장용 솔을 사용했다. 그는 그 화장대가 편리해서 그전에도 몇 번인가 사용한 적이 있었다. 자신의 피부색에 굉장히 신경을 쓰는 부인은 이 일로 예전에도 몇 번인가 불평을 늘어놓은 적이 있지만, 이번에도 기분이 상해서 이렇게 소리를 질렀다. 〈당신은 또 당신의 솔로 나를 털어 내시는군요.〉 물론 그녀는 〈당신은 또 내 솔로 당신을 털어 내고 있군요〉라고 말할 생각이었다. 남편이 웃자, 그녀는 자신의 말이 틀렸다는 것을 깨닫고 너무 우스워서 같이 웃음을 터뜨렸다. 〈털어 내다〉는 빈에 사는 사람이라면 누구나 알고 있는 〈성교(性交)〉의 은어이고, 〈솔〉이 남근의 상징이라는 것은 의문의 여지가 없다.

(34) 슈토르퍼가 전해 준 다음의 예도 의식적인 재치라고 생각할 수 있을 것이다.[52]

심인성(心因性)이 분명한 질병에 걸려 있던 B 부인은, 정신분석의 X에게 찾아가 보라고 여러 번 권고를 받았다. 그러나 그녀는 그때마다 〈그런 치료법으로 제대로 치료가 될 리 없어요. 왜냐하면 무슨 병이든 성적인 것이 원인이라고 말할 테니까요〉라고 말

52 이 사례는 1924년에 추가되었다.

하고는 들은 척도 하지 않았다. 그런데 결국은 그 권고에 따라야
겠다는 생각이 들었는지 〈네, 좋아요. 그런데 X 선생님의 *ordinärt*
는 언제죠〉라고 물었다.[53]

(35) 농담과 잘못 말하기가 비슷하다는 것은, 다음의 예와 같
이 때에 따라서는 단순한 생략이 그대로 일종의 잘못 말하기가
된다는 것을 보아도 알 수 있다.

어떤 젊은 여성이 고등학교를 졸업하고 나서, 당시의 풍조에
따라 대학에서 의학을 공부하기로 했다. 그런데 그녀는 몇 학기
도 지나지 않아서 화학과로 옮겼다. 몇 년 후에 그녀는 전과(轉科)
에 대해서 다음과 같이 말했다. 〈저는 해부하는 것은 그다지 무섭
지 않았습니다. 그런데 어느 날 시체의 손가락에서 손톱을 뽑으
라는 말을 듣고, 화학을 공부할 의욕을 완전히 상실하고 말았습
니다.〉

(36) 다음은 달리 분석을 하지 않아도 그 이유를 알 수 있는 잘
못 말하기의 예다.[54]

어떤 해부학 교수가 자신의 강의가 끝난 후 학생들에게, 자신
이 강의한 콧구멍에 대해 그들이 제대로 이해했는지를 물어보았
을 때 대체로 긍정적인 대답을 듣고 나서 〈좀처럼 믿기 어려운 일
이군요. 왜냐하면 콧구멍에 대해 알고 있는 사람은 수백만의 사람
들이 살고 있는 이 도시에서도 겨우 한 손가락…… 미안합니다, 다
섯 손가락 안에 꼽을 정도이니까요〉라고 말했다.[55]

53   *ordinieren*(진찰하다) 대신에 *ordinärt*가 사용되었다. 여기에는 〈천박한〉, 〈야
비한〉 등의 의미가 있다.
54   이 사례와 사례 (37)은 1912년에 추가되었다.
55   이 교수는 〈그것을 이해하는 사람은 단 한 사람이 있을 뿐이다〉라고 말하고

(37) 같은 해부학 교수가 어느 날 다음과 같이 말했다. 〈여성의 성기에는 수많은 유혹*Versuchungen*에도 불구하고……, 죄송합니다, 실험*Versuche*에도 불구하고…….〉

(38) 빈의 로비체크Alfred Robitsek가 어느 중세 프랑스 작가의 작품 중에 두 가지 잘못 말하기의 예가 있다고 지적해 주었다.[56] 여기에 그 두 가지를 있는 그대로 모두 인용하겠다.

브랑톰Brantôme의 『호색 부인 열전*Vies des Dames galantes*』 두 번째 장에서 인용한 것이다.

내가 아는 사람 중에 굉장히 아름답고 정숙한 상류 계급의 부인이 궁중에서 어떤 귀족과 내란 중의 싸움에 대해 이야기를 하면서, 〈왕께서는 그 지방의 *c*…… [57]를 전부 파괴하라는 명을 내리셨다는 소문이 있어요〉라고 말했다. 사실은 다리*ponts*라고 말하려던 것이었으리라. 그녀는 아마도 남편과 함께 막 잠자리를 같이 하고 왔거나 아니면 정부(情夫)를 생각하고 있었기 때문에, 그 말이 아직 마음속에 생생하게 남아 있었던 것이라고 생각해 주기 바란다. 이 귀족은 그 한마디로 그 부인에게 홀딱 반해 버렸다는 것이다.

내가 아는 다른 부인은 자신보다 신분이 높은 부인과 대화를 나누면서, 상대방의 아름다움을 칭찬한 뒤에 〈아니요, 부인, 제가 이런 말씀을 드리는 것은 부인께 *adultérer*하려는 것이 아닙니다. 아니, *adulater*하는 게 아닙니다〉[58] 라고 말했다. 아마도 그 부인이 〈간통하는〉 꿈이라도 꾸고 있었다고 생각해 주기 바란다.

싫었을 것이다.

56 사례 (38)은 1910년에 추가되었다.

57 *cons*라는 단어를 다 표기하지 않은 것으로 보인다. 이 단어에는 〈여성의 성기〉라는 속어적인 의미가 있다.

58 *adultérer*는 〈간통하다〉, *adulater*는 〈아첨하다〉라는 뜻.

(39) 잘못 말하기에서 성적인 의미가 노골적으로 나타난 최근의 예도 있다.[59] 예를 들어 F 부인은 자신이 듣는 어학 강좌의 첫시간에 대해서 다음과 같이 말했다. 〈아주 재미있어요. 선생님은젊은 영국인이고, 인상이 좋은 분이에요. 첫 시간부터 벌써 나한테 블라우스를 통해서 *durch die Bluse*, 아니 꽃을 통해서 *durch die Blume* 할 수 있으면 개인 교습을 하는 것이 좋다고 말씀하시더라고요.〉[60] 이것은 슈토르퍼에게서 얻은 사례다.

나는 정신 치료 과정 중에 신경증 증상을 약화시키거나 낫게해주고 있는데, 그때 환자가 무의식중에 하는 말이나 생각해 낸것이 실마리로 숨어 있기는 하지만 결국은 다양한 형태로 표면에나타나는 심리 내용을 찾아내야 할 때가 자주 있다. 이럴 때 잘못말하기가 좋은 실마리를 제공해 주는 경우가 많다. 이것은 언뜻보면 굉장히 이상하게 보일 수도 있으나, 누구나가 믿을 만한 예를 들어서 설명할 수 있다. 예를 들어 자신의 숙모에 대해서 말을할 때 처음부터 끝까지 틀린 것을 깨닫지 못하고 〈나의 어머니〉라고 말하는 환자도 있는가 하면, 또 자기 남편을 〈오빠〉라고 말하는 환자도 있다. 이렇게 말을 잘못하는 것으로 환자가 이들 두 사람을 〈동일시〉하고 있으며, 그 환자의 감정 생활에서 이들 두 인물이 서로 상대방을 대신하는 관계를 가지고 있다는 것을 알 수있다. 어떤 환자는 첫 진료 때 다음과 같이 자신을 소개했다.[61]〈저는, 전에 선생님의 치료를 받은 적이 있는 N의 아버지입니다.아니, 실례했습니다. 동생이라고 말하려 했습니다. 형은 저보다네 살이 많습니다.〉 그래서 나는, 그가 이처럼 말을 잘못한 것으로

59 이 사례는 1924년에 추가되었다.

60 *durch die Blume*에는 〈미사여구(美辭麗句)를 이용해서〉, 〈완곡하게 말해서〉라는 뜻이 있다.

61 이 사례는 1907년에 추가되었다.

〈저는 형처럼 아버지 때문에 병에 걸렸습니다. 저도 형처럼 치료를 받아야 합니다. 그러나 가장 먼저 치료를 해야 할 사람은 아버지입니다〉라는 말을 하려고 했다는 것을 이해할 수 있었다. 또 어떤 때에는 좀 부자연스러운 표현이나 일부러 만든 것 같은 표현 등으로, 억압받고 있는 심리 내용이 그것과는 전혀 다른 화제에 영향을 미치는 경우도 발견할 수 있다.

나는 확실한 단어 장애는 물론이고, 앞에서 언급한 것과 같은 조금 더 미묘한 단어 장애를 포함하여 〈잘못 말하기〉라는 부류로 분류할 수 있는 이런 예에서, 잘못 말하기의 발생을 좌우하고 또 발생한 잘못 말하기를 충분히 설명할 수 있는 것은 소리의 접촉 작용이 아니라 의식적인 화제와는 별개의 심리 내용의 영향이라고 생각하고 있다. 나도 소리가 일정한 규칙에 따라서 서로 영향을 주고 있다는 것을 부정하는 것은 아니다. 그러나 단지 이것만으로 정상적인 언어 기능이 방해받는다고는 생각할 수 없다. 내가 상세하게 검토하고 철저하게 해명할 수 있었던 예에서 파악한 바에 의하면, 이런 법칙은 단지 잘못 말하기 발생의 전제가 되는 메커니즘일 뿐이다. 잘못 말하기의 가장 큰 원인이지만 당면 과제와는 직접적인 관계가 없는 심리 내용은, 이 메커니즘을 잘 이용하는 경우는 있어도 그 일로 인해 어떤 구속도 받지 않았다. 〈대치에 의한 잘못 말하기의 대부분은 이런 소리 법칙과는 전혀 관계없이 일어나고 있다.〉 이 점에 대해서는 나와 분트의 견해가 완전히 같다. 분트 또한 잘못 말하기가 발생하는 조건이 굉장히 복잡하며, 소리들의 접촉 효과만으로 충분히 설명할 수 있는 것은 아니라고 생각하고 있다.

나는 분트가 말하는 것처럼 〈당면 과제와는 직접적인 관계가 없는 심리적인 영향〉이 잘못 말하기의 원인이라고 확신하고 있다. 반면 주위가 산만하고 급하게 말하는 경우에는 메링거와 마이어가 언급한 조건만으로도 잘못 말하기가 일어날 수 있다는 것까지도 인정하지 않는 것은 아니다. 그러나 그들이 수집한 사례 중에는 조금 더 복잡한 원인으로 발생했다고 해석하는 쪽이 타당한 것도 일부 포함되어 있다. 예를 들어 앞에서 인용한 〈나는 몹시 우울하다 *Es war mir auf der Brust so schwer*〉라고 말하려다가 대신에 〈*Es war mir auf der schwest……*〉라고 말한 경우를 생각해 보자. 이 예에서 *schwe*라는 소리가 아무 이유도 없이 *Bru*라는 소리를 앞질러서 나오는 일이 그렇게 간단하게 일어날 수 있을까? 아무래도 *schwe*에는 그 외에도 무엇인가 특수한 관계가 있어서 이처럼 먼저 발음되었다고 생각하지 않을 수 없다. 이와 같이 특수한 관계라는 것은 *Schwester-Bruder*(여동생-오빠)라는 관계가 될 뿐만 아니라, *Brust der schwester*(여동생의 젖가슴)와 같은 연상을 비롯해 다양한 연상권으로 확장되어 갔던 것이다. 이처럼 표면에는 나타나지 않은 보조적인 인자의 활동에 의해서, 보통은 아무 이상도 없는 *schwe*라는 소리에 잘못 말하기의 원인이 될 수 있는 힘이 주어졌을 것이다.

또 다른 예를 통해서 보면, 천박한 말이나 의미가 연상되는 것이 잘못 말하기를 하게 되는 중요한 원인이 되고 있다고 생각되는 경우가 있다. 품위 없는 사람들이 많이 하는 일이지만 말이나 표현을 고의적으로 바꾸거나 왜곡시키는 것은, 아무것도 아닌 것 같은 기회를 이용해 사람들 앞에서 입에 담을 수 없는 말을 분별없이 내비치려는 의도라고밖에 볼 수 없다. 이런 식의 재치는 아주 빈번하게 일어나고 있으므로, 무의식중에 의도와는 달리 겉으로 표현되었다고 해도 그렇게 놀랄 일이 아니다. 예를 들어 *Eiweißscheibchen*(달걀흰자 작은 조각) 대신에 *Eischeiß-*

weibchen[62]이라고 말하거나, *Apropos*(하는 김에) 대신에 *Apopos*

Fritz[63]라고 말하는 것, *Lotuskapitl*(연꽃의 암술머리) 대신에

Lokuskapitäl[64]이라고 말하는 것이 이런 예에 속한다. 또 성녀 막

달레나의 〈향유 상자*Alabasterbüchse*〉 대신에 *Alabüsterachse*[65] 라

고 말하는 것도 아마 그런 종류일 것이다.[66] 〈선생님을 위해서 모

두 트림을 합시다〉라고 말한 경우는 마음속에 품고 있던 기분이

---

62 *Scheiße*는 〈대변〉, *Weibchen*은 〈암컷〉을 의미한다.

63 *Popo*는 〈엉덩이〉라는 뜻이고, *Fritz*는 남자의 이름이다.

64 *Lokus*는 〈변소〉라는 뜻.

65 *Büste*는 〈젖가슴〉이라는 뜻.

66 내가 치료하던 어떤 여자 환자 중에 잘못 말하기 증상이 아무리 치료를 해
도 낫지 않는 사람이 있었다. 그런데 그녀가 어렸을 때 장난으로 *ruinieren*(망치다)을
urinieren(소변보다)이라고 말했던 적이 있다는 것을 알게 되자 더 이상 잘못 말하기
를 하지 않게 되었다.

(1922년에 추가된 각주) 말하자면 〈과잉 보상의 경향이 있는〉 실수 행위에 대한
아브라함의 관찰은, 보통은 입에 담는 것을 허용하지 않는 천한 말을 의식적으로 틀리
게 말하여 자유롭게 사용하려는 욕구에 대한 것이다(아브라함의 「과잉 보상 경향을
가진 실수에 대하여Über Fehlleistungen mit überkompensierender Tendenz」[1922] 참조).
고유 명사의 첫 철자를 습관적으로 두 번 발음하는 버릇을 가지고 있는 어떤 환자가
프로타고라스Protagoras라는 이름을 프로트라고라스Protragoras라고 말했다. 그 바로
앞에서도, 알렉산드로스Alexandros를 아알렉산드로스Aalexandros라고 말했다. 자세히
조사해 본 결과, 그녀는 어렸을 때 말의 처음에 나오는 a와 po를 반복하는 버릇이 있었
는데 이것이 굳어졌다는 것을 알았다. 이런 종류의 장난에서 어린아이의 습관이 시작
된다는 것은 그다지 드문 일이 아니다. 그런데 이 여자의 경우, 프로타고라스Protagoras
라고 말하려고 했을 때 앞의 철자 r을 빠뜨리고 포포타고라스Po-potagoras라고 말해 버
릴지도 모른다는 두려움을 느꼈을 것이다. 그런데 그것을 피하려고 r에 매달려 두 번
째의 철자에까지 불필요한 r을 넣어 버린 것이다. 이 여자는 같은 식으로 partere(일층)
를 partrerer, 또 Kondolenz(문상)를 Kodolenz라고 말했지만, 그것은 이런 말들로 바로
연상되는 Pater(아버지)와 Kondom(콘돔)이라는 말을 피하기 위한 것이었다. 아브라
함이 예로 들고 있는 또 다른 환자는 언제나 협심증Angina을 앙고라Angora라고 말한다
는 것을 알고 있었지만, 그것은 아마도 협심증Angina 대신에 질(膣, Vagina)이라고 말
할지도 모른다는 걱정 때문이었다고 생각된다. 즉 이와 같은 잘못 말하기는 원래의 말
을 바꾸려고 하는 힘이 그것을 막으려는 힘에 압도당한 결과로 발생한 것이다. 또 아
브라함이 이런 현상과 강박 신경증의 증상 형성 사이에 어떤 유사점을 지적하고 있는
것은 올바른 일이다 — 원주. 첫 철자를 반복해서 발음하는 환자의 경우 a를 반복한
Aa는 〈똥〉이라는 뜻이며, po를 반복한 Popo는 앞에서 언급했듯이 〈엉덩이〉라는 뜻.

잘못 말하기라는 형태로 나타나서 의도하지 않은 우스꽝스러운 말이 된 것이라고밖에 달리 생각할 수 없다. 만약 내가 그 선생이고, 자신을 축하하는 자리에서 축사를 하는 사람이 이와 같은 잘못 말하기를 하는 것을 들었다고 한다면, 나는 아마도 황제가 승리에 취해 있는 사이에 그 부하가 마음속에 품고 있는 황제에 대한 불만을 풍자시라는 형태로 표현하는 것을 허락했다는 로마인들은 역시 현명했다고 생각할 것이다. 메링거가 자신이 겪은 일이라고 말하는 사례에 따르면, 그는 언젠가 그 협회의 최연장자라는 이유로 노인 *Senex*l 또는 노(老)세넥슬 *altes Senex*l이라는 친근감 섞인 존칭으로 불리고 있던 인물에게 〈축하합니다. 제넥스 알테슬 *Senex Altes*l 씨〉라고 말해 버렸다. 그 자신도 이 잘못 말하기에 아연실색했다는 것이다.[67] *Altes*l과 늙은 바보 *Alter Esel*라는 아주 심한 욕설이 비슷하다는 것을 알고 나면 메링거가 왜 놀랐는지도 이해할 수 있다. 노령자에 대해서 존경의 마음이 부족하다는 것은 양심의 가책을 불러일으키는 것이다.

나는 독자가, 아무 확증도 없는 단순한 해석과 내가 혼자서 수집하고 분석해서 해명한 사실 사이에 존재하는 가치의 차이를 묵인하는 일이 없기를 바란다. 그러나 아무리 간단하게 보이는 잘못 말하기라도 내가 그 원인을 의식적인 심리 내용 이외의 어느 정도 억압당한 관념에 의한 장애에서 찾을 수가 있다면, 메링거의 잘못이 어떤 주목할 만한 말에 끌렸기 때문이라고 믿을 수 있을 것이다. 즉 그는 자신이 잘못 말하기를 했다는 것을 인정하려고 하는 사람은 하나도 없다는 흥미로운 사실을 지적했다. 확실히 보통 때는 아주 사리가 밝은 성실한 사람이라도 잘못 말하기

67 메링거와 마이어의 『잘못 말하기와 잘못 읽기, 심리학적-언어학적 연구』 참조 — 원주.

를 했다는 것을 지적하면 기분 나쁘게 생각한다. 하지만 나는 이 현상이 그렇게 보편적인 것이라고는 생각하지 않는다. 따라서 메링거와 같이 자신의 잘못 말하기를 인정하는 사람은 〈한 사람도 없다〉고 주장할 생각은 없다. 그러나 타인에게 자신의 잘못 말하기를 지적당했을 때 느끼는, 명백하게 수치심을 내포한 감정에는 중요한 의미가 있다. 그 감정은 잊어버린 이름이 생각나지 않을 때 우리가 느끼는 답답함이나, 언뜻 보아 사소한 기억이 잊혀지지 않고 남아 있다는 사실에 대한 우리의 놀라움과 비교될 수 있다. 이러한 감정은 어떤 동기가 이러한 간섭 현상의 발생에 늘 기여하고 있다는 것을 보여 준다.

타인의 이름을 왜곡하여 말하는 것은, 그것이 의식적으로 행해지는 경우에는 일종의 모욕이라는 것이 확실하며, 무의식중에 잘못 말하기가 된 경우에도 많은 부분이 같은 의미를 가지고 있다. 마이어의 보고에 의하면, 어떤 남자가 프로이트Freud라고 말하려 했지만 그다음에 바로 브로이어Breuer라는 이름을 말할 예정이었기 때문에 프로이더Freuder라고 말했으며, 또 다른 때에는 프로이어 브로이트의 방법Freuer Breudsche Methode이라고 바꾸어 말했다는 것이다.[68] 아마도 그 남자는 나와 같은 전문가로서, 우리의 방법에 그다지 호의적이지 않았을 것이다. 나는 잘못 쓰기에 대해서 논할 때에도 이렇게 설명하는 것 외에는 다른 방법이 없는 이름 왜곡Namensentstellung의 예를 들 작정이다.[69]

68 메링거와 마이어의 『잘못 말하기와 잘못 읽기, 심리학적-언어학적 연구』참조 — 원주.

69 (1907년에 추가한 각주) 여기서 덧붙여 말하면, 자신을 치료해 준 의사의 이름을 틀리게 말하는 사람들은 귀족 계급에 많다. 이런 사실을 통해 그들이 의사에 대해서 약간은 겸손한 태도를 취하지만, 내심으로는 낮게 평가하고 있다는 것을 알 수 있다.

(1912년에 추가한 각주) 다음으로 이름 망각에 대해서 정곡을 찌른 견해를 나타내

이러한 예에서는 비판적 생각이 방해 요소로 작용하고 있다. 이와 같이 비판적 생각은 잘못 말하기를 한 시점에서는 말하는 사람의 의도와는 다른 것이기 때문에 원래 제지당해야 마땅한 것이었다.

　이와 반대로 다른 이름을 말하거나 타인의 이름을 빌리거나 이름을 잘못 말해서 두 사람의 인물을 동일시하는 일은, 그런 잘못 말하기가 발생했을 때 이용된 이름의 인물에게 가치를 두고 있다

고 있는 문장을 예로 들려고 한다. 이것은 당시 토론토에 있었던 존스가 이 책과 같은 주제로 쓴 영어 논문에서 인용한 것이다(「일상생활의 정신 병리학The Psychopathology of Everyday Life」[1911]). 〈상대가 자신의 이름을 까맣게 잊어버리고 있다는 것을 알게 되면, 대개의 사람은 기분이 상한다. 상대가 내 이름을 기억해 주지 않을까 하고 기대를 하거나 기억하고 있을 것이라고 여기는 경우에는 특히 더 그렇다. 그런 경우에 우리는 이름이 인격의 본질적인 부분이라고 무분별하게 결정해 버리고, 상대에게 좀 더 강한 인상을 남겼으면 상대방도 자신의 이름을 잊어버리지는 않았을 것이라고 생각하기 쉽다. 반면 기대도 하지 않았는데 자신의 윗사람이 자신의 이름을 부르며 말을 걸어 온다면, 그것만큼 우리의 자존심을 살려 주는 일도 없다. 사람을 잘 다룬다고 알려져 있던 나폴레옹은 실패로 끝난 1814년의 원정 때, 놀라울 정도의 기억력을 보여 주는 일화를 남겼다. 크라온 근처에 있는 어떤 마을에 머무르고 있을 때, 그는 그곳의 시장인 드뷔시와 20년쯤 전에 어떤 연대에서 알게 된 것을 생각해 냈다. 그 일은 드뷔시를 감동시켜서 나폴레옹을 위해 최상의 봉사를 했다고 한다. 또 상대방을 모욕하는 가장 확실한 방법은 상대방의 이름을 잊어버린 것처럼 행동하는 것이다. 즉 그렇게 함으로써《당신은 나에게 있어서 아무래도 좋은 사람이기 때문에, 일부러 당신의 이름을 기억할 필요가 없습니다》라는 것을 나타내는 것이다. 이 방법은 문학 작품에도 사용되고 있다. 예를 들어, 투르게네프의 『연기』에《라트미로프는, 지금도 반덴이 재미 있으시다고요, ……리트브노프 씨였죠, 하고 말했다. 그는 리트브노프의 이름을 말할 때에는 언제나, 깊이 생각하지 않으면 생각나지 않는 것처럼 입 속으로 중얼거리면서 말을 했다. 그는 이렇게 해서 리트브노프의 자존심을 건드리려고 했던 것이다. 이것은 그가 리트브노프에게 인사를 할 때, 정중한 태도로 모자를 손으로 조금 건드리며 인사하는 것과 같은 의미를 가지고 있었던 것이다》라는 부분이 있다. 또 『아버지와 아들』에는《지사는 키르사노프Kirsanov와 바자로프Bazarov를 무도회에 초대했다. 몇 분 후에 다시 그들을 초대했다. 그러나 그때는 두 사람을 형제라고 생각했는지, 키사로프Kisarov 씨라고 불렀다》는 부분이 있다. 이런 경우 조금 전에 초대한 것을 잊어버렸다는 것, 이름을 틀리게 불렀다는 것, 또 두 젊은이를 구별하지 못했다는 것 등이 모욕의 의미를 한층 더 강하게 한다. 다시 말하면, 이름을 틀린다는 것은 이름을 까맣게 잊어버린다는 것과 같은 의미를 가지고 있다. 즉 그것은 망각으로 가는 첫걸음인 것이다.〉

는 것을 나타낸다고밖에 볼 수 없다. 그리고 그것은 그 순간에 어떤 이유로든 표면에 나타나서는 안 되는 것이었다. 다음의 예는 페렌치Sándor Ferenczi가 학창 시절에 체험한 것이다.

고등학교 1학년 때, 나는 태어나서 처음으로 학급 전체 앞에서 시를 낭독해야만 했다. 나는 충분히 준비해 왔다고 생각했는데 초반부터 모두에게 웃음거리가 되어 그 자리에서 꼼짝할 수가 없었다. 선생님이 왜 이런 일이 일어났는지 설명해 주었다. 즉 나는 「그분에게서」라는 시의 제목은 맞게 읽었지만, 바로 뒤에 나오는 시인의 이름 대신 내 이름을 말해 버렸던 것이다. 그의 이름은 알렉산더 페퇴피Alexander (Sándor) Petöfi였다. 그 시인의 이름의 앞자와 나의 이름 앞자가 같았기 때문에 이런 잘못 말하기가 쉽게 일어났지만, 실제 원인은 당시 내가 나 자신을 명성이 드높은 이 시인과 마음속으로 동일시하고 있었기 때문이라는 것은 의심의 여지가 없다. 나는 이 시인에 대해서 의식적으로도 숭배에 가까운 애정과 존경심을 가지고 있었다. 물론 이런 실수 행위의 배후에는 엉뚱한 야심이 콤플렉스로서 존재하고 있었던 것도 사실이다.

이름을 잘못 말하는 동일한 예를 어떤 젊은 의사가 나한테 말해 주었다. 그는 언젠가 유명한 피르호[70] 교수에게 존경심을 가지고 조심스럽게 〈저는 피르호라고 합니다〉라고 자기 소개를 했다. 교수는 놀라서 그를 보며 〈아니, 당신도 피르호라는 이름을 가지고 있습니까?〉라고 반문을 했다는 것이다. 나는 야심만만한 젊은 의사가, 자신의 잘못 말하기를 어떻게 변명했는지는 알지 못한다. 〈교수님같이 위대한 분 앞에 서니 제가 너무 왜소해 보여, 제 이

70 루돌프 피르호Rudolf Virchow(1821~1902). 독일의 저명한 병리학자.

름 같은 것은 잊어버렸습니다〉라고 상대방을 기쁘게 하는 구실을 달았을지, 아니면 〈저도 언젠가는 교수님과 같은 위대한 사람이 될 것입니다. 그러니 저를 너무 가벼이 생각하지 말아 주셨으면 합니다〉라고 고백하는 용기를 보였을까? 이 두 가지 생각의 어느 쪽이든 — 또는 양쪽 모두이든 — 이 젊은 의사는 자기를 소개할 때 혼동했을 것이다.

다음의 예도 이와 마찬가지로 해석할 수 있을지 어떨지, 나 자신에 대한 일이기 때문에 독자의 판단에 맡기는 수밖에 없다. 1907년 암스테르담에서 열린 국제 학회에서 내가 주장한 히스테리에 대한 학설이 뜨거운 논쟁거리가 되었다.[71] 그때 내 의견에 가장 반대했던 사람 중 하나가 몇 번이나 말실수를 했는데, 내 입장이 되어 내 이름으로 반대 의견을 발표했던 것이다. 예를 들어 그는 〈아시다시피 브로이어와 프로이트는……〉이라고 말하려다가 〈브로이어와 나는……〉이라고 말해 버렸던 것이다. 그 반대자의 이름과 내 이름은 전혀 비슷하지도 않았다. 이런 예나 그 밖의 다른 예를 보아도 잘못 말하기가 생기는 데 발음의 유사성은 반드시 필요한 것이 아니며, 무의식 속에 있는 내용만으로도 일어난다는 것을 알 수 있다.

더욱 중요한 의미가 있는 경우로서 자기비판, 즉 자신이 하려는 말에 대한 내적인 저항에 의해 잘못 말하기를 하고, 때에 따라서는 의도하고 있던 것과는 정반대의 말을 하게 되는 결과를 가져오는 일도 있다. 이렇게 되면 우리는 처음으로 맹세한 말이 처음의 의도를 지워 버리거나, 잘못 말하기가 마음속의 불성실함을

---

71 1907년 9월 암스테르담에서 열린 정신 의학과 신경학 국제 회의를 말한다. 이때 〈반대자〉는 아샤펜부르크Aschaffenburg였다. 존스의 『지크문트 프로이트: 삶과 업적』을 참조.

폭로해 버린다는 것을 깨닫고 놀라는 것이다.[72] 다시 말하면, 이런 경우에 잘못 말하기는 일종의 행동이 되어 전혀 다른 것을 표현하는 일이 많으며, 당연히 자신을 배신하는 결과를 낳게 된다. 예를 들어 정상적인 성교에는 만족할 수 없는 어떤 남자가 사랑놀음을 좋아한다는 평판이 자자한 어떤 여자에 대한 이야기를 하면서, 〈나와 사귀면 그 여자는 난잡한 행동을 하지*kokettieren* 않게 될 것입니다〉라고 말한다는 것이 *koёttieren*이라고 말해 버렸다. 그의 마음속에는 *koitieren*(성교하다)이라는 말이 잠재해 있었기 때문에 이런 잘못 말하기를 하게 되었다는 것은 의심할 여지가 없다. 다음과 같은 예도 있다. 〈우리 숙부는 우리가 몇 달 동안이나 찾아가지 않아서 굉장히 서운해하고 있었다. 숙부가 이사한 것을 기회로, 우리는 오랜만에 그를 방문했다. 그는 굉장히 기뻐하는 것 같았지만, 우리가 돌아갈 때 아주 부드러운 말투로《지금부터는 더 찾아오지 않겠지》라고 말했다.〉

언어적인 자료가 호의적인 조건에 있을때, 잘못 말하기는 우연히도 그러한 상황을 종종 본심에 있는 그대로 폭로해 버리거나 농담처럼 우스꽝스러운 효과를 낳는다. 예를 들어 라이틀러는 다음과 같은 예를 관찰하여 보고하고 있다.[73]

어떤 여자가 상대방 여자를 향해서 아주 감동한 말투로 〈*Diese reizenden neuen Hut haben Sie sich wohl selbst 'aufgepatzt'*[74] (이

---

72   예를 들어 안첸그루버의 『양심의 가책 *Der G'wissenswurm*』에서는 유산을 횡령하려던 위선자의 정체가 이런 종류의 잘못 말하기로 인해서 폭로된다 — 원주. 안첸그루버(1839~1889)는 빈의 희곡 작가이다.

73   이 문단과 다음 사례는 1907년에 추가된 것이다.

74   〈손질하다〉라는 뜻의 *aufputz*와 〈돌팔이〉, 〈실수〉라는 뜻을 가진 *Patzerei*가 혼합된 것이다.

멋있는 새 모자는 당신이 직접 아무렇게나 뒤집어쓴 것입니까)?〉[75]라고 묻고는 입을 다물어 버렸다. 이러한 말의 실수에서 〈손질이 왜 이렇게 서투른 것일까〉라는 비판이 너무나도 노골적으로 나타났기 때문에, 그후 다른 사람과 똑같은 찬사를 보내도 전혀 믿어 주지 않을 것 같았기 때문이다.

다음의 예에 나타나 있는 비판은 앞의 예만큼 신랄하지는 않지만, 역시 의심의 여지가 없는 것이다.

어떤 부인이 알고 지내는 부인을 방문했다. 그러나 상대방이 너무 수다스럽고 끈질겨서 피곤했다. 겨우 헤어지는 인사를 하고 일어섰는데, 상대방은 현관까지 쫓아 나와서 또다시 그녀를 불러 세웠다. 그녀는 서둘러 가려고 했지만 문 앞에 서서 다시 그녀의 수다를 들을 수밖에 없었다. 드디어 그녀는 〈당신은 현관Vorzimmer에 댁에 계십니까〉라는 말로 상대방의 말을 막았다. 상대방의 놀란 모습을 보고서야 그녀는 자신이 말을 잘못했다는 것을 깨달았다. 현관에서 오랫동안 서 있었기 때문에 지쳐 버린 그녀는 〈당신은 오전Vormittag에 댁에 계십니까〉라고 물어서, 상대방의 말을 중단시키려고 했던 것이다. 즉 잘못 말하기를 통해 다시 붙잡힌 답답함을 넌지시 비추려고 했던 것이다.

그라프Max Graf가 경험한 다음의 예는 상대방에게 주의하라는 의미가 들어 있다.[76]

---

75 사실은 이때 〈직접 선택해서 쓴 것입니까selbst aufgeputzt〉라고 말하려 했다.
76 이 사례는 1907년에 추가되었다.

언론인 협회 콘코르디아의 한 총회에서 어떤 젊은 회원이 매우 격렬한 반대 의견을 내세우고 있었는데, 그는 연설 도중에 협회의 지휘부를 〈*Vorschuß'mitglieder*〉[77]라고 지칭했다. 이사는 대출을 허가하는 권한을 가지고 있었고, 실제로 우리는 그가 항상 돈 문제로 쪼들리고 있었으며, 바로 그 시점에 대출 신청서를 제출해 놓고 있었다는 사실을 알게 되었다.

*Vorschwein*의 예에서도 알 수 있듯이, 상대방에 대한 심한 욕설을 억제하고 있으면 잘못 말하기가 일어나기 쉽다. 즉 잘못 말하기를 통해 울분을 풀어 버린다는 말이 된다.[78]

어떤 사진사가 요령 없는 점원들을 질책하는데, 동물의 이름에서 온 욕설은 하지 않겠다고 결심했다. 그런데 어느 날, 견습 점원 한 사람이 액체가 가득 들어 있는 커다란 용기를 비우려다가 언제나 그렇듯이 반 정도를 바닥에 쏟고 말았다. 그는 견습 점원을 향해서 〈이봐, 처음에 약간만 덜어 놓으면 될 것을〉 하고 말하려다가 덜다*schöpfen* 대신에 *schöpsen*이라는 말을 사용했다.[79] 또 값비싼 판자를 부주의로 인해 한 다스나 못쓰게 만들어 놓은 여자 견습 점원을 불러서 길게 잔소리를 늘어놓다가 〈그런데 너는, 어째서 그렇게 *hornverbrannt*하니……〉라고 했다.[80]

다음의 예[81]는 잘못 말하기로 인해 자신의 본심을 폭로해서 중

77 *Ausschußmitglieder*라고 했어야 한다. 여기서는 〈위원 여러분〉이라는 뜻이다. *Vorschuß*에는 외상이라는 뜻이 있다.
78 이 문단과 다음 문단은 1920년에 추가되었다.
79 *Schöps*는 〈거세당한 숫양〉이라는 뜻으로 〈바보〉, 〈병신〉 등의 욕설로도 사용한다.
80 머리가 나쁘다*hirnverbrant*라는 말을 대신한 것이다. *Horn*은 동물의 뿔이라는 뜻.
81 이 예는 1912년에 추가되었다.

대한 결과를 초래했다. 이것은 『정신분석 중앙지』에 브릴이 보고한 것이다.[82] 이 예의 배경이 되는 몇 가지 사건도 흥미가 있으므로, 전문(全文)을 인용해 보겠다.

　　어느 날 밤, 나는 프링크Frink 박사와 함께 산책을 하면서 뉴욕 정신분석 협회의 일로 몇 가지 대화를 나누었다. 그때 우리는 R 박사를 만났다. 나는 최근 몇 년 동안 그를 만난 적이 없어서, 그의 사생활에 대해서는 아는 것이 없었다. 우리는 서로 재회한 기쁨을 나누었고, 나의 제의로 찻집에 들어가 두 시간 정도 이야기에 열중했다. 그는 나에 대해서 아주 자세히 알고 있는 듯했다. 그는 일상적인 인사말을 하고 나서 나의 작은아이에 대해 묻고, 우리 두 사람 모두에게 친구인 사람에게서 가끔 내 소식을 들었다고 말했다. 또 그는 나의 일에 대해 어떤 의학 잡지에서 읽었으며 그 일에도 흥미를 가지고 있다고 말했다. 내가 〈이제 결혼하셨습니까〉라고 묻자 그는 아니라면서, 〈나 같은 인간이 어째서 결혼 같은 것을 해야만 합니까?〉라고 말했다.

　　찻집을 나오려고 했을 때, 그는 갑자기 나를 바라보며 〈이런 경우 당신 같으면 어떻게 하겠습니까? 내가 알고 있는 어느 간호사에 대한 얘기입니다만, 그녀는 어떤 이혼 소송의 공동 책임자로 말려들었습니다. 부인이 소송을 걸어서, 그 간호사도 공동 책임자라고 주장하는 것입니다. 그리고 남편 쪽에서 이혼을 인정했습니다〉라고 말했다. 나는 그의 말을 듣고 〈당신은 부인이 이혼을 인정했다고 말씀하시려고 했던 것 아닙니까?〉 하고 물었다. 그는 바

82　『정신분석 중앙지』에 존스가 보고했다고 되어 있는 것은 잘못된 것이다 — 원주. 브릴의 『정신분석: 그 이론과 실제적 적용 *Psychoanalysis: its Theories and Practical Application*』(1912) 참조.

로 〈물론 부인이 이혼을 인정했습니다〉라고 고쳐 말하고, 또 〈그 간호사는 이 소송 사건과 스캔들로 너무 흥분해서 술을 입에 대기 시작했고 심한 신경과민에 시달렸습니다……〉라고 말하며, 자신 이 그녀를 어떻게 대해야 하는지 의견을 말해 달라고 했다.

나는 그의 잘못 말하기에 대해 주의를 주고 나서 곧바로 어째서 그런 잘못 말하기를 했는지 설명해 달라고 부탁했지만, 그는 이상한 일이라는 뻔한 대답(즉 누구든지 잘못 말하기 정도는 한다. 지금의 잘못 말하기는 우연일 뿐이고 깊은 뜻은 없다 등)밖에 하지 않았다. 나는 잘못 말하기에는 반드시 그만한 이유가 있을 것이라는 것, 또한 만약 앞에서 그가 독신이라는 말을 듣지 않았다면 그 자신이 이 이야기의 주인공이라고 생각했을 것이라는 것, 왜냐하면 만약 그렇다면 그 잘못 말하기는 〈내가 아니라 부인이 소송에 졌어야 했다. 그렇게 되면 나는 (미국 법률에 의해) 양육비를 지불할 필요가 없고, 뉴욕에서 재혼을 할 수도 있는데〉라는 소망으로 설명할 수 있다는 것 등을 이야기했다. 그는 나의 추측을 강하게 부정했지만, 그 당시 그의 감정적인 반응이 터무니없이 격렬했고 확실히 흥분하고 있었으며, 끝에 가서 큰 소리로 웃었다는 것 등으로 미루어 나의 추측이 맞다고 확신하게 되었다. 나는 그에게 과학적인 규명을 위해 진실을 알려 달라고 부탁했지만, 그는 〈설마 나한테 거짓말을 하라고 시키는 것입니까? 그렇지 않다면 내가 독신이라는 것을 믿으셔야 합니다. 당신의 정신분석적인 설명은 전혀 맞지 않습니다〉라고 말하며, 더욱이 〈사소한 일에도 눈을 번뜩이고 있는 사람은 정말로 위험해〉라고 덧붙였다. 그러고 나서 그는 갑자기 다른 약속이 생각났다면서 우리와 헤어졌다.

프링크 박사와 나는 그의 잘못 말하기에 대한 나의 해석이 옳다고 확신하고 있었다. 그래서 나는 누구에게든 물어봐서 확증이

나 반증을 얻어야겠다고 결심했다. 며칠 뒤 R 박사의 근처에 살면서 그와 오랫동안 알고 지낸 사람을 방문해서 그 일에 대해 물어 본 결과, 완전히 내 해석이 맞다는 것을 알았다. 소송이 있었던 것은 겨우 몇 주일 전으로, 그 간호사도 공동 책임자로 법정에 불려 갔다는 것이었다. 지금은 R 박사도 프로이트의 방법이 옳다는 것을 확신하고 있다.

랑크가 보고하고 있는 다음의 예에서도, 앞에서와 같이 스스로 본심을 드러낸 것이 확실한 경우이다.[83]

애국심을 전혀 가지고 있지 않고, 자신의 아들들도 그런 쓸데 없는 감정에 영향받지 않도록 키워야겠다고 생각한 아버지가, 아들들이 어느 애국적인 집회에 참가했다는 말을 듣고 심하게 꾸중했다. 아들들은 숙부님도 오셨다고 변명했지만, 그는 〈그런 놈의 흉내를 내서는 안 된다. 그 녀석은 백치*Idiot*니까〉라고 말하고는 나가 버렸다. 지금까지와 다른 아버지의 말에 놀란 아이들의 얼굴을 보고 그는 자신이 잘못 말했다는 것을 깨닫고 〈애국자*Patriot* 말이다〉라고 변명을 했다.

슈테르케가 보고한 다음과 같은 잘못 말하기는, 상대방 여성도 그 잘못 말하기로 본심이 드러났다는 것을 알고 있는 것이다.[84] 이 예에 대해서 슈테르케가 덧붙인 설명은 해석의 범위를 벗어나고 있기는 하지만 정곡을 찌른 것이라고 말할 수 있다.

---

83 이 사례는 1912년에 추가되었다.
84 이 사례와 다음의 두 사례는 1917년에 추가되었다.

어떤 여자 치과 의사가 여동생에게 두 개의 어금니 사이가 서로 잘 맞닿아 있는지(어금니의 측면이 서로 밀착되어 있어서 음식물 찌꺼기가 사이에 끼지 않는지) 언젠가 검사해 주겠다고 약속했다. 그런데 한참이 지나도 진찰을 해주지 않자, 여동생은 농담으로 〈언니, 지금 친구라도 진찰하고 있는 거지? 나는 더 기다려야 하나?〉라고 말했다. 드디어 진찰을 받아 보니 어금니에 작은 구멍이 하나 나 있었다. 언니는 〈이렇게 나빠졌을 줄 몰랐네. 확실하게 현금 지불Kontant, 아니 접촉Kontakt하지 않았을 뿐이라고 생각하고 있었는데〉라고 말했다. 여동생은 웃으면서 〈이제 알았지. 언니가 돈을 내는 환자보다 나를 더 오래 기다리게 한 것은 언니가 욕심쟁이기 때문이야〉라고 말했다. (물론 여동생의 생각에 나의 생각을 덧붙이거나 해서 결론을 내려서는 안 된다. 단지 내가 이 이야기를 듣고 바로 생각했던 것은, 재치 있는 두 젊은 여성이 아직 독신이고 젊은 남성과의 교제도 거의 없었던 것은 아닌가 하는 것이다. 그리고 나는 그 두 사람이 조금 더 현금을 가지고 있으면 젊은 남성과 접촉할 기회도 많아지지 않을까 하고 자문해 보았다.)[85]

라이크가 보고한 다음의 예도 잘못 말하기로 인해 스스로 자신의 본심을 드러낸 것이다.[86]

어떤 젊은 여자가 그다지 내키지 않는 결혼을 해야만 하는 곤경에 처해 있었다. 양쪽 부모는 두 사람을 조금 더 가까워지게 하려고 모임을 가졌고, 미래의 신부와 신랑도 참석했다. 그 젊은 여

---

85   슈테르케의 『일상생활에 대하여』 참조.
86   라이크의 『일상생활의 실수 행위』 참조 — 원주.

성은 친절한 구혼자에게 반감을 가지고 있다는 것을 상대방이 눈치채지 않도록 조심했다. 그런데 어머니에게서 저 사람을 어떻게 생각하느냐는 질문을 받고 그녀는 〈네, *liebenswidrig* [87]한 분이에요〉라고 말해 버렸다.

랑크가 〈재치 있는 잘못 말하기〉라고 보고한 다음의 예도 앞의 예에 못지않게 의미가 있다.[88]

다른 사람의 말을 듣는 것을 좋아해서, 그만큼의 대가를 지불한다면 남편 이외에 다른 남성의 구애도 그렇게 싫어하지 않는다고 소문이 난 어떤 여자에게 어떻게든 받아들여지기를 바라는 한 젊은 남자가 옛날부터 유명한 다음과 같은 이야기를 일부러 했다. 〈두 사람의 직장 동료 중 한쪽이, 좀 새침데기인 상대방 부인의 관심을 끌려고 열성을 보이던 중, 드디어 1천 굴덴을 내놓으면 원하는 대로 하겠다는 데까지 마음을 바꾸어 놓았습니다. 그리고는 그 여자의 남편이 여행을 떠나게 되었을 때, 동료는 그 남편에게 1천 굴덴을 빌리며 내일이라도 부인에게 돈을 갚겠다고 약속했지요. 물론 그 동료는 그의 부인에게 돈을 건네주면서 사랑의 대가라고 말했습니다. 그 여자는 여행에서 돌아온 남편에게 1천 굴덴을 내놓으라는 말을 듣고, 바람피운 것이 완전히 들통이 났다고 생각했지요. 즉 손해도 보고 창피까지 당했던 겁니다.〉 이 이야기를 하면서 여자를 유혹하던 젊은 남자가 〈이 돈은 내일 부인에게 갚겠다 *repay*〉라는 부분을 이야기했을 때, 상대방 여자는 〈그 돈은 이미

---

87 *liebenswidrig*에는 아무 뜻도 없으나 *widrig*에는 〈반대의〉, 〈적의가 있는〉 등의 의미가 있다. *liebenswürdig*(좋다)라는 단어를 사용하려고 했을 것이다.
88 랑크의 「잘못 말하기의 두 가지 예」 참조 — 원주.

저한테 갚지*repaid* 않았습니까, 어머, 죄송해요. 말씀하시지*told* 않았습니까?〉라고 말했다. 그 이야기와 같은 조건이라면 하라는 대로 하겠다는 자기 마음을 직접적으로 말하지 않고 그 이상 확실하게 전달할 수 있는 수단은 아마 없을 것이다.

타우스크V. Tausk는 〈조상의 신앙〉이라는 주제로, 자기 폭로이기는 하지만 그 정도로 심각한 결과는 초래하지 않은 예를 보고하고 있다.[89]

A 씨가 다음과 같이 말했다. 〈나의 약혼녀는 기독교도인데 유대교로 개종하기를 거부했기 때문에, 결혼을 하려면 내가 유대교에서 기독교로 개종해야 했습니다. 나는 종파를 바꾸는 일에 심적인 저항을 느끼지 않는 것은 아니지만, 결혼이라는 목적을 위해서는 이런 개종도 가능하다고 생각했습니다. 어찌 되었든 종교적인 신념을 가지고 있었던 것은 아니어서, 유대교도라는 이름만 버리면 그만이기 때문에 종교적인 신념을 버려야 하는 상황은 아니었습니다. 그런데 나는 그 뒤에도 언제나 유대교도로서 행동해 왔습니다. 그 때문에 내가 세례를 받고 기독교도가 되었다는 것을 아는 사람은 몇몇 친한 사람뿐이었습니다. 이렇게 결혼해서 두 아들이 태어나고, 두 아이 모두 기독교도로서 세례를 받았습니다. 우리가 나이를 어느 정도 먹은 후에, 나는 아이들에게 유대계 출신이라는 사실을 알렸습니다. 왜냐하면 학교의 반유대적인 분위기의 영향으로 아버지인 나에게 반감을 가지는 일이 없도록 하기 위해서입니다. 몇 년 전, 나는 당시에는 아직 초등학생이었던 아이

---

89 타우스크의 「일상생활의 정신 병리학에 대하여Zur Psychopathologie des Alltagslebens」(1917) 참조 — 원주. 이 사례는 1919년에 추가되었다.

들을 데리고 D로 피서를 가서 어떤 교사의 가정에 머무르게 되었습니다. 어느 날 오후 친절한 민박집 사람들과 간식 테이블에 앉았을 때, 그 집 주부는 우리가 유대인이라는 것을 전혀 알지 못한 채 굉장히 심한 말로 유대인을 욕하기 시작했습니다. 사실 나는 사정을 분명히 밝히고 어린아이들에게 《신앙의 용기》의 표본이 되었어야 했지만, 언제나 그렇듯이 그런 고백의 결과로 일어날 불쾌한 일을 두려워했습니다. 게다가 유대인이라는 것을 알고 우리를 대하는 민박집 사람들의 태도가 변해서 불친절해지면, 겨우 발견한 이런 좋은 민박을 경우에 따라서는 떠나게 되어, 그렇지 않아도 짧은 우리의 휴가가 엉망이 되지 않을까 걱정되었습니다.

그러나 아이들을 이대로 두면 중대한 결과를 가져올지도 모르는 진실을 아무런 구애도 없이 대담하게 말해 버릴 우려가 있었습니다. 그래서 나는 그들을 그 자리에서 떠나 정원 쪽으로 가게 하려고 《자, 정원으로 가세요. 유대인들*Juden*》이라고 말한 후, 당황하여 바로 《아이들*Jungen*》이라고 고쳐 말했습니다. 다시 말해, 이 잘못 말하기는 내가 《신앙의 용기》를 나타내는 것을 도와준 셈입니다. 다른 사람들은 이 잘못 말하기를 전혀 신경 쓰지 않았으므로 아무런 심각한 결과는 생겨나지 않았습니다. 그러나 나 또한 한 아버지의 아들이고 또한 아들을 가지고 있는 아버지이기도 한데, 《조상의 신앙》을 부정하면 그 벌을 받지 않고는 끝나지 않는다는 교훈을 얻을 수 있었던 것입니다.〉

다음에 드는 잘못 말하기의 예는 나쁜 결과를 초래하지 않았다고는 말할 수 없는 것이다.[90] 재판소의 관리가 심문 중에 특히 나를 위해 기록해 둔 것이 아니라면, 나는 이 예를 보고하지 않았

90 이 사례는 1920년에 추가되었다.

을 것이다.

후방에서 근무하던 병사가 강도죄로 기소되었다. 그런데 그는 〈나는 아직 군무(軍務)를 떠나지 않았습니다. 때문에 지금도 후방 근무군의 일원입니다〉라고 말하려다가 군무*militarische Dienststellung* 라고 말해야 하는 부분을 *Diebsstellung* [91]이라고 말해 버렸다.

반대하려 했으나 잘못 말하기 때문에 오히려 승인하는 결과가 되는 재미있는 경우도 있다. 이것은 정신분석가에게 매우 유리한 것이라고 여겨진다. 전에 내 환자의 꿈에 야우너Jauner라는 이름이 나와서 나는 그 꿈을 해석해야 했다. 환자는 그 이름의 남자를 알고 있었는데, 어째서 이 인물이 꿈속에 나타났는가에 대해서는 아무것도 알지 못했다. 그래서 나는 그 이름이 꿈에 나온 것은 단지 *Gauner* [92]로 매도하는 말과 발음이 닮았기 때문은 아닐까 추측해 보았다. 환자는 당황하여 더욱 단호하게 이것을 부정했지만, 전과 같이 대치의 의미를 가진 잘못 말하기를 되풀이하여 나의 추정을 입증하는 결과가 되었다. 즉 그는 〈그러나 그 해석은 너무나 무모합니다〉라고 말하려다가 무모한*gewagt* 대신에 *jewagt*라는 단어를 사용했던 것이다. 내가 이 잘못 말하기를 지적했더니, 이번에는 그도 내 해석을 받아들였다.[93]

진지한 논쟁을 하고 있을 때 말하려는 것과 반대되는 것을 말하는 잘못 말하기가 일어나면, 잘못 말하기를 한 사람은 순식간에 불리해져 버리고 상대는 그 유리해진 입장을 즉시 이용하는

---

91 *Dieb*는 〈절도〉라는 뜻.
92 〈사기꾼〉이라는 뜻.
93 이 문단과 다음 문단은 1907년에 추가되었다.

것이 보통이다.

　이와 같은 점에서 보면, 사람들은 모두 잘못 말하기를 비롯한 여러 실수 행위를 내가 이 책에서 서술한 것과 같이 해석하고 있다는 것을 알 수 있다. 그것은 논리적으로는 내 가설에 동의할 수 없는 사람의 경우라도, 그 성격상 실수 행위의 감춰진 이유를 추궁하는 일은 하지 않고 그냥 묵인해 줬으면 하고 바라는 듯한 사람의 경우와 다를 바 없다. 이야기의 가장 중요한 부분에 와서 이와 같은 잘못 말하기가 생기면 반드시 폭소와 실소가 일어난다는 것은, 잘못 말하기는 단지 혀의 미끄러짐이며 심리학적으로는 아무 의미도 없는 것이라는, 일반에 인정되어 있는 사고방식이 사실에 반한 것이라는 점을 나타내고 있다. 이와 같은 종류의 변명에 의해 궁지를 벗어나려고 한 유명한 예는, 다름 아닌 독일의 재상 뷜로B. H. von Bilow의 경우였다. 그는 1707년 11월 황제를 변호하는 연설 중에 말을 잘못하여, 그 의미가 전혀 거꾸로 되도록 만든 적이 있다.

　그런데 현재, 즉 빌헬름 2세 황제 시대의 일을 언급한다면, 나는 단지 내가 1년 전에 말씀드렸던 것을 지금 다시 되풀이하는 것밖에 안 됩니다. 다시 말해, 우리 황제 폐하를 둘러싸고 있는 일군의 책임 있는 참모들에 대해 이야기한다는 것은 부당하며 공정치 못하다는 것입니다. 그렇습니다. 무책임한 참모들입니다(⟨무책임한⟩이라는 말에 격렬한 야유). 무심코 혀가 미끄러졌습니다. 용서해 주십시오(폭소).[94]

　어쨌든 뷜로의 말은 부정의 말이 몇 번이나 나왔기 때문에 그

94　이 문단과 다음의 두 문단은 1910년에 추가되었다.

의미는 약간 애매해져 있었다. 뷜로는 일반인들에게 호감을 얻고 있었고, 또 그가 놓여 있던 곤란한 입장에 대한 배려 때문에 그 잘못 말하기에 대해 그를 거듭 추궁하는 따위의 일은 이루어지지 않았다. 그러나 1년 후 같은 장소에서 다른 사람이 잘못 말하기를 했을 때, 일은 그렇게 간단히 해결되지 않았다. 그 남자는 황제에게 모두가 숨김없이 의지를 표명해야 한다고 요구하려다가, 서툰 잘못 말하기로 충성스러운 그의 마음에 남아 있는 다른 감정을 폭로해 버렸던 것이다. 라트만(독일 국민당)은 다음과 같이 말했다.

> 이 상소문의 문제에 관해서 우리의 입장은 제국 의회의 의원 규칙에 입각하고 있습니다. 의원 규칙을 보면 제국 의회에는 그와 같은 상소문을 황제에게 제출할 권리가 있습니다. 내가 믿는 바에 따르면, 이 건에 관해서도 통일된 의지 표시를 하는 것이 독일 국민의 일치된 의견이며 희망입니다. 그리고 우리가 폐하의 마음을 충분히 고려하여 엉거주춤한*rückgratlos* 태도로 행하지 않으면 안 됩니다(몇 분간에 걸친 폭풍 같은 폭소). 아니, 여러분, 엉거주춤한 태도가 아니라 숨김없는*rückhaltlos* 태도입니다(폭소). 그리고 이와 같은 곤란한 시대에는 폐하께서도 국민 의지의 그와 같은 숨김없는 표명을 가상히 여기시겠지요.

1908년 11월 12일의 『포어베르츠』[95]지는 때를 늦추지 않고, 이 잘못 말하기의 심리적 의미에 대해 피력했다.

> 의원이 의회에서 자신과 의회의 다수파가 황제에 대해 취하고

95 사회 민주당 기관지.

있는 태도를 무의식중에 이것만큼 명확히 폭로한 적은 일찍이 없었다. 반유대주의자 라트만은 질문 이틀째에 장중한 어조로, 그와 그의 일파는 황제에 대해서 자신들의 의견을 엉거주춤한 태도로 상소할 작정이라고 무심코 잘못 말했던 것이다. 이 불행한 남자는 사방에서 일어난 폭풍과 같은 폭소 때문에 연설을 멈출 수밖에 없었으며, 곧이어 앞서 한 말을 취소하고 자신은 〈숨김없이〉라고 말할 작정이었다고 다시 이야기하지 않을 수 없게 된 것이다.

나는 사례 하나를 더 들고자 하는데, 이 예에서는 잘못 말하기가 분명히 섬뜩한 예언의 성격을 띤다.[96]

1923년 봄, 세계 금융계를 충격에 빠뜨린 사건이 발생했다. W에서 〈신흥 벼락부자〉 중 가장 신출내기이면서, 여하튼 가장 부자이기도 하고 나이도 가장 젊은 X라는 청년 은행가가 단기간의 매점(買占) 후 모 은행 주식의 과반수를 획득하여, 그 결과 어느 총회 ─ 총회가 주목할 만한 결말을 초래했던 것이다 ─ 에서 구태를 벗지 못한 그 은행의 종래의 중역들은 재선되지 않고 젊은 X가 그 은행의 우두머리가 된 것이다. 그리하여 이사 중 한 사람인 Y 박사가 재선되지 않은 전(前) 이사에게 송별의 말을 늘어놓으면서 불쾌한 잘못 말하기를 몇 번이나 되풀이해 많은 사람의 주의를 끌었던 것이다. 다시 말해 Y는 그 자리를 떠나는 *ausscheidend* 사장이라고 말하는 대신에 죽어 가고 있는 *dahinscheidend* 사장이라고 말한 것이다. 총회가 끝난 후 며칠 지나지 않아, 이 재선되지 않은 노(老)사장은 정말 죽었다. 그의 나이는 이미 80세를 넘어 있었다 (슈토르퍼가 들려준 것이다).

96   이 사례는 1924년에 추가되었다.

「발렌슈타인Wallenstein」[97]의 제2부 「피콜로미니」의 제1막 제 5장에 잘못 말하기의 훌륭한 예가 나온다. 이 잘못 말하기는 화자 의 본심을 폭로하는 것이 아니라, 오히려 관객에게 그 장의 사정 을 알게 하는 점에 그 목적이 있다. 이 같은 방법을 사용한 것을 보면, 이 작가가 잘못 말하기의 메커니즘과 의미를 잘 터득하고 있는 것을 알 수 있다. 막스 피콜로미니는 앞선 장면에서 열성적 으로 공작 편을 들었고, 그러면서 그가 발렌슈타인 공작의 딸을 진지로 데리고 가는 여행 중에 이루어진 평화의 은총에 대해 열 광했다. 그는 자기 아버지와 조정(朝廷)의 사신(使臣)인 쿠베스텐 베르크 공을 몹시 놀라게 했다. 그리고 제5장은 이렇게 계속된다.

쿠베스텐베르크 어쩌면 좋으냐! 어떻게 이렇게 되어 버렸지? 친구여, 우리는 그를 광기에 사로잡힌 채 가버리도록 내버 려 두었구려. 그를 다시 불러와야 할 텐데, 당장에 그의 눈을 뜨게 해주어야 하는데.

옥타비오 (깊은 생각에서 깨어나며) 그가 이제 내 눈을 뜨게 해주었소. 그래서 나는 나를 기쁘게 하는 것보다 더 많은 것 을 볼 수 있게 되었소.

쿠베스텐베르크 무엇이라고, 친구?

옥타비오 이 여행은 정말 지긋지긋해!

쿠베스텐베르크 왜? 무슨 일이야?

옥타비오 보시오 — 나는 즉시 그 불행한 징조를 추적하지 않 으면 안 되겠어. 내 눈으로 똑똑히 보아야겠어 — 이리 오시 오.(그를 데리고 가려고 한다)

97 30년 전쟁의 맹장(猛將) 발렌슈타인의 몰락을 그린 실러F. Schiller의 3부작 희곡.

쿠베스텐베르크 뭔데? 어디로 가는 거야?

옥타비오 (밀면서) 그녀에게로!

쿠베스텐베르크 누구에게로?

옥타비오 (말을 고치면서) 공작에게로. 자, 갑시다.

〈공작에게로〉 대신에 〈그녀에게로〉라고 말한 이 사소한 잘못 말하기에 대해, 과연 쿠베스텐베르크는 옥타비오를 향해 〈당신은 수수께끼 같은 말을 하는군〉이라며 탄식하고 있지만, 실은 이 잘못 말하기는 이미 아들 발렌슈타인이 어째서 스스로 짐을 지려고 하는지 부친이 그 이유를 간파하고 있다는 것을 관객에게 넌지시 알리려고 하는 것이다.[98]

잘못 말하기가 문학 작품에 이용된 사례 중의 하나를 랑크는 셰익스피어의 작품 속에서 찾고 있다.[99] 랑크의 보고를 그대로 인용하겠다.[100]

셰익스피어의 「베니스의 상인」(제3막 2장)에서도 〈잘못 말하기〉가 이용되고 있는데, 이는 극적인 관점에서 매우 미묘하게 동기를 부여받고 있으며 기술적으로 탁월하게 이용되고 있다. 프로이트가 주목했던 「발렌슈타인」에서의 잘못 말하기처럼, 「베니스의 상인」에서의 잘못 말하기는 이 극작가가 이러한 종류의 착오 행위의 메커니즘과 의미에 대해서 분명하게 이해하고 있으며, 청중들도 그 의미와 메커니즘을 잘 이해할 것이라 가정하고 있다는 것을 보여 준다. 아버지의 뜻에 따라 자신의 신랑을 제비뽑기로

---

98 옥타비오는 아들이 공작의 딸을 사랑하고 있음을 알고 있다.

99 이 사례는 1912년에 추가되었다.

100 랑크의 「잘못 말하기의 문학적 활용에 대한 실례Ein Beispiel von poetischer Verwertung des Versprechens」(1910) 참조 — 원주.

결정할 수밖에 없었던 포샤는, 지금까지 우연이 도와주어 싫은 구혼자를 모두 물리칠 수 있었다. 그런데 마침내 마음으로 사랑할 수 있는 바사니오라는 구혼자가 나타나자, 그도 제비뽑기를 잘못하지 않을까 두려워하게 되었다. 그녀는 가능하다면 그에게 〈제대로 선택하지 못해도 내 사랑은 당신의 것입니다〉라고 말하고 싶었지만, 맹세 때문에 그것도 불가능했다. 여기서 작가는 괴로워하고 있는 그녀로 하여금 사랑하는 구혼자를 향하여 다음과 같이 말하게 하고 있다.

〈제발, 당신이 그것을 감행하기 전에
하루 이틀만 더 기다려 보세요. 당신이 뽑기를 잘못하는 날엔
당신을 잃어버릴 수밖에 없어요. 그러니까 용서하세요.
무엇인가 내게 말하고 있어요(그렇지만 그것은 사랑이 아니에요).
나는 당신을 잃고 싶지 않아요 ―
― 당신이 바르게 뽑을 수 있도록 제가 가르쳐 드릴 수도 있지만
그렇게 되면 나는 나의 맹세를 저버리는 것이 되지요.
그렇게는 하고 싶지 않아요. 그러나 가만 있으면
당신은 나를 얻지 못하실 테지요.
만일 그렇게 되면 차라리 내가 죄를 범할 것을 하고 바라게 될 거예요.
맹세쯤 깨뜨릴 것을 하고 말이에요. 오, 그 눈.
나를 내려다보고, 나를 반으로 갈라놓는!
《반은 당신의 것, 다른 반쪽도 당신의 것 ―
내 것이라고 말하려 했는데》, 내 것이라면 그것은 또 당신의 것이니까, 그러므로 모두 당신의 것이랍니다.〉

다시 말해 그녀는 자신이 그를 사랑하고 있고, 그가 제비를 뽑기 전부터 이미 전부 그의 것이라는 것을 조금이라도 그에게 전해서는 안 되는 것이지만, 그 일을 왠지 어렴풋하게 그에게 알리고 싶다고 생각한다. 그런데 인간 심리에 관해서 놀라우리만큼 날카로운 감수성을 가지고 있던 셰익스피어는, 그녀에게 잘못 말하기라는 형태로 그것을 표현할 수 있도록 했던 것이다. 즉 그는 이와 같은 수법을 사용하여, 제비뽑기의 결과에 관하여 이 구혼자가 느끼고 있는 참을 수 없는 불안과 같이 관객이 느끼고 있는 참기 어려운 긴장을 부드럽게 할 수 있었던 것이다.[101]

위대한 작가들이 잘못 말하기에 관하여 우리와 같은 견해를 가지고 있었다는 것은 대단히 흥미롭다. 존스가 보고하는 이와 같은 종류의 예를 또 하나 소개하는 것도 무의미하지는 않을 것이다.[102]

오토 랑크는 최근 발표된 어느 논문 중에서 좋은 예를 들고 있다. 다시 말해, 그 예에서는 셰익스피어가 그의 작품의 등장인물 중 한 사람인 포샤에게 잘못 말하기를 시켜, 주의 깊은 관객에게 그녀의 숨겨진 마음속을 알려 주고 있다. 나는 영국 최대의 장편 작가 조지 메레디스George Meredith의 걸작 『이기주의자 The Egoist』에 나오는 유사한 예를 소개하려고 한다. 이 소설의 줄거리는 간단히 서술하면 다음과 같다. 주위 사람들로부터 매우 존경받고 있는 윌러비 패턴 경은 콘스탄샤 더램 양과 약혼한다. 콘스탄샤는

---

101   프로이트는 『정신분석 강의』 중 두 번째 강의에서도 같은 부분을 인용하고 있다.

102   존스의 「일상생활의 정신 병리학」 참조 — 원주.

세상과 타협하고 있지만 그가 대단한 이기주의자라는 것을 알아차리고, 이 결혼에서 벗어나기 위해 옥스포드 대위와 사랑의 도피를 한다. 수년 후 패턴은 클라라 미들턴 양과 약혼한다. 이 작품의 대부분은, 자신의 약혼자에게 그와 같은 심각한 경향이 있는 것을 알고 나서 클라라 미들턴 양의 마음에 생긴 갈등의 상세한 묘사로 이루어져 있다. 그녀는 약혼자를 향한 경멸감이 점점 심해지는데, 주위의 사정과 자신의 도덕관 때문에 자신이 한 약속을 깰 수가 없다. 그의 사촌 형이며 비서이기도 한 버논 횟포드 — 그녀는 결국 이 남자와 결혼하게 된다 — 도 왠지 그녀에게 힘이 되어 주려고 하지만, 패턴에 대한 의리와 그 밖의 이유 때문에 적극적인 모습을 보일 수 없다.

자신의 비탄 어린 독백으로 그녀는 다음과 같이 말한다. 〈고귀한 남자분이 나의 상태를 보시고 도와주려고 생각해 주시기만 한다면. 아아, 이 가시나무와 덤불의 감옥에서 자유롭게 될 수 있다면. 나 혼자서는 한 걸음도 나갈 수 없습니다. 나는 겁쟁이기 때문입니다. 그래도 잠깐 손가락으로 신호해 주는 사람만 있다면[103] 나는 다른 사람처럼 변할 수 있다고 생각합니다. 그렇다면 경멸과 악평에 둘러싸여 만신창이가 되어도 그 사람이 있는 곳으로 도망갈 수 있을지 모릅니다. ……콘스탄샤는 한 사람의 군인을 우연히 만날 수 있었습니다. 그녀의 기도는 받아들여졌던 거예요. 그녀가 한 일은 잘못되었어요. 그래도, 그렇게 할 수 있는 사람이 부러워요. 그 남자분의 이름은 해리 옥스포드였어요……. 그녀는 꾸물대지 않고 쇠사슬을 확 잡아 뜯고 태연하게 다른 남자가 있는 곳으

103 독일어 번역자는 다음과 같이 설명하고 있다. 〈나는 처음 원문의 *beckoning of a finger*(손가락 하나에 의한 신호)를 *leiser Wink*(대수롭지 않은 신호)라고 번역하려 했지만, *finger*(손가락)라는 말을 넣지 않으면 이 문장에서 미묘한 마음의 움직임을 나타내는 분위기를 잃게 될 것이라고 여겼다〉 — 원주.

로 가버렸어요. 용감한 사람이에요. 그녀는 나의 일을 어떻게 생각할까? 그러나 나에게는 해리 횟포드 같은 사람이 없습니다. 나는 외톨이입니다……〉 그녀는 자신이 옥스포드 대신 다른 이름을 말해 버린 것을 갑자기 알아차리고, 마치 손바닥으로 뺨을 맞은 것처럼 얼굴이 새빨갛게 달아올랐다.

두 사람의 남자 이름이 〈포드〉로 끝나는 점은 이 잘못 말하기를 일으키기에 쉬운 이유가 분명하며, 그것만으로도 이 잘못 말하기가 일어나기에 충분한 원인이 될 것이라고 생각하는 사람도 많을 것이다. 그러나 더 깊은 곳에 있는 진짜 원인은 작가 자신의 서술 부분에서 확연해진다. 즉 그녀는 다른 곳에서 같은 잘못 말하기를 되풀이하고, 스스로도 어찌할 바를 몰라 서둘러 화제를 바꾼다. 이것은 정신분석과 융의 연상에 관한 저작에 의해 우리에게 매우 친숙해진 현상이며, 반쯤 의식적인 콤플렉스를 자극받았을 때에만 나타나는 것이다. 패턴은 아무래도 보호자다운 어조로 횟포드에 관해서 〈괜한 걱정이야. 저 사람 좋은 버논은 그런 엉뚱한 일을 할 수 있을 리 없다〉고 말한다. 클라라는 그것에 답하여 〈그래도, 옥스포드, 아니 횟포드……, 당신의 백조가 호수를 헤엄쳐 이쪽으로 옵니다. 화났을 때의 백조는 왠지 아름답지요. 묻고 싶었습니다만, 남자분은 누군가 다른 남자분이 공공연히 숭배받는 것을 보면 의기소침해지지 않나요?〉라고 묻는다. 윌러비 경은 돌연 일의 진상을 깨닫는다.

지금 말한 장소 외에서도 클라라는 버논 횟포드와 더 친밀한 사이가 되고 싶다는 숨겨진 바람을 잘못 말하기에 의해 흘려 버린다. 즉 급사를 향해 〈저녁 무렵, 버논 씨 — 아니, 횟포드 씨에게 말씀드려 줘……〉라고 말하는 것이다.[104]

104　(1920년에 추가된 각주) 작가 자신이 의도적으로 의미 있는 것으로 표현한

더욱 확실히 하기 위해 덧붙여 두지만, 여기서 서술한 견해는 극히 사소한 잘못 말하기에 관해서도 그대로 들어맞는다. 지금까지 나는 자명하게 생각되는 듯한 사소한 잘못 말하기의 경우라도 분명한 의미가 있고, 더 중요하다고 생각되는 경우와 같은 설명이 허락된다는 것을 몇 번이나 증명할 수 있었다. 예를 들면 나의 의견을 듣지 않고 자기 마음대로 부다페스트까지 짧은 여행을 했던 어느 여환자는 나를 향하여 〈단지 3일간〉일 뿐이라고 변명하려 했는데, 잘못하여 〈단지 3주간〉이라고 말해 버렸다. 즉 그녀는 나의 반대에도 불구하고, 내가 그녀에게 부당하다고 생각하고 있는 환경에 3일간이 아니라 3주간이나 체류할 작정이라는 것을 자백해 버린 셈이다. 또 예를 들면, 나는 어느 날 밤 아내를 극장으로 데리러 가지 않았던 것을 변명해야만 했다. 나는 〈내가 극장에 도착한 것은 10시 10분 조금 지나서였어〉라고 말했다. 아내는 〈10시 10분 전이라고 말씀하실 생각이 아니셨어요?〉라고 물었다. 사실 나는 그럴 작정이었다. 10시 10분 지나서는 물론 변명이 되지 않았던 것이다. 나는 미리 아내에게서 프로그램에 〈10시 전 종영(終映)〉이라고 써 있다는 얘기를 들었기 때문이다. 내가 극장에 도착했을 때에는 벌써 현관의 불빛은 사라지고 극장은 비어 있었다. 공연은 훨씬 이전에 끝났고, 아내는 나를 기다리지 않고 있었던 것이다. 시계를 보니 10시 5분 전이었다. 그런데 나는 집에서 얘기할 때 내 입장을 더 유리하게 하려고 아직 10시 10분 전이었다고 말하려고 했다. 그러나 유감스럽게도 그 목적은 이루어지지 않고, 자백하지 않아도 좋을 것까지 자백하게 되어 자신의 부정직함을 폭

잘못 말하기 — 그 대부분은 자기 폭로다 — 의 예에는, 그 외에도 셰익스피어의 「리처드 2세」 제2막 2장이나 실러의 「돈 카를로스」 제2막 8장에서 에볼리의 잘못 말하기 등과 같은 것이 있다. 그 목록을 더 확대하는 것은 별 문제가 없을 것이다 — 원주.

로해 버렸던 것이다.

이 일을 통해 이미 잘못 말하기라고 말할 수 없을 듯한 언어 장애, 즉 개개의 단어가 아니라 화법 전체의 리듬이 잘못되거나 말이 나오지 않게 되는 경우 — 예를 들면 곤혹스러움 때문에 말을 더듬거나 우물거리는 경우 — 에 관해서도 생각해 볼 수 있다. 즉 앞에서 이야기했던 것처럼 이 경우에도 언어 장애에 의해 폭로되는 것은 내적인 갈등이라고 말할 수 있다. 황제를 알현(謁見)할 때, 배심원 앞에서 자신의 명예와 체면을 위해 변명할 때, 즉 정성을 다해 주의를 집중하고 있을 때에는 잘못 말하기 따위가 결코 일어나지 않는다. 우리는 어느 사람의 문체를 평가하는 경우에 개개의 잘못 말하기를 해석할 때 사용되는 원리를 적용해도 문제가 없으며, 또 보통 그렇게 하는 것이다. 다른 뜻이 없는 명백한 문체는 글쓴이가 그 일에 관해서 아무 의문도 느끼지 않고 있다는 것을 보여 주며, 겉으로 드러난 것 이상의 의미가 있다고 여길 만한 부자연스럽고 완곡한 표현은 완전히 해결되지 않았기 때문에 다른 부분까지 혼란시키는 듯한 심리 내용이 존재하고 있다는 것을 알려 주거나, 글쓴이의 숨죽인 자기비판*Selbstkritik*의 목소리를 들려준다.[105]

이 책이 처음 출판된 이래 외국의 친구와 연구자들은 각각 자기 나라의 말로 관찰할 수 있는 잘못 말하기에 주의를 기울이게 되었다. 기대했던 대로 그들은 실수 행위의 법칙은 어떤 언어이든 마찬가지라는 것을 발견하고, 지금까지 이 책에서 독일어로

---

105 (1910년에 추가된 각주) 부알로Boileau의 『시학*Art poétique*』에는 다음과 같은 구절이 있다. 〈사람이 확실히 머리에 품고 있는 것은 / 확실히 드러난다. / 그리고 그것을 표현하는 말도 / 손쉽게 나온다〉 — 원주.

이야기하는 사람들에 관해서 했던 것과 같은 해석을 시도해 보고 있다. 그러한 다수의 예 중에서 단지 하나만 인용해 보자.[106]

브릴은 자신이 겪은 일을 다음과 같이 보고하고 있다.[107]

한 친구가 어느 신경증 환자의 일을 이야기하며 그 환자의 치료를 맡아 주지 않겠느냐고 말했다. 나는 〈정신분석에 의해 머지 않아 모든 증상을 없앨 자신이 있다. 그것은 치료할 수 있는curable 경우이기 때문에〉라고 말하는 대신 〈오래 걸리는durable〉이라고 말해 버렸다.[108]

결론적으로,[109] 정신분석에 관해 다소의 지식을 가지고 있으며 수고도 마다하지 않을 준비가 되어 있는 독자들을 위해 한 가지 예를 덧붙이겠다. 이를 통해 그들은 단지 하나의 잘못 말하기를 규명해 보더라도 인간 정신의 심층에 관한 약간의 그림을 그려 볼 수 있을 것이다. 예켈스는 다음과 같은 보고를 한 바 있다.[110]

12월 11일, 내가 아는 어느 부인이 폴란드어를 사용하여 조금 도전적이고 건방진 말투로 〈오늘 내가, 나에게는 손가락이 열두 개 있다고 말한 것이 어째서인지 아시겠습니까?〉라고 말을 걸었다. 내가 어떤 사정일 때 그 말을 입에 담았는지 설명해 달라고 말하자, 그녀는 그때의 정황을 이렇게 설명했다.

---

106 이 문단과 다음 사례는 1912년에 추가되었다.

107 브릴의 「일상생활의 심리학에 대한 기고A Contribution to the Psychology of Everyday Life」(1909) 참조 — 원주.

108 이 사례는 영어로 인용되어 있다.

109 이 장의 마지막 부분은 1917년에 추가되었다.

110 예켈스의 「잘못 말하기의 한 가지 예Ein Fall von Versprechen」(1913) 참조 — 원주.

그녀는 어느 사람을 방문하려고 딸과 함께 외출 준비를 하면서 심한 조발성 치매에 걸려 있는 딸에게 블라우스를 갈아입으라고 말했다. 딸이 옆방에서 시킨 대로 옷을 갈아입고 다시 방으로 돌아와 보니 어머니는 손톱을 손질하고 있었다. 이윽고 다음과 같은 대화가 오고갔다.

딸 봐요. 나는 벌써 채비를 다 했는데, 엄마는 아직이잖아요.

엄마 너는 블라우스가 한 장이지만, 엄마는 손톱이 〈열두 개〉 나 있잖아.

딸 뭐라고요?

엄마 (가혹하게) 당연하지 않니. 엄마에게는 손가락이 열두 개 있으니까.

이 얘기를 함께 듣고 있던 내 동료가 그녀에게 12라는 숫자에 관해서 어떤 것이 연상되는지 물었다. 그녀는 빠르고 단정적으로 〈12라고 하는 것은 나에게 있어서 어떤 의미가 있는 날짜가 아닙니다〉라고 대답했다.

손가락에 관해서는 잠깐 주저하면서 다음과 같은 연상을 늘어놓았다. 〈내 남편의 가족에게는 발가락(폴란드어에는 한마디로 발가락Zehe을 나타내는 말이 없다)이 여섯 개 있는 아이가 태어난 적이 있습니다. 그래서 우리의 아이가 태어났을 때, 곧 발가락이 여섯 개가 아닌지부터 살펴보았습니다.〉 그러나 다른 이유로 그날 밤의 분석은 더 이상 계속되지 못했다.

다음 날, 즉 12월 12일 아침, 그 부인은 눈에 띄게 흥분하여 내가 있는 곳으로 와서 〈저, 선생님, 제가 어찌 된 일이지요. 거의 20년간 나는 남편의 늙은 백부(伯父)의 생일을 축하해 주고 있었는데, 그날이 마침 오늘이에요. 언제나 11일에는 편지를 써왔는데, 올해는 깜빡했어요. 그래서 오늘 전보를 쳐야 했어요.〉

나는 그 전날 밤 내 동료가 12라는 숫자에 관해서 그녀에게 물었을 때, 원래대로라면 그 숫자는 백부의 생일을 생각나게 하는 것이 적절했을 텐데 그녀는 12는 자신에게 아무 의미 없는 날짜라면서 분명하게 그 질문을 머리에서 지워 버린 것을 생각해 내고 그녀에게 그 일을 인식시켜 주었다. 그러자 그녀는 남편의 백부는 부자이며 자신은 언제나, 특히 요즘처럼 경제적으로 곤궁해질 때면 더욱 백부의 유산을 기대한다고 고백했다.

　며칠 전에 아는 여자가 트럼프로 점을 쳐주었다. 가까운 시일 내에 큰돈을 손에 넣을 것이라는 점괘를 들었을 때 그녀는 바로 이 백부의 일, 즉 그의 죽음을 생각했다. 그리고 자신과 자신의 아이들에게 돈을 남겨 줄 만한 사람은 이 백부밖에 없다는 생각이 갑자기 떠올랐다. 그와 동시에 그녀는, 그전에 백모(伯母)도 자신의 아이들을 걱정하며 확실하게 유산을 주겠다고 약속했던 일을 떠올렸다. 그런데 이 백모는 유언장을 남기지 않은 채 죽어 버렸다. 어쩌면 백모는 그 일에 관해서 백부에게 무언가 써서 남겨 두었을지 모른다고 그녀는 생각했다.

　그녀가 자신에게 점을 쳐준 여자를 향하여 〈당신은 나를 유혹하여 살인을 하게 하려는군요〉라고 말했을 때, 그녀 속에는 백부의 죽음에 대한 소망이 매우 강하게 나타나고 있었음에 틀림없다. 백부의 생일이 다가오기까지 4, 5일 동안, 그녀는 이 점괘가 맞아 백부의 사망 통지가 그가 살고 있는 지방 신문에 나지 않을까 하며 끊임없이 살피고 있었다. 그녀가 백부의 죽음을 이 정도로 강하게 바라고 있었던 것 이상으로 그의 생일이 곧 다가온다는 사실 역시 매우 강하게 억압되어 그녀가 20년이나 빠지지 않고 계속해 온 일을 망각하게 해버린 결과, 내 동료가 물었을 때 그 일에 관해서는 아무것도 의식에 남아 있지 않았던 것은 어쩌면 자연스러운 일일 것이다.

억압되어 있던 12라는 숫자가 잘못 말하기의 원인 중 하나가 되어 〈열두 개의 손가락〉이라는 형태로 나타났던 것이다. 원인 중 하나라고 말했는데, 그것은 〈손가락〉에 관한 그녀의 연상이 특이한 것이어서 이것 외에도 무언가 다른 원인이 있다고 생각해 볼 수 있기 때문이다. 어째서 열 손가락이라는 아무런 색다른 점도 없는 표현이 12라는 숫자에 의해 방해받았나 하는 것이 그녀의 연상에 의해 실제로 해명되었다. 즉 그녀의 연상은 〈내 남편의 가족에게는 발가락이 여섯 개 있는 아이가 태어난 적이 있습니다〉라고 말했던 것에서 시작되었다. 발가락이 여섯 개 있다는 것은 일종의 기형이며, 따라서 여섯 개의 손가락은 기형아 한 명에 해당하고, 열두 개의 손가락은 기형아 두 명에 해당되는 셈이다. 이 부인의 경우에는 이것이 사실이었다. 그녀는 매우 젊을 때 결혼했는데, 그녀의 남편은 그녀와 결혼하고 나서 얼마 지나지 않아 자살했다. 그 후, 그녀에게 남겨진 것은 오직 두 명의 아이뿐이었다. 이 두 명의 아이는 아버지의 유전적 소질을 농후하게 물려받아 상당히 이상한 면이 있다고 의사에게 여러 번 들어 온 터였다. 큰딸은 지독한 긴장증Katatonie[111]에 걸린 적이 있고, 최근 집에 돌아와 있었다. 그 후 둘째 딸도 심한 신경증에 걸렸다. 이 경우 아이들이 이상하다는 것과, 그것보다 매우 강하게 억압되어 있어 심리적으로도 중요한 요소인 백부의 죽음에 대한 소망이 함께 압축되어, 이 잘못 말하기의 제2의 원인인 이상한 아이들의 죽음에 대한 소망이 발생한 것이다.

12라는 숫자가 죽음의 소망으로서 중요한 의미를 가지고 있었다는 사실은, 이미 이 부인의 머릿속에서는 백부의 생일이 죽음의

[111] 일종의 정신 분열증.

관념과 매우 밀접하게 연결되어 있는 것을 확실하게 알려 준다. 그것은 그녀의 남편이 자살한 것은 13일, 즉 백부 생일의 다음 날이며, 그때 백모가 이 젊은 미망인에게 〈어제는 기쁘게 축하해 주었는데, 오늘은……〉이라고 말했던 것이었다.

거듭 덧붙이면, 이 부인에게는 아이들의 죽음을 바랄 만한 현실적 이유가 많이 있었다. 즉 아이들은 그녀에게 하등의 기쁨도 주지 못하고 슬픔만 안겨 줄 뿐이었다. 그녀는 하고 싶은 일도 하지 못하고, 아이들을 위해 여자로서의 행복을 모두 단념하고 있었던 것이다. 이 경우에도, 그녀는 함께 외출하는 딸의 기분을 망치는 듯한 일은 피하려고 매우 신경을 쓰고 있었던 것이다. 조발성 치매 환자에 대해서 이와 같은 태도를 취하는 것이 얼마만큼의 인내와 극기를 요하는지, 또 그때 얼마나 많은 분노의 발작을 억누르지 않으면 안 되는지 간단히 알 수 있는 일이라고 생각한다.

따라서 이 실수 행위의 의미는 다음과 같이 말할 수 있다.

〈백부는 죽어야만 한다. 이 이상한 아이들(이 이상한 가족 모두)도 죽어야만 한다. 그렇게 되면 나는 그들의 돈을 갖게 될 것이다.〉

내가 생각하는 바에 의하면, 이 실수 행위는 보통 드러나지 않는 여러 가지 특징적 구조를 갖고 있다.

1) 거기에는 두 가지 결정 인자가 있는데 하나로 압축되어 있다.

2) 이 같은 두 가지 결정 인자의 존재는 잘못 말하기의 중복(열두 개의 손톱과 열두 개의 손가락)으로 나타난다.

3) 또 하나의 현저한 특색은 12라는 숫자의 하나의 의미, 즉 아이들이 이상하다는 것을 나타내는 열두 개의 손가락이 소위 간접적인 표현 방법으로 드러난다는 점이다. 다시 말해 이 경우에는

정신적인 이상이 신체적인 이상에 의해 신체의 고상한 부분이 저
급한 부분으로 표상되었다.

여섯 번째 장
잘못 읽기와 잘못 쓰기

잘못 말하기에서 언급한 동일한 관점과 소견이 잘못 읽기와 잘 못 쓰기에 대해서도 유효하다는 것은, 이들 기능이 내적인 친화 성을 가지고 있다는 점에서 보면 놀라운 일이 아니다. 나는 면밀 하게 분석한 몇 가지 예를 제시하는 데 그치고, 이들 현상 전체를 포괄하려고 시도하지 않을 것이다.

1. 잘못 읽기

(1) 나는 카페에서 『라이프치히 화보』를 비스듬히 들고 넘겨 보면서 양면에 걸친 사진의 표제를 《《오디세이아Odyssee》에서 의 결혼식〉으로 읽었다. 이것이 나의 시선을 사로잡았다. 내가 놀라움에 잡지를 똑바로 놓고 보니 잘못 읽은 것이었다. 거기 에는 《《발트해Ostsee》에서의 결혼식〉이라고 써 있었다. 어떻게 이런 잘못 읽기가 일어났을까? 즉각 나는 루트스S. Ruths의 책, 『음악 환각 등에 대한 실험적 연구Experimentaluntersuchungen über Musikphantome』[1]에 생각이 미쳤다. 나는 이 책이 내가 다루고 있 는 심리적 문제를 잠깐 언급하고 지나갔기 때문에 최근에 열중해

---

1 루트스의 저술에서 인용한 것으로, 여기서 〈음악 환각〉이란 〈음악을 듣는 동안 사람들의 머릿속에 나타나는 정신적 현상〉들을 일컫는다.

서 읽은 적이 있다. 저자는 『꿈의 환각에 대한 분석과 근본 법칙』이라는 제목의 저작을 빠른 시일 내에 출간할 것이라고 했다. 『꿈의 해석』이라는 책을 출간한 내가 매우 흥분하여 이 책을 기다리는 것은 놀라운 일이 아니다. 나는 먼저 음악 환각에 대한 루트스의 저작의 목차에서, 고대 헬레니즘 시기의 신화와 전설이 수면환각, 음악 환각, 꿈 환각, 정신 착란에 그 뿌리를 두고 있다는 것에 대해 상세히 귀납적으로 증명하리라는 예고를 발견했다. 그 당시 나는 곧바로 책을 펼쳐서 오디세우스가 나우시카 앞에 나타나는 장면도 공동의 나체-꿈*Nacktheitstraum*에 기인하고 있다는 것을 그가 알고 있는지 알아보았다. 한 친구가 켈러G. Keller의 『녹색의 하인리히』라는 책의 멋진 부분을 내게 알려 주었는데, 거기에 오디세우스의 이 에피소드는 고향에서 멀리 떨어져 방황하는 선원의 꿈이 객관화된 것이라고 설명되어 있었다. 나는 나체에 노출-꿈*Exhibitionstraume*과의 관계를 추가했다.[2] 그러나 루트스의 책에서 이에 관해 어떤 것도 발견하지 못했다. 이 경우 확실히 우선적 사고*Prioritätsgedanke*가 나를 사로잡았다.

(2) 어느 날 신문에서 나는 왜 〈걸어서 유럽을 지나다*zu Fuß durch Europa*〉라고 읽는 대신 〈통을 타고 유럽을 지나다*im Fuß durch Europa*〉로 읽었을까? 이 문제를 해명하는 데 나는 오랫동안 곤란을 겪었다. 처음에 떠올린 것은 내가 염두에 두고 있었던 디오게네스의 통이었음에 틀림없다는 것이다. 나는 최근 예술사에 관한 책에서 알렉산더 시대의 예술에 대해 읽은 적이 있었다. 그리고 알렉산더의 유명한 말, 〈내가 알렉산더가 아니었더라면 디오게네스이고 싶다〉는 말을 생각하는 것은 당연했다. 그리고 상자에 싸여 여행을 떠난 어떤 헤르만 차이퉁Hermann Zeitung[3] 어쩌구 하는

2 『꿈의 해석』 참조 — 원주.

것이 머리에 떠올랐다. 그러나 더 이상의 연관은 발견할 수 없었다. 또한 예술사 책에서 저 알렉산더의 말이 눈에 띄는 부분을 다시 찾아낼 수도 없었다. 몇 달이 지난 후 옆으로 제쳐 두었던 이 수수께끼가 갑자기 떠오르자, 이때는 그것이 즉시 해결되었다. 나는 파리의 만국 박람회에 가기 위해 사람들이 어떤 기이한 운송 수단 *Beförderung* 을 선택했는가에 관한 신문 기사를 생각해 내었다. 그리고 어떤 사람이 통 속에 들어가고 다른 사람은 이를 굴려 파리까지 갈 것이라는 익살스러운 보도(報道)도 있었다고 생각한다. 물론 이 사람들은 이런 바보 같은 짓으로 주목을 끌려는 의도밖에 없었다. 헤르만 차이퉁은 실제로 이런 특이한 운송 수단의 첫 번째 예로 등장했던 사람의 이름이었다. 그리고 내가 치료했던 한 환자가 떠올랐다. 이 환자는 신문에 활자화되어 유명한 사람으로 언급되려는 병적인 공명심의 반작용으로, 신문에 대한 병적인 공포를 가지고 있는 환자였다. 그리고 마케도니아의 알렉산더는 확실히 이제까지 살았던 사람 중에 가장 공명심이 큰 사람이었다. 이 환자는 자신의 업적을 노래할 호메로스가 없는 것을 한탄했다. 그러나 다른 알렉산더가 내 가까이에 있다는 것, 알렉산더는 내 남동생의 이름이라는 것을 어찌 내가 〈생각하지 않을 수〉 있을까! 나는 즉각 이 알렉산더에 관해 불쾌하고 억압이 필요한 생각을 발견하고, 그러한 생각의 현실적 원인을 찾았다. 내 동생은 요금과 〈운송〉에 관한 일의 전문가여서, 언젠가는 상과(商科) 전문 대학에서 가르치기 위해 교수의 직함을 얻을 예정이었다. 나는 몇 년 전부터 대학에서 동일한 승진 *Beförderung*의 제안을 받았지만 자리를 얻지는 못했다.[4] 그 당시 어머니는 큰아들보

---

3 독일어 〈*Zeitung*〉은 〈신문〉이라는 뜻.
4 이 문제는 『꿈의 해석』에 나오는 프로이트 자신의 꿈과 연관되어 반복적으로

다는 작은아들이 먼저 교수가 될 것이라고 낯선 이에게 말하곤 했다. 이것은 내가 앞의 잘못 읽기를 해결하지 못하고 있었을 때의 상황이었다. 그 이후 내 동생도 곤란을 겪게 되었다. 그가 교수가 될 가능성이 나보다도 적어졌다. 그때 갑자기 잘못 읽기의 의미가 내게 명백해졌다. 마치 동생의 기회 감소가 장애를 제거한 것과 같았다. 나는 동생의 임명 소식을 신문에서 읽었다고 생각하고는, 그런 어리석은 짓(그가 직업으로 행하는 일) 때문에 신문에 이름이 오를 수 있다니(즉 교수로 임명되다니) 기이한 일이로군 하고 말했었다! 문제가 해결된 후 나는 별 어려움 없이 알렉산더 시대의 헬레니즘 예술에 관한 부분을 찾을 수 있었다. 그리고는 놀랍게도 내가 전에 찾으려 할 때도 그 부분을 여러 번 읽었고, 그때마다 마치 부정적 환각에 걸린 사람처럼 그 문장을 건너뛰었다는 것을 확신하게 되었다. 나아가 이 문장은 해명에 도움을 줄 어떤 내용도, 망각할 가치가 있는 어떤 내용도 지니고 있지 않았다. 내 생각으로는 책에서 아무것도 발견하지 못했다는 징후는 단지 나의 잘못을 위해 창조된 것일 뿐이다. 나는 나의 추적에 장애가 되는 곳에서, 즉 마케도니아의 알렉산더에 관한 어떤 관념에서 사고 연결의 연속을 찾았어야 했을 것이다. 그렇게 해서 동일한 이름의 동생에게서 더 안전하게 관심을 돌려야 했을 것이다. 이는 완벽하게 성공했다. 나는 모든 예술사에서 잃어버린 부분을 다시 찾으려고 모든 노력을 기울였으니까 말이다.

Beförderung(운송 수단 또는 승진)이라는 말의 이중 의미는 이 경우 두 가지의 복합, 즉 신문의 작은 기사에 의해 생겨난 중요하지 않은 콤플렉스와 더욱 중요하고 읽혀야 할 내용에 방해가 될 수 있는 콤플렉스[5] 사이에 연상의 다리였다. 이러한 예로부터 이 논의되고 있다.

와 같은 잘못 읽기와 같은 일을 해명하는 것이 항상 쉽지만은 않다는 것을 알 수 있다. 때로는 수수께끼의 해결을 좀 더 유리한 시간으로 미루어야만 한다. 해결 작업이 어려우면 어려울수록 그만큼 확실히 기대할 수 있는 것은, 마침내 발견된 장애의 사고가 우리의 의식적 사고에 의해 낯설고 대립적인 것으로 평가된다는 점이다.

(3) 나는 어느 날 빈 근처에서 충격적인 소식을 담은 편지 한 장을 받았다. 나는 즉각 아내를 불러, 〈불쌍한 빌헬름 *die'*[6] *arme* Wilhelm M〉이라는 여자가 심각한 병을 앓아 의사들도 포기했다는 소식을 전했다. 내가 슬픔을 표현하기 위해 선택한 말에서 무엇인가가 이상하게 들렸던 모양이다. 아내가 미심쩍어하면서 편지를 보자고 했고, 확신에 차서 다음과 같이 말했기 때문이다. 〈편지에 그렇게 써 있지는 않을 거예요. 누구도 남편의 이름으로 여자 이름을 부르지는 않으니까요. 게다가 편지를 보낸 사람은 여자의 이름을 잘 알고 있으니까요.〉 나는 내 주장을 강력하게 변호하면서, 여자가 자신을 남편의 이름으로 부르는 통상적인 명함을 보여 주었다. 내가 마침내 편지를 손에 들고 우리 둘이 함께 읽자, 거기에는 실제로 〈불쌍한 *der'*[7] *arme* W. M.〉이라고, 내가 완전히 건너뛰고 읽은 부분이 있기 때문에 〈불쌍한 W. M. 박사 *der arme* 'Dr' W. M.〉라고 써 있었다. 나의 잘못 읽기는 따라서 이 남편의 비극적인 소식을 여자에 전가시키려는 필사적인 시도였다. 관사, 수식어, 이름 사이에 끼워 넣은 학위 칭호는 그것이 여자여야 한

---

5 1901년과 1904년판에는 〈사고의 순환〉이라고 되어 있었다. 이 〈콤플렉스〉라는 말은 1907년판에서 교체된 것이다. 꿈과 농담과 신경증적 증상의 형성에서 나타나는 언어적 가교의 유사한 사용에 대해서는 『꿈의 해석』 여섯 번째 장을 참조.

6 *die*는 여성 명사 앞에 붙는 정관사.

7 *der*는 남성 명사 앞에 붙는 정관사.

다는 요구에 잘 맞지 않는다. 따라서 읽을 때 이 칭호가 생략되었던 것이다. 그러나 이러한 변조의 동기는 여성이 남성보다 덜 호감이 간다는 데 있는 것이 아니라 이 불쌍한 남자의 운명이, 내가 나와 가까운 다른 사람에 대해 우려하도록 만들었다는 데 있었다. 그리고 이 사람은 나에게 잘 알려진 질환 조건들 중의 하나를 이 경우와 공동으로 가지고 있었던 것이다.

(4) 내가 휴가 때 낯선 도시의 거리를 산책하면서 자주 경험했던 잘못 읽기는 화나는 일이면서도 우스운 일이다. 나는 내 마음에 어떤 식으로든 다가오는 모든 상점의 간판을 〈골동품상〉으로 읽는 것이다. 여기에는 수집가의 모험에 대한 욕구가 표현되고 있다.[8]

(5) 블로일러Bleuler는 그의 중요한 책, 『정동(情動), 암시 감응성, 편집증*Affektivität, Suggestibilität, Paranoia*』(1906)에서 다음과 같이 쓰고 있다.

언젠가 나는 독서하면서 두 줄 아래에서 내 이름을 보았다는 지적인 느낌을 받았다. 그러나 놀랍게도 나는 〈혈구*Blutkörperchen*〉라는 말만 발견했다. 나는 시각상의 중심과 주변에서 수천의 잘못 읽기를 분석해 왔지만, 이 경우가 가장 조잡한 경우이다. 내가 내 이름을 보았다고 생각했을 때, 이렇게 유도한 단어가 내 이름과 매우 유사했다. 대부분의 경우 내 이름의 모든 철자들이 근처에 있어야 비로소 나의 그런 실수가 일어날 수 있었다. 그러나 이 경우 피해망상증*Vorfolgungswahn*과 환상은 쉽게 밝혀질 수 있다. 내가 방금 읽은 것은 과학 용어에서 발견되는 나쁜 문체에 관한 언급의 끝부분으로, 나는 이로부터 자유롭지 못하다는 느낌을 가지

8 이 사례는 1907년에 추가되었다.

고 있었다.[9]

(6) 작스H. Sachs는 다음과 같이 보고했다.

사람들이 놀라는 것에 대해서 그는 〈풀 먹인 아마포Steifleinenheit〉
와 같이 넘어간다. 그러나 이 말이 눈에 띄어서 자세히 보니 〈섬세
한 문체Stilfeinheit〉라고 써 있음을 발견했다. 이 부분은 내가 존경
하는 저자가, 〈독일 교수적인 것〉을 공공연히 드러내 보임으로써
내가 호감을 느끼지 못하던 역사가를 과도하게 칭찬하는 이야기
의 일부였다.[10]

(7) 마르첼 아이벤쉬츠Marcell Eibenschütz 박사[11]는 문헌학 연
구에서 잘못 읽기의 한 경우를 보고하고 있다.[12]

나는 『순교자의 책』이라는 전승물을 연구하고 있다. 이 책은 중
세 고지(高地) 독일어로 된 전설로서, 프로이센 과학 아카데미가 편
찬하는 『중세 독일어 텍스트』의 한 권으로 내가 편집할 예정이다.
아직 출판된 적이 없는 이 저작에 대해 알려진 것은 거의 없다. 이
에 대해서는 유일하게 하우프트J. Haupt의 논문이 있을 뿐이다.[13]
하우프트는 고대 필사본을 자신의 연구 기초로 삼지 않고, 최근에
(19세기) 이루어진 주 필사본 C(노이부르크 수도원Klosterneuburg)

9   사례 (5)는 1910년에 추가되었다.
10   이 사례는 1919년에 추가되었다.
11   아이벤쉬츠의 「언어학적 자연 과학의 연구에서 잘못 읽기의 사례Ein Fall von
Verlesen im Betrieb der philologischen Wissenschaft」(1911) 참조 — 원주.
12   사례 (7)은 1912년에 추가되었다.
13   하우프트의 「순교자의 중세 고지 독일어 책에 대하여Über das mittelhochdeutsche
Buch der Märterer」(1872) 참조 — 원주.

의 사본(寫本), 궁정 도서관에 보관되어 있던 사본을 기초로 삼았다. 이 사본의 마지막에는 다음과 같은 저자 확인이 있다.

〈이 책은 1850년 *MDCCCL* 성 십자가의 날(9월 14일) 전야에 시작되어서 그다음 해 부활절 토요일에 완성되었다. 이 작품은 주님의 도움으로 당시 이 수도원의 성당지기였던 나 크라사나의 하르트만이 만든 것이다.〉

하우프트는 자신의 논문에서 이 저자 확인을 보고하면서, 그것이 C의 필사자가 쓴 것이라는 의견을 피력한다. 그리고 로마자로 쓰인 연도 1850년을 일관되게 잘못 읽으면서 C가 1350년에 쓰인 것이라고 한다. 비록 그가 저자 확인을 완벽하게 복사하고 그것을 논문에 인용하면서 완벽하게 인쇄하고 있음에도 불구하고(즉 *MDCCCL*) 이렇게 잘못 읽고 있다.

하우프트의 보고는 나에게 당황스러운 것이었다. 나는 학문계의 신참내기에 불과했기 때문에 하우프트의 권위에 완전히 압도되어, 내 앞에 완전히 명백하고 올바르게 인쇄되어 있는 이 저자 확인에서 오랫동안 1850 대신에 1350을 읽어 내었다. 그러나 내가 사용한 첫 필사본 C에서는 어떤 저자 확인의 흔적도 발견할 수 없었다. 나아가 14세기에 노이부르크 수도원에는 하르트만이라는 이름의 수도승이 산 적 없다는 사실이 밝혀졌다. 마침내 내 눈의 장막이 걷혔을 때, 나는 사태의 전모를 밝혀내고 추적을 지속하여 내 추측을 확인할 수 있었다. 위에서 자주 언급된 저자 확인은 하우프트가 사용한 사본에만 있었고, 그것은 이 사본의 필사자인 하르트만 차이비히P. Hartmann Zeibig가 쓴 것이었다. 그는 메렌의 크라사나에서 태어난 노이부르크 수도원의 아우구스티누스 수도 참사회 회원이었는데, 1850년 이 재단의 교회 재무 담당자로서 필사본 C를 필사하고 이 사본의 끝에 예전의 방식대로 자신을 명기한 것이었다. 이 사본의 중세적 어법과 낡은 철자법으로 인해 하우프트는 그가 연구한 저작에 대해 가능한 한 많은 것을 보고하려는 희망에서, 따라서 필사본 C의 연대를 밝히려는 희망에서 1850 대신에 언제나 1350을 읽게 되었던 것이다(이것이 실수 행위의 동기이다).

(8) 리히텐베르크Lichtenberg의 『익살스럽고 풍자적인 단상들』에는 관찰에 기인하여 잘못 읽기 이론 전체를 포괄한 언급이 있다.[14]

그는 호메로스를 너무나 자주 읽어서 *angenommen*(가정하면)을 언제나 *Agamemnon*으로 읽었다.[15]

대부분의 경우에 독자들은 텍스트를 변조시키고, 기대하고 있거나 몰두하고 있는 관심사를 텍스트에 끼워 읽을 준비가 되어 있다. 텍스트 자체는 독자가 자신의 뜻대로 변화시킬 수 있는 어떤 유사한 조어(造語)를 제공함으로써 잘못 읽기에 유리한 조건을 줄 뿐이다. 특히 교정되지 않은 눈으로 피상적인 훑어보기를 할 때는 의심할 여지 없이 이러한 환상의 가능성을 쉽게 얻지만, 그렇다고 그것이 환상의 필연적인 조건은 아니다.[16]

(9) 내 생각으로는, 우리 모두를 확고하게 장기간 사로잡는 전시 상황이 바로 잘못 읽기와 같은 실책이 일어날 수 있는 가장 유리한 환경이다. 나는 그러한 관찰을 무수히 많이 할 수 있었는데,

14 사례 (8)은 1910년에 추가되었다.
15 리히텐베르크는 프로이트가 자주 언급하는 작가다. 이 사례도 『정신분석 강의』와 『농담과 무의식의 관계』(프로이트 전집 6, 열린책들)에서 인용되고 있다.
16 이 문단과 사례 (9), (10)은 1917년에 추가되었다.

유감스럽게도 그중 몇 가지만 보존하고 있다. 어느 날 나는 정오 신문 아니면 석간을 보고 〈괴르츠의 평화*Der Friede von Görz*〉라고 크게 인쇄된 것을 발견했다. 그러나 거기에 써 있던 것은 그것이 아니라 〈괴르츠 전방의 적들*Die Feinde vor Görz*〉이었다. 이 전쟁터에서 싸우고 있는 두 아들을 두고 있는 사람이라면 이렇게 쉽사리 잘못 읽을 수 있을 것이다. 또 다른 사람은 어떤 특정한 연관에서 낡은 빵 배급표*alte Brotkarte*라고 써 있는 것을 발견하겠지만, 주의 깊게 보면 낡은 비단*alte Brokate*을 잘못 읽었음을 알게 될 것이다. 여기서 그가 자주 초대받는 집에 빵 배급표를 기꺼이 양도함으로써 그 집 주부에게서 사랑받는다는 사실을 알릴 필요가 있을 것이다. 터널 속 공사를 할 때 나오는 습기에 견딜 수 없는 장비를 사용하는 기술자는 놀랍게도 광고에서 쓰레기 가죽 *Schundleder*으로 된 물건을 선전하는 것을 본다. 그러나 상인들이 그렇게 진실한 경우는 드물다. 그 광고에서 구매하도록 추천되는 것은 바다표범*Seehundleder* 가죽이다.

독자의 직업이나 현재 처해 있는 상황 또한 잘못 읽기의 결과를 규정한다. 최근 자신의 뛰어난 연구 결과를 가지고 동료들과 논쟁하고 있는 문헌학자는 장기(獎棋) 전략*Schachstrategie*을 언어 전략*Sprachstrategie*로 잘못 읽는다. 의학적 치료 과정에 의해 장의 소화 활동을 조절하던 시기에 낯선 도시를 산책하던 사람은 고층 백화점 1층의 큰 표지판에서 *Klosetthaus*(화장실)라고 써 있는 것을 읽는다. 그러나 이 이방인은 그에 대한 만족감에 이 유익한 시설의 비정상적인 설치를 혼합한 것이다. 그리고 다음 순간 만족감은 사라진다. 표지판에 써 있는 것은 *Korsetthaus*(코르셋 전문점)이기 때문이다.

(10) 두 번째 경우의 집단은 잘못 읽기에 텍스트 자체가 기여

하는 몫이 훨씬 크다. 예를 들어 독자에게 스트레스를 주는 내용이나 주장이 담겨 있어 독자의 방어 심리를 자극해, 일부러 자신의 소원 성취*Wunscherfüllung*에 적합하게끔 잘못 읽음으로써 그런 부분을 수정하는 것이다. 물론 이런 경우에 우리는 비록 그의 의식이 이런 첫 번째 읽기에서 아무것도 얻은 것이 없다 하더라도, 독자가 수정 작업에 앞서 텍스트를 먼저 정확하게 이해하고 판단했다고 가정해야 한다. 앞의 사례 (3)이 이런 유형의 것이다. 여기에 덧붙여 나는 아이팅곤이 제공한 좀 더 논란의 여지가 큰 사례한 가지를 추가하겠다.[17] 그는 당시 이글로의 야전 병원에 있었다.

전쟁으로 인한 외상성 신경증*die traumatische Neurose*으로 우리병원에 있던 X 중위가, 어느 날 나에게 발터 하이만의 시를 읽어주고 있었다. 그 시인은 전쟁 중 어린 나이로 전사한 인물이었다.그는 시에 취하여 그 시의 마지막 구절을 낭송했다.[18]

하나 나는 알고 싶소, 어쩌다 나 대신 친구들이 죽고 오직
나만이 남게 되어야 했는지를.
당신들 중에서 누군가가 죽으면 그는 나를 대신해 죽는 거요.
이리하여 나만이 남아야 하다니요? 〈내가 아니면 안 되나요?〉[19]

내가 좀 놀라는 표정을 짓자, 그는 잠시 혼란을 일으키다가 마

17 아이팅곤M. Eitingon의 「잘못 읽기의 사례Ein Fall von Verlesen」(1915) 참조 —원주.
18 하이만Walter Heymann의 『전쟁 시와 군사 우편물*Kriegsgedichte und Feldpostbriefe*』에 실린 「출정Den Ausziehenden」에서 인용한 것이다 — 원주.
19 *Wo aber steht's geschrieben, frag'ich, dass von allen / Ich übrig bleiben soll, ein ander für mich fallen? / Wer immer von euch fällt, der stirbt gewiss für mich; / Und ich soll übrig bleiben?'warum denn nicht?'*

지막 행을 정확하게 낭송하기 시작했다.

이리하여 나만이 남아야 하다니요? 왜 하필이면 〈나〉여야 하나요?[20]

나는 X 중위의 사례 때문에 전쟁으로 인한 외상성 신경증의 심리적 실체에 대해 몇 가지 분석적 통찰을 얻게 되었다. 수많은 환자와 불과 몇 명의 의사로 구성되는 야전 병원의 열악한 환경에도 불구하고, 나는 그때 이런 유형의 신경증에 대한 〈원인〉으로 유력시되던 폭탄 폭발 이외에도 다른 원인들이 있을 수 있겠다고 생각하게 되었다.

또 이 사례에서는 중증의 신경증에서 단번에 알 수 있는 증상들, 즉 최소한의 자극에도 불안, 울음, 어린애 같은 행동에 수반되는 쉽게 분노하는 경향, 구토 등이 X 중위에게도 나타났다.

특히 구토의 심인적 특성은 누가 보더라도 명확하다. 그리고 그런 구토는 이차적인 질병 획득에도 큰 영향을 미친다. 회복기에 있는 환자들을 종종 돌아보는 병원장 앞에 선다든지, 길거리에서 만난 아는 사람이 〈좋아 보이는데요. 다 나았나 보군요〉 따위의 말을 들으면 즉각 구역질을 하게 된다.

〈좋아 보여……. 다시 전선으로 가라고……. 내가 왜 *Warum denn ich?*〉

(11) 한스 작스 박사는 〈전쟁〉을 잘못 읽는 다른 사례들을 보고한 바 있다.[21]

20　*Und ich soll übrig bleiben? warum denn 'ich'?*
21　작스의 「〈전쟁〉 잘못 읽기의 세 가지 사례Drei Fall von 'Kriegs'-Verlesen」(1917)

잘 아는 사람이 여러 차례에 걸쳐 나에게, 자신의 순서가 돌아오면 자신은 전문적 자격을 사용하지 않을 것이라고 천명했다. 그는 그런 자격에 바탕을 두고 후방 근무를 지원할 수 있는 특권을 누리지 않을 것이며, 전방 근무를 지원하겠다고 했다. 그런데 실제로 전방 근무자 발표날이 다가왔을 때, 그는 어느 날 나에게 아주 정중하게 그리고 특별한 이유도 밝히지 않고, 자신은 당국에 자신의 자격증을 제출했고 그래서 곧 후방 산업체에 배속될 것이라고 말했다. 다음 날 우리는 우체국에서 마주쳤다. 나는 탁자에서 뭘 쓰고 있었다. 그가 들어와 날 보더니 이렇게 말했다. 〈이런! 그 위에 있는 글씨 *Druckbogen*(인쇄 전지[印刷全紙])을 나는 *Drückeberger*(병역 기피자)로 읽었잖아.〉22

(12) 나는 전차에 앉아서 아주 심약하다고 생각했던 어린 시절의 친구들이 상당수 매우 힘든 훈련들을 잘 견뎌 내고 있다는 사실에 대해 생각하고 있었다. 그 훈련들은 사실 나에게도 너무나 힘들었다. 별로 내키지 않는 이런 생각들을 하고 있는 중에, 나는 별 주의를 기울이지 않은 채 우리가 지나가고 있는 가게 간판에 아주 크고 검은 글씨로 *Eisenkonstitution*(강철 같은 체질)이라고 적혀 있는 것을 보았다. 잠시 후 나는 이런 내용은 가게의 간판 글씨로는 적절치 못한 것이라고 생각했다. 급히 머리를 돌려 간판을 다시 보니 *Eisenkonstruktion*(철골 건축)이라고 적혀 있었다.23

(13) 뒤에 오보(誤報)로 드러나긴 했지만, 석간 신문에 휴즈 Hughes가 미국 대통령으로 선출되었다는 기사가 로이터 통신발

참조 — 원주.
22 사례 (11), (12), (13)은 1919년에 추가되었다.
23 사례 (12)는 작스의 저술에서 인용한 것이다 — 원주.

로 실려 있었다. 그 기사 뒤에는 당선자의 약력이 소개되어 있었다. 거기서 나는 그가 본 대학을 나왔다는 사실을 알게 되었다. 내가 이상하게 생각했던 것은, 선거 몇 주 전부터 내내 신문 논쟁에서 이 문제가 한 번도 언급된 것이 없었다는 점이다. 다시 신문을 유심히 보면서 나는 그게 브라운 대학이라는 것을 알게 되었다. 이처럼 신문을 읽을 때 나의 성급함은 별도의 문제로 하고, 여기서의 잘못 읽기에 대한 설명은 주로 새 대통령이 중부 유럽 열강들에 대해 우호적이었으면 하는 나의 바람에서 시작해야 할 것이다. 왜냐하면 장래 둘 간의 우호 관계는 정치적 이유뿐만 아니라 개인적인 동기에도 바탕을 두어야 하기 때문이다.[24]

2. 잘못 쓰기

(1) 나는 주로 사업상의 관심을 표현한 일상의 기록을 담고 있는 노트에서, 놀랍게도 9월의 날짜들 속에 〈10월 20일 목요일〉이라는 잘못 쓴 날짜가 포함되어 있는 것을 발견했다. 이런 현상을 어떤 희망의 표현으로 해명하기는 어렵지 않다. 나는 며칠 전에 먼 여행에서 돌아와 의료 활동에 전념할 준비가 되어 있었지만, 환자 수는 아직 적었다. 나는 도착했을 때 10월 20일에 병원을 방문하겠다고 예고한 한 환자의 편지를 받았다. 나는 이 날짜를 9월에 써넣으면서, 〈10자가 이미 여기 있어야 하는데, 한 달 동안이 아깝구나〉라고 생각했을 수도 있다. 그리고 이런 생각 속에서 날짜를 앞으로 밀어 넣었다. 이 경우 장애 사고는 불쾌감을 주는 것이라고 부를 수 없다. 대신에 나는 잘못 쓰기를 알아차리자마자 즉각 그것을 해명할 수 있었다. 다음 해 가을, 나는 이와 아주 유사하고 비슷한 동기에서 잘못 쓰기를 반복했다. 존스E. Jones는

24   (13)은 작스의 저술에서 인용한 것이다 — 원주.

166

이와 비슷한 날짜의 잘못 쓰기를 연구하고, 대부분의 경우 그것이 동기가 있다는 것을 쉽게 알아내었다.[25]

(2) 나는 『신경학과 정신 의학 연보』에 기고한 내 논문의 교정본을 받고, 당연히 특별한 주의를 기울여 저자들의 이름을 수정해야 했다.[26] 왜냐하면 그들의 국적이 다양했고, 따라서 편집자가 상당한 어려움을 겪을 수도 있었기 때문이다. 나는 사실 여전히 수정할 필요가 있는 여러 낯선 이름을 발견했다. 그러나 아주 이상하게도 나의 원고를 떠나 편집자가 수정한 이름이 하나 있었다. 그는 아주 정확하게 이름을 수정했다. 내가 썼던 이름은 Buckrhard였는데 편집자는 Burckhart여야 한다고 생각했다. 나는 그 이름을 가진 산부인과 의사가 어린아이들의 마비 발생에 출산이 미치는 영향에 관해 쓴 의미 있는 논문을 높이 평가한 적이 있다. 그리고 그를 반박할 만한 그 어떤 것도 알고 있지 못했다. 그러나 그 이름은 『꿈의 해석』에 대한 무식한 서평으로 나를 화나게 했던 빈의 한 작가와 이름이 똑같았다. 그래서 내가 산부인과 의사를 의미하는 부르크하르트라는 이름을 쓸 때 작가 부르크하르트에게 가졌던 적대감을 떠올린 것이다.[27] 왜냐하면 이름의 왜곡은 아주 흔히 그 이름의 소유자에 대한 모욕이기 때문이다. 이 점에 대해서는 잘못 말하기를 다룬 장에서 언급한 바 있다.

25 존스의 「일상생활의 정신 병리학」 참조 — 원주.
26 프로이트는 이 연보의 세 번째 권에서 〈유아기 대뇌 마비〉에 대한 개요와 보고를 썼다.
27 「줄리어스 시저」 제3막 3장의 한 장면과 비교해 보라.
     시나 내 이름은 시나예요.
     시민 그를 갈가리 찢어라. 그는 공모자다.
     시나 난 시인인 시나예요. 공모자 시나가 아니에요.
     시민 그건 문제가 아니야. 그의 이름은 시나야. 그를 못 박고 그 심장에서 그 이름을 뜯어내라. 그리고 그를 가버리게 둬 — 원주.

(3) 이런 주장은 슈토르퍼[28]의 자기 관찰을 통해 매우 산뜻하게 인정된 바 있다.[29] 그는 상당히 솔직하게, 자신으로 하여금 잠재적인 경쟁자의 이름을 잘못 회상하도록 하고 그것을 왜곡된 형태로 쓰게끔 한 동기에 대해 토로하고 있다.

1910년 12월 나는 히치만 박사가 쓴 책을 취리히의 서점 창을 통해 보았다. 그 주제는 프로이트의 신경증 이론이었고, 그 시점에서는 새로운 것이었다. 그 무렵 나는 한 대학 모임에서 강연을 하기 위해 프로이트 심리학의 기초 원리들에 관한 강연 원고를 쓰고 있던 중이었다. 내가 이미 작성해 놓은 서론 부분에서 나는, 그의 응용 분야 연구에서 출발해 그것의 기본 원리들을 포괄적으로 설명하는 데에서 부딪친 난제(難題)들에 이르기까지, 그리고 아직은 그것들에 대한 일반적 설명이 나오지 않았다는 사실에 이르기까지 프로이트 심리학의 역사적 발달 과정을 다루었다. 그때까지 나는 잘 몰랐던 저자의 그 책을 서점 창을 통해 보았을 때, 처음에는 그것을 살 생각을 하지 않았다. 그러나 며칠 후 나는 그것을 사기로 결심했다. 그런데 그때는 이미 서점에 그 책이 없었다. 나는 서점 주인에게 그 책에 대해 물어보면서 저자의 이름을 〈에두아르트 하르트만Hartmann 박사〉라고 말했다. 주인은 나에게 〈내 생각에 당신은 히치만Hitschmann을 찾고 있는 것 같은데요〉라고 말하면서 그 책을 나에게 팔았다.

실수 행위의 무의식적인 동기는 너무나 분명하다. 나는 말하자면, 정신분석학 이론의 기초 원리에 대해 포괄적인 책을 썼다는 것에 대해 신뢰를 부여했던 것이고, 상당한 부러움과 시기의 마음

28 슈토르퍼의 「일상생활의 정신 병리학에 대하여」 참조 — 원주.
29 사례 (3)은 1917년에 추가되었다.

으로 그 책을 바라보았던 것이다. 나는 『일상생활의 정신 병리학』의 한 구절에 나오듯이, 이름의 변경은 무의식적 적대감의 행위라는 사실을 되뇌였다. 그 당시 나는 이 설명에 대단히 만족했다.

몇 주 후에 나는 이 실수 행위에 대해 메모했다. 이 문제와 관련해 나는 왜 에두아르트 히치만이 다름 아닌 하르트만[30]으로 변경되었는가 하는 더 심층적인 물음을 제기했다. 단순히 그것이 비슷했다는 이유만으로 유명한 철학자의 이름을 갖다 댈 수 있었던 것인가? 가장 먼저 생각난 연관은 내가 언젠가 열렬한 쇼펜하우어 추종자인 후고 폰 멜츠 교수에게 들었던 다음과 같은 주장, 즉 대략 생각나는 대로 이야기하면 〈에두아르트 폰 하르트만은 어설픈 쇼펜하우어〉라는 주장에 대한 기억이었다. 망각된 이름을 대신한 대체 이름의 형성을 결정한 주된 흐름은 따라서 이런 것이었다. 〈이 히치만과 그의 포괄적인 책에는 별다른 것이 없을 거야. 그는 아마도 하르트만이 쇼펜하우어를 대변하려 했듯이 프로이트를 대변하고 있는 걸 거야.〉

나는 대체물에 의해 사라진 망각된 단어로 (심리학적으로) 결정된 이 망각의 사례를 메모했다.

6개월 후 나는 내가 메모해 두었던 종이를 우연히 보게 되었다. 그때 나는 히치만이란 이름 대신에 줄곧 힌치만Hintschmann이라고 써놓았다는 것을 알았다.[31]

(4) 이번에는 좀 더 심각한 잘못 쓰기의 사례이다. 나는 그것을 여덟 번째 장 〈서투른 행위〉에 포함시킬까도 생각했다.

---

30 하르트만Eduard von Hartmann(1842~1906). 『무의식의 철학Philosophie des Unbewußten』의 저자.

31 Hintsch는 천식의 사투리거나 폐스트를 뜻하는 말이다.

나는 한 친척에게 치료비를 보낼 목적으로 우편 저축국에서 300크로넨을 인출할 계획이었다. 그와 동시에 나는 내 계좌에 4,380크로넨이 있다는 것을 알고, 이번에 잔액을 4천 크로넨으로 맞추어야겠다고 생각했다. 그리고 그 돈은 가까운 장래에는 쓰지 않을 결심이었다. 그래서 수표를 끊었는데, 그때 나는 갑자기 내가 원래 의도했던 380크로넨이 아니라 438크로넨을 청구했다는 것을 알아차렸다. 나는 내 행동을 믿을 수 없어 깜짝 놀랐다. 나는 곧 놀랄 필요가 없었다는 것을 깨달았다. 나는 이제 과거처럼 더 이상 가난하지 않았던 것이다. 그러나 나는 이 일로 인해 상당한 반성을 했고, 그 결과 거의 무의식중에 나의 원래 의도에 영향을 미친 것이 무엇인지를 찾아냈다. 첫 단추부터 잘못 끼웠다. 나는 438에서 380을 빼려고 했고, 이후 그 차이에 대해서는 아무 생각도 안 했던 것이다. 마침내 나에게 진정한 연관을 보여 주는 생각이 떠올랐다. 438은 총액 4,380크로넨의 10퍼센트였다. 10퍼센트 할인은 서점 주인이 하는 것이다. 나는 며칠 전에 딱 300크로넨에 내가 더 이상 보지 않는 의학서들을 팔기 위해 책을 골랐던 꿈을 회상했다. 꿈에서 그는 내가 요구하는 가격이 너무 높다고 말했고, 나에게 며칠만 생각할 시간을 주면 확답을 주겠다고 약속했다. 만일 그가 나의 제안을 받아들였다면, 그는 내가 환자를 위해 지출했을 바로 그 액수를 대체해 주는 것이었다. 물론 나는 이런 지출을 후회했을 것이 분명하다. 나의 잘못을 안 뒤의 감정은, 그런 지출의 결과로서 더욱 궁핍해질 것이라는 불안감이라고 해석할 수 있을 것이다. 그러나 이 두 감정, 즉 지출에 대한 후회와 그와 관련된 궁핍화에 대한 불안감은 둘 다 나의 의식에는 전혀 낯선 것이었다. 나는 그 금액 전체를 친척에게 준다고 약속했을 때 후회스럽지 않았고, 그 이유는 아무것도 아니라고 할 만했다. 만일 내가 환자들의 정신분석 치료를 통해 정신생활에서 억압된 것이 행하는 역할을 충분히 이해하고 있지 못했다면, 그리고 똑같은 해결법을 요구했던 며칠 전의 그 꿈을 꾸지 않았더라면, 나는 그 같은 충동을 제대로 제어할 수 없었을 것이다.[32]

(5) 다음 사례는 빌헬름 슈테켈에게서 인용한 사례로, 그 신뢰성에 대해서는 내가 보증할 수 있다.

정말 믿기 힘든 잘못 쓰기와 잘못 읽기의 사례가 널리 읽히는 주간지의 편집 과정에서 발생했다. 그 잡지의 수뇌부가 공개적으로 〈부패했다〉고 서술된 것이었다. 따라서 그들은 자신들을 옹호하고 변명하는 기사를 실어야 했다. 실제로 그중 한 명이 준비를 했다. 그 글은 대단히 격정적인 것이었다. 편집장은 그것을 읽었고, 당연히 필자도 원고 상태에서 여러 차례 반복해서 읽고 또 교정지가 나왔을 때 한 번 더 읽었다. 모든 이들이 만족해했다. 그런데 갑자기 식자공이 와서 모든 사람의 주의력을 피해 갔던 한 가지 작은 실수를 지적했다. 거기에는 아주 평범하게도 다음과 같이 서술되어 있었다. 〈독자 여러분께서는 우리가 언제나 공동체의 선을 위하여 가장 이기적인 태도로 행동해 왔다는 사실을 보증해 주실 것입니다.〉 원래 그것은 〈비이기적으로〉라고 되었어야 한다. 그러나 격분한 나머지 감정적 문장을 통해 본심이 드러났던 것이다.[33]

(6) 『페스터 로이드』지의 독자인 부다페스트의 카타 레비 부

---

32 이것은 내 논문 「꿈에 대하여Über den Traum」(1901)에서 견본 꿈으로 다루었던 것이다 — 원주.
33 이 사례는 1907년에 추가되었다.

인은, 최근 그 신문의 1918년 10월 11일자에 실린 빈발(發) 기사에서 앞서와 마찬가지로 전혀 의도하지 않았던 본심의 폭로를 목격했다.

전쟁 기간 내내 우리와 동맹국 독일 사이에 있었던 완벽한 상호 신뢰에 비춰 볼 때, 두 열강이 어떤 경우에든 의견을 같이하는 것은 당연한 것으로 간주될 수 있다. 따라서 두 동맹국 외교관들 사이의 적극적이고 〈불완전한〉 협력이 현재에도 잘 이루어지고 있다고 특별히 이야기하는 것은 불필요한 일이다.

불과 몇 주 후에 사람들이 이 〈상호 신뢰〉에 대해 좀 더 솔직하게 자신들의 의견을 표명하는 일이 가능해졌고, 더 이상 잘못 쓰기를 통해 도피처를 찾아야 할 필요도 사라졌다.[34]

(7) 사이가 안 좋은 부인을 내버려 둔 채 유럽에서 살고 있던 한 미국인이 이제는 그녀와 화해를 해야겠다고 생각하고서, 그녀에게 대서양을 건너와 어느 날 자신과 만나자고 요청했다. 그는 〈가능하다면 당신이 나처럼 마우레타니아호를 타고 왔으면 좋겠다〉고 썼다. 그러나 그는 이 문장이 들어 있는 편지를 보내기가 꺼려졌다. 그래서 그는 편지를 다시 썼다. 왜냐하면 그는 자기가 그 배의 이름을 고쳐 쓴 사실을 모르게 하고 싶었기 때문이다. 그는 처음에 루시타니아호라고 썼다가 고쳐 썼던 것이다.

이 잘못 쓰기는 별도의 설명이 필요없다. 그것을 해석하는 일은 너무나 쉽기 때문이다. 그러나 우연히 알게 된 몇 가지 사실은 덧붙일 필요가 있다. 전쟁 전에 그의 부인은 자신의 하나밖에 없는 동생이 죽은 후 유럽을 처음 방문했다. 만일 내가 틀린 것이 아

34 이 사례는 1919년에 추가되었다.

니라면, 마우레타니아호는 전쟁 중에 침몰한 루시타니아호의 자매선으로 전쟁 때 침몰을 면한 배일 것이다.[35]

(8) 한 의사가 어린아이를 진찰한 후 처방전을 쓰고 있었는데, 거기에는 〈알코올alcohol〉이라는 단어가 들어 있었다. 처방전을 쓰는 동안 그 의사는 아이의 어머니에게 불필요한 질문에 시달렸다. 그는 화를 내지 않아야겠다고 결심했고 마침내 성질을 죽였지만, 결국 그녀의 방해로 인해 그는 글을 잘못 쓰고 만 것이다. 처방전에 들어간 단어는 알코올이 아니라 achol[36]이었다.[37]

(9) 존스가 브릴에 대해 보고하고 있는 다음 사례는 앞의 사례와 유사한 내용이며, 그래서 나는 여기에 포함시켰다.[38] 브릴은 원래 술을 좋아하지 않는 사람이었지만 친구의 권유를 받아들여 와인 한 잔을 마셨다. 다음 날 아침 그는 깨질 듯한 두통 때문에 자신의 행동을 후회했다. 그는 에텔Ethel이라는 여자 환자의 이름을 쓸 일이 있었는데 그만 에틸Ethyl[39]이라고 써버렸다. 말할 것도 없이 그 여성 환자도 정도 이상으로 술을 마시는 습관이 있었던 것이다.[40]

(10) 처방전을 쓰고 있는 의사의 입장에서 잘못 쓰기는 일상적인 실수 행위 이상의 중요한 의미를 갖기 때문에, 나는 의사가 저지른 잘못 쓰기의 사례에 대해 지금까지 출판된 유일한 분석에 관해 아주 상세하게 인용을 해보겠다.

에두아르트 히치만 박사의 보고다.[41]

35 이 사례는 1920년에 추가되었다.
36 대략 〈성내지 않음〉이라는 뜻 — 원주.
37 이 사례는 1910년에 추가되었다.
38 존스의 「일상생활의 정신 병리학」 참조.
39 에틸 알코올을 말한다 — 원주.
40 이 사례는 1921년에 추가되었다.
41 히치만의 「처방에서 반복된 잘못 쓰기의 사례Ein wiederholter Fall von

한 동료 의사가 나에게 말하기를, 자신은 지난 몇 해에 걸쳐 여러 번 나이 든 여성 환자에게 처방할 때 실수를 한다고 했다. 그는 두 번은 약의 용량을 10배나 많이 처방했던 것이다. 얼마 후 그는 이를 깨닫고, 그가 환자에게 위해(危害)를 끼쳐 자신이 곤란한 처지에 놓이게 될지도 모른다는 불안감에서 서둘러 처방전을 다시 써주었다. 이 특이한 증상 행위는 개별 사례들에 대한 더욱 자세한 묘사와 분석에 의해 해명될 가치가 있는 것이다.

첫 번째 예를 들어 보자. 그 의사는 경련성 변비로 고통받고 있던 가난한 할머니를 치료하면서 벨라도나*Belladonna* 좌약을 10배나 강하게 처방했다. 그는 진찰실을 나와 한 시간이 지난 후 집에서 신문을 읽으며 점심을 먹다가 갑자기 자신의 잘못이 생각났다. 불안에 사로잡힌 그는 진찰실로 달려가 주소를 확인하고 서둘러 멀리 떨어진 환자의 집으로 달려갔다. 그는 아직 그 할머니가 처방대로 하지 않았다는 것을 확인하고 안심을 한 후에야 집으로 돌아올 수 있었다. 이 일과 관련한 그의 변명이 전혀 근거 없는 것은 아니었다. 그가 처방전을 쓰고 있는 동안 외래 진찰실의 말 많은 실장이 어깨너머로 쳐다보면서 그를 귀찮게 했던 것이다.

두 번째 사례다. 그 의사는 한 나이 든 노처녀의 왕진을 위해 대단히 매력적인 여성의 진찰을 급히 취소해야 했다. 그는 택시를 잡아타고 얼마 걸리지 않아 노처녀의 집에 도착했다. 왜냐하면 그는 사랑하는 여자와 데이트 약속을 위해 그녀의 집 근처에서 특정 시간에 만나기로 되어 있었기 때문이다. 그런데 여기서도 앞과 유사한 증상이었기 때문에 벨라도나를 처방해야 했다. 다시 한번 그는 10배나 과처방하는 잘못을 저질렀다. 그 환자는 나름대로 중요하기는 하지만 당장의 문제와는 상관이 없는 물음을 던졌다. 그

Verschreiben bei der Rezeptierung」(1913) 참조 ─ 원주.

의사는 말로는 그것을 부정했지만 기분 나쁘다는 표정을 지으며 그 집을 나왔다. 데이트 약속을 지키기에는 충분히 시간이 남은 듯했다. 열두 시간이 지난 다음 날 아침 7시경, 그 의사는 잠에서 깼다. 그와 동시에 자신이 처방을 잘못했다는 생각과 불안감이 밀려왔다. 그는 급히 그 환자가 아직 약국에서 약을 사지 않았기를 바라는 마음으로 약국에 메시지를 보내, 처방전에 수정할 것이 있으니 다시 환송해 달라고 부탁했다. 그러나 그가 그것을 받았을 때 처방전이 이미 사용되었다는 것을 알게 되었다. 그는 냉정한 체념과 체험에서 나오는 낙관주의를 동시에 품고서 약국을 찾았다. 그런데 거기서 약제사는 자신이 당연히 처방전의 용량보다 훨씬 적게 약을 주었다고 그에게 말하며 안심시켜 주었다.

세 번째 사례. 그 의사는 연로한 자신의 이모를 위해 벨라도나 정제(錠劑)와 아편 정제를 소량 섞어서 처방하려고 생각했다. 그 처방전을 들고 이모는 즉각 약국에 갔다. 그 직후 그 의사는 그가 정제*Tinktur*가 아니라 용제(溶劑, *Extrakt*)라고 썼다는 것을 깨달았다. 그런데 바로 그때 약사가 그에게 전화를 걸어 혹시 잘못 처방한 것이 아니냐고 물어 왔다. 그 의사는 전혀 진실성이 없다고는 할 수 없는 다음과 같은 이유로 변명을 했다. 〈그 처방전은 아직 다 쓴 게 아닌데 누가 갑자기 책상에서 그걸 가져가 버렸어요. 나에게는 잘못이 없습니다.〉

처방전을 쓰는 과정에서 저질러진 이 세 가지 잘못은 다음과 같은 뚜렷한 유사점을 갖고 있다. 지금까지 그 의사에게 일어난 일은 벨라도나라는 단 한 가지 약과 관련되어 있다. 매번 나이 든 여성이 관련되어 있고 또 용량 과다가 문제되었다. 간단한 분석만으로도 우리는 그와 어머니의 관계가 결정적 중요성을 갖는 것이 분명하다는 사실을 알 수 있다. 왜냐하면 그는 이런 증상이 나타나기 전에 일어난 것으로 보이는 한 사례에서, 마찬가지로 노인인 자신의 어머니에게도 동일한 처방을 한 적이 있다는 것을 기억해 냈다. 그는 일반적으로 0.02의 용량을 사용했는데, 그때는 0.03의 용량을 처방했던 것이다. 그의 어머니는 과민한 체질이었기 때문에 머릿속의 울혈과 불쾌한 목 건조감을 겪게 되었다. 어머니는 반 농담으로 자식이 이런 처방을 해줄 줄은 몰랐다고 불평했다. 사실 그의 어머니는 우연히 의사의 딸이기도 했는데, 자신의 아들이 여러 차례 처방한 약들을 싫어했다.

내가 이 아들과 어머니의 관계를 상상해 볼 때, 틀림없이 그는 본능적으로 정이 많은 자식이지만 그의 어머니의 정신 능력에 대한 평가와 그녀에 대한 개인적인 존경심은 결코 과장된 것이 아닐 것이다. 그는 자신보다 한 살 어린 동생과 어머니와 함께 살고 있으며, 이로 인해 자신의 성적 자유가 제한받는다고 여러 해 동안 느끼고 있었다. 물론 우리는 정신분석을 통해 이런 이유들은 얼마든지 어머니에 대한 내면적인 집착에 대한 변명으로 오용될 수 있다는 것을 알고 있다. 그 의사는 그런 설명에 만족하면서 정신분석 결과를 흔쾌히 받아들였다. 그리고 그는 웃으면서 〈벨라도나(즉 아름다운 여인)〉라는 단어가 성적 연관성이 있는 것임을 인정했다. 그는 또한 과거에는 자신도 그 약을 사용한 적이 있었다.

내 판단으로 이 같은 심각한 실수 행위들은, 우리가 정상적인 경우에서 관찰하게 되는 아무런 죄없는 실수 행위와 완전히 동일한 방식으로 일어난다고 할 수 있다.

(11) 샨도르 페렌치가 보고한 다음의 잘못 쓰기 사례는 정말로 사심이 없는 경우다.[42] 그것은 초조함으로 인해 생겨난 일종의 압

42 이 사례와 사례 (12)는 1919년에 추가되었다.

축 행위라고 할 수 있다(앞에서 다루었던 잘못 말하기 〈*Der Apfe*〉
와 비교해 보라). 그리고 이런 견해는 그 사건에 대한 분석이 더욱
강력한 교란 요인의 존재를 입증해 주지 못하는 한 견지될 수 있
을 것이다.

나는 내 공책에 〈나는 *Anektode*[43]를 떠올린다〉고 쓴 적이 있다.
물론 나는 *Anekdote*(일화)라고 쓰려 했다. 사실 그것은 사형 선고
를 받은 한 집시에 관한 일화였다. 그런데 그 집시는 자신이 교수
형당할 나무를 선택할 수 있게 해달라고 부탁을 했다(그럼에도
그는 적합한 나무를 찾아내지 못했다).

(12) 다른 한편으로 잘못 쓰기가 위험한 비밀을 은연중에 표현
하는 경우들이 자주 있다. 익명의 사람이 보고한 사례다.

나는 〈*Herzlichste Grüße an Ihre Frau Gemahlin und 'ihren'*
Sohn(당신의 부인과 아들에게 진심으로 안부를 전합니다)〉이라
는 말로 한 편지를 끝맺음했다. 내가 그 편지지를 봉투에 넣자마
자 나는 *ihren*의 첫 문자를 잘못 쓴 생각이 나서 그것을 고쳤다. 하
루는 내가 그 집을 방문하고 집으로 돌아오는 중에 나와 함께 있
던 그 부인이 나에게, 그 아들은 남편의 친구와 너무나 닮았고 사
실 그의 아들이라고 말했다.[44]

43 존재하지 않는 단어이다. 그러나 마지막 부분 *tode*에는 〈죽음〉이라는 뜻이
있다.
44 〈당신의 아내와 그녀의 아들에게 가장 따뜻한 인사를 보냅니다.〉 독어의 소유
형용사 *ihr*은 소문자 *i*로 쓰일 때는 〈그녀의〉라는 뜻이며, 대문자 *I*로 쓰일 때는 〈당신
의〉라는 뜻.

(13) 한 여성이 자신의 여동생에게 그녀가 새로 이사한 큰 집에서 살게 된 데 대해 축하의 편지를 보냈다.[45] 그 여성과 함께 있던 친구는 그녀가 편지에 주소를 잘못 쓴 것을 알게 되었다. 그녀는 동생이 얼마 전까지 살던 집도 아닌 결혼한 직후 살았던 집 주소를 적었다. 그 친구가 그녀에게 잘못을 지적했다. 그녀는 인정하지 않을 수 없었다. 〈네 말이 옳아, 그런데 어떻게 내가 그런 잘못을 저지른 것일까? 내가 왜 그랬지?〉 친구는 이렇게 대답했다. 〈내 생각에는, 이제는 그녀의 집이 될 크고 좋은 집으로 이사가는 것에 대해 질투를 한 것 같아. 뭔가 비비 꼬인 거지. 너와 비슷한 수준이었던 과거의 그 집으로 동생을 돌려보내고 싶었겠지.〉 그러자 그 여성은 솔직하게 〈그래, 난 동생의 새집을 부러워했던 거야〉라면서 〈사람들이 그런 일에 속 좁은 마음을 가져야 한다니, 얼마나 가련한가!〉라고 덧붙였다.

(14) 존스[46]는 A. A. 브릴이 그에게 제공한 다음과 같은 잘못 쓰기의 사례를 보고하고 있다.[47]

한 환자가 브릴 박사에게 자신의 고통에 관해 편지를 보냈다. 그 환자는 자신이 겪고 있는 고통은 면화(棉花) 위기에서 비롯된 재정 문제에 대한 걱정 때문이라고 해석하려 했다. 〈내 병은 모두 얼어붙은 흐름 때문입니다. 씨앗도 안 보인다니까요.〉 (물론 여기서 〈흐름〉이란 금융 시장을 의미한다.) 그러나 그가 실제로 쓴 것은 *wave*가 아니라 *wife*였다. 그는 마음 한구석에 그녀의 성적 무관심과 자식이 없는 것에 대해 불만을 쌓아 두고 있었고, 그래서 그

---

45 이 사례는 1910년에 추가되었다.
46 존스의 「일상생활의 정신 병리학」 참조.
47 이 사례에서 사례 (16)까지는 1912년에 추가되었다.

는 희미하게나마 강요된 금욕 생활이 자신의 증상을 가져오는 데 상당한 역할을 했다는 것을 아주 정확하게 깨달았다.

(15) 바그너 박사가 자신에 대해 보고한 사례다.[48]

옛날 강의 노트를 훑어보다가 나는 내가 급히 써내려 가느라고 작은 잘못을 저지른 것을 발견했다. 〈*Epithel*(상피, 上皮)〉이라고 써야 하는데 〈*Edithel*〉[49]이라고 써놓았던 것이다. 그것의 첫 번째 철자에 강조점을 둘 경우 그것은 소녀의 이름(에디스)의 약칭이 된다. 이는 회고적 분석만으로 충분하다. 그때 나는 이런 이름을 가진 여성과 아주 피상적인 친분을 갖고 있었을 뿐이었다. 얼마 후 우리 두 사람은 아주 친해지게 되었다. 따라서 스스로 사실상 아무런 암시도 준 바 없던 그녀에 대해 내가 느끼고 있던 무의식 적인 사랑의 표시를 잘못 쓰기가 암시하는 것이고, 동시에 내가 그 약칭을 선택했다는 것은 동반하는 감정의 성질을 보여 주는 것 이다.

(16) 폰 후크-헬무트 박사의 보고다.[50]

한 의사가 여성 환자에게 *Levicowasser*[51] 대신에 *Leviticowasser*[52] 를 처방해 주었다. 이 잘못은 약사에게 의사들을 경멸할 수 있는

---

48 바그너R. Wagner의 「〈일상생활의 정신 병리학〉에 대한 소고 Ein kleiner Beitrag zur 'Psychopathologie des Alltagsleben'」(1911) 참조 ─ 원주.

49 오스트리아에서 *l*은 애칭의 마지막에 쓰이곤 한다.

50 후크-헬무트H. von Hug-Hellmuth의 「〈잘못 쓰기〉와 〈잘못 읽기〉장에 대한 기 고 Beitrge zum Kapitel 'Verschreiben' und 'Verlesen'」(1912) 참조 ─ 원주.

51 남부 티롤 지방의 휴양지 레비코의 비소와 철 함유 샘에서 얻은 광천수.

52 〈레위 사람의 물〉이라는 뜻.

호기를 제공한 것이기도 했는데, 그러나 만일 우리가 무의식에서 생겨날 수 있는 가능한 동기들을 고려하면서 제대로 규명한다면 — 설령 그것들이 그 의사와는 별로 친하지 않은 누군가의 주관적 추측에 불과하더라도 — 별로 문제가 되지는 않았을 것이다. 비합리적인 식이 요법을 사용했다고 해서 환자에게 거친 언어를 사용하는 — 말하자면 잔소리를 하는 *die Leviten lesen* — 그의 습관에도 불구하고 그 의사는 상당한 인기를 누리고 있었고, 그래서 그의 대기실은 그가 진찰할 무렵이 되면 환자들로 북적거렸다. 이는 그가 진찰을 끝낸 환자들이 가능한 한 *vite, vite* [53] 옷을 입어 주었으면 하는 그의 바람에 대한 정당성을 제공했다. 내 기억이 정확하다면 그의 부인은 프랑스 태생이다. 이는 그가 환자들에게 서두르도록 하기 위해 프랑스어를 사용했을 것이라는 나의 다소 대담한 가설을 뒷받침해 주는 근거다. 하여튼 그런 바람을 표현하는 것은 외국어를 할 줄 아는 많은 사람들의 습관이기도 하다. 우리 아버지도 우리가 어릴 때 산책을 하게 되면 빨리 따라오라고 할 때 이탈리아어나 프랑스어로 〈빨리 와라〉라고 말하곤 했다. 반면 나이 든 한 선배 의사는 내가 너무 서두르는 듯이 보이면 천천히 하라는 뜻으로 〈*piano, piano*〉[54] 라고 말했다. 따라서 나는 아주 쉽게 그 의사도 똑같은 습관을 갖고 있었고, 그래서 *Levicowasser* 대신에 *Leviticowasser*를 쓰는 잘못 쓰기를 범했다고 상상할 수 있다.

같은 논문에는 저자의 젊은 시절에 대한 회상에서 끌어낸 다른 사례들도 있다(독일 이름 Karl을 쓰면서 저지른 실수라든지,

---

53 〈빨리, 빨리〉. 프랑스어로 표기되어 있다.
54 이탈리아어로 〈천천히, 천천히〉라는 뜻.

*französisch*라고 써야 할 것을 *frazösisch*라고 쓰는 등의 잘못이 그
것이다).

(17) 다음의 잘못 쓰기 설명을 할 수 있도록 위에서 언급했던
사례[55]를 기고해 준 J. G. 씨에게 감사드리고 싶다.[56] 내용상 그것
은 악의적 농담과 동일하다. 그러나 이 경우 농담을 한 의도는 배
제할 수 있다.

내가 결핵 요양원 환자로 있을 때, 나는 유감스럽게도 나의 친
척 한 사람도 같은 질병을 앓고 있다는 것을 알게 되었다. 나는 그
에게 보낸 편지에서, 내가 치료를 받은 적이 있는 결핵 전문의로
유명한 교수에게 가보도록 추천했다. 의학적 문제에 관한 한 그의
권위는 충분히 만족스러웠다. 그러나 그는 동시에 너무나 거만하
고 불친절했다. 왜냐하면 바로 얼마 전 그 교수가 나로서는 대단
히 중요한 증명서를 써주는 것을 거절했기 때문이다. 그런데 친척
이 보낸 답장을 통해 나의 관심을 끄는 잘못 쓰기를 범했다는 것
을 알았다. 나는 즉각 그 원인을 알고서 웃지 않을 수 없었다. 내
편지에서 나는 다음과 같은 표현을 사용했다. 〈그래서 나는 당신
이 지체 없이 X 교수에게 모욕 주기 *insultieren*를 권한다.〉 물론 나
는 *konsultieren*(조언을 구하다)이라고 쓰려 했던 것이다. 아마도
나는 라틴어와 프랑스어에 대한 나의 지식이, 그것을 무지에서 생
긴 잘못으로 설명할 수 있는 가능성을 배제해 주었을 것이라는 점
을 지적해야 할 것이다.

(18) 빼먹고 쓰는 것도 잘못 쓰기와 동일한 맥락에서 다루어져

55 이 사례는 열 번째 장에서 거론된다.
56 이 사례는 1920년에 추가되었다.

야 할 것이다.[57] 다트너는 〈역사적 실수 행위〉라는 아주 묘한 사례를 보고한 바 있다.[58] 1867년 헝가리와 오스트리아 사이에 체결된 협정 중 두 나라 간의 재정 의무를 다루고 있는 법률 조항의 하나에 *aktuell*이란 단어가 헝가리어로는 번역되지 않은 채 그냥 남아 있었다. 다트너는 그것을 오스트리아에 가능한 한 이점(利點)을 덜 부여하고 싶어 한 헝가리 의회 조약 담당자의 무의식적 소망 때문으로 해석했다.[59]

우리는 또한 쓰기와 베끼기를 할 때 동일한 단어가 매우 빈번하게 반복되는 현상도 마찬가지로 아무 의미가 없는 것이 아니라고 생각할 만한 충분한 이유를 갖고 있다.[60] 만일 작가가 자신이 이미 쓴 단어를 또 반복한다면, 이는 아마도 그가 그 단어에서 떨어져 나오는 것이 쉽지 않다는 사실을 암시하는 것이다. 즉 그는 그 점에 대해 더 말할 것이 있었는데, 그렇게 하지 못했다는 뜻이다. 베껴 쓰기를 할 때 어떤 단어가 반복되는 현상은 〈나도 마찬가지야〉라는 말의 대체물인 것 같다. 나는 어느 중요한 메시지에서 필사자가 그것을 자꾸 반복하는 사례들을 보여 주는 상세한 법의학 감정서를 갖고 있다. 내가 그것들에 대해 내리고 싶었던 해석은, 기계적으로 작업을 해야 하는 그 필사자가 〈나도 그래〉 혹은 〈그건 우리와 견해가 같아〉 등과 같은 자신의 주석을 끌어들이고 있었다는 것이다.

(19) 게다가 오식(誤植)을 식자공의 입장에서 〈잘못 쓴 것〉이

---

57 이 사례는 1912년에 추가되었다.

58 다트너B. Dattner의 「역사적인 실수 행위Eine historische Fehlleistung」(1911) 참조 — 원주.

59 다트너는 그 단어를 번역하지 않는 것이 오스트리아에 경제적 손실을 주었다는 사실에 대해 복잡한 방법으로 자세한 설명을 하고 있다.

60 이 문단과 다음 두 문장은 1917년에 추가되었다.

라고 본다면, 우리가 그것들을 상당히 심리학적인 동기에서 비롯된 것으로 간주하는 것을 막을 만한 이유는 아무것도 없다. 나는 아직 그런 실수 행위들을 체계적으로 수집하지는 않았다. 그런데 그런 행위들은 상당히 재미있고 교훈적일 수 있을 것이다. 내가 이미 수없이 참고한 바 있는 책에서 존스는 오식에 상당한 관심을 기울이고 있다.[61]

전보문에서 발견된 왜곡들도 종종 전보 발신인의 잘못 쓰기라는 관점에서 다루어질 수 있다.[62] 여름휴가 때 나는 내 책들을 내는 출판사에서 전보를 받았는데, 나는 그 전보의 내용을 이해할 수가 없었다. 이런 내용이다. 〈*Vorräte erhalten, Einladung X. dringend*(예비 식량 수령, X 초대 긴급).〉 수수께끼의 열쇠는 X라는 이름에 있었다. X는 내가 서론을 써주려고 했던 책의 저자였다. 이 서론*Einleitung*이 초대로 바뀌었던 것이다. 나는 그때 내가 며칠 전 다른 책의 머리말*Vorrede*을 그 출판사에 보낸 사실을 기억해 내었다. 따라서 원래 내용은 아마 이랬을 것이다. 〈머리말 수령, X 서론 긴급.〉 우리는 여기서 그것이 전보 발신인이 배가 고픈 상태로 수정한 결과라고 생각해 볼 수 있을 것이다. 게다가 그 전보문의 전반과 후반은 발신인이 의도했던 것보다 훨씬 긴밀한 관계를 갖고 있었다. 이 사례는 우연하게도 대부분의 꿈에서 관찰할 수 있는 〈이차적인 수정〉의 전형적인 사례이다.[63] 〈의도적인 오식〉의 가능성은 헤르베르트 질베러에 의해 다뤄진 바 있다.[64]

(20) 종종 다른 연구자들은 쉽게 도전하기 힘든 의지를 오식하

---

61 존스의 「일상생활의 정신 병리학」 참조.
62 이 문단은 1920년에 추가되었다.
63 『꿈의 해석』에서 〈꿈-작업〉에 대한 부분을 참조 — 원주.
64 질베러H. Silberer의 「의도적으로 잘못된 인쇄Tendenziöse Druckfehler」(1922) 참조 — 원주.

는 사례들에 주목한다.[65] 예를 들어 슈토르퍼의 논문「오식의 악
령」(1914)과 내가 여기에서 보여 주는 그의 짧은 노트[66]를 보라.

올해 4월 25일자 『메르츠』지의 기사에는 정치적 오식이 나온
다. 알바니아의 아르기로카스트론 주재 특파원은 알바니아의 반
란군 지도자 조그라포스와의 인터뷰 기사를 보냈다. 거기에는 다
음과 같은 구절이 포함되어 있었다. 〈날 믿으라, 에피루스 정부의
자치권 획득은 위드 왕자의 기본 이익과 일치할 것이다. 그는 에
피루스 정부를 파멸할 *sich stürzen*[67] 수 있을 것이다.〉 물론 이런 치
명적인 오식이 없었더라도 알바니아의 왕자는 그를 의지 *Stütze* 한
다는 것이 곧 그의 파멸 *Sturz* 을 의미한다는 것을 잘 알고 있었을
것이다.

(21) 나는 최근 빈에서 발행되는 신문의 한 기사를 읽은 적이
있다. 〈루마니아 통치하의 부코비나〉라는 이 기사의 제목은 적어
도 미숙한 것이라고 할 수 있다. 왜냐하면 그 시점에서는 아직 루
마니아가 스스로 적대성을 드러내지 않았기 때문이다. 기사 내용
으로 볼 때 루마니아가 아니라 러시아임이 분명했다. 그러나 검
열자 역시 그 구절에 주목하지 못해 이 오식을 바로잡지 못했던
것이다.

과거 왕립이었던 테셴의 카를 프로하스카 인쇄창에서 나온 회
람에서 발견된 다음과 같은 오식이 〈정치적인〉 오식이라는 점을
의심하기란 어렵지 않다.[68]

---

65   사례 (20)과 (21)은 1917년에 추가되었다.
66   슈토르퍼의「정치적인 오식 Ein politischer Druckfehler」(1915) ─ 원주.
67   원래는 *sich stützen* (의지하다)이어야 한다.
68   이 사례와 다음 사례는 1924년에 추가되었다.

너무 많다*zuviel*.[69]

테오도어 폰타네는 너무나 의미심장한 오식을 재미있게 고친 적이 있었다. 1860년 3월 29일에 그는 출판사 사장 율리우스 슈프링거에게 이런 편지를 보냈다.

슈프링거 씨 귀하

나는 나의 소박한 바람조차 실현되는 것을 보지 못할 듯합니다. 내가 보낸 교정지들을 보면 내가 의도하는 바가 무엇인지 당신은 쉽게 알 수 있을 겁니다.[70] 게다가 나는 2부를 필요로 함에도 불구하고 1부의 교정지만을 받았습니다. 그리고 — 특히 영어의 단어와 구절들에 관한 — 더 많은 수정을 위해 나에게 1부 더 보내 달라는 요청이 아직도 실행되지 않고 있습니다. 나는 이 점을 중시하고 있습니다. 예를 들어 이 교정지의 27페이지에는 존 녹스와 여왕 사이의 장면에 이런 단어가 포함되어 있습니다. *worauf Maria aasrief*.[71] 이처럼 심한 오식을 보면서 나는 그것이 사실상 제거되었다는 것을 알고 안도했습니다. 불행하게도 *aus*가 *aas*로 바뀐 것은, 그 여왕이 사실상 그를 그녀에게 오라고 요청한 것이었기 때문에 더욱 악화되었던 것입니다.

테오도어 폰타네

분트는 우리가 잘못 말하기보다는 잘못 쓰기를 더 자주 저지른

---

69 이 단어는 *zufiel*(구속되다)과 발음이 비슷하다.

70 문제의 책은 1860년에 출간된 『트위드강을 넘어서: 스코틀랜드에서 온 스케치와 편지*Beyond the Tweed: Sketches and Letters from Scotland*』이다 — 원주.

71 *Aas*라고 소리치다. *Aas*는 글자 그대로 보자면 〈썩은 고기〉, 구어체로는 〈천박한 깡패〉라는 의미가 있다. *ausrief*는 〈소리치다〉라는 뜻.

다는 사실과 관련해 주목할 만한 설명을 제시하고 있다.[72]

정상적인 대화를 하고 있는 동안에 의지의 방해 기능은 계속해서 관념들의 흐름과 분절 운동을 조화시키려는 쪽으로 작용한다. 만일 관념들에 이은 표현 작용이 기계적 원인들로 인해 지체될 경우, 쓰기에서와 마찬가지로 그런 예상들은 특정한 경우에서 나타나게 된다.[73]

잘못 읽기 현상들이 발생하는 조건들을 관찰하다 보면, 나로서는 언급하고 싶지 않은 의심이 든다. 왜냐하면 내가 생각하기에 그런 의심은 더욱 결실 있는 탐구를 위한 출발점이 될 수도 있기 때문이다. 사람들은 누구나 우리가 책을 읽을 때 소리 내서 읽는다면, 주의력은 책에서 벗어나 스스로의 생각 쪽으로 향하게 된다는 사실을 너무나 자주 발견하게 된다는 점을 잘 알고 있다. 주의력의 입장에서 본다면, 이런 이탈의 결과로 그는 종종 그가 읽은 내용을 설명할 수 없게 된다.[74] 말하자면 그는 기계적으로 읽은 것일 뿐이다. 다만 거의 언제나 정확하게 읽은 것이기는 하다. 나는 그런 조건하에서 읽기상의 잘못이 주목할 만큼 늘어난다고 생각하지는 않는다. 사실 우리가 흔히 생각하는 일련의 기능들은 기계적으로 수행될 때, 즉 의식적인 주의력을 거의 쏟지 않을 때 가장 정확하게 수행될 것이다. 이런 점에서 볼 때 말하기·쓰기·읽기 등에서의 잘못에서 주의력이라는 요소는 분트가 말한 것과는 다른 방식으로 규정된다는 것을 알 수 있다. 우리가 분석

72 분트의 『민족 심리학』 참조 — 원주.
73 메링거와 마이어의 『잘못 말하기와 잘못 읽기, 심리학적-언어학적 연구』에서 인용한 분트의 사례는 〈예상〉을 의미한다.
74 『농담과 무의식의 관계』 참조.

한 사례들은 주의력의 양적인 감소가 가능하지 않다는 점을 우리에게 보여 주었다. 오히려 우리는 전혀 다른 사실을 발견했다. 주의력은 낯선 생각에 의해 교란되는 것이다.

〈잘못 쓰기〉와 〈망각〉 사이에는 서명하는 것을 잊어버리는 사람의 사례가 있을 수 있다.[75] 서명하지 않은 수표는 망각된 수표와 같은 것이다. 이와 유사한 종류의 망각의 중요성을 보여 주기 위해 나는 한스 작스 박사가 우연히 읽은 소설의 한 구절을 인용한 것을 살펴보겠다.

존 골즈워디의 소설 『섬의 바리새인들』은 아주 교훈적이고 명확한 사례를 담고 있다. 상상력이 풍부한 작가들은 정신분석학적 의미에서의 실수 행위와 증상 행위의 메커니즘을 활용하는 방법들을 잘 알고 있다. 이 소설이 그런 경우이다. 이 소설의 골격은 부유한 중산층의 젊은 남자가 강한 사회적 관심과 그가 속한 계급의 인습적 태도 사이에서 번민하는 내용이다. 제16장에서는 한 젊은 부랑자로부터 받은 편지에 대해 그가 반응하는 방식을 묘사하고 있다. 인생을 대한 자신의 태도로 인해 부랑자가 된 그에 대해 그 젊은 중산층 남자는 두세 번 도움을 준 적이 있었다. 그 편지는 돈을 요구하는 직접적 내용은 담고 있지 않다. 그러나 극심한 곤경을 묘사하고 있어 돈을 달라는 것 말고는 달리 해석할 방법이 없었다.

〈그는 처음에는 이 편지를 받고 자선 사업에 기부하는 게 낫지 아무런 희망도 없는 사람에게 돈을 주는 것은 무의미하다고 생각했다.《그 자신의 일부인 도움의 손길을, 단순히 처지가 어렵다는

75 이 부분부터 이 장의 나머지 부분은 1919년에 추가되었다.

이유만으로 돈을 받을 권리가 있다고 생각하는 사람에게 내미는 것은 무의미한 감상에 불과하다. 이 점을 잊어서는 안 된다!》

그러나 이 결론을 입으로 중얼거리면서 그는 양심의 가책을 느꼈다.《이봐, 너는 돈을 나눠 갖고 싶지 않은 거지, 그게 진짜 이유 아냐?》

그리고 나서 그는 우호적인 편지를 썼다. 그 편지는《수표를 동봉한다. 당신의 친구 리처드 셸턴》이라고 끝맺었다.

그가 수표를 끊고 있는 동안 촛불 주위를 맴도는 나방이 그의 주의력을 분산시켰다. 그는 그것을 잡아서 버렸는데, 그 일 때문에 자신이 수표를 봉투에 넣지 않았다는 것을 잊어버렸다. 결국 그 편지는 수표를 동봉하지 않은 채 발송되었다.〉

그러나 지불 회피처럼 이기적 목적의 발현보다 더 미묘한 망각의 동기가 있다.

셸턴은 장차 장인이 될 분의 시골 별장에서 약혼녀의 가족과 손님들에게 둘러싸여 있었는데, 왠지 모를 고립감을 느꼈다. 그의 실수 행위는 그가 자신의 피보호자 격인 그 부랑자를 생각하고 있었다는 것을 암시한다. 그 부랑자는 자신의 과거와 인생관의 결과로 그와는 비교할 수 없는 지경에 이르렀지만, 다른 한편으로는 그를 둘러싼 인습의 벽이 그렇게 만든 것이기도 했다. 그리고 사실 도움 없이는 더 이상 자신의 생활을 지탱해 갈 수 없는 이 사람은 며칠 후 왜 약속한 수표가 편지에 없는지 설명을 듣기 위해 그를 찾아온다.

인상의 망각과 의도의 망각

정신적 생활에 관한 우리의 현재 지식 수준을 과대평가하는 경향이 있는 사람을 겸손하게 만들기 위해서는, 그에게 기억 기능을 상기시키는 것으로 족할 것이다. 어떤 심리학 이론도 기억과 망각이라는 기본적인 현상을 해명할 수 없었다. 실제로 관찰할 수 있는 것의 완벽한 분해에도 아직 착수하지 못하고 있다. 꿈과 병리학적 사건에 대한 연구를 통해, 우리가 오랫동안 망각된 것으로 평가한 것이 갑자기 다시 의식에 등장한다는 것을 알게 된 이래, 망각은 기억보다 더 우리에게 수수께끼처럼 여겨지고 있다.

그러나 우리는 일반적으로 인정받기를 기대할 수 있는 몇 가지 관점을 가지고 있다. 우리의 가정에 따르면, 망각은 자발적인 과정이며 그것은 일정한 시간적 진행의 성격을 가지고 있다. 우리가 강조하는 것은 제공된 인상들에 대한 일정한 선택이 망각에서 이루어지며, 마찬가지로 모든 인상이나 체험의 세부 사항들에 대한 선택도 이루어진다는 점이다. 우리는 기억의 지속성과 그렇지 않으면 잊혀졌을 것의 깨우침을 위한 몇 가지 조건을 알고 있다. 그러나 우리는 일상생활의 무수한 계기에서 우리의 인식이 얼마나 불완전하며 불만족스러운가를 깨닫는다. 예를 들어 함께 여행함으로써 공동으로 외부의 인상을 받아들인 두 사람이 어느 정도

시일이 지난 후에 그들의 기억을 어떻게 교환하는가 주의 깊게 들어 보라. 한 사람에게 확실히 기억에 남아 있는 것을 다른 사람은 마치 그것이 일어나지 않았던 것처럼 종종 잊고 있다. 게다가 이 인상이 한 사람에게는 다른 사람에게보다 더 심리적으로 중요했다고 정당하게 주장할 수도 없다. 기억의 선택을 규정하는 계기들의 수 전체는 확실히 우리의 지식을 벗어나 있다.

　망각의 조건들에 관한 지식에 작은 기여를 하려는 의도에서 나는 나 자신에게 망각이 일어난 경우들을 심리학적으로 분석하곤 한다. 나는 일반적으로 특정한 집단의 그런 경우들만을 연구하는데, 그것은 말하자면 망각이 나를 놀라게 한 경우들이다. 왜냐하면 나는 나의 기대에 따라 해당 사안을 알았어야만 했기 때문이다. 또한 덧붙이고 싶은 것은 내가 일반적으로 (배운 것에 대해서가 아니라 체험된 것에 대한!) 건망증의 경향을 가지고 있지 않으며, 짧은 유년기 동안 뛰어난 기억력을 갖고 있었다는 점이다. 학교에 다니던 어린 시절에 내가 읽은 책의 페이지들을 외워서 말하는 일은 내게 당연한 것이었으며, 대학에 입학하기 바로 전에 나는 과학적인 내용의 대중 강연을 나중에 거의 말 그대로 옮겨 적을 수 있었다. 마지막 의학 박사 학위 구두 시험을 앞둔 긴장 속에서 나는 이 능력의 나머지를 사용해야만 했다. 왜냐하면 나는 몇몇 시험 대상들에 대해서 교과서의 텍스트와 완전히 일치하는 답들을 시험관에게 거의 자동적으로 말했기 때문이다. 그런데 나는 이 교과서를 단지 한 번만 훑어보았을 뿐이었다.

　그 이후 나의 기억력은 점차 나빠졌다. 그러나 나는 요령을 통해 내가 보통 할 수 있는 것보다 더 많이 기억할 수 있다고 최근까지 확신하고 있다. 예를 들어 어떤 환자가 진료 시간에 내가 그를 한 번 본 적이 있다고 주장하지만 나는 그 사실이나 시점을 전혀 기억할 수 없다면, 나는 미루어 헤아림으로써, 즉 현재로부터 계산하여 연도 수를 신속히 떠올림으로써 도움을 받는다. 처방전이나 환자의 확실한 진술로 인해 나의 이런 떠올림의 통제가 가능할 때, 내가 10년 이상이 지난 일의 경우 이따금 반 년 이상을 잘못 생각했음이 밝혀진다.[1] 내가 먼 지인(知人)을 만나 친절함을 보이려고 그의 자식들에 대해 물을 때도 비슷하다. 그가 자기 자식들의 발전 사항에 대해 이야기하면, 나는 그 아이가 지금 몇 살인지를 떠올리려 하며 아버지가 주는 정보로 이를 교정한다. 내가 이러한 추측에 대해 어떤 근거를 가지고 있는지 제시할 수 없음에도 불구하고, 내가 범하는 오류는 기껏해야 한 달이거나 큰 아이들의 경우 석 달 범위 이내다. 최근에 나는 용기를 갖게 되어 내 추측을 자발적으로 제시하는데, 그들의 자식에 대한 나의 무지를 드러내어 아버지를 모욕할 위험에 빠지지는 않는다. 나는 이렇게 더욱 풍부한 무의식적 기억을 불러냄으로써 나의 의식적 기억을 확장시킨다.

나는 나 자신에게서 발견되는 망각의 〈뚜렷한〉 예들을 보고할 것이다. 나는 한편으로 인상과 체험, 즉 지식의 망각과 다른 한편으로 의도의 망각, 즉 단념을 구분한다. 일련의 관찰들 중 단조로운 결과를 앞서 제시하겠다. 〈모든 경우에 망각은 불쾌의 동기에 그 근거가 있는 것임이 입증된다.〉

1. 인상과 지식의 망각

(1) 어느 여름휴가 때 아내가 그 자체로는 무해한 일로 나를 크게 화나게 했다. 우리는 공동 식탁에서 빈 출신의 한 신사를 마주

---

1 흔히 계속 진찰을 해가는 가운데 과거 방문했을 때의 상세한 일들은 자연스럽게 내 머릿속에 떠오른다 — 원주.

보고 앉아 있었는데, 나는 그를 알고 있었고 그도 나를 기억할 수 있었을 것이다. 그러나 나는 그를 아는 체하지 않을 이유가 있었다. 그런데 그녀의 맞은편에 앉아 있는 이 남자의 저명한 이름만을 들었던 내 아내는 그가 다른 사람과 나누고 있는 이야기를 자신이 듣고 있다는 것을 드러내 보였다. 그녀는 때때로 저쪽에서 엮어진 이야기의 실타래를 잇는 물음을 나에게 돌아보며 물었기 때문이다. 나는 조급해지고 마침내 흥분했다. 몇 주 후 나는 친척에게 내 아내의 이러한 행태에 대해 불평했다. 그러나 나는 그 남자의 대화 내용은 한마디도 기억해 낼 수 없었다. 여타의 경우 나는 잘 용서하지 않는 성격이고 나를 화나게 했던 사건의 세부 사항을 잊지 않았기 때문에, 이 경우 나의 망각은 아마도 내 아내의 인격을 존중한 까닭이었을 것이다. 최근에도 이와 비슷한 일이 일어났다. 나는 불과 몇 시간 전에 내 아내가 말했던 표현을 친하게 지내는 사람과 함께 웃음거리로 삼으려 했지만, 아내가 했던 바로 그 말을 흔적 없이 망각하는 기이한 상황으로 인해 이러한 시도는 장애를 받았다. 나는 아내에게 그것이 무엇인지 기억나게 해달라고 부탁해야 했다. 이러한 나의 망각은 가장 가까운 사람이 해당 인물인 경우 우리가 빠지는 전형적인 판단 장애와 유사하다는 것을 쉽게 이해할 수 있다.

(2) 나는 빈을 처음 방문한 숙녀에게 그녀의 서류와 돈을 보관할 작은 철제 상자를 구해 주어야 하는 임무를 받았다. 내가 그 일을 자청하고 나서자, 내가 그런 상자를 보았음에 틀림없는 시내 진열장의 그림이 기이하게 시각적인 강렬함을 띠고 나에게 떠올랐다. 거리 이름을 기억할 수는 없었지만, 도시를 산책하는 동안 상점을 발견하리라는 것은 확실하게 느낄 수 있었다. 왜냐하면 내 기억에 따르면 내가 그 앞을 수없이 지나갔기 때문이다. 그러

나 온 시내를 헤매고 다녔는데도, 이 상자 진열장을 발견하지 못해 화가 났다. 내게 남은 유일한 대안은, 주소록에서 상자 제조자를 찾은 다음 두 번째 순회를 통해 찾고 있던 그 진열장을 확인하는 일이었다. 그러나 그 일은 많은 수고를 필요로 하지 않았다. 주소록에 적힌 주소들 중에 한 주소가 즉각 내가 잊었던 주소임이 드러났다. 수년 전부터 그 건물에 살고 있던 M씨 가족을 방문할 때마다 나는 정말 수없이 그 진열장을 지나갔던 것이다. 이 친밀한 교류가 완전히 소원해진 이후로, 나는 그 이유를 생각하지 않고 그 집과 그 지역을 피하곤 했던 것이다. 내가 진열장에서 상자를 찾으려고 시내를 돌아다닐 때, 나는 주위의 모든 거리를 가봤지만 바로 이 거리는 마치 출입 금지 표지라도 써 있는 듯이 피했던 것이다. 이 경우 나의 방향감 상실을 가져온 불쾌의 동기는 명확하다. 그러나 망각의 메커니즘은 위의 예에서와 같이 그렇게 단순하지는 않다. 물론 나의 혐오감은 상자 제조자를 향한 것이 아니라 내가 더 이상 그에 대해 알고 싶어 하지 않는 다른 사람에게 향했던 것인데, 이러한 혐오감이 상자 제조자에 대한 망각이 일어나는 계기로 전이되었다. 부르크하르트Burckhard의 경우, 이와 아주 유사하게 어떤 한 사람에 대한 원한이 다른 사람의 이름을 잘못 쓰는 결과를 가져왔다. 이 경우 이름의 유사성이 만들어 낸 것, 즉 본질적으로 다른 두 사고 범위를 연결 짓는 일을 진열장의 예에서는 공간적인 인접, 즉 분리할 수 없는 이웃이 대체할 수 있었다. 게다가 후자의 경우는 더 확고히 일어날 수밖에 없었다. 거기에는 두 번째 내용적 연결이 있었는데, 그것은 그 건물에 살고 있는 가족과 소원하게 된 이유들 중 돈이 일정한 역할을 했기 때문이다.

(3) 나는 B&R의 사무실에서 그곳의 직원 한 명을 진찰해 달라

는 부탁을 받았다. 그곳으로 가는 동안 이 회사가 있는 그 건물에 여러 번 간 적이 있다는 생각이 나를 사로잡았다. 내가 그 건물의 한 층 위로 진찰하러 방문할 때, 아래층에서 이 회사의 표지판이 눈에 들어왔던 것 같았다. 그러나 나는 그 집이 어떤 집이었는지, 내가 거기서 누구를 방문했는지 기억해 낼 수 없었다. 이 모든 일이 상관없고 무의미한 것이었음에도 불구하고 나는 계속 이 생각에 몰두했다. 마침내 나는 이에 관한 나의 단상들을 가다듬는 일반적인 우회 과정을 통해, B&R 회사가 있는 곳의 한 층 위에 내가 자주 환자를 방문했던 피셔 하숙집이 있다는 것을 알아냈다. 이제 나는 회사와 하숙집으로 된 그 건물을 알게 되었다. 그러나 이런 망각에 어떤 동기가 작용했는지는 여전히 나에게 수수께끼였다. 나는 회사 자체나 피셔 하숙집, 거기에 사는 환자에게서 불쾌감을 유발하는 어떤 기억도 발견할 수 없었다. 내 추측으로는 그렇게 수치스러운 일도 아닌 것 같았다. 그렇지 않다면 우회 과정을 통해 앞의 예에서와 같이 외부의 보조 수단을 통하지 않고 망각을 제압할 수 없었기 때문일 것이다. 마침내 얼마 전 새로운 환자에게 가는 길로 접어들었을 때, 거리에서 한 신사가 나에게 인사했으나 내가 그를 알아보지 못했던 일이 떠올랐다. 나는 몇 달 전, 확실히 심각한 상황에 있었던 이 남자를 보았고 그에게 진행성 뇌연화(腦軟化)를 진단했다. 그런데 그 후 그가 나았다는 이야기를 들었고, 결국 내 판단이 틀렸던 것이다. 뇌연화증적 정신박약에서도 발견되는 퇴행이 아니었다면, 나의 진단은 옳았을 것이다! 그와의 만남에서 영향을 받아 나는 B&R 사무실의 이웃을 망각하게 되었던 것이다. 그리고 망각된 것을 해결하겠다는 나의 관심은 논쟁의 여지가 있는 진단의 경우에서 전이된 것이다. 작은 내적 연관에도 불구하고 — 나의 기대와 달리 병이 나은 사람은 환자를 나에게 보내곤 했던 큰 사무실의 관리였다 — 연상적 연결은 이름의 유사성에 의해 마련되었다. 나와 함께 그 문제의 환자를 보았던 의사는, 내가 잊었던 그 건물에 있는 하숙집의 이름과 같이 피셔였다.

(4) 물건을 〈잘못 놓는 것〉은 물건을 어디에 놓았는가를 망각하는 것과 다른 것이 아니다. 문자와 책을 다루는 대부분의 사람들처럼 나는 내 책상 위에 놓여 있는 것을 잘 알고 있어서, 찾는 것을 단번에 들어 올릴 수 있다. 다른 사람에게는 무질서로 보이는 것이 나에게는 역사적으로 형성된 질서다. 그런데 나는 왜 최근에 나에게 보내진 책 목록을 잘못 놓아 그것을 발견할 수 없었을까? 나는 그 목록에 실려 있는 책, 『언어에 관하여』를 주문하려고 했다. 왜냐하면 나는 저자의 재기 넘치고 생동감 있는 문체를 좋아할 뿐만 아니라, 그의 심리학적 통찰과 문화사에 대한 지식에서 배울 것이 많다고 생각했기 때문이다. 나는 바로 그 이유 때문에 내가 목록을 잘못 놓았다고 생각한다. 나는 이 저자의 책을 내 친지에게 빌려주곤 했는데, 며칠 전에 어떤 사람이 책을 돌려주면서 이렇게 말했었다. 〈문체가 당신의 문체를 연상시키네요. 생각하는 방식도 똑같아요.〉 이 말을 한 사람은 이 소견으로 나의 무엇을 건드리고 있는지 몰랐다. 내가 아직 젊고 무언가 기댈 것이 필요했던 수년 전에 연상의 동료가 나에게 그와 비슷한 말을 했다. 내가 그에게 유명한 의학 저술가의 저작을 칭찬하자, 그는 〈완전히 당신의 문체고 당신의 방식이군〉이라고 말했다. 이에 영향을 받아 나는 이 저술가에게 좀 더 친근한 교류를 청하는 편지를 썼으나, 결국 차가운 대답으로 자제를 요구받았다. 그 밖에 아마도 최근의 이러한 경험의 배후에는 훨씬 전에 낙담할 만한 경험이 숨겨져 있었다. 나는 잘못 놓은 목록을 다시 발견하지 못했

으며, 이러한 징조로 인해 책을 주문하려는 마음을 실제로 포기했기 때문이다. 물론 목록이 사라졌다고 해서 현실적인 장애가 발생한 것은 아니었는데도 말이다. 나는 책과 저자의 이름을 기억하고 있었다.[2]

(5) 〈잘못 놓기〉의 다른 경우는 잘못 놓여진 것이 발견된 조건 때문에 우리의 흥미를 끈다.[3] 한 젊은이가 나에게 다음과 같은 이야기를 들려주었다.

몇 년 전에 우리의 결혼 생활에 오해가 있었습니다. 나는 내 아내가 너무 차갑다고 느꼈습니다. 내가 그녀의 훌륭한 성정을 인정함에도 불구하고, 우리는 아무런 애정 없이 함께 살았습니다. 어느 날 그녀는 산책에서 돌아오며, 내가 관심을 가질 만한 것이라면서 책을 한 권 사다 나에게 주었습니다. 나는 이런 〈친절〉의 표시에 감사를 표하며 그 책을 읽겠다고 약속하고는 잘 놓아두었지만 다시 찾을 수가 없었습니다. 몇 달이 지나는 동안 나는 때로 이 잃어버린 책을 생각하고 찾으려 했으나 허사였습니다. 한 반년이 지난 후 우리와 떨어져 살던 사랑하는 어머니가 병이 들었습니다. 내 아내는 집을 떠나 시어머니를 간호했습니다. 환자의 상태는 심각해졌고, 이 기회에 내 아내는 그녀의 최고의 면모를 보여 주었습니다. 어느 날 저녁 나는 내 아내의 덕행에 감격하여 그녀에게 감사하는 마음으로 가득 차 집으로 돌아왔습니다. 나는 내 책상으로 가서 어떤 특정한 의도 없이, 그렇지만 몽유병적 확신을 가지고서 서랍들 중 하나를 열었습니다. 그리고 맨 위 서랍에서 어디

2 테오도어 피셔가 이름 붙인 이래 〈대상의 반란 *Tuecke des Objects*〉이라고 부르는 다양한 종류의 우연적 사건들도, 내가 생각하기에는 마찬가지 방식으로 설명할 수 있을 것이다 — 원주.

3 사례 (5)는 1907년에 추가되었다.

에 두었는지 잊어버렸던 그 책이 놓여 있는 것을 보았습니다.

(6) 위 사례의 마지막 특질 — 대상을 잘못 놓은 동기가 소멸하면 놀라울 만큼 확실하게 대상을 쉽게 발견하는 것 — 을 공유하고 있는 잘못 놓기의 다른 사례가 슈테르케에 의해 보고되고 있다.[4]

　　어린 소녀가 헝겊 조각으로 옷깃을 만들려고 자르다가 이 헝겊 조각을 망쳐 버렸다. 결국 재봉사가 와서 이 조각을 잘 처리해야 했다. 재봉사가 왔을 때, 소녀는 그것을 놓아두었다고 생각하는 서랍에서 그것을 꺼내 보이려고 했으나 발견할 수 없었다. 그녀는 화가 나서 왜 그것이 갑자기 사라졌는지, 아마 자신이 그것을 발견하지 않기를 〈원하는지〉 스스로 캐물었다. 그리고 옷깃과 같이 간단한 것을 망쳐 버렸기 때문에 재봉사에게 부끄럽다고 생각했다. 그녀는 이렇게 생각한 후, 자리에서 일어나 다른 옷장으로 갔다. 그곳에서 그녀는 잘린 옷깃을 단번에 찾아냈다.

(7) 〈잘못 놓기〉의 다음 경우는 모든 정신분석가에게 알려진 유형이다. 나는 이런 잘못 놓기를 저지른 환자가 그에 대한 열쇠를 스스로 발견한다고 말할 수 있다.[5]

　　아직 저항의 상태에 있고 몸도 좋지 않았지만 여름휴가 때문에 정신분석 치료를 중단해야 했던 한 환자가, 저녁에 옷을 벗으면서 항상 놓던 또는 그가 그렇게 생각하는 자리에 열쇠를 놓았다. 그런 다음 그는 치료 마지막 날인 다음 날, 사례금도 주어야 하고 여

4　슈테르케의 「일상생활에 관하여」 참조 — 원주. 사례 (6)은 1917년에 추가되었다.
5　사례 (7)은 1910년에 추가되었다.

행 출발을 위해 몇 가지 물건도 꺼내야 했기 때문에 돈과 함께 열쇠를 보관해 놓았던 책상 서랍을 열었으나 열쇠가 없었다. 그는 그의 작은 방을 체계적으로 뒤지기 시작했으며, 그래도 찾지 못하자 몹시 흥분했다. 그때 그는 열쇠를 잘못 놓은 것이 증상 행위, 즉 의도적인 것이라고 인식하여, 〈편견이 없는〉 사람의 도움을 빌려 계속 찾기 위해 하인을 불렀다. 몇 시간이 지난 후 그는 찾기를 포기하고 열쇠를 잃어버렸다고 생각했다. 다음 날 그는 책상 제조자에게 새로운 열쇠를 주문했고 그것은 서둘러 완성되었다. 차를 타고 집까지 그와 동행했던 두 친지는 그가 차에서 내릴 때 바닥에서 무언가 철거덕거리는 소리를 들었다고 생각했다. 그는 열쇠가 바지 주머니에서 빠져 버렸다고 확신하고 있었다. 저녁에 하인이 승리감에 도취된 표정으로 그에게 열쇠를 보여 주었다. 열쇠는 두꺼운 책과 그가 휴가 동안 읽기 위해 가져가려 했던 얇은 책자(내 학생의 논문) 사이에 놓여 있었다. 그것은 누구도 그 안에 열쇠가 있으리라고 생각할 수 없을 정도로 교묘히 놓여 있었다. 그 후 그는 열쇠를 그렇게 보이지 않게 다시는 놓을 수 없었다. 은밀하지만 강한 동기에 의해 무의식적으로 능숙하게 물건을 잘못 놓는 것은 완전히 〈몽유병적 확신〉을 상기시킨다. 동기는 물론 치료의 중단에 대한 불만과 그렇게 나쁜 상태에서 높은 사례금을 지불해야 하는 데 대한 은밀한 분노였다.

(8) 브릴은 다음과 같은 보고를 하고 있다.[6]

한 남자는 아내에게서, 그가 전혀 관심을 갖고 있지 않은 한 사교 모임에 함께 참석하자는 부탁을 받았다. 아내의 간청에 마지못

6 브릴의 『정신분석: 그 이론과 실제적 적용』 참조.

해 허락한 후, 그는 트렁크에서 예복을 꺼내다가 갑자기 면도를 해야 한다는 생각이 났다. 면도를 끝내고 나서 돌아왔더니 트렁크가 잠겨 있었다. 오랫동안 열심히 찾았지만 트렁크의 열쇠를 찾지 못했다. 일요일 저녁에 열쇠 수리공을 부를 수는 없었다. 그래서 두 사람은 모임에 참석할 수 없다는 유감의 소식을 보내야 했다. 다음 날 아침 그가 트렁크를 열었을 때 잃어버린 열쇠는 그 안에 있었다. 남편은 정신이 없어 열쇠를 트렁크에 떨어뜨렸고 그때 잠겨 버렸던 것이다. 그는 나에게 이 행동은 전혀 의도하거나 의식적인 것이 아니었다고 확신하며 말했다. 그러나 우리는 그가 이 사교 모임에 가고 싶지 않았다는 사실을 알고 있다. 따라서 열쇠를 잘못 놓아둔 행위는 전혀 동기가 없었던 것이 아니다.

어니스트 존스는 그 스스로 담배를 너무 많이 피워서 몸 상태가 좋지 않을 때는 언제나 자신의 파이프를 잘못 놓아두는 습관이 있다는 사실을 알게 되었다.[7] 따라서 그 파이프는 원래 있어야할 자리가 아닌 아무 곳에서나 발견되었다.[8]

(9) 도라 뮐러는 사람들이 별 이견 없이 그 동기를 수긍하는 사심 없는 사례를 보고하고 있다.[9]

크리스마스 이틀 전 에르나 A. 양이 나에게 말했다. 〈당신은 상상할 수 있습니까? 어제저녁 나는 생강빵의 포장을 뜯고 먹었습니다. 동시에 나는 그것을 (어머니의 친구인) S 씨에게 좀 줘야겠

---

7 존스의 「일상생활의 정신 병리학」 참조 — 원주.
8 이 사례는 1912년에 추가되었다.
9 뮐러Dora Müller의 「의식적인 봉사, 그러나 실행할 수 없는 충동의 자동적 행위 Automatische Handlungen im Dienste bewußter, jedoch nicht durchführbarer Strebungen」 (1915) 참조 — 원주.

다고 생각했습니다. 바로 그때 그분이 나에게 잘 자라고 인사를 했습니다. 나는 특별히 그렇게 하고 싶지는 않았지만 줄곧 그렇게 해야겠다고 결심했습니다. 그녀가 다시 왔을 때 나는 테이블에 놓아둔 빵을 찾았습니다. 그러나 그것은 거기에 없었습니다. 나는 빵을 찾아 여기저기를 뒤지다가 찬장에서 그것을 찾아냈습니다. 나는 별 생각 없이 거기에 두었던 것입니다.〉 이에 대해서는 아무런 분석도 필요치 않다. 화자 자신이 이미 그 사건의 결과를 이해했다. 비록 억압되어 있긴 했지만 빵을 독차지해야겠다는 바람이 자동적으로 그렇게 했던 것이다. 물론 이 경우에 이후의 의식적인 행동에 의해 그것이 취소되기는 했다.[10]

(10) 작스는 유사한 잘못 놓기로 인해 자신이 어떻게 직무의 의무를 다하지 않았는지를 서술하고 있다.

지난 일요일 오후, 나는 내가 일을 해야 할 것인지 아니면 산책을 나가서 누군가를 만나야 할 것인지 잠시 동안 망설였다. 그러나 갈등 끝에 나는 전자를 택하기로 결심했다. 약 한 시간 후, 나는 필요한 종이가 다 떨어진 것을 알게 되었다. 나는 서랍 어딘가에 내가 여러 해 동안 사용해 온 종이 꾸러미가 있다는 것을 알고 있었다. 그러나 책상을 뒤져 보고, 있을 만한 곳을 다 찾아보아도 종이는 없었다. 심지어 낡은 책, 팸플릿, 편지 등을 뒤져 보아도 찾을 수가 없었다. 결국 나는 일을 중단하고 외출했다. 저녁에 집에 돌아와서 나는 소파에 앉았다. 그러고는 반쯤 얼빠진 상태로 상념에 잠겨 있었는데, 앞에 있는 서가에 눈길이 갔다. 한 상자가 내 눈길을 끌었는데, 오랫동안 그 안에 무엇이 들어 있는지 확인해 보지

10 이 사례와 사례 (10)은 1917년에 추가되었다.

않았다는 기억이 났다. 그래서 다가가 상자를 열었다. 제일 위에 가죽 서류철이 있었는데 거기에 사용하지 않은 종이가 있었다. 그러나 이것이 바로 내가 그렇게도 오후 내내 찾았던 그 종이라는 생각이 든 것은, 내가 그것을 집어 들어 책상 서랍에 넣어 두려고 할 때였다. 내가 여기서 덧붙여 두어야 할 것은, 비록 나는 평상시에 그리 검소하지 않지만 종이에 대해서는 매우 세심하게 사용 가능한 것을 따로 정리해 둔다는 점이다. 나의 망각이 그나마 그 직접적인 동기가 사라지자마자 바로 수정될 수 있었던 것도, 결국은 본능에 의해 길러진 이런 나의 습관 때문이었다.

만일 잘못 놓기의 사례들을 상세히 고찰해 본다면, 사실 무의식적인 의도의 결과일 때를 제외하고 어떤 것이 잘못 놓여진다는 것을 믿기는 대단히 어려울 것이다.[11]

(11) 1901년 여름의 어느 날, 나는 내가 그 당시 학문적 구상들에 대해 활발하게 의견 교환을 하던 한 친구에게 이렇게 말한 적이 있다.[12] 〈이런 종류의 신경증들은 우리가 전적으로 개인의 원초적인 양성(兩性)의 가정을 받아들일 때에만 해결될 수 있어.〉 이에 대한 그의 대답은 이랬다. 〈그건 내가 자네에게 2년 반 전 브레슬라우에서 저녁 산책을 할 때 말했던 거야. 그런데 자네는 그때 그것을 들으려 하지 않더군.〉 이런 식으로 자신의 독창성을 굽히도록 강요당하는 일은 고통스러운 것이다. 나는 그 당시의 대화 내용이나 그 친구가 했다는 말을 기억할 수가 없었다. 우리 중한 명이 잘못을 저지르고 있는 것이 틀림없으며 〈*cui prodest*(누가

11 이 문단은 1907년에 추가되었다.
12 이 친구는 빌헬름 플리스를 말한다. 이 대화의 자료는 1901년이 아니라 1900년에 얻은 것이다. 전체적인 내용은 존스가 쓴 『지크문트 프로이트: 삶과 업적』 (1953)의 첫 번째 권에서 볼 수 있다.

이익을 얻게 되는가)?〉라는 격언에 비춰 본다면 그것은 나일 가능성이 높았다. 실제로 그 다음 주 어느 날, 나는 당시에 있었던 일 전체를 기억해 냈다. 그것은 내 친구가 나에게 재생시키려 했던 그대로였다. 나는 심지어 그때 내가 그에게 한 대답까지 기억해 냈다. 〈난 아직 그것을 받아들이지 못하겠어. 나는 그 문제에 관심을 기울이고 싶지 않군.〉 그러나 그때 이후, 나는 의학 문헌을 읽으면서 나의 이름과 관련될 수 있는 사안들과 마주쳐서 나의 이름이 언급되지 않았다는 것을 알게 될 때 더욱더 관용스러워졌다.

부인에 대한 흠잡기, 적대 관계로 돌변해 버린 우정, 의사의 오진(誤診), 비슷한 관심을 가진 사람에 의한 거절, 남의 생각의 차용 등 임의로 수집한 망각의 사례들이 나로 하여금 이런 문제들을 설명하도록 요구하는 것은 우연이라고 보기 힘들다. 오히려 나는 자신의 기억 착오의 배후에 있는 동기들을 기꺼이 탐색하는 사람은 누구나 반대할 수 있는 주제의 유사한 목록들도 내놓을 수 있다고 생각한다. 꺼림칙한 것을 망각하는 경향은 내가 볼 때 지극히 보편적인 현상이다. 그렇게 할 수 있는 능력은 말할 것도 없이 각각의 사람마다 가진 각기 다른 강도에 따라 달라진다. 우리가 진료 시에 보게 되는, 자기와의 관계를 부인하는 많은 사례는 망각에서 그 원인을 찾을 수 있을 것이다.[13] 사실 그런 망각에

---

13 (1907년에 추가된 각주) 우리가 어떤 사람에게 그가 10년이나 15년 전에 매독에 감염된 적이 있느냐고 묻는다면, 우리는 너무나 쉽게 그가 심리적 견지에서 이 질병을 급성 류머티즘과는 다른 것으로 간주하려 할 것이라는 사실을 간과하기 쉽다. 부모가 자신의 딸들의 신경증에 대해 그 병력을 이야기할 때 망각된 것과 은폐된 것을 구별하는 것은 거의 불가능하다. 왜냐하면 딸의 혼담에 방해가 될 수 있는 것들은 가능한 한 숨기려 — 억압하려 — 할 것이기 때문이다.

(1910년에 추가된 각주) 최근 결핵으로 자신의 사랑하던 아내를 잃은 한 남자는, 의사의 질문에 잘못된 답을 하는 것도 이런 종류의 망각에 포함될 수 있다는 것을 보여 주는 다음과 같은 사례를 나에게 보고한 적이 있다. 〈불쌍한 아내의 늑막염이 몇 주가 지나도록 차도를 보이지 않아 P 박사에게 진찰을 신청했다. 병력을 묻는 가운데 그

대한 우리의 견해는 부인과 망각이라는 두 가지 형태의 행동 사이의 구별을 순전히 심리학적 요인들에 한정해서 해석케 하며, 우리로 하여금 그 두 반응 양식을 동일한 동기의 표현으로 볼 수 있게끔 해준다. 나는 환자의 친지들이 불쾌한 경험들을 부인하는 사례들을 수없이 많이 보았는데, 그중 하나는 아주 특별한 경우로 아직까지 생생하게 기억하고 있다. 어떤 여성이 신경증을 앓고 있는 자기 아들의 어린 시절에 관해 나에게 들려주고 있을 때였다. 그녀는 그의 치부, 즉 그가 다른 형제들과 마찬가지로 어릴 때 아주 늦게까지 이불에 오줌을 쌌다는 사실을 이야기했다. 이 사실은 그의 병력(病歷)과 관련해 대단히 중요한 것이었다. 몇 주후 그녀가 아들의 치료 경과를 알고 싶어 병원에 왔을 때, 나는 그 아들이 질병에 약한 선천적인 체질이라고 설명하면서 그의 야뇨증을 언급했다. 그러자 그녀는 놀랍게도 어떻게 다른 형제들과 그를 같이 취급할 수 있냐며, 내가 그것을 어떻게 알았는지 설명해 보라고 다그쳤다. 결국 나는 그녀에게 당신이 나에게 말하지

는 내 아내의 가족 중에 결핵 환자들이 있는지 등을 포함해 의례적인 질문들을 던졌다. 아내는 전혀 없다고 말했고 나도 달리 기억하는 사람이 없었다. 의사가 나가고 나서 대화는 마치 우연인 것처럼 소풍이 주제가 되었고 아내는 이렇게 말했다.《예, 그건 내 가련한 동생이 묻혀 있는 랑거스도르프까지 가는 긴 여정이었어요.》이 동생은 15년 전 결핵을 앓다가 사망했다. 내 아내는 그를 무척 좋아했고 수시로 나에게 그에 관한 이야기를 해주었다. 바로 그때 나는 아내가 결핵 진단을 받았을 때 아주 걱정스럽게《동생도 결핵 때문에 죽었는데》라고 말했던 사실이 기억났다. 그러나 지금 그 기억은 너무나 강하게 억압되어 있어, 그녀는 자신이 랑거스도르프의 소풍 이야기를 한 뒤에도 자신의 가족에 대해 잘못 이야기한 부분을 정정하지 않았다. 나는 그녀가 랑거스도르프에 대해 이야기하는 바로 그 순간에 망각이 일어났다는 것을 깨닫게 되었다.〉

(1912년에 추가된 각주) 이와 거의 비슷한 사례가, 내가 앞서 여러 차례 참고한 바 있는 존스의 책에 나온다. 병원 진단 결과가 확실치 않은 부인과 질병을 앓고 있던 아내를 두고 있는 한 의사가 그녀를 안심시킬 목적으로 이렇게 말했다. 〈당신 가족 중에서 결핵 환자가 한 명도 없다는 건 그래도 불행 중 다행이잖아.〉 그러자 부인은 깜짝 놀라며 이렇게 말했다. 〈내 어머니가 결핵으로 돌아가셨고 동생도 의사가 포기할 정도로 심했다가 겨우 회복된 사실을 잊어버렸어요?〉 — 원주.

않았느냐고 말했다. 그녀는 자신이 그런 말을 한 사실을 잊고 있었던 것이다.[14]

이처럼 건강하고 정상적인 사람들에게서도 고통스러운 인상을 회상하거나 불쾌한 일들을 떠올리는 것은 일정한 저항을 받게 된다는 것을 보여 주는 많은 사례를 발견할 수 있다.[15] 그러나 이런 사실이 지닌 충분한 의미는 오직 신경증에 시달리는 사람들을 심리학적으로 탐구했을 때에만 제대로 평가될 수 있다. 우리는 불쾌감을 불러일으킬 수 있는 관념들에 관한 이러한 종류의 기본적인 방어 노력을 히스테리 증상을 이루는 메커니즘의 하나로 간

14 내가 이 부분을 한참 쓰고 있는 도중에, 다음과 같은 거의 믿기 힘든 망각의 사례가 나에게 일어났다. 나는 1월 1일 치료비 감정서를 우송하기 위해 진료 기록을 살펴보고 있었다. 6월경에 나는 M-l이라는 이름의 사람을 만난 적이 있는데 얼굴이 떠오르지 않았다. 내가 장부의 진료 기록을 뒤져 그 환자를 요양소에서 진료했고 여러 주 동안 매일 방문했다는 사실을 발견했을때, 나는 더욱 당황했다. 이런 조건들에서 치료한 환자를 의사가 6개월도 안 되어 잊어버린다는 것은 있을 수 없는 일이었다. 나는 자문해 보았다. 남자였던가, 일반 마비 환자였던가, 별로 흥미를 끌지 못할 증상이었던가? 마침내 내가 받은 치료비 기록을 보면서 나는 내 기억에서 도망치려 했던 모든 사실을 되살려 내었다. M-l은 14세 소녀였고, 내가 최근 몇 년 동안 치료한 환자들 중에서는 가장 특징적인 징후를 보였으며, 나에게 잊기 힘든 교훈과 상당한 스트레스를 준 환자였다. 그 소녀는 분명한 히스테리를 앓고 있었고, 나는 그것을 빠른 시간 내에 완치시켰다. 회복된 후 그 아이는 부모가 데려갔다. 그런데도 그녀는 계속 복통을 호소했는데, 그 복통은 그녀의 히스테리 증상 중에서 중요한 역할을 했던 것이었다. 두 달 후 그녀는 하복부 육종으로 사망했다. 그녀가 이미 그런 소질을 갖고 있었던 히스테리는 종양을 표면화하는 원인으로 사용되었던 것이다. 그리고 나는 별로 위험하지 않은 히스테리 증상들에 현혹되어 치명적인 질병의 최초 징후들을 간과해 버렸던 것 같다 ─ 원주.

15 (1910년에 추가된 각주) 최근 픽A. Pick은 기억에 감정적 요인들이 미치는 영향을 인정하고서 불쾌감에 대한 방어 차원에서 이루어지는 망각의 역할을 ─ 다소 명확하게 ─ 승인하는 저자들의 수많은 인용 사례를 수집했다. 그러나 우리 중 어느 누구도 니체가 자신의 잠언집 『선악의 피안』에서 보여 준 바와 같이 적나라하게 그 현상과 그것의 심리적 기초를 제시한 적이 없다. 〈나의 기억은 말한다.《내가 이것을 했다.》나의 자부심은 다음과 같이 말하고 의기양양해한다.《내가 했을 리가 없다.》결국 기억이 항복한다.〉 픽의 「정신병자와 신경증 환자가 겪는 망각의 심리학Zur Psychologie des Vergessens bei Geistes und Nervenkranken」(1905) ─ 원주.

주해야 한다. 그런 방어 노력은 고통 자극이 일어났을 때의 도피 반사와 비교할 수 있을 것이다. 이러한 방어 경향이 존재한다는 가정은, 사람들이 종종 자신들을 괴롭히는 불쾌한 기억을 의식적으로 없애는 것, 혹은 후회감이나 양심의 가책처럼 고통스러운 감정을 억지로 사라지게 하는 것이 불가능하다는 사실을 근거로 해서 부정할 수는 없다. 왜냐하면 우리는 여기서 이런 방어 경향이 모든 경우에 나타난다고 주장하는 것도 아니고, 또한 이런 경향이 심리적 역학 관계 속에서 그 경향에 거슬러 그것과는 다른 목적들을 얻으려 하는 심리적 요인과 충돌하는 것은 아니라고 주장하는 것도 아니다. 우리는 정신적 장치의 건축 원리는 계층을 이루고 있다고 생각해 볼 수 있다. 즉 그것은 여러 층으로 겹쳐진 구조를 하고 있다는 것이다. 그랬을 때 방금 말한 방어 노력은 아래층에 속하고 위층에서 제지를 당한다고 할 수 있다. 어떤 경우든 만일 우리가 그동안 살펴본 망각의 사례들에서 발견한 제반 과정들을 이런 방어 경향으로까지 소급해 올라갈 수 있다면, 그것만으로도 그런 경향이 존재하고 또 그것이 상당한 힘을 갖는다는 점을 입증해 주는 것이다. 앞서 본 바와 같이 수많은 사항이 그 자체의 이유 때문에 망각되었다. 그렇지 않은 경우에는 방어 경향이 그 목표를 바꿔 적어도 다른 어떤 것이 망각되게 만든다. 물론 이때 대신 망각되는 것은 원래 목표로 했던 것과 연관이 있으면서 중요성에 있어서는 좀 덜한 것인 경우가 많다.

불쾌한 기억들은 불쾌감이 동기가 되어 쉽게 망각되어 버린다는 이런 견해는, 그동안 별로 주목받지 못하거나 전혀 주목받지 못했던 많은 분야에 응용해 볼 수 있다. 그래서 내가 볼 때 그런 견해는 법정에서 증거를 감정하는 경우에 응용될 수 있을 텐데,[16]

16   그로스H. Gross의 『범죄 심리학Kriminalpsychologie』(1898) 참조 — 원주.

실제로는 그렇게 충분히 평가를 받지 못하고 있다. 법정에서 목격자가 선서를 하는 것은 분명히 그의 심리적 힘들이 작용하는데 상당한 정화(淨化)의 효과를 기대할 수 있다. 또 한 민족의 전통과 전설의 기원을 다룰 때 우리가 이런 종류의 동기, 즉 민족 감정에 위배되는 기억들을 말살해 버리려는 목적을 고려할 것이라는 점은 일반적인 인식이다. 좀 더 깊이 있게 고찰해 보면, 한 민족의 전통 형성과 개인의 어린 시절의 기억 형성 사이에는 완전한 유비(類比) 관계가 있다는 점이 드러나게 될 것이다. 위대한 과학자 다윈은[17] 망각의 동기로 불쾌감이 중요한 역할을 한다는 통찰에 바탕을 두고서 과학자들의 〈황금률〉을 제시했다.[18]

인상들의 망각은 이름 망각과 매우 유사한 방식으로 잘못된 회상에 수반될 수 있다. 이것이 신뢰성이 있을 경우에는 기억 착오로 불린다. 병적인 기억 착오는 ─ 망상증에서 그것은 사실상 망상을 형성하는 중요한 요인이 된다 ─ 내가 그것의 동기에 관해 암시조차 찾지 못했던 수많은 문헌을 만들어 냈다. 그것은 또한 신경증 심리학에 속하는 문제이기 때문에 그것을 현재의 맥락에서 다루는 것은 적절치 못하다. 대신 나는 나 자신의 독특한 기억 착오 경험을 서술해 보겠다. 여기에서 우리는 무의식적으로 억압된 심리 내용에 의해 주어진 동기와, 그것이 이런 동기와 연관 맺는 방식과 그 성격을 아주 명확하게 인식할 수 있다.

17 이 문장은 1912년에 추가되었다.
18 (1912년에 추가된 각주) 어니스트 존스는 「일상생활의 정신 병리학」에서 다윈의 자서전에 나오는 다음 구절에 주목했다. 그 구절은 학문적 정직성과 심리학적 예리함을 보여 주는 것이다. 〈나는 수년 동안 나의 일반적인 관찰 결과들과 상충되는 출판물이나 새로운 관찰 혹은 사상이 나오면 언제든지 그것을 즉각 기록한다는 황금률을 준수했다. 왜냐하면 나는 경험을 통해 그런 사실들과 사상들은 내가 좋아하는 것들에 비해 훨씬 멀리 내 기억에서 떨어져 나가려 한다는 사실을 깨달았기 때문이다〉 ─ 원주. 다윈C. Darwin의 『찰스 다윈의 자서전 1809~1882The Autobiography of Charlse Darwin 1809~1882. With Original Omissins Restored』(1958)를 참조.

내가 꿈-해석에 관한 책의 후반부를 쓰고 있을 때, 도서관도 갈 수 없고 참고할 문헌도 없는 휴양지에 머물고 있었다. 그래서 나는 모든 종류의 참고 문헌과 인용을 나중에 수정해야 했지만, 나의 기억에 의존해 원고에 써넣었다. 백일몽에 관한 구절을 쓰면서[19] 나는 알퐁소 도데의 소설 『나바브』에 나오는 가난한 회계원을 가장 뛰어난 사례로 떠올렸다. 작가는 이 인물을 통해 그 자신의 공상을 묘사하고 있었던 것 같다. 나는 내가 무슈 조슬랭이라 불렸던 이 사람이 파리 거리를 산책하면서 빠져든 공상들의 하나가 명확하게 기억이 났다고 생각했다. 그러고 나서 나는 그 공상을 기억에서 재생(再生)하기 시작했다. 그것은 무슈 조슬랭이 거리를 달리고 있는 말을 향해 자신을 대담하게 내던져 그 말을 멈추게 하는 그런 공상이었다. 그때 마차의 문이 열리고 고귀한 신분의 인물이 마차에서 내려 그의 손을 잡으면서 이렇게 말하는 것이다. 〈당신은 나의 은인이오. 당신이 나의 생명을 건져 주었소. 원하는 게 뭐요?〉

내가 설명한 그의 공상 중에서 틀린 부분들은 집에 돌아가 그 책을 보기만 하면 쉽게 바로잡을 수 있는 것들이었다. 그런데 내 원고가 이미 인쇄에 들어가고 나서 이 부분을 점검하기 위해 그 소설을 찾아서 보았을 때, 나는 너무나 부끄럽게도 조슬랭이 그런 공상을 이야기한 부분이 전혀 없다는 것을 알게 되었다. 게다가 그 회계원의 이름은 조슬랭이 아니라 주와이외즈였다. 이 두 번째 잘못은 즉각 내가 첫 번째 잘못 — 기억 착오 — 을 해결할 수 있는 열쇠를 제공했다. Joyeux(주아이외즈Joyeuse는 그것의 여성형이다)는 내 이름 Freud를 프랑스어로 번역한 것이다. 그렇다면 내가 잘못 기억을 해서 도데의 소설과 연관 지었던 그 공상

---

19 『꿈의 해석』 참조.

은 어디서 온 것일까? 그것은 나 자신의 백일몽일 것이며, 그 이후 내 의식 속에서 사라져 완전히 망각되어 버렸던 것이 아닌가 생각된다. 아마도 그것은 샤르코 선생이 나를 그의 학문 그룹에 넣어 주기 전까지 후원자와 보호자를 필요로 했던 시기에, 파리를 산책하면서 내 스스로 만들어 낸 공상이었을 것이다. 그리고 한참 시간이 지난 후 나는 그 선생의 집에서 『나바브』의 작가를 두어 차례 만났었던 것이다.[20]

만족스럽게 설명할 수 있는 또 한 가지의 기억 착오는, 뒤에서 다루게 될 주제이지만 그릇된 회상 *fausse reconnaissance*을 떠올리는 것이다.[21] 나는 야심만만하고 유능한 나의 환자에게, 나의 한 학생이 최근에 아주 흥미로운 논문 「예술가, 성 심리학 시론 Der Künstler,, Versuch einer Sexualpsychologie」[22]으로 나의 제자군에 포함되었다는 사실을 이야기해 주었다. 이 논문이 1년 3개월 후 출

20 (1924년에 추가된 각주) 얼마 전 나의 독자 중 한 명이 나에게 프란츠 호프만의 〈소년 문고〉 중 한 권을 보내왔다. 거기에는 파리에서 나의 공상 속의 구출과 같은 장면이 상세하게 묘사되어 있다. 두 장면 사이의 유사성은 심지어 양자에 나오는 전혀 평범하지 않은 표현에서까지 발견된다. 따라서 내가 어릴 때 이 책을 읽었다는 사실을 부인하기는 어렵다. 내가 다닌 중학교 도서관에도 호프만의 문고 시리즈가 있었고, 늘 상 학생들에게 대출해 주었기 때문이다. 따라서 처음에는 내가 마흔네 살 때 누군가 다른 사람이 만든 것으로 생각했고, 이후 스물여덟 살 때 내가 직접 지어낸 것으로 기억해 냈던 공상은, 사실 열한 살부터 열세 살 사이의 어느 시점에서 받은 한 인상을 정확히 재생한 것에 지나지 않았다. 결국 소설 『나바브』에 나오는 실업 상태의 회계원이 한 것이라고 생각했던 구출의 공상은, 후원자와 보호자를 갈구하고 있던 나 자신의 구출을 위한 공상에 이르는 길을 미리 보여 준 것이었을 뿐이다. 따라서 정신에 대한 이해력을 갖춘 사람이라면, 나 자신이 의식적인 생활 속에서 보호자의 선의를 기대하는 생각에 강한 거부감을 갖고 있고, 그런 성격의 일이 실제 생활에서 일어났을 때 잘 참지 못한다는 이야기를 듣더라도 별로 놀라지 않을 것이다. 아브라함은 그런 내용의 공상(구출의 공상)이 갖는 더욱 심층적인 의미를 탐구하고 있고, 그것이 가진 특징들을 거의 빠짐없이 해명해 오고 있다(아브라함의 「신경증적 환상 형성에서 아버지의 구조와 살해 Vaterrettung und Vatermord in den neurotischen Phantasiegebilden」[1922] 참조) — 원주.

21 이 마지막 부분은 1907년에 추가되었다.

22 이것이 1907년에 쓰인 랑크의 첫 번째 논문이다.

판되었을 때, 나의 환자는 내가 그에게 이야기하기 몇 개월 전에 이미 그 책의 일부 주장을 어딘가에서(아마도 서점의 예고 광고일 것이다) 읽은 적이 있다는 것을 기억한다고 나에게 주장했다. 그는 그때 이 책의 내용을 알고 있으며, 나아가 저자가 제목을 바꾸었다고 주장했다. 원래 제목에는 시론*Versuch*이라는 말이 없었으며,「성 심리학 입문Ansätze zu einer Sexualpsychologie」이 제목이었다는 것이다. 그럼에도 불구하고 저자에게 직접 심도 있게 물어보고 시간의 전후 관계를 따져 보았을 때, 내 환자는 있을 수 없는 일을 회상했다고 주장한 것으로 드러났다. 이 책의 어느 부분도 출판되기 이전에 달리 공개된 적이 없으며, 적어도 1년 3개월 전에는 출판되지 않았던 것이다. 내가 이 기억 착오를 해석하는 일을 빼먹었을 때 나의 환자도 마찬가지로 기억 착오를 반복했다. 그는 자신이 최근 서점의 광고에서 광장 공포증*Agoraphobie*에 관한 책을 보았다고 믿고서, 이제는 그 책을 입수하기 위해 모든 출판사들의 카탈로그를 뒤지고 있었다. 그때 나는 그에게 왜 그의 노력이 헛고생으로 끝날 수밖에 없는지를 설명할 수 있었다. 광장 공포증에 대한 책은 무의식적인 의도로서 오직 그의 공상에서만 존재할 뿐이다. 왜냐하면 그 자신이 바로 그런 책을 쓰려고 했기 때문이다. 내 젊은 제자에게 뒤지고 싶지 않은 야심과 그에 준하는 학문적 업적으로 나의 제자군에 들어오고 싶다는 열망이 그 첫 번째 기억 착오를 일으켰고, 나아가 그것이 반복적으로 나타나도록 했던 것이다. 이번에는 그가 자신의 착오를 불러일으킨 서점의 광고는 〈발생, 생식의 법칙*Genesis, das Gesetz der Zeugung*〉이라는 제목의 책에 관한 것이었다고 회상했다. 그러나 이런 제목으로 바뀌게 된 책임은 바로 나에게 있었다. 왜냐하면 나 스스로 그 제목을 환자에게 말할 때 〈입문〉 대신 〈서론〉이라고 잘못 이야기한 책임이 있다는 것을 기억할 수 있었기 때문이다.

2. 의도들의 망각

실수 행위의 원인을 설명하기 위해 주의력 부족만을 꼽는 것은 곤란하다는 명제를 증명하는 데 의도들의 망각만큼 적절한 현상군(群)도 없다. 의도란 어떤 행위를 수행하려는 충동이다. 다만 일단 승인은 받았지만 적기(適期)까지 집행이 연기된 충동이라고 할 수 있다. 그런데 이렇게 해서 생긴 간격 시간에 동기의 변화가 일어나 의도가 수행되지 않는 일이 생길 수 있다. 그러나 이런 경우, 그것은 망각된 것이 아니라 재고(再考)되거나 취소된 것이다. 우리가 거의 매일 접하게 되고 그 어떤 상황에서건 일어날 수 있는 의도들의 〈망각〉은 동기들의 수정으로 인해 수정되었다고 설명할 수 있는 그런 일이 아니다. 일반적으로 우리는 그것을 설명하지 않은 채 그냥 내버려 둔다. 아니면 의도가 행동으로 옮겨지려 할 때 그 행동에 필요한 주의력이 더 이상 모아지지 않았다고 가정하면서 심리학적 설명을 시도한다. 결국 이렇게 될 경우 주의력은 의도를 실현하기 위해 필수 불가결한 전제 조건이며, 따라서 그 시점에서 행동을 위해 필요한 것이었다는 얘기가 된다. 의도에 관한 우리의 정상적인 태도를 관찰해 보면, 이런 식의 설명은 자의적이라는 것이 쉽게 드러난다. 만일 내가 아침에 저녁 때 실행하게 될 어떤 의도를 갖는다면, 적어도 그 사이에 두세 번은 그것에 대해 생각할 기회를 가질 것이다. 그러나 그것을 하루 종일 의식하고 있어야 할 필요는 없다. 의도를 집행해야 할 시간이 가까워 오면, 갑자기 그 의도는 내 머릿속에 들어와 나로 하여금 그 의도에 의해 제안된 행위를 하는 데 필요한 준비들을 하도록 한다. 만일 내가 산책을 하는데 마침 부쳐야 할 편지를 들고 있다면, 신경증 환자가 아닌 정상적인 개인으로서의 내가 줄곧 그 편지를 손에 쥐고 계속해서 그것을 집어넣을 우체통을 찾아 두리번거리려야 할 필요는 없다. 오히려 반대로 나는 그 편지를 호주머니에 집어넣고서 산책도 하고 생각도 자유롭게 하며, 다만 눈에 띄는 첫 번째 우체통이 내 주의력을 끌 때 손을 호주머니에 집어넣어 편지를 꺼낼 것이다. 그게 사람들의 일반적인 습관이다. 이런 현상은 흔히 다음과 같은 방식으로 서술된다. 어떤 의도가 만들어진 이후의 정상적 태도는 최면 상태에서 〈장시간 최면 후 암시〉[23]라는 것을 주입한 사람이 보여 주는, 실험적으로 만들어 낸 태도와 완전히 일치한다. 제안된 의도는 그것을 집행할 시간이 가까워질 때까지는 의도를 가진 그 사람에게서 잠자고 있다가, 갑자기 깨어나 그로 하여금 행동을 수행하게 한다는 것이다.

문외한들조차 망각은 — 그것이 의도의 망각인 한에 있어 — 더 이상 환원할 수 없는 기본 현상일 수 없으며, 오히려 그것으로 인해 사람들이 공인받지 못한 동기들이 존재한다고 믿는 사실을 잘 알게 되는 생활 속의 두 가지 상황이 있다. 그것은 다름 아닌 연애 관계와 군기(軍紀)다. 데이트 약속을 지키지 못한 남자는 연인에게 불행하게도 자신이 약속을 까맣게 잊고 있었다는 변명을 하는 것이 아무런 소용이 없다는 사실을 알 것이다. 그 여성은 이렇게 대답할 것이다. 〈일 년 전이었다면 잊지 않았겠죠. 분명 당신은 나를 더 이상 사랑하지 않는 거예요.〉 설령 그가 앞서 언급한 바 있는 심리학적 설명 방식에 입각해 일에 너무 시달리다가 그랬다고 변명하더라도, 그녀는 정신분석가 못지않은 예리한 안목으로 이렇게 답할 것이 분명하다. 〈전에는 일이 그만큼 안 바빴나

---

23   베르넴H. Bernheim의 『최면술, 암시와 정신 요법: 새로운 연구Hypnotisme, suggestion et psychothérapie: études nouvelles』(1891) 참조 — 원주.

요!〉 물론 그 여성이 망각할 수도 있다는 점을 부정하려는 것은 아니다. 다만 그녀는 결국 의식적인 회피에서 도출할 수 있는 추론을 의도적이지 않은 망각에서 똑같이 끌어내고 있다며 나름의 이유를 갖고서 믿고 있는 것이다.

이와 마찬가지로 군 복무 중일 때 망각으로 인해 명령을 수행하지 못한 것과 의도적으로 수행하지 않은 것 사이의 차이는 원칙적으로 무시된다. 사실 또 그것은 당연한 일이기도 하다. 병사는 군 복무가 그에게 요구하는 명령을 망각해서는 안 된다. 명령을 알고 있음에도 불구하고 그가 망각한다면, 그것은 그로 하여금 군의 명령을 수행하도록 하는 동기가 다른 대항 동기에 의해 저지당하기 때문이다. 내무 사열 시 단추에 광을 내는 일을 망각했다고 변명을 하는 1년짜리 지원병[24]은 처벌을 면할 길이 없다. 그러나 이때의 처벌은, 만일 자신이나 상관에게 명령들을 수행하지 않은 동기가 〈나는 이 비참한 일을 하고 싶지 않다〉는 것이라고 밝혀서 처벌받는 사람에 비한다면 한결 가벼운 것이다. 이처럼 처벌을 덜기 위해서 — 말하자면 경제적인 차원에서 — 그는 망각을 변명이나 타협안으로 사용한 것이다.

이 두 상황 모두 그것들과 관련된 모든 것이 망각과는 무관한 것이어야 한다는 점을 요구하고 있다. 이리하여 그 두 가지는 중요하지 않은 문제들일 경우 망각이 허용 가능하지만, 중요한 문제들일 경우 망각은 사람들이 그런 일들을 중요하지 않은 것으로, 즉 그 일들의 중요성을 부정하려는 표시라는 사실을 보여 주고 있다.[25] 사안의 심리적 측면들을 고려하고 있는 이런 견해는 사

24 오스트리아에서 사회적 지위나 교육 수준이 높은 젊은이는 군에 지원할 경우 복무 기간이 1년으로 단축되었다.

25 (1912년에 추가된 각주) 버나드 쇼의 희곡 「카이사르와 클레오파트라」에서 카이사르는 이집트를 떠나며 그가 하려고 했던 것이 있었는데 기억이 나지 않아 잠시

실 여기서 부정할 수 없다. 어느 누구도 정신적 장애가 있지 않은가 하는 의심을 불러일으키고자 하지 않는다면, 자신에게 중요한 것으로 여겨지는 일들을 망각하지는 않는다. 따라서 우리의 탐구는 이제 겨우 다소 사소한 의도들의 망각 문제로 나아갈 수 있게 되었다. 그렇다고 여기서 우리는 〈완전히〉 중요치 않은 의도를 다룰 수는 없다. 왜냐하면 그럴 경우에는 의도 자체가 생겨날 리 없기 때문이다.

앞에서 다루었던 기능상의 장애들과 마찬가지로, 나는 나 자신에 대한 관찰을 통해 망각의 결과로 뭔가 해야 할 일을 빼먹은 사례들을 수집했다. 그리고 나는 그것들을 설명하려고 노력했다. 그래서 마찬가지로 나는 그것들이 미지의 공인되지 않은 동기들—우리는 그것을 〈반대 의지Gegenwille〉라고 부를 수 있을 것이다—에 의한 교란 작용으로 거슬러 올라갈 수 있다는 것을 알아냈다. 이런 사례들에서 나는 군 복무 중인 것과 거의 유사한 입장에 놓여 있었다. 나는 그것에 대해 저항을 완전히 포기하지 않은 그런 제약 조건하에 있었다. 그래서 나는 망각을 통해 그에 맞서는 시위를 했던 것이다. 이는 내가 생일, 기념일, 결혼식, 승진 축하식 따위에 축전을 보내는 것을 망각해 온 습성을 설명해 준다. 나는 다시는 망각하지 말아야지 하고 매번 새롭게 다짐을 하지만, 점점 더 그렇게 하지 못할 것이라는 확신만 갖게 된다. 나는 이제 그런 노력을 포기하고, 오히려 그것에 대립되는 동기들에 의식적으로 승복하고 싶은 생각이 든다. 내가 과도기에 있는 동안 한 친구는 나에게, 그를 위해 어느 날 축전을 보내 달라고 부탁했다. 그

고민한다. 마침내 기억이 떠오른다. 그는 클레오파트라에게 작별 인사를 하는 것을 잊었던 것이다. 이 간단한 일화는 카이사르가 그 젊은 이집트의 공주에게 얼마나 관심이 없었는지를 잘 보여 준다. 물론 그것은 역사적 사실과는 정반대되는 것이다. 존스의 『일상생활의 정신 병리학』에서 인용한 것이다—원주.

러나 나는 그에게 둘 다 망각할 것이 분명하다고 미리 밝혀 두었다. 그 예측이 맞아떨어졌으나 나는 놀라지도 않았다. 공감(共感)의 표현이 필연적으로 과장되어야 하는 경우에 내가 공감을 표할 수 없다는 사실은 내 인생에 있어서 고통스러운 체험들이기 때문이다. 마찬가지로 나는 가벼운 감정의 표현도 잘 못한다. 나는 종종 내가 다른 사람의 과시적인 공감 표현을 그들의 진짜 감정인 양 착각하는 일이 있다는 것을 깨닫게 된 이후, 이런 상투적인 공감 표현에 대해 거부감을 가졌다. 물론 그렇다고 해서 그런 공감 표현이 갖는 사회적 효용성까지 부정하는 것은 아니다. 단 조의(弔意)를 표하는 경우는 예외다. 조의를 표해야겠다고 생각했을 때 나는 그것을 망각하지 않는다. 나의 정서적 활동이 사회적 의무와 더 이상 관계가 없다고 생각되면 그런 표현은 결코 망각에 의해 방해를 받지 않는 것이다.

포로 수용소에 갇혀 있던 T 중위는 이런 유형의 망각을 보고한 적이 있다. 처음에는 억압되었던 의도가 반대 의지의 형태로 드러나고, 결국 불쾌한 사태가 일어나게 된 일에 관해서이다.

장교 수용소에서 최선임 장교가 동료 장교 중 한 명에게 모욕을 당했다. 더 이상의 봉변을 피하기 위해 그는 자신이 할 수 있는 단 하나의 권한을 활용해 그를 다른 수용소로 보내야겠다는 의도를 품었다. 자신의 내밀한 의도와는 달리 결국 그는 다른 동료들의 권고를 받아들여 자신의 계획을 포기하고, 자신의 명예를 직접 지킬 수 있는 길을 모색하기로 결심했다. 물론 이렇게 하려면 여러 가지로 내키지 않은 결과들을 감수해야 하는 문제점이 있었다. 그날 아침 선임 장교의 자격으로 그는 수용소 경비병의 감독하에 장교들의 명단을 불러야 했다. 그는 아주 오랫동안 동료 장교들을 알아 왔고, 따라서 이전에는 결코 실수한 적이 없었다. 그런데 이 날 그는 자신을 모욕한 장교의 이름은 부르지 않고 그냥 지나갔고, 그 결과 다른 사람들이 모두 해산했을 때 그 장교만 착오가 해명될 때까지 남아 있어야 했다. 그냥 건너뛴 그 이름은 너무나도 분명하게 명단의 한가운데 적혀 있었다. 그 사건을 한쪽에서는 의도적인 모욕이라고 간주했고, 또 다른 쪽에서는 착각으로 인한 불행한 사고라고 간주했다. 그러나 얼마 후 프로이트의 『일상생활의 정신 병리학』을 읽고 난 후에야 그 주모자도 당시 일의 정확한 실상을 파악할 수 있었다.[26]

마찬가지로 관례적인 의무와 우리가 개인적으로 채택한 공인되지 않은 견해 사이의 충돌은, 우리가 누군가에 대한 선의로 하겠다고 약속한 행동을 수행하는 것을 망각해 버린 사실을 설명하는 데 도움을 준다. 여기서 당연한 결과는 이렇다. 즉 망각이 변명으로서 효력을 갖는다고 믿는 사람은 그로부터 혜택을 받을 수 있는 사람뿐이라는 것이다. 선의를 요청했던 사람은 올바른 대답을 알고 있다. 〈그는 그 문제에 관심이 없다. 그렇지 않다면 그는 그것을 망각하지 않았을 것이다.〉 일반적으로 무언가 잘 잊어버리는 습성이 있는 것으로 알려진 사람들이 있다. 그들은 그로 인해 근시인 사람들이 길거리에서 만났을 때 아는 체를 안 해도 용서를 받는 것과 마찬가지로 자신들의 잘못을 용서받는다.[27] 이런

26 이 사례는 1920년에 추가되었다.
27 무의식적인 정신적 과정들을 좀 더 잘 이해하고 있는 여성들은 대체로, 아는 사람이 거리에서 자신들을 알아보지 못하거나 인사를 하지 않으면 더욱 쉽게 화를 내는 경향이 있다. 일반적으로는 화를 쉽게 내는 사람은 성미가 급한 사람이고 그냥 지나치는 사람은 흔히 자기 생각에 몰두해 그렇게 했다고 보는데, 이들은 그런 설명을 받아들이지 않는다. 그래서 그 여자들은 그 사람이 자신에게 조금만 더 관심이 있었다면 자신들을 보았을 것이라고 결론 내린다 — 원주.

사람들은 자신들의 작은 약속들을 대부분 잊어버린다. 그리고 자신들이 받은 임무도 제대로 수행하지 못한다. 이런 식으로 그들은 사소한 일들에서 자신들이 신뢰성이 없는 사람들이라는 것을 보여 준다. 그런데 그들은 우리가 이런 사소한 잘못들을 문제 삼아서는 안 된다고 요구한다. 즉 그들이 불성실해서가 아니라 타고난 특이 체질 때문이라고 여기라는 것이다.[28] 나는 이런 유형의 인간은 아니다. 그리고 이런 종류의 인간이 보여 주는 행동들을 분석해 볼 기회도 없었다. 따라서 나는 망각의 사례들 중 하나를 골라 분석함으로써 그 동기를 찾아보겠다. 그러나 나는 비유에 기초해 이런 경우들에서 그 동기는, 그 자체의 목적을 위해 선천적인 요인을 사용하는 다른 인간들에 대해 대단한 경멸의 감정을 무의식적으로 갖는 것이라고 생각하지 않을 수 없다.[29]

다른 경우들에서 의도 망각의 동기들을 발견하기는 그리 쉽지 않다. 그래서 그런 동기들이 발견될 경우 상당히 놀라게 된다. 예를 들면 몇 년 전 나는 수많은 왕진을 통해, 무료 환자나 동료들에 대해서만 내가 왕진 계획을 망각한다는 사실을 알게 되었다. 이

28 (1910년에 추가된 각주) 페렌치는 그 자신이 한때 주의가 산만한 사람이었으며, 자주 기이한 실수 행위들을 해서 주변 사람들까지 알게 되었다고 보고한다. 그러나 그는 이런 주의가 산만한 징후들은 자신이 정신분석학으로 환자를 치료하고, 나아가 그런 분석을 자신에게 적용했을 때 말끔히 사라졌다고 말한다. 그는 사람들이 자신들의 책임감에 비례해 이런 실수 행위들을 없애 간다고 생각한다. 따라서 그는 주의 산만은 무의식적인 콤플렉스에 의존하는 조건이며, 정신분석으로 치유할 수 있다고 정당하게 주장한다. 그러나 어느 날 그는 환자를 정신분석하면서 기술상의 잘못을 저지르는 바람에 크게 자책한 적이 있다. 그날 그동안 없어졌다고 생각했던 주의 산만의 징후들이 한꺼번에 다 나타났다. 그는 길을 걷다가 여러 차례 넘어졌고, 수첩을 집에다 두고 왔으며, 외투의 단추를 잘못 끼우는 등의 잘못을 했던 것이다 — 원주.

29 (1912년에 추가된 각주) 이런 맥락에서 존스는 다음과 같은 관찰 사실을 보여 준다(존스의 『일상생활의 정신 병리학』 참조). 〈종종 저항은 일반적 요구의 형태를 띠고 나타난다. 그래서 정신없이 바쁜 남편은 아내가 부탁한 편지 심부름을 잊어버린다. 장보기 심부름을 잊어버리는 것도 마찬가지다〉 — 원주.

를 알고 난 후 너무나 부끄러워서, 나는 그날 방문하기로 되어 있는 환자에 대해 아침에 미리 메모를 해두는 습관이 생겼다. 나는 다른 의사들도 마찬가지의 길을 거쳐 같은 습관을 갖게 되었는지는 알지 못한다. 그러나 이런 식으로 해서 우리는 소위 신경 쇠약 환자가 그의 악명 높은 〈수첩〉에 자신이 의사에게 하고 싶은 다양한 일을 적어 두는 습관이 생겨났을 것이라는 점을 추정해 볼 수 있다. 분명한 이유는 그가 자신의 기억을 재생해 낼 수 있는 자신 감이 없다는 점이다. 그것은 아주 정확한 것이다. 그러나 그 장면은 흔히 다음과 같이 진행된다. 환자는 자신의 다양한 고통과 질문을 장황하게 늘어놓는다. 그리고 잠깐 쉰 후에 그는 수첩에 메모한 것을 끄집어내 변명을 해댄다. 〈나는 기억을 잘 못하기 때문에 이렇게 몇 가지 적어 놓았습니다.〉 대체로 그는 거기에 별로 새로운 것이 없다는 것을 깨닫게 된다. 그는 몇 가지 요점을 반복하면서 그에 대한 답도 자신이 제시한다. 〈예, 나는 이미 그것에 대해 물었잖아요.〉 그 노트로 그가 보여 주는 것은 아마도 그의 증상들 중 하나일 뿐이다. 즉 그의 의도들이 불명확한 동기들의 간섭에 의해 교란되는 빈도를 보여 줄 뿐인 것이다.

다음으로 나는 나 자신뿐만 아니라 나의 건강한 친지들을 괴롭히는 고통의 문제를 다루어 보겠다. 나는 특히 몇 년 전에 빌린 책을 돌려줘야 하는 것을 망각하는 경향이 심했다는 점을 인정해야겠다. 그리고 특히 지불해야 할 돈까지 갚는 것을 망각하기도 했다. 얼마 전 아침, 나는 매일 들르는 담배 가게에서 담뱃값을 주지 않고 그냥 나온 적이 있었다. 그것은 별로 큰 해를 끼치는 망각은 아니었다. 왜냐하면 나는 그 주인과 잘 알고 있었고, 따라서 다음 날이면 돈을 지불해야 한다는 사실이 생각날 것이기 때문이다. 그러나 나의 이 사소한 무시 행위는 분명 그 전날 내 머릿속을 지배하고 있었던 가계상의 문제와 무관한 것이 아니었다. 돈과 재산의 문제에 관한 한 소위 〈존경받는〉 인물들의 대다수에게서조차 모순된 태도의 흔적들을 쉽게 발견할 수 있다. 모든 물건을 (자신의 입에 집어넣기 위해) 소유하고 싶어 하는 원시적인 욕구는 문명과 교육에 의해서도 충분히 극복되지 못하는 것이 일반적인 사실인 듯하다.[30]

나는 지금까지 내가 다루기를 포기했던 모든 사례가 너무나 진부한 것으로 비칠까 봐 걱정이 된다. 그러나 결국 내가 모든 사람에게 익숙하고 모든 사람이 동일한 방식으로 이해하는 것들을 다룬다면 나의 목적은 달성될 수 있을 것으로 본다. 왜냐하면 나의 목적이란 결국 모든 자료들을 수집해 그것을 과학적으로 활용하는 데 있기 때문이다. 나로서는 사람들의 일상생활 경험의 결정체인 지혜가 왜 과학의 성과로서 인정받지 못하는지를 이해할 수 없다. 과학적 탐구의 본질적인 성격은 연구 대상의 특수한 본성에서 나오는 것이 아니라, 사실들을 정립하는 엄밀한 방법과 언뜻 상관없어 보이지만 탐구를 통해 연관이 드러나는 그런 상호 관계의 탐색에 있다.

몇 가지 중요한 의도들에 관한 한, 나는 일반적으로 그것들에

30 주제(돈)의 통일성을 유지하기 위해 나는 내가 선택한 일반적인 순서를 깨뜨릴지 모르겠다. 그리고 내가 위에서 말한 것 이외에 나는 사람들의 기억은 돈 문제에서 특정한 부분만을 보여 준다는 점을 지적하고자 한다. 내 경험으로 보건대, 갚아야 할 돈을 이미 지불했다는 기억 착오는 종종 대단히 완고할 수 있다. 진지한 이해 관계가 아니라 카드놀이처럼 탐욕스러운 목적을 위한 게임을 할 때에는 가장 고귀한 신분을 가진 사람들조차 기억과 계산에서 실수를 저지르는 경향이 있다. 이런 놀이들이 갖는 심리적 재충전 효과는 부분적으로 이런 자유스러움에서 나온다고 할 수 있다. 우리는 놀이를 하다 보면 그 사람의 성격을 알 수 있다는 속담의 진실성을 받아들이지 않을 수 없다. 웨이터들이 청구서를 주면서 의도하지 않은 잘못들을 저지르는 경우에서도 동일한 설명을 할 수 있다. 사업하는 사람들 간에 흔히 지불 연기가 생기는 것도 특별한 이유가 있어서라기보다는 그저 돈 지불에 대한 저항 의지가 작용한 경우가 많다—원주.

반하는 불명확한 동기들이 작용할 때 그 의도들이 망각된다는 사실을 알게 되었다. 오히려 덜 중요한 의도들의 경우에서 우리는 망각의 이차적인 메커니즘을 인식할 수 있다. 다른 주제와 의도 내용 사이에 외적인 관계가 형성되고 나면, 반대 의지는 그 주제에서 의도로 옮겨지게 된다. 여기에 한 가지 예가 있다. 나는 양질의 압지(押紙)를 사용하고 있는데, 어느 날 오후 시내에 가는 길에 새로 압지를 사야겠다고 결심했다. 그러나 나는 사흘 동안 그 사실을 줄곧 잊고 있다가 겨우 생각이 났다. 그 후에 나는 왜 내가 망각을 했을까에 대해 자문해 보았다. 나는 정상적으로 *Löschpapier*(압지)라고 쓰고, 말할 때는 그것의 다른 이름인 *Fließpapier*라고 부른다. *Fließ*란 베를린에 있는 친구의 이름인데, 문제의 사흘 동안 나는 그 때문에 근심과 걱정에서 벗어나지 못하고 있었다. 나는 이 걱정에서 벗어날 수 없었지만, 말의 유사성으로 인해 사소한 의도로 주의력이 옮아가면서 자연스럽게 방어 경향이 드러난 것이었다.

다음의 연기(延期) 사례에서는 직접적인 반대 의지와 간접적인 동기가 함께 나타난다. 나는 〈신경계와 정신계의 경계 문제〉 시리즈의 일환으로, 나의 저서 『꿈의 해석』을 요약한 「꿈에 관하여」라는 논문을 쓴 적이 있다. 출판사 사장인 비스바덴의 베르크만은 나에게 교정쇄를 보내면서, 크리스마스 전에는 책이 나와야 하니까 우편으로 그것을 다시 보내 달라고 요청했다. 나는 그날 밤 교정을 보고 나서, 이튿날 보낼 요량으로 책상 위에 올려놓았다. 다음 날 아침 나는 그것을 까맣게 잊어버렸고, 포장물을 보는 순간 그것이 생각났다. 그러고 나서도 나는 마찬가지로 그날 오후와 저녁, 그리고 다음 날 아침까지도 계속 교정쇄를 잊고 있었다. 결국 그다음 날 오후에야 비로소 나는 그것을 우송할 수 있었다. 그러면서 과연 내가 계속 그것을 연기한 이유는 무엇일까를 생각했다. 분명 나는 그것을 우송하고 싶지 않았지만, 그 이유를 알 수는 없었다. 그 무렵 나는 『꿈의 해석』을 낸 출판인[31]을 방문했다. 거기서 나는 뭔가를 주문하고서 갑자기 무슨 생각이 떠오른 양 이렇게 말했다. 〈당신은 내가 이미 꿈에 관한 책을 또 한 번 썼다는 것을 알고 있소?〉 그는 〈그건 좀 곤란한데〉라고 말했다. 〈놀랄 것 없어. 그건 뢰벤펠트-쿠렐라 시리즈를 위한 작은 논문일 뿐이야〉라고 나는 답했다. 그러나 그는 여전히 불만스러워했다. 그는 그 논문이 책의 판매를 방해하지나 않을까 걱정하고 있었다. 나는 그의 생각에 동의하지 않고 결국 이렇게 물었다. 〈만일 내가 그전에 당신에게 왔더라면, 당신은 그것의 출판을 막았을 것인가?〉 〈물론 그렇지는 않았겠지.〉 개인적으로 나는 정당한 권리 범위에서 행동을 했고 일반적 관행과 배치되는 것은 없다고 믿는다. 그럼에도 불구하고 내가 교정쇄의 우송을 연기했던 동기는 출판사 사장이 표명한 염려와 유사한 어떤 이유 때문이었던 것이다. 이런 불안은 그전의 한 사건으로 거슬러 올라간다. 그때 또 다른 한 출판사 사장이, 다른 출판사에서 나온 노트나겔 개론 시리즈 중에 실려 있는 나의 뇌성 소아마비에 관한 책에서 몇 쪽을 수정 없이 그대로 같은 제목의 내 책에 싣겠다고 했을 때 난색을 표했다. 그러나 이 경우 마찬가지로 그런 비난이 정당한 것은 아니다. 이번에도 나는 먼저 책을 낸 출판사에 나의 의도를 알렸다. 그러나 만일 이런 기억의 연쇄가 계속 거슬러 올라가면, 내가 프랑스 책을 번역한 일까지 문제가 된다.[32] 그때 나는 사실 출판에 필요한 저작권을 침해한 것이었기 때문이다. 나는 저자의 의

---

31 도이티케Franz Deutike를 말한다.
32 프로이트가 번역한 샤르코의 책 『화요일의 강의 Leçon du mardi』를 말한다.

향을 묻지도 않고 내가 번역한 텍스트에 주를 붙였는데, 몇 년 후에야 나는 그 저자가 나의 임의적 행동을 마땅치 않게 생각하는 이유를 알게 되었다.

의도의 망각은 우연이 아니라는 일반적 생각을 보여 주는 격언이 하나 있다. 〈일단 뭔가 할 일을 잊어버리면 그는 계속해서 그 일을 잊어버릴 것이다.〉

실제로 종종 우리는 망각과 실수 행위에 대해 이야기될 수 있는 모든 것은 이미 누구에게나 자명하고 친숙한 것이라는 인상을 피할 수 없을 것이다.[33] 그럼에도 불구하고 그처럼 잘 알려져 있는 것들이 의식에 필연적으로 나타난다는 사실이 놀라울 뿐이다. 나는 사람들이 〈나한테 그것을 하라고 요구하지 말라. 나는 분명 그것을 잊어먹을 것이다〉라고 말하는 것을 얼마나 자주 들었던가! 따라서 이런 예언이 뒤에 실현되었다고 해서 그것을 신비스럽게 생각해야 할 이유는 전혀 없다. 이런 식으로 이야기하는 사람은 그런 요구를 수행하지 않으려는 의도를 품은 것이며, 따라서 그 스스로 그것을 받아들이기를 거부하고 있는 것 이외에 아무것도 아니다.

게다가 소위 〈사이비 의도들의 형성〉이라고 불리는 것은 의도들의 망각을 해명하는 데 상당한 기여를 한다. 과거에 나는 한 젊은 저자에게 그의 글에 대한 서평을 쓰겠다고 약속한 적이 있다. 그러나 내가 알고 있던 내면의 저항으로 인해 나는 그것을 연기했다. 그러나 그의 압력에 못 이겨 다시 그날 저녁까지 쓰겠다고 약속했다. 나는 정말 그때는 서평을 꼭 쓸 생각이었다. 그러나 나는 연기할 수 없는 연구 보고서를 준비해야 했기 때문에 서평 쓰는 일을 밀쳐 둘 수밖에 없었다. 이것이 나의 의도가 가짜였다는

---

33 이 문단은 1910년에 추가되었고, 마지막 문단은 1907년에 추가되었다.

것을 입증해 준 후, 나는 나의 내면의 저항과 싸우기를 포기하고
그 저자의 요청을 포기했다.

여덟 번째 장

잘못 잡기

앞에서 언급한 메링거와 마이어의 연구에서 다음을 인용한다.

잘못 말하기가 완전히 홀로 있는 것은 아니다. 그것은 인간의 다른 활동에서 자주 나타나며, 어처구니없게도 〈건망증〉이라고 불리는 실수들에 상응한다.[1]

나는 건강한 사람의 일상생활에서 작은 기능 장애의 배후에 있는 의미와 의도를 결코 최초로 추측한 사람이 아니다.[2]

분명 운동 활동의 하나인 말하기에서의 잘못을 그런 식으로 파악한다면, 우리의 다른 운동 활동에서의 잘못에 대해 상술한 것과 같은 기대를 할 수 있다는 것은 명확하다. 나는 여기서 집단을 두 경우로 나눈다. 실수 효과가 본질적인 것으로 보이는 모든 경우, 즉 의도에서 벗어나는 것을 나는 〈잘못 잡기Vergreifen〉라고 부른다. 행위 전체가 오히려 합목적적이지 못한 다른 경우는 〈증상

---

1 메링거와 마이어의 『잘못 말하기와 잘못 읽기, 심리학적-언어학적 연구』 참조 — 원주.
2 (1910년에 추가된 각주) 메링거의 두 번째 책 『언어의 삶에 대하여Aus dem Leben der Sprache』(1908)는 내가 그 같은 이해에 대해 신뢰를 보낸 것이 얼마나 잘못된 것이었는지를 나에게 보여 주었다 — 원주.

행위와 우연 행위〉라고 부른다. 그러나 이런 분류는 다시 순수하게 관철되지는 않는다. 우리가 결국 도달하는 통찰은, 이 글에서 행한 분류가 단지 서술하는 데 유의미할 뿐이며 현상 영역의 내적 통일과 모순된다는 점이다.

우리가 〈잘못 잡기〉를 운동 장애, 특히 〈뇌피질의 운동 장애〉에 포함시킨다면, 확실히 그것에 대한 심리학적 이해는 어떤 특수한 후원을 필요로 하지 않는다. 오히려 개별 예들을 각각의 조건들로 소급시켜 보자. 나는 이를 위해, 나에게서 특별히 그 계기가 자주 나타나지 않는 자기 관찰을 다시금 이용할 것이다.

(1) 내가 지금보다 더 자주 왕진을 다니던 수년 전에, 환자의 집 문 앞에 도착해서 노크하거나 벨을 누르지 않고 내 집의 열쇠를 주머니에서 꺼냈다가 당황하며 다시 집어넣는 일이 자주 발생했다. 그것이 어떤 환자의 집이었는가 생각해 보니, 벨을 누르는 대신에 열쇠를 꺼내는 실수 행위는 내가 잘못 잡기에 빠진 집에 대한 존경을 의미하는 것이었다. 그 실수 행위는 〈여기는 마치 집처럼 편안하다〉는 생각에서 나온다. 왜냐하면 그런 실수 행위는 내가 좋아하는 환자의 집에서만 발생했기 때문이다(물론 내가 내 집 문의 벨을 누른 경우는 결코 없다).

따라서 실수 행위는 원래 진지하고 의식적인 가정을 할 필요가 없는 생각의 상징적 표현이었다. 왜냐하면 신경과 의사가 실제로 정확히 알고 있듯이, 환자가 의사에게서 어떤 이익을 기대할 수 있을 때까지 환자는 그의 말을 잘 따르고, 의사는 심리적인 구조의 목적을 위해서만 자신의 환자에게 매우 따뜻한 관심을 보이기 때문이다.

열쇠를 유의미하게 잘못 다루는 것이 나라는 인물의 특수성이

아니라는 것은 다른 수많은 자기 관찰에서 밝혀졌다.[3]

메더A. Maeder는 나의 경험과 거의 동일한 반복을 다음과 같이 기술하고 있다.

모든 사람은 아주 친한 친구 집 문 앞에 도착해 마치 자신의 집인 양 자기 열쇠로 문을 열기 위해 열쇠 뭉치를 끄집어내 본 경험을 갖고 있다. 결국 이는 초인종을 누르는 것보다 훨씬 시간을 지연시킨다. 그러나 그것은 그가 그만큼 자신의 친구에게 편안함을 느낀다는 ― 혹은 느끼고 싶다는 ― 신호이다.[4]

존스는 다음과 같이 기술하고 있다.[5]

열쇠의 사용은 이러한 종류의 사건이 발생하는 풍부한 원천인데, 나는 두 가지 실례를 들 수 있다. 집에서 내 마음을 사로잡는 일을 하다가 어떤 틀에 박힌 일을 하려고 병원에 가야 하는 것으로 방해받을 때면, 집의 책상 열쇠를 가지고 가서 연구소의 문을 열려고 하는 나를 자주 발견하게 된다. 물론 두 열쇠는 서로 매우 다른데도 말이다. 이런 실수는 내가 그 시점에서 어디에 있고 싶어 하는가를 입증하고 있다.

몇 년 전에 나는 어떤 연구소의 하급직에서 일하고 있었다. 이 연구소의 정문은 잠겨 있어서 출입하기 위해서는 종을 울려야 했다. 몇 번이나 나는 집 열쇠를 가지고 이 문을 열려고 진지하게 시도하는 나를 발견했다. 내가 그 일원이기를 갈망한 모든 영구(永

---

3 이 단락부터 사례 (1) 끝까지는 1912년에 추가되었다.

4 메더의 「일상생활의 정신 병리학에 대한 기고Contributions à la psychopathologie de la vie quotidienne」(1906) 참조 ― 원주.

5 「일상생활의 정신 병리학」 참조 ― 원주.

ㅅ) 방문 직원에게는 문 앞에서 기다려야 하는 문제를 피하기 위해 열쇠가 제공되었다. 따라서 내 실수는 그들과 비슷한 신분으로 거기에서 매우 〈편안하기〉를 바라는 나의 욕망을 표현하고 있었다.

한스 작스 박사도 비슷한 경험을 보고하고 있다.

　　나는 항상 열쇠 두 개를 지니고 다니는데, 하나는 사무실 열쇠고 다른 하나는 집 열쇠다. 사무실 열쇠가 집 열쇠보다 최소한 세 배는 커서 둘은 쉽게 혼동될 수 없다. 게다가 나는 사무실 열쇠는 바지 주머니에, 집 열쇠는 조끼 주머니에 넣고 다닌다. 그럼에도 불구하고 계단을 오르면서 틀린 열쇠를 꺼냈다는 것을 문 앞에 서서야 발견하는 일이 종종 일어났다. 나는 통계적인 실험을 하기로 마음먹었다. 내가 매일 두 문 앞에서 대략 비슷한 감정 상태로 서 있기 때문에, 두 열쇠의 혼동은 그것이 심리적으로 다르게 규정된다면 어떤 규칙적인 경향을 보일 것이 틀림없었다. 이후의 경우들을 관찰해 본 결과, 내가 사무실 문 앞에서 집 열쇠를 규칙적으로 꺼냈다는 것이 밝혀졌다. 반대의 경우는 단 한 번 있었다. 그때 나는 피곤해서 집으로 왔는데, 집에서 손님이 나를 기다리고 있다는 것을 알고 있었다. 문 앞에서 나는 물론 매우 큰 사무실 열쇠로 문을 열려고 시도했다.

　　(2) 지난 6년 동안 매일 두 번, 일정한 시간에 2층 문 앞에 서서 들어가기를 기다렸던 집이 있다. 이 6년이란 오랜 기간 동안 한 층 더 올라가는, 즉 〈잘못 오르는〉 일이 두 번(짧은 간격을 두고서) 일어났다. 한 번은 내가 〈자꾸 높이 올라가게 versteigen〉 만드는 야심찬 백일몽에 빠져 있을 때였다. 그 당시 나는 3층의 첫 번째

계단을 밟을 때 문제의 문이 열리는 소리도 듣지 못했다. 다른 경우에도 나는 다시금 〈생각에 깊이 빠져〉 너무 멀리 갔다. 내가 그것을 깨닫고 돌아서서 나를 지배한 상상을 알아냈을 때, 내 저작에 대한 (상상의) 비판에 화가 나 있는 자신을 발견했다. 그 비판은 내가 〈너무 멀리 간다〉는 비난이었고, 나는 그것에 대해 별로 좋지 못한 의미의 〈잘못 오르다versteigen〉라는 표현을 쓰려던 참이었다.

(3) 내 책상 위에는 수년 동안 반사 망치와 소리굽쇠가 나란히 놓여 있었다. 어느 날 나는 진료 시간이 끝난 후 전차를 타려고 서두르면서 밝은 대낮에 망치 대신 소리굽쇠를 윗옷 주머니에 넣고 가다가, 주머니를 내리누르는 이것의 무게 때문에 내가 잘못 잡은 것을 인식하게 되었다. 이런 작은 사건에 대해 깊이 생각하지 않는 사람은, 의심의 여지 없이 잘못 잡은 이유를 그 순간의 서두름 때문이었다고 설명하며 변명할 것이다. 그러나 나는 내가 왜 망치 대신에 소리굽쇠를 잡았는가 하고 묻는 쪽을 택했다. 조급함은 잘못을 바로잡기 위한 시간을 절약하기 위해 제대로 잡으려는 동기일 수도 있었다.

그때 나에게 밀려오는 물음은 누가 마지막으로 소리굽쇠를 잡았는가였다. 그것은 며칠 전 내가 감각 인상에 대한 주의력을 검사했던 한 바보 같은 아이였는데, 그 아이는 이 물건에 정신이 팔려 있어 그에게서 소리굽쇠를 빼앗는 일이 쉽지 않았다. 그렇다면 내가 바보라는 말인가? 그러나 망치Hammer와 연상되어 처음 떠오른 단상이 카머Chamer(헤브라이 말로 당나귀)였기 때문에 정말 그렇게 보였다.

그런데 이런 욕하기는 도대체 무슨 뜻일까? 여기서 우리는 상황을 조회해 봐야 한다. 나는 전차의 서쪽 노선의 한 곳에서 진찰하기 위해 서둘렀는데, 편지로 알려 온 병력(病歷)에 따르면 그 환자는 몇 달 전 발코니에서 떨어진 이후 걸을 수 없었다. 나를 초빙한 의사가 서술한 바에 따르면, 척수 손상인지 외상적 신경증 — 히스테리 — 인지 알 수 없었다. 내가 판단해 주기를 바란다는 것이었다. 이때는 까다로운 감별 진단에서 특히 조심스러워야 한다는 경고가 적합할 것이다. 게다가 동료들은 좀 더 심각한 병인 경우에도 너무 쉽게 히스테리로 진단한다고 생각하고 있었다. 그렇지만 그렇다고 해서 욕하기가 정당화되지는 않는다! 다음의 상황이 더 있다. 그 작은 역은 어떤 충격을 받은 이후 정상적으로 걸을 수 없는 한 젊은 사람을 보았던 바로 그곳이었다. 그 당시 나는 히스테리라고 진단했고, 후에 환자를 심리적으로 치료했다. 그런데 밝혀진 사실은, 내가 물론 잘못 진단한 것은 아니지만 올바로 진단한 것도 아니라는 것이었다. 환자의 징후의 대다수는 히스테리적이었으며, 그것은 치료를 거치는 동안 지체 없이 사라졌다. 그러나 이런 징후의 배후에는 치료할 수 없는 나머지가 보였는데, 그것은 오직 복합 경화증(硬化症)과 연관될 수밖에 없는 것이었다. 나 다음에 환자를 보았던 사람들은 쉽사리 유기적 질환을 인식할 수 있었다. 나로서는 다른 어떤 방식으로도 접근하고 판단할 수 없었다. 그런데도 심각한 오류의 인상이 있었다. 내가 그에게 했던 치료의 약속은 물론 지켜질 수 없었다. 따라서 망치 대신에 소리굽쇠를 잘못 잡은 것은 다음과 같은 말로 번역될 수 있다. 〈너 이 얼간아, 멍청아, 이번에는 정신차려라, 수년 전 똑같은 장소에 있었던 불쌍한 사람처럼 치료할 수 없는 병인데도 다시 히스테리라고 진단하지 말아라!〉 그리고 내 기분에는 불행이었지만 이 작은 분석이 행운이었던 것은, 바로 그 사람이 심각한 경련성 마비 상태에서 며칠 전 저 바보 같은 아이가 온 다음 날 내 진

228

료 시간에 나를 찾아왔다는 사실이다.

이 경우 잘못 잡기를 통해 분명히 들려온 것은 자기비판의 목소리였다는 것을 알 수 있다. 자기 비난으로서의 그와 같은 상처에는 잘못 잡기가 매우 적절하다. 여기서 잘못 잡기는 다른 곳에서 저질렀던 잘못 잡기를 표현해 주고 있다.

(4) 물론 잘못 잡기는 일련의 다른 불투명한 의도에 이용될 수도 있다. 여기 그 첫 번째 예가 있다. 내가 어떤 물건을 떨어뜨려 부수는 일은 매우 드물다. 내가 특별히 손재주가 있는 것은 아니지만, 나의 신경 근육 장치의 신체적 완전성의 결과로 바람직하지 못한 결과를 낳는 그런 서투른 운동의 원인은 확실히 나에게 존재하지 않는다. 따라서 나는 집에서 떨어뜨려 부숴 버린 물건을 기억해 낼 수 없다. 내 연구실이 좁아 내가 상당량의 점토나 돌로 된 수집물을 가장 불편한 자세로 이리저리 옮길 수밖에 없었는데, 이를 보는 사람은 내가 무엇을 떨어뜨려 부숴 버릴 것 같다는 걱정을 말하곤 했다. 그러나 그런 일은 한 번도 일어나지 않았다. 그런데 왜 내가 간단한 잉크통의 대리석으로 된 뚜껑을 바닥에 떨어뜨려 깨뜨리는 일이 일어났을까?

내 잉크통은 유리로 된 잉크병을 놓을 수 있게 속을 움푹 판 운터스베르크Untersberg산 대리석 바닥판으로 되어 있다. 잉크통에는 같은 돌로 된 꼭지를 가진 뚜껑이 있다. 이 물건 뒤에 동상(銅像)과 구운 점토로 된 작은 상(像)으로 이루어진 고리가 놓여 있다. 나는 무엇인가를 쓰기 위해 책상에 앉으면서 펜대를 쥐고 있는 손을 기이하고 서툰 자세로 빗나가게 움직여, 이미 책상 위에 놓여 있던 잉크통의 뚜껑을 바닥에 떨어뜨렸다. 이에 대한 설명은 어렵지 않게 발견될 수 있다. 몇 시간 전에 내 여동생이 내가 새로 수집한 것들을 보기 위해 방으로 왔다. 그녀는 그것들이 매우 예쁘다고 생각하며 다음과 같이 말했다. 〈이제 오빠 책상이 정말 멋있어 보이네. 단지 잉크 넣는 물건이 어울리지 않네. 좀 더 예쁜 것을 구해야겠어.〉 나는 동생을 따라 방을 나섰다가 몇 시간이 지난 후 돌아왔다. 그리고 나는 유죄 판결을 받은 잉크통에 사형을 집행해 버린 것처럼 보인다. 다음번에 축하할 만한 날이 되면 더욱 아름다운 잉크통을 선물하겠다는 내 여동생의 말에 기대어, 그녀의 암시된 의도를 강제로 실현시키기 위해 예쁘지 않은 이전 것을 부숴 버린 것일까? 여하튼 내 손의 미끄러지는 움직임은 단지 겉보기에 서툰 것이었다. 실제로 그것은 매우 교묘하고 목적의식적인 행동이었으며, 근처에 있는 더욱 가치 있는 다른 것들을 조심스럽게 피할 수 있었다.

나는 정말로 이런 일련의 겉보기에는 우연한 움직임에 대한 이같은 판단을 받아들여야 한다고 생각한다. 이 움직임이 경련적인 불규칙과 같은 어떤 폭력적이고 미끄러지는 것을 분명하게 드러내 보인다는 것은 옳다. 그러나 그것은 어떤 의도에 의해 조종된 것이며, 의식적이고 자의적인 움직임에 일반적으로 상당한 정도의 확실성을 가지고 목표를 맞춘다. 그 밖에 그것은 히스테리적 신경증의 운동 행위와 공동으로 폭력성과 목표를 정확히 맞춘다는 두 가지 성격을 가지고 있다. 그리고 이 점에서 그것은 부분적으로 몽유병의 운동 행위와 일치한다. 이는 여기저기서 신경 감응의 아직 알려지지 않은 변형을 암시하고 있다.

루 안드레아스–살로메Lou Andreas-Salomé 부인이 보고하는 자기 관찰Selbstbeobachtung도 강력하게 고착된 〈서투른 행동〉이 어떻게 매우 교묘한 방식으로 시인하지 않은 의도에 이용되는가를 확실히 보여 준다.[6]

6   이 사례는 1919년에 추가되었다.

우유가 희소하고 비싼 상품이었던 바로 그 시기에, 내가 지속적으로 놀라고 화날 만큼 우유를 과도하게 끓어넘치게 하는 일이 자주 일어났다. 내가 그 외의 다른 일에서 방심하고 주의력 없음이 입증되었다고 확실히 말할 수 없었으나, 우유를 적당히 끓이는 데는 자주 실패했다. 나는 나의 사랑스러운 하얀 테리어가 — 이 개는 마치 사람에게 그러는 것처럼 〈친구(러시아어로 드루조크 Druzhok)〉라고 불렸다 — 죽은 이후에도 계속 우유를 끓어넘치게 하는 일이 일어나야 한다고 생각했다. 그런데 그 개가 죽은 후 결코 한 방울의 우유도 끓어넘치는 일이 일어나지 않았다. 이와 관련해 처음으로 떠오른 생각은 다음과 같았다. 〈운이 좋구나! 우유가 전기 레인지의 열판이나 바닥에 넘치지 않으니 얼마나 좋은가!〉 그리고 동시에 요리 과정을 지켜보면서 긴장한 채 앞에 앉아 있는 〈친구〉가 내 눈에 보였다. 머리를 약간 옆으로 기울이고 기대에 가득 차 꼬리를 흔들면서, 이제 진행될 화려한 불행을 우스꽝스럽게 확신하며 기다리고 있는 〈친구〉를 보았다. 그때 나에게 모든 것이 명확해졌다. 그리고 내가 생각했던 것보다 훨씬 더 그를 사랑했다는 것을 깨달았다.

내가 이런 관찰들을 수집하는 지난 몇 년 동안, 어떤 가치 있는 물건을 떨어뜨려 부수거나 깨는 일이 몇 번 더 일어났다.[7] 그러나 이 경우들을 연구해 보고 얻은 확신은, 그것이 어떤 우연이나 의도 없는 서투른 행위의 결과가 아니었다는 사실이다. 가령 나는 어느 날 아침 수영복을 입고 짚으로 된 슬리퍼를 신고 방을 지나가면서, 갑작스러운 충동에 따라 한쪽 슬리퍼를 벽으로 날려 보내 대리석으로 된 작고 귀여운 비너스상을 선반에서 떨어뜨렸다.

7 이 문단과 다음의 네 문단은 1907년에 추가되었다.

이것이 떨어져 산산조각이 나는 동안 나는 냉담하게 부슈의 시를 읊었다.

아! 비너스는 사라져 버렸다.
메디치 가의 클리커라돔스*Klickeradoms*![8]

이런 대담한 충동과 손실이 일어날 때 나의 냉정함은 그 당시의 상황에 의해 설명될 수 있다. 우리 가족 중에는 심각한 병을 앓고 있는 여자가 있었는데, 나는 그녀의 회복에 대해 이미 남몰래 절망하고 있었다.[9] 그런데 그날 아침 상당히 쾌유되었다는 소식을 들었다. 나는 〈아직 살아 있구나〉라고 내가 혼잣말을 했다는 것을 알고 있다. 그런 다음 파괴적 분노의 발작이 운명에 저항하는 고마운 기분을 표현하는 데 이용되어, 나로 하여금 〈희생 행위〉를 수행하도록 했다. 마치 그녀가 건강해지면 이것 또는 저것을 희생하리라고 찬미하는 것과 같이! 이 희생물로 메디치의 비너스[10]를 선택했다는 것은 쾌유된 사람에 대한 정중한 존경이라고 할 수 있을 것이다. 그렇지만 이 경우에도 아직 이해되지 않는 일은, 내가 그렇게 빨리 마음을 결정하고 상당히 멀리 떨어져 있던 바로 그 물건을 그렇게 교묘하고도 정확하게 맞혔다는 것이다.

내가 다시 손에서 빗나간 펜대를 이용해 다른 물건을 떨어뜨려 부순 일은 희생의 의미, 그러나 이 경우 예방을 위한 〈청원(請願) 희생〉의 의미를 지녔다. 나는 언젠가 의리 있고 괜찮은 친구를 오직 그의 무의식에서 온 어떤 기호의 암시에만 근거하여 비난한

8　부슈Wilhelm Busch의 『경건한 헬레네*Die fromme Helene*』에서 인용.
9　존스가 『지크문트 프로이트: 삶과 업적』의 세 번째 권에서 밝힌 바에 의하면, 이 사건은 1905년 프로이트의 장녀가 앓고 있을 때의 일이다.
10　피렌체의 메디치 가에 전해 오는 아프로디테상(像).

적이 있다. 그는 이를 나쁘게 받아들여, 내 친구들을 정신분석적으로 치료하지 말 것을 요구하는 편지를 나에게 썼다. 나는 그가 옳다고 인정해야 했으며, 답장을 보내 그를 달랬다. 내가 이 답장을 쓰는 동안, 내 앞에는 가장 최근의 수집물인 화려한 유리로 된 이집트의 작은 인물상이 서 있었다. 나는 위에서 기술한 대로 이를 떨어뜨려 부수고는, 곧바로 더욱 큰 재앙을 예방하기 위해 이런 재앙을 일으켰다는 것을 알았다. 다행히도 우정과 인물상 둘은 밀접히 연결되어 있어서, 이 행위에 어떤 비약도 없었다.

세 번째 부수기는 좀 더 심각하지 않은 사안과 연결되어 있었다. 피셔[11]의 『또 한 사람 *Auch Einer*』에서 표현된 것을 빌리자면, 그것은 내 마음에 들지 않았던 대상에 대한 위장된 〈처형〉이었을 뿐이다. 나는 한동안 은 손잡이가 달린 지팡이를 가지고 다녔다. 어느 날 내 잘못 없이 은박이 손상되었는데, 그것이 제대로 수선되지 못했다. 지팡이가 수선공에게서 돌아오자마자, 나는 들떠서 그것의 손잡이를 이용해 내 아이의 발을 걸려고 했다. 물론 이렇게 해서 그것은 두 동강이 났고 나는 그 지팡이에서 해방되었다.

위에서 말한 경우들에서 발생한 손상들에 대해 사람들이 갖는 태연함은 무의식적 의도의 존재를 입증하는 것으로 논문에서 이용될 수 있을 것이다.

어떤 물건을 깨뜨리는 것과 작은 실수 행위의 원인을 추적할 때,[12] 사람들은 때로 한 인간의 전사(前史)에 깊이 뿌리를 내리고 그의 현 상황에 고착되어 있는 연관들과 마주치게 된다. 예켈스의 다음 분석은 그 예다.[13]

11 테오도어 피셔Theodor Vischer(1807~1887). 미학자로 『농담과 무의식의 관계』에서 자주 인용되고 있다.
12 이 문단과 다음 사례는 1917년에 추가되었다.
13 예켈스의 「잘못 말하기의 사례」 참조 — 원주.

한 의사가 비싸지는 않지만 진흙을 구워 만든 대단히 아름다운 꽃병을 가지고 있었다. 이 꽃병은 그가 한 (결혼한) 여자 환자에게 다른 많은 값비싼 물건들과 함께 선물받은 것이다. 이 환자에게서 정신병이 명확해지자, 그는 그 아름다움 때문에 돌려주고 싶지 않은 문제의 덜 비싼 꽃병을 제외한 모든 선물을 이 환자의 가족들에게 되돌려 주었다. 그러나 다른 경우에는 지극히 양심적인 이 사람에게 이러한 착복으로 인한 어떤 내부의 갈등이 없을 수가 없었다. 그는 이러한 행동의 무례함을 완전히 의식하고 있었다. 꽃병은 원래 아무런 가치가 없는 것이며 포장하기도 힘들다는 등과 같은 변명으로 양심의 가책을 벗어나려고 할 뿐이었다. 그가 몇 달 후 그에게 논란이 되었던 이 환자의 치료에 대한 잔금을 변호사를 통해 청구하고 징수하려 할 때, 그에게는 다시 자기 비난의 목소리가 들려왔다. 그녀의 가족들이 이른바 착복한 것을 발견하고 그에게 형사 소송을 제기할지도 모른다는 두려움이 그를 일시에 엄습했다. 특히 처음 순간에는 한동안 이 공포가 강력해서, 그는 착복한 대상에 대한 보상으로 그것보다 백 배나 더 높은 청구액을 포기하려는 생각까지 했다. 그러나 그는 곧 이 생각을 제쳐 둠으로써 그것을 극복해 내었다.

좀처럼 물건을 떨어뜨려 깨지 않으며 근육 기관을 잘 통제할 수 있는 그가 이런 기분 상태에서 꽃병의 물을 갈려고 하다가, 이 행위와는 유기적으로 전혀 연관이 없는 기이하게 〈서툰〉 움직임으로 꽃병을 떨어뜨려 그것이 대여섯 조각으로 쪼개지는 일이 벌어졌다. 그리고 이 일은 바로 그가 저녁에 매우 주저하다가 마침내 이 꽃병을 꽃으로 가득 채워 식당의 탁자 위에 놓아 초대된 손님들 앞에 전시하리라 마음먹었으며, 깨기 바로 전에는 응접실에 그것이 없는 것이 두려워 손수 다른 방에서 옮겨 왔던 이후에 일어났다! 그가 처음의 놀란 순간이 지난 후 조각들을 모아 그것들을 맞춰 보면서 어쩌면 꽃병이 완전히 복구될 수도 있겠다고 확인하는 순간, 두세 개의 큰 조각들이 다시 손에서 미끄러졌다. 그것들은 산산조각 났고 이와 함께 꽃병에 대한 모든 희망도 사라졌다.

분명 이 실수 행위는, 그가 빼돌렸고 더 이상 그 소유권을 주장할 수 없는 물건을 제거해 버림으로써 소송에서 그 의사에게 도움을 주려는 당면 목적을 갖고 있었다. 그러나 모든 정신분석가에게 이런 실수 행위는 직접적인 결정 관계 이외에도 훨씬 깊고 중요한 다른 〈상징적〉 결정 인자를 의미한다. 이 꽃병은 의심할 여지 없이 여자의 상징이었던 것이다.

이 작은 이야기의 주인공은 아름답고 젊으며 열렬히 사랑하던 그의 아내를 비극적으로 잃었다. 그는 신경증에 빠졌는데, 그 증세의 기본 특징은 그가 불행에 책임을 져야 한다는 의무감이었다 (〈그가 그의 아름다운 꽃병을 깨버렸다〉). 또한 그는 여성과 더 이상 어떤 관계도 가지지 않았으며, 결혼에 대한 거부감과 아울러 무의식 속에서 자신의 죽은 아내에 대한 부정으로 여겨질 지속적인 연애 관계에 대한 거부감을 갖고 있었다. 그리고 이 연애 관계의 거부는 그가 여자들에게 불행을 가져다준다거나 한 여자가 자신 때문에 죽을 수도 있다는 등과 같은 이유를 통해 합리화했다 (이때 물론 그는 꽃병을 지속적으로 가질 수 없었다!).

그가 강한 리비도를 가지고 있다는 것을 볼 때, 그 성격상 더 일시적일 수밖에 없는 결혼한 여자들과의 관계가 그에게 가장 적합한 것으로 떠올랐다는 사실은 놀라운 일이 아니다(따라서 다른 사람의 꽃병을 간수한다).

이런 상징성은 다음의 두 가지 요인들에 의해 입증된다. 신경증의 결과 그는 정신분석적 치료를 받고 있었다. 그가 〈진흙을 구워 만든irden〉 꽃병이 깨지는 이야기를 한 치료 시간 후반부에 가서 그는 다시 한번 여자들과의 관계에 대해 말하고는, 자신이 말도 안 되게 요구 수준이 높다고 말하는 것이었다. 가령 그는 여자들로부터 〈현세에는 없는unirdisch 아름다움〉을 요구한다는 것이었다. 그러나 이는 그가 아직도 자신의 (죽은, 즉 현세에는 없는) 아내에 대해 애착을 가지고 있으며, 〈현세적인irdisch 아름다움〉은 알고 싶어 하지 않는다는 것을 강조한 것이다. 그가 전이를 통해 그의 의사의 딸과 결혼하는 상상을 하는 시각에, 그가 어떤 방향의 보답을 원하는가를 마치 암시하듯이 그는 의사에게 꽃병을 선물했다.

실수 행위의 상징적 의미는, 가령 꽃병에 물을 채우려 하지 않는 것과 같은 다양한 방식으로 변화될 수 있음을 예측할 수 있다. 그러나 나에게 더욱 흥미로운 점은, 아마도 전의식과 무의식에서 분리되어 작용하는 최소한 두 가지의 동기가 존재한다는 사실이 실수 행위의 이중화 — 꽃병의 떨어뜨림과 미끄러짐 — 에 반영되어 나타난다는 점이다.

(5) 물건의 떨어뜨림, 넘어짐, 때려 부수기는 자주 무의식적 사고의 표현으로 이용된다. 이런 사고는 때로 분석을 통해 입증되기도 하지만, 대중의 입을 통한 미신이나 농담과 결합된 해석을 통해서 더욱 잘 알아낼 수도 있을 것이다. 소금 뿌리기, 포도주 잔 던지기, 바닥에 떨어진 칼의 꽂힘 등에 어떤 해석이 결합되는가는 잘 알려져 있다. 이러한 미신적인 해석이 어떤 주목받을 권리를 가지고 있는지에 대해서는 뒤에서 논하겠다. 여기서는 개별적인 서툰 행위가 결코 지속적인 의미를 지닌 것이 아니라, 상황에

따라 이런저런 의도를 위한 서술 수단으로 이용된다는 것을 언급하는 것으로 족할 것이다.

최근에 우리 집에서는 이상할 정도로 많은 유리그릇과 자기그릇이 깨졌었다. 나는 이런 손해에 많은 기여를 했다. 그러나 이 작은 심리적 전염병은 쉽게 해명될 수 있었다. 그 당시는 내 큰딸의 결혼식을 앞두고 있었다. 그런 축복받은 날에는 의도적으로 물건을 깨면서 행운을 주는 말들을 하는 관습이 있었다. 이런 관습은 희생의 의미를 가질 수도 있지만 다른 상징적 의미를 가질 수도 있다.[14]

하인들이 깨지기 쉬운 물건을 떨어뜨려 부순다면, 여기에 음험한 동기가 전혀 없다고 할 수는 없겠지만, 사람들은 이에 대해 먼저 심리학적 설명을 생각하지는 않을 것이다. 무식한 사람들에게 예술과 예술 작품을 감상하는 일보다 낯선 것은 없다. 그런 작품에 대한 무감각한 적의가 우리 대중을 지배하고 있다. 더욱이 그들이 그 가치를 알 수 없는 대상들이 그들에 대한 노동 요구의 원천인 바에야 더욱 그렇다. 반대로 동일한 교육 수준과 출생 신분의 사람들이 과학 연구소에서 자신을 그들의 보스와 동일시하고 자신을 연구소의 중요한 인물로 여기는 경우에, 그들은 까다로운 물건을 다루는 데 있어 뛰어난 손재주와 신뢰성을 보여 준다.

여기서 나는 한 젊은 기술자가 들려준 이야기를 인용하려는데, 이를 통해 물질적 손해의 메커니즘을 알 수 있을 것이다.[15]

나는 과거 한동안 많은 동료들과 함께 대학교의 실험실에서 일련의 복잡한 탄성 실험에 참여하고 있었다. 그러나 우리가 자원하

---

14 이 단락은 1910년에 추가되었다.
15 이 사례는 1912년에 추가되었다.

여 맡은 이 작업은 기대했던 것보다 많은 시간을 잡아먹었다. 내가 어느 날 동료 F와 함께 다시 실험실로 갈 때, 그는 그렇게 많은 시간을 허비하는 것이 얼마나 불쾌한 일인가라고 말했다. 그는 집에서 할 일이 많다는 것이었다. 나는 그와 같은 생각이었고, 지난주에 일어난 사건을 빗대어 반 농담으로 다음과 같이 말했다. 〈기계가 다시 고장나 작업을 중단하고 일찍 집으로 돌아갔으면 좋겠어.〉 일을 분담하면서 동료 F가 압축기의 밸브를 조정하게 되었다. 다시 말해 그는 밸브를 조심스럽게 열어 압력수가 축전지에서 유압에 의한 압축기의 실린더로 들어가게 해야 했다. 실험 관리자가 압력계 옆에 서서 압력이 맞으면 〈정지〉라고 크게 말했다. 이 명령에 따라 F는 밸브를 잡고 온 힘을 다해 그것을 왼쪽으로 돌렸다(모든 밸브는 예외 없이 오른쪽으로 돌려야 닫힌다!). 이렇게 해서 축전지의 높은 압력이 갑자기 압축기에서 작동하게 되자, 이에 대비되어 있지 않았던 관이 터져 버렸다. 아주 심하지 않은 기계 결함이었지만, 이 때문에 우리는 일을 중단하고 집으로 갈 수밖에 없었다. 나아가 특기할 일은, 우리가 이 사건을 말한 지 얼마 지나지 않아 동료 F는 내가 확실하게 상기시켜 준 그 말을 절대로 기억해 내려 하지 않았다는 것이다.

마찬가지로 넘어지기, 잘못 발 딛기, 미끄러지기도 언제나 운동 행위의 순수한 우연적 실패로 해석될 필요는 없다. 이런 표현들의 언어적 이중 의미가 이미 그러한 몸 균형의 포기를 통해 나타나는 억눌린 상상의 방식을 암시하고 있다. 나는 여성과 소녀들에게서 보았던 수많은 가벼운 신경 질환을 기억하는데, 이것은 넘어졌다가 상처 없이 일어난 이후 넘어질 때 놀란 결과로 얻은 외상적 히스테리로 파악되었다. 나는 그 당시 이미 사태가 다른 연관 속에 있다는 인상, 즉 넘어짐이 이미 신경증이며 징후의 배후에 움직이는 힘으로 추측할 수 있는 성적인 내용의 무의식적 상상의 표현이라는 인상을 받았다. 이는 바로 〈젊은 여자가 넘어지면 뒤로 넘어진다〉라는 속담이 말하고 있지 않는가?

거지에게 구리 동전이나 작은 은 동전 대신에 금화를 주는 경우도 〈잘못 잡기〉라고 할 수 있다. 이런 잘못 잡기를 설명하기는 쉽다.[16] 그것은 운명을 피하거나 재앙을 예방하는 등의 희생 행위이다. 산책 중에 별로 내키지 않으면서도 이런 종류의 관대한 행위를 보였던 애정 깊은 어머니나 이모가, 산책에 나서기 전에 아이들의 건강에 대해 걱정스럽게 말하는 것을 들었다면 이와 같은 불쾌한 사건의 의미는 너무나 명명백백하다. 이런 방식으로 우리의 실책은 모든 경건하고 미신적인 관습의 실행을 가능하게 하는데, 이 관습은 이제 회의적으로 되어 버린 이성의 저항 때문에 의식의 빛을 기피할 수밖에 없는 것이다.

(6) 우연 행위들이 사실은 의도적이라는 견해는 다른 어떤 영역보다도 성적 활동 영역에서 두드러진다. 이 영역에서는 두 가지 가능성 간의 경계선이 사실상 사라진 듯이 보인다. 겉보기에 서툰 움직임처럼 보이는 것이, 가장 교묘하게 성적인 목적에 이용된다는 사실에 대한 좋은 사례를 몇 년 전에 나 자신이 체험했다. 나는 친구의 집에서 손님으로 온 소녀를 만났는데, 그녀는 내가 이미 오래전에 꺼져 버렸다고 생각한 기쁨의 감정을 불러일으켰다. 그 결과 나는 명랑해져서 말이 많아지고 상냥해졌다. 그 당시 나는 1년 전에는 나에게 아무런 인상을 주지 않았던 소녀와 어떻게 그런 일이 일어나게 되었는지 알고자 했다. 그녀의 아저씨인 매우 늙은 신사가 방에 들어서자, 우리 둘은 자리에서 벌떡 일

16 이 단락은 1907년에 추가되었다.

어나 구석에 서 있는 의자를 그에게 가져다주려 했다. 그녀가 나보다 민첩했으며 의자와도 가까이 있었다. 그래서 그녀가 먼저 소파를 잡고 등받이를 돌아 의자 끝에 손을 얹고 앞으로 끌었다. 늦게 도착한 나는 의자를 들겠다는 욕구를 포기하지 않고 갑자기 그녀의 뒤에 바짝 서서 두 손으로 그녀를 등 뒤에서 안았다. 이때 순간적으로 내 손이 그녀의 은밀한 곳에 닿았다. 물론 나는 이 상황을 그것이 일어난 만큼 빨리 끝냈다. 내가 이 서툰 움직임을 얼마나 교묘히 이용했는지는 아무도 눈치채지 못한 것처럼 보였다.

또한 이따금 내가 인정해야만 했던 일은, 길에서 걸어오는 사람과 마주쳐 몇 초 동안 이리저리 피하려 하지만 서로 같은 쪽으로 걸음을 옮겨 한참 후에야 다른 쪽으로 피하게 되는 화나는 일, 즉 〈잘못 길 걷기〉가 과거의 무례하고 모욕적인 처신을 반복하며 서투른 행동의 가면 뒤에 성적인 의도를 추구한다는 것이다. 나는 나의 신경증적 정신분석을 통해 나이 어린 사람들과 어린이의 소위 순진함은, 종종 무례한 일을 방해받지 않고 말하거나 실행에 옮기기 위한 가면에 불과하다는 것을 알고 있다.

슈테켈은 이와 매우 비슷한 자기 관찰을 보고하고 있다.[17]

나는 어떤 집에 들어가서 그 집의 안주인에게 오른손을 내밀었다. 그러면서 나는 기이하게도 느슨하게 묶여 있는 그녀의 가운 매듭을 풀어 버렸다. 나는 어떤 수치스러운 의도도 의식하지 못했다. 그러나 나는 요술쟁이의 교묘한 기술을 가지고 이 서툰 움직임을 행했다.

나는 창조적인 작가들은 우리가 여기서 주장하는 것처럼 실수

17 1907년에 추가되었다.

행위를 의미와 동기를 가진 것으로 생각한다는 증거를 이미 수차례 보인 바 있다.[18] 따라서 한 새로운 예에서 어떤 작가가 어떻게 서툰 행위를 의미 있게 만들고, 후에 일어날 일의 전조가 되도록 하는가를 보는 것은 놀랄 일이 아니다.

테오도어 폰타네의 소설 『간통녀』에는 다음과 같이 써 있다.

> ……그리고 멜라니는 갑자기 일어나 남편에게 마치 환영하듯이 큰 공 하나를 던졌다. 그러나 그녀는 제대로 조준을 못해 공이 옆으로 빗나가 루벤이 그것을 잡았다.

이러한 작은 에피소드가 일어났던 소풍에서 돌아오는 동안, 멜라니와 루벤 사이에 오간 대화는 싹트기 시작한 애착에 대한 최초의 암시를 드러내고 있다. 이 애착이 열정으로 자라나 마침내 멜라니는 남편을 떠나 사랑하는 남자에게로 가게 된다(작스가 알려 준 이야기다).

(7) 정상적인 사람의 실수 행위 때문에 일어난 결과는 일반적으로 무해한 것들이다. 바로 그렇기 때문에 가령 의사나 약사처럼 심각한 결과를 낳을 수 있는 상당한 영향력을 갖는 사람들의 잘못 잡기가 어떤 방향에서 우리의 관점하에 들어올 수 있는가 하는 물음은 특히 흥미롭다.

나 자신이 진료한 경우가 매우 드물기 때문에 내 경험에서는 의사의 잘못 잡기에 대해 단 하나의 예를 들 수밖에 없다. 지난 몇 년 동안 내가 매일 두 번씩 매우 노쇠한 여자를 왕진했는데, 아침 방문 시 나의 의료 활동은 두 가지 행위에 제한되어 있었다. 그녀의 눈에 몇 방울의 세안약(洗眼藥)을 떨어뜨리고 그녀에게 모르

---

18 이 단락부터 사례 (6)의 끝까지는 1917년에 추가되었다.

핀 주사를 놓는 일이었다. 두 병, 즉 세안약을 넣은 푸른 병과 모르핀 용액을 넣은 하얀 병이 항상 준비되어 있었다. 두 가지 일을 하는 동안 내 생각은 대부분 어떤 다른 것에 열중하고 있었다. 이런 일은 너무도 자주 반복하는 일이어서 집중력이 자유로이 움직일 수 있었다. 어느 날 아침 나는 자동 기계가 잘못 작동했음을 깨달았다. 세안약 넣는 관을 푸른 병 대신에 하얀 병에 넣어 세안약이 아니라 모르핀이 눈에 들어간 것이다. 나는 매우 놀랐으나, 2퍼센트의 모르핀 용액이 몇 방울 들어갔다 해서 결막에 어떤 재앙이 일어나지는 않을 것이라는 생각으로 안정을 찾았다. 경악의 느낌은 확실히 어떤 다른 곳에서 온 것이었다.

이 작은 실수를 분석하려 할 때 나에게 먼저 떠오른 것은 〈늙은 이를 잘못 잡기sich an der Alten vergreifen〉[19]라는 구절이었고, 이는 해명에 이르는 가장 빠른 길을 알려 주었다. 나는 어떤 젊은 남자가 전날 저녁에 나에게 이야기한 정신적 외상의 영향하에 있었다. 그것의 내용은 자기 자신의 어머니와의 성적 관계만으로 해석되는 것이었다.[20] 전설 속의 요카스테 여왕의 나이에 대해 어떤 거부감도 없었다는 기이함은, 자기 어머니와 사랑에 빠짐에 있어 결코 현재의 어머니라는 인물이 문제가 아니라 유년기에 가졌던 그녀의 젊은 시절의 기억상이 문제라는 결과와 일치하는 것처럼 보였다. 두 시간 사이를 왔다 갔다 하는 상상이 의식화되고, 이로써 일정한 시간에 고착될 때 그러한 불일치가 언제나 일어난다. 나는 이런 종류의 생각에 깊이 잠긴 채 90세가 넘은 여자 환자에

19 vergreifen은 〈큰 실수를 하다〉라는 뜻과 〈폭행하다〉라는 뜻이 있다.
20 내가 습관적으로 말하는 오이디푸스 꿈Ödipustraum은 오이디푸스왕의 전설을 이해하는 열쇠를 담고 있다. 소포클레스의 작품 속에서 그런 꿈에 대한 언급은 요카스테의 입을 통해 표현된다. 『꿈의 해석』을 참조 — 원주. 요카스테는 오이디푸스의 어머니로, 아들인 줄 모르고 오이디푸스와 결혼했다.

게 갔었다. 나는 가는 도중에 오이디푸스 우화의 일반적인 인간적 성격을 신탁에서 표현된 운명의 상관물로 파악했음에 틀림없다. 왜냐하면 나는 〈늙은이에게서〉 잘못 잡았기 때문이다. 그러나 이 잘못 잡기는 다시금 무해한 것이었다. 나는 두 가지 가능한 잘못, 즉 모르핀 용액을 눈에 사용하거나 아니면 세안액을 주사하는 잘못 중에 훨씬 무해한 것을 선택했다. 그렇지만 심각한 손상을 입힐 수도 있는 잘못 잡기에서 여기에 다룬 경우와 비슷한 방식으로 무의식적인 의도를 고려에 넣어야 하는가라는 문제는 여전히 남는다.

여기서 예상했던 것처럼 자료가 아무 도움이 되지 못하기 때문에 추측과 추론에 기댈 수밖에 없다. 심각한 정신 신경증의 경우에 자해가 때로는 병의 징후로 등장하고, 그들에게서 심리적인 갈등이 자살로 결말을 보는 일이 결코 배제될 수 없다는 것은 잘 알려져 있다. 나는 이런 환자가 겪는 겉보기에 우연적인 많은 피해가 본래 자해라는 것을 경험했고, 잘 해명된 예들을 통해 그 증거를 댈 수 있다. 자기 비난으로 표현되거나 증상 형성에 기여하기도 하는 지속적으로 매복되어 있는 자책에의 경향이, 우연히 주어진 외부 상황을 교묘히 이용하거나 이 상황에 도움을 주어서 원하던 피해 효과에 도달하기도 한다. 이런 사건들은 중상을 입은 경우들에서도 결코 드물지 않으며 일련의 특수한 특징으로 인해, 가령 환자가 소위 큰 사고에서도 특이하게 태연자약함을 보임으로써 무의식적 의도가 개입한 몫을 드러내 보여 준다.[21]

나는 나의 의료 경험을 통해 많은 사례 대신에 한 가지 예를 상

21 우리 문명의 현 상태에서 완전한 자기 파멸을 목적으로 하지 않는 자해 행위는 우연적인 것 뒤에 숨거나 자연 발생적인 질병을 가장하는 것 이외에 아무것도 아니다. 과거에 자해 행위는 관습에 따른 애도의 표시였다. 또 다른 시기에는 연민과 이승의 포기를 표현하는 수단이기도 했다 ── 원주.

세히 보고하겠다. 한 젊은 여인이 한쪽 종아리뼈가 부러지는 마차 사고를 당하여 몇 주일 동안 침대에 누워 있어야 했다. 이때 특이한 것은, 그녀가 아픔을 호소하는 말을 하지 않으며 이 불행을 말없이 견뎌 내고 있다는 점이었다. 이 사고로 인해 오랫동안 지속된 심각한 신경증 질환이 생겼는데, 그것은 끝내 정신분석을 통해 치료되었다. 치료하는 동안 나는 이 사고의 주변 정황과 사고에 앞서 있었던 일정한 사건들을 듣게 되었다. 이 젊은 여인과 아주 질투심이 강한 남편은 결혼한 언니의 농장에서 다른 수많은 형제와 그들의 남편, 아내들과 야유회를 갖고 있었다. 어느 날 저녁, 그녀는 이 친밀한 자리에서 그녀의 장기 하나를 보여 주었다. 그녀는 캉캉 춤을 추었는데, 이는 친척들에게 대단한 박수갈채를 받았지만 남편은 이에 만족하지 않았다. 그는 춤이 끝난 후 그녀에게 〈마치 하녀같이 행동하는군〉 하고 속삭였다. 이 말은 그녀에게 충격이었다. 그것이 춤 때문이었는지는 일단 불확실한 채로 놔두자. 그녀는 밤에 잠을 잘 못 잤다. 다음 날 오전에 외출하고 싶어져서 그녀는 스스로 말들을 선택했는데, 어떤 쌍의 말은 거부하고 다른 쌍을 요구했다. 막내 여동생이 젖먹이 아기를 데리고 보모와 함께 마차에 타려고 하자, 그녀는 그 아기가 타는 것을 강하게 거부했다. 마차가 달리는 동안 그녀는 신경질적이었고, 마부에게 말들이 두려워하고 있다고 경고했다. 그리고 불안한 말들이 실제로 한순간 비틀거리자, 그녀는 놀라 마차에서 떨어져 뼈가 부러지게 되었다. 그동안 마차에 있던 다른 사람들은 무사했다. 이런 상세한 이야기를 듣고 난 후, 이 사고가 본래 예정된 일이라는 것을 의심할 수 없다면, 우연을 이용하여 죄에 대한 벌을 그렇게 적절하게 배분하는 교묘함에 놀라지 않을 수 없다는 것을 첨가해야 하겠다. 왜냐하면 이로써 그녀가 한동안 캉캉 춤

을 추는 것은 불가능하게 되었기 때문이다.[22]

평온한 시기에 나 자신의 자해(自害)에 대해 보고할 것은 없다. 그러나 비정상적인 조건에서 내가 그런 일을 할 수 없다고 생각하진 않는다. 가족 중 한 사람이 혀를 깨물었다거나 손가락을 찧었다는 등의 하소연을 한다면, 나는 그가 기대하는 동정심 대신에 〈왜 그런 짓을 했을까?〉라고 묻는다. 그러나 어떤 젊은 환자가 진료 시간에 내 큰딸 — 그녀는 목숨이 위태로울 정도로 아픈 상태에서 요양소에 누워 있었다 — 과 결혼하겠다는 (물론 진정으로 받아들일 수 없는) 의향을 말한 직후, 내 엄지손가락이 문틈에 끼어 매우 고통스러워하는 일이 발생했다.

내 아들 중 한 녀석은 열정적인 기질이 있어서 간호사들을 곤란하게 했다. 어느 날 아침 그 녀석은 사람들이 오전 동안 침대에 있으라 했다고 격분하여, 신문에서 보았던 것처럼 자살하겠다고 위협하는 것이었다. 저녁에 그 아이는 초인종에 부딪쳐 흉곽 쪽에 멍든 자국을 나에게 보여 주었다. 왜 그런 짓을 했고 무엇을 바란 것인지 비꼬는 투로 묻자, 열한 살 아이는 갑자기 생각난 듯이 대답했다. 〈그것은 내가 아침에 위협했던 그 자살 시도였어요.〉 덧붙여 말하자면, 나는 자해에 관한 내 견해가 그 당시 내 아이들에게 알려져 있었다고 생각하지 않는다.

비록 서툰 표현이지만 반(半)의도적인 자해가 일어난다는 것을 믿는 사람은, 의식적으로 의도한 자살 이외에 반(半)의도적인 자멸도 존재한다는 것을 받아들일 준비가 되어 있을 것이다. 그런 자멸은 삶에 대한 위협을 교묘히 이용하여 그것을 우연적인 재앙으로 가장할 줄 안다. 그런 자멸은 결코 드문 일이 아님에 틀림없다. 자멸의 경향은 그것을 실제로 실행하는 사람들보다 훨씬

22 이 문단은 1907년에 추가되었다.

더 많은 사람들에게서 어느 정도 상존하고 있기 때문이다. 일반적으로 자해는 본능과 본능에 대립하는 힘 사이의 타협이다. 그리고 실제로 자살이 일어나는 경우에, 자살 경향은 이전부터 오랫동안 그보다는 약한 강도로 또는 무의식적이고 억압된 경향으로 존재해 왔을 것이다.

〈의식적인〉 자살 의도 또한 시간, 수단, 기회를 선택한다. 그것은 〈무의식적인〉 의도가 원인의 일정한 몫을 갖고 인격의 저항력을 마모시킴으로써, 그것의 억압을 해방시키는 기회를 기다린다는 점에서 완전히 일치한다.[23] 여기서 내가 제기하는 생각은 결코 한가한 생각이 아니다. 겉보기에 우연적인 재앙(말에 치인다거나 마차에서 떨어지는)이 일어난 경우를 나는 많이 알고 있는데, 그것의 자세한 정황은 무의식적으로 허용된 자살의 혐의를 정당화한다. 가령 동료 장교들과의 경마 시합 중에 한 장교가 말에서 떨어져 심한 부상을 입고 며칠 후에 사망했다. 그가 의식을 회복하는 과정에서 보인 행동은 여러 면에서 특이했다. 더 주목할 것은 그의 이전 행동이었다. 그는 사랑하는 어머니의 죽음 이후 기분이 매우 우울한 상태로 그의 동료들과 함께 있는 자리에서 격렬한 발작적 울음을 터뜨렸다. 그는 친한 친구들에게 삶에 염증이

---

23 결국 이 사례는 남성의 공격을 근력으로 물리칠 수 없는 여성에 대한 성폭력의 사례와 다를 것이 없다. 왜냐하면 그 여성의 무의식적 충동의 일부는 상당히 고무된 상태에서 그 폭력과 마주치는 것이기 때문이다. 주지하는 바와 같이, 이런 종류의 상황은 여성의 힘을 마비시킨다고 한다. 그런 한에서 그 섬의 지배자로서 산초 판사가 내린 영리한 판단은 심리적으로 볼 때는 정의롭지 못한 것이다(『돈키호테』제2부 45장). 한 여성이 폭력으로 자신의 정조를 훼손당했다고 주장하면서 한 남성을 재판관 앞에 끌고 왔다. 그에 대한 보상으로 산초는 그 남성에게서 받은 돈 지갑을 그녀에게 주었다. 그러나 그 여성이 떠난 후 재판관은 그에게 그녀를 따라가서 다시 그의 지갑을 빼앗을 수 있도록 해주었다. 두 사람이 다시 돌아와 재판관 앞에서 싸우는데, 그때 그 여성은 자랑스럽게 그 불한당이 자신에게서 다시 지갑을 빼앗아 가지 못했다고 말했다. 그러자 산초는 판결을 내렸다. 〈당신이 그 지갑을 지킨 절반 정도의 힘만 가지고 정조를 지켰더라면 그 남성은 그렇게 하지 못했을 것이다〉 — 원주.

났다고 말하면서, 그렇지 않다면 그의 마음을 움직이지 않았을 아프리카의 전쟁에 참여하기 위해 퇴역하려고 했다.[24] 전에 자신만만한 기수였던 그가 이제 가능하다면 말 타기를 회피했다. 그러나 그가 회피할 수 없었던 경마 시합이 있었고, 그 전에 그는 음울한 예감을 말했다. 우리는 이 예감이 맞았다는 생각에 놀라지 않는다. 신경과민의 우울증 상태에 있는 사람이 건강했을 때처럼 말을 다룰 수 없다는 것은 당연하다고 나에게 반박할 수도 있을 것이다. 나는 이런 견해에 전적으로 동감한다. 나는 다만 〈신경과민〉에 의한 이런 운동 장애의 메커니즘을 여기서 강조한 자기 파괴의 동기에서 찾으려 할 뿐이다.

부다페스트의 페렌치는 우연적으로 일어났다고 하는 총상, 그러나 그의 설명에 따르면 무의식적 자살 시도라는 사례의 분석을 나에게 출판하라고 넘겨주었다. 나는 다만 그의 견해에 동의할 따름이다.[25]

22세의 소목장인인 J. Ad.가 1908년 1월 18일 나를 찾아왔다. 그는 1907년 3월 20일 그의 왼쪽 관자놀이를 뚫고 들어온 총알을 수술에 의해 제거할 수 있는지 또는 제거해야만 하는지에 대해서 나에게 듣고 싶어 했다. 가끔씩 나타나는 그리 강하지 않은 두통을 제외한다면 그는 건강하다고 느꼈으며, 객관적인 조사에 의해서도 왼쪽 관자놀이에 화약으로 검게 탄 특징적인 총상의 흉터 이

24 전장(戰場)의 상황은 자살하고 싶은 의식적인 의도가 생겨나는 데 도움을 주기는 하지만 직접적인 원인이 되지는 않는다. 「발렌슈타인의 죽음Wallensteins Tod」에서 막스 피콜로미니의 죽음에 대해 스웨덴 군인이 하는 말을 참조해 보라. 〈그들은 그가 죽기를 원했다고 말했다〉— 원주. 「발렌슈타인의 죽음」은 실러의 작품 『발렌슈타인』의 제3부이다.
25 이 사례는 1910년에 추가되었다.

외에 다른 어떤 것이 나타나지 않았기에 나는 수술하지 말 것을 권고했다. 사건의 정황에 대해 묻자 그는 우연히 부상을 당했다고 설명했다. 그가 형의 권총을 가지고 놀면서, 〈권총이 장전되어 있지 않다고 생각하고는〉 그것을 왼손으로 〈왼쪽〉 관자놀이에 대고 (그는 왼손잡이가 아니다) 공이치기에 손가락을 대자 발사되었다는 것이다. 〈여섯 발을 장전할 수 있는 총기에는 세 발이 장전되어 있었다.〉 내가 어떻게 권총을 손에 넣으려는 생각을 했는가 하고 묻자 그는 답하기를, 그때가 그의 징병 검사 시기였다는 것이다. 그래서 그는 하루 전 저녁에 싸움이 일어날까 두려워 무기를 가지고 여관에 갔었다. 징병 검사에서 그는 정맥류(靜脈瘤) 때문에 면제 판정을 받았고, 그것에 대해 수치스러워했다. 그는 집으로 돌아와 권총을 가지고 장난했지만 그것으로 상처를 낼 의도는 없었다. 그때 사고가 난 것이었다. 그 외에 어떻게 자신의 운명에 만족하게 되었는가 하고 계속해서 묻자, 그는 한숨으로 답하면서 한 소녀와의 연애 이야기를 했다. 그녀 또한 그를 사랑했지만 그를 떠났다는 것이다. 그녀는 순전히 돈을 벌겠다는 욕심에 미국으로 이주했다. 그는 그녀를 뒤따라가려 했지만 부모들의 방해에 부딪쳤고, 그녀의 애인은 1907년 1월 20일, 즉 불행한 사건이 일어나기 두 달 전 미국으로 떠났다. 이런 모든 의심스러운 계기들에도 불구하고 환자는 권총 발사가 〈사고〉였다고 고집했다. 그러나 내 확신에 따르면, 장난질 이전에 총알 장전 여부를 확인하지 않은 나태함은 자해와 같은 심리적 상태에 의해 규정된다는 것이다. 그는 아직 불행한 사랑의 우울한 인상에서 벗어나지 못하고 있었으며, 군대에서 이를 확실히 〈잊으려〉 했다. 그러나 이 희망조차 실현되지 못하자 총기를 가지고 장난하는 일, 다시 말해 무의식적 자살에 이르렀던 것이다. 그가 권총을 오른손이 아니라 왼손에 들었다는 사실이 그가 정말로 〈장난했다〉, 즉 의식적으로는 자살하려 하지 않았다는 것을 결정적으로 말해 준다.

관찰자가 나에게 분석하라고 넘겨준 겉보기에 우연적인 다른 자해는, 〈다른 사람의 무덤을 판 사람은 자신이 그 무덤에 빠진다〉라는 격언을 상기시켜 준다.[26]

좋은 환경에서 자란 X 여사는 결혼했으며 세 아이가 있다. 그녀는 신경이 과민했지만, 삶을 충분히 견뎌 낼 수 있었으므로 강력한 치료를 받을 필요는 없었다. 어느 날 그녀는 나중에 없어지기는 했지만 그 당시에는 다소 눈에 띄는 외상을 얼굴에 입었다. 그 일은 다음과 같이 일어났다. 그녀는 새로 단장된 거리에서 돌부리에 걸려 넘어지면서 어떤 집의 담장에 얼굴을 부딪쳤다. 얼굴 전체에 찰과상을 입었고, 눈꺼풀은 퍼렇게 멍들어 부어올랐다. 눈에 어떤 일이 생길지도 모른다는 두려움에 그녀는 의사를 불렀다. 그녀가 안정을 되찾은 이후, 〈도대체 왜 그렇게 넘어졌습니까?〉라고 묻자 그녀는 다음과 같이 답했다. 몇 달 전부터 관절 질환을 앓고 있어서 잘 걷지 못하는 남편에게 조금 전 이 도로에서 주의하라고 경고했다는 것이다. 그리고 그녀는 이런 경우, 그녀가 다른 사람에게 경고한 바로 그 일이 기이하게도 자신에게 일어나는 것을 전에도 자주 경험했다는 것이다.

나는 그녀의 불행에 대한 이런 규정에 만족할 수 없어서, 더 할 이야기는 없는가 물었다. 그러자 불행한 사건이 일어나기 바로 전에 그녀는 도로의 맞은편에 있는 상점에서 귀여운 그림을 보았는

---

26 엠던 J. E. G. van Emden의 「낙태로 인한 자기 처벌 Selbstbestrafung wegen Abortus」(1912) 참조 — 원주.

데, 그녀는 그것을 아이들 방의 장식품으로 갖고 싶어 곧바로 사려고 했다는 것이다. 그때 그녀는 도로에 주의하지 않고 곧장 상점을 향해 가다가 돌부리에 걸려 넘어지면서 얼굴이 담장에 부딪쳤다는 것이다. 그러나 손으로 자신을 보호하려는 작은 시도조차 하지 않았다. 그리고 그림을 사겠다는 생각은 바로 잊어버리고 서둘러 집으로 갔다.

「그렇지만 왜 더 주의 깊게 보지 않았습니까?」 내가 물었다.

「그래요. 그것은 아마도 〈벌〉이었을 거예요! 내가 당신에게 이미 우리끼리 한 이야기 때문일 거예요.」

「그 이야기가 당신에게 항상 그렇게 고통을 주었나요?」

「예. 나중에 나는 그것을 매우 후회했어요. 사악하고 못된 부도덕한 사람이라고 생각했지만, 그 당시에 나는 신경과민으로 거의 미칠 지경이었어요.」

문제는 남편의 동의를 얻어 요양지의 야바위꾼에게 부탁했다가 결국 전문의가 완결 지은 낙태였다. 그녀나 남편이나 둘 다 그들의 재정적인 상황 때문에 더 이상 아기를 갖지 않으려 했기 때문이었다.

「나는 자주 〈너는 네 자식을 죽였어〉라고 나 자신을 비난했어요. 나는 이런 일이 벌을 받지 않을 수 없으리라는 두려움을 가졌어요. 이제 선생님이 나쁜 일이 일어나지 않았다고 확인해 주니까 안심이 되네요. 어쨌거나 나는 이제 〈충분히 벌을 받았어요〉.」

결국 이 사고는 한편으로 그녀의 범행에 대한 자기 처벌이자, 다른 한편으로는 한달 내내 그녀가 두려워했던 아마도 더 큰 미지의 벌을 벗어나기 위한 자기 처벌이었다. 그림을 사기 위해 상점으로 가는 길에 넘어진 그 순간, 그녀의 남편에게 경고할 때 이미 그녀의 무의식에 매우 강하게 움터 올랐던 이 이야기 전체가 그것의 모든 두려움과 함께 그녀를 엄습해 왔다. 그것은 아마도 가령 다음과 같은 말로 표현될 수 있을 것이다. 〈너는 도대체 왜 아기방을 위한 장식이 필요하지? 너는 네 자식을 살해했잖아! 너는 살인마야! 큰 벌이 아주 가까이 왔어!〉

이런 생각은 의식되지 못했지만, 대신에 그녀는 이 심리학적 상황을 이용하여 눈에 띄지 않는 방식으로 자기 처벌에 적절한 것처럼 보이는 돌부리를 이용했다. 그렇기 때문에 그녀는 넘어지면서 결코 손을 뻗지 않았고 급격하게 놀라지도 않았던 것이다. 그녀의 사고를 아마도 좀 더 약하게 두 번째로 규정했던 것은, 이 사건에 물론 공동 책임을 지고 있는 남편을 무의식적으로 제거하려는 소원에 기인한 자기 처벌이었을 것이다. 이 소원은 완전히 불필요했던 경고, 즉 거리에서 돌부리를 주의하라는 경고에 의해 드러났다. 왜냐하면 남편은 잘 못 걷기 때문에 매우 조심스럽게 걸어다녔기 때문이다.[27]

이 경우 좀 더 자세한 정황을 고려하면, 슈테르케가 옳다고 인정할 것이다.[28] 그는 언뜻 보기에 우연적인 화상에 의한 자해를 〈희생 행위〉로 파악한다.[29]

독일로 가서 병역 의무를 이행해야 했던 사위를 둔 한 부인이

27 (1920년에 추가된 각주) 한 사람이 나에게 〈실수 행위에 의한 자기 처벌〉이라는 주제로 다음과 같은 글을 보내왔다. 〈만일 우리가 어떤 사람이 길거리에서 행동하는 방식에 대해 연구해 본다면, 우리는 얼마나 자주 지나가는 여성을 뒤돌아보는 — 물론 그런 행동은 특이한 것도 아니다 — 남자들이 사소한 사고들을 겪게 되는지 볼 수 있는 기회를 갖게 된다. 평탄한 길에서 발목을 접질리기도 하고 가로등에 부딪히기도 하는 등의 사고를 겪게 되는 것이다〉 — 원주.

28 이 사례는 1917년에 추가되었다.

29 슈테르케의 「일상생활에 관하여」 참조 — 원주.

다음과 같은 상황에서 발을 데었다. 그녀의 딸은 곧 출산을 기다리고 있었는데, 전쟁의 위험에 대한 생각 때문에 전 가족의 기분이 밝을 수가 없었다. 사위가 출발하기 전날에 그녀는 사위와 딸을 식사에 초대했다. 그녀는 바닥이 평평한 끈 달린 긴 장화를 ─ 이것을 신고 그녀는 편안하게 걸을 수 있어서 집에서도 일상적으로 신고 있었다 ─ 남편의 위가 트인 너무 큰 슬리퍼와 기이하게도 바꿔 신고서, 부엌에서 손수 식사를 준비했다. 끓고 있는 수프가 담긴 큰 냄비를 불에서 들어 올리다가, 그녀는 이 냄비를 떨어뜨려 발이 심하게 데었다. 게다가 위가 트인 슬리퍼를 신고 있었기 때문에 발등이 많이 데었다. 물론 이 사고는 누구나 이해할 수 있는 그녀의 〈신경과민〉 탓으로 돌렸다. 이 화상에 의한 희생이 일어난 후 처음 며칠 동안, 그녀는 뜨거운 물건을 매우 조심스럽게 다루었다. 그러나 이렇게 한다고 해서 며칠 후 뜨거운 국물로 한쪽 손목을 데이는 일을 방지하지는 못했다.[30]

30 (1924년에 추가된 각주) 이처럼 사고로 인한 부상이나 사망과 같은 수많은 경우에서 그런 설명은 여전히 의문을 남긴다. 국외자는 그 사고에서 우연에 의한 발생 이외에 다른 것을 보지 못할 것이다. 반면 희생자와 관련이 있는 사람은 그런 사고 배후에 있을지도 모를 무의식적인 의도를 의심할 만한 이유를 갖고 있다. 자신의 약혼자를 거리에서 교통사고로 잃은 한 젊은이의 다음과 같은 진술은 내가 말하고자 하는 친숙한 앎의 훌륭한 사례가 된다.

〈지난 9월 나는 34세의 Z 양을 알게 되었습니다. 주변 환경이 좋았고 전쟁 전에 약혼을 했으나 약혼자가 장교로 복무하다가 1916년에 전사했습니다. 우리는 결혼을 염두에 둔 것은 아니었지만 서로를 좋아하게 되었습니다. 아마도 그때 내 나이 27세였는데, 나이 차이를 비롯한 여러 가지 환경이 그런 생각을 하지 못하게끔 했던 것 같습니다. 우리는 같은 거리에서 서로 마주보며 살았고 매일 만났기 때문에, 우리의 관계는 시간이 지나면서 더욱 친밀해졌습니다. 이리하여 결혼 문제가 중요하게 떠올랐고 나는 스스로 결심했습니다. 약혼식은 이번 부활절로 잡았습니다. 그러나 Z 양은 먼저 M에 있는 자신의 친척들을 방문할 생각이었습니다. 그런데 이 계획은 1920년 3월 베를린에서 일어난 반혁명 쿠데타로 인해 벌어진 철도 파업으로 갑자기 좌절되었습니다. 노동자의 승리가 장래에 미칠 우울한 전망은 우리의 기분, 특히 민감한 성격의 그녀에게 영향을 미쳤습니다. 그녀는 자신이 우리의 미래에 생길지도 모를 새로운 장애물들을 보고 있다고 생각했습니다. 그러나 3월 20일 토요일에 그녀는 아주 기분이 좋았습

언뜻 보기에 우연적인 서툰 행위와 불완전한 움직임의 배후에 이렇게 자기 자신의 성실함과 삶에 대한 분노가 숨겨져 있다면, 여기서 크게 나아가지 않더라도 다른 사람의 삶과 건강을 심각하게 위협하는 잘못 잡기에 동일한 견해를 확대하는 것이 가능하다고 생각할 수 있다. 내가 이런 견해가 옳다는 증거로 제시할 수 있

니다. 그래서 나도 아주 기분이 좋았고 우리에게는 모든 것이 장밋빛으로 보였습니다. 며칠 전 우리는 언제라고 날짜를 정하지는 않았지만, 앞으로 함께 교회에 나가는 문제에 대해 이야기했습니다. 다음 날 아침 9시 15분에 그녀는 나에게 전화해서 교회에 같이 가자고 했습니다. 그러나 나는 아직 마음의 준비가 안 되어 있었기 때문에, 그리고 당장 해야 할 일이 있었기 때문에 거절했습니다. 그녀는 대단히 실망했습니다. 그래서 그녀는 혼자 교회에 가려고 나서다가 집 계단에서 한 친지를 만났습니다. 그녀는 그와 함께 타우엔트친스트라세를 따라 랑케스트라세를 향해 걸었습니다. 두 사람의 대화는 우리의 그것과는 비교할 수 없을 만큼 유머로 철철 넘쳤습니다. 그리고 그 신사는 농담 섞인 말투로 그녀에게 작별을 고했습니다. (교회에 가기 위해) Z 양은 서베를린의 대로인 쿠르퓌르스텐담을 건너야 했습니다. 길이 넓었기 때문에 누구든 폭넓은 시야를 가질 수 있었습니다. 그런데 도로변에서 그녀는 마차에 치였고 몇 시간 후 사망했습니다. 그곳은 우리가 그전에 수도 없이 건넜던 곳이었습니다. 그때마다 그녀는 지나칠 정도로 조심스러웠고, 오히려 나에게 항상 조심하라고 이야기했습니다. 그날 아침에는 전차와 승합차들도 파업 중이었기 때문에 차들도 많지 않았습니다. 특히 사고가 난 그 시간에는 너무나 조용했습니다. 설령 그녀가 그 마차를 보지 못했더라도 최소한 소리는 들을 수 있었을 것입니다. 모든 사람은 그것을 〈사고〉라고 생각했습니다. 그러나 나에게 처음 떠오른 생각은 달랐습니다. 〈그런 일은 있을 수 없어, 그렇지만 그것은 의도적일 수도 없지 않은가?〉 나는 그것을 심리학적으로 설명하려고 시도했습니다. 얼마 동안 고민을 한 후, 나는 당신의 『일상생활의 정신 병리학』에서 그 설명을 찾아냈다고 생각했습니다. 특히 Z 양은 여러 차례에 걸쳐 자살의 방법에 대해 많은 사실을 알고 있다는 것을 보여 주었고, 나에게도 그런 방법에 대해 생각해 보도록 부추겼습니다. 종종 그녀를 설득하기는 했지만 결과는 실패였습니다. 예를 들면 불과 이틀 전에 그녀는 산책에서 돌아온 후, 겉으로 보기에는 특별한 이유도 없이 자신의 죽음과 유산 처리 문제에 대해 이야기하기 시작했습니다(물론 그녀는 재산 처리와 관련해 아무런 조치도 취하지 않았습니다. 이 말은 그녀가 어떤 의도도 갖고 있지 않았다는 점을 분명하게 보여 줍니다). 만일 나의 솔직한 견해를 표명해야 한다면, 나는 그 재앙을 우연한 사고나 우울한 의식의 결과가 아니라, 무의식적인 목적에 따라 수행되고 우연한 사고를 가장한 의도적인 자기 파괴라고 보고 싶습니다. 나의 이런 견해는 최근 그녀가 나에게 했던 얘기뿐만 아니라, 그녀가 자신의 친척들에게 나를 알기 훨씬 전부터 했던 이야기들에 의해 확인됩니다. 그 결과 나는 이 사건 전체를 그녀의 전 약혼자의 죽음의 결과로 간주하고 싶습니다. 그녀의 눈에서 그를 대체할 수 있는 것은 아무것도 없었던 것입니다〉 — 원주.

는 것은 신경증 환자의 경험에서 얻어 온 것으로, 요구되는 사항과 완전히 일치하지는 않는다. 본래 잘못 잡기가 아니라 오히려 증상 행위나 우연 행위라 불러야 할 것이 환자에게서 갈등을 해소시켜 주는 단서를 제공한 한 사례를 보고하겠다. 나는 언젠가 한번 매우 지적인 남자의 결혼 관계를 개선시키는 일을 맡았는데, 그를 자상하게 사랑하는 젊은 아내와의 불화는 확실히 실제적인 근거에 뿌리박고 있으나, 그 자신이 인정하듯이 이것만으로는 완전히 설명될 수 없었다. 그는 끊임없이 이혼에 대한 생각에 열중하다가, 자신의 두 아이들을 매우 사랑하기 때문에 이 생각을 다시 포기하곤 했다. 그럼에도 불구하고 그는 언제나 다시 이 생각으로 되돌아와, 상황을 견딜 수 있게끔 만들 방법을 찾으려는 어떤 시도도 하지 않았다. 이렇게 갈등을 종결지을 수 없다는 것이, 나에게는 서로 싸우는 의식적인 동기를 강화시키는 무의식적이고 억압된 동기가 이미 있다는 것을 증명하는 것으로 여겨졌다. 나는 이런 경우 심리 분석으로 갈등을 종결지으려고 시도한다. 어느 날 이 남자는 자기 자신을 매우 놀라게 한 작은 사건을 이야기했다. 그는 가장 사랑하는 큰아이와 〈쫓기 놀이〉를 하면서 그를 높이 들어 올렸다가 내려놨는데, 한번은 천장에 무겁게 달려 있는 가스 샹들리에에 아이의 머리가 거의 부딪칠 정도로 높이 들어 올렸다. 〈거의.〉 부딪치지 않을 정도로 아니면 딱 그 정도만큼! 아이에게는 아무 일도 일어나지 않았지만 아이는 놀라 현기증을 일으켰다. 아버지는 놀라 아이를 팔에 안고 서 있었고, 엄마는 히스테리적인 발작을 일으켰다. 이런 부주의한 몸놀림의 특별한 교묘함과 부모가 보인 반응의 강렬함으로 인해, 사랑하는 아이에 대한 악한 의도를 표현하는 증상 행위를 이 우연성 속에서 찾아야 한다는 것이 명확해졌다. 나는 이 아이가 아주 어리고 그들의 아이로서 아버지가 아이에 대해 자상한 관심을 보일 필요가 없었던 시기로 가해의 충동을 되돌려 놓음으로써, 아이에 대한 아버지의 현실적인 자상함에 대한 저항을 극복할 수 있었다. 그러자 자신의 아내에 대해 거의 만족하지 않았던 이 남자가, 그 당시 다음과 같은 생각 또는 의도를 가지고 있었다고 쉽게 가정할 수 있었다. 〈나에게 중요하지 않은 이 작은 존재가 죽는다면, 나는 자유로울 것이고 아내와 이혼할 수 있을 것이다.〉 따라서 이제 그렇게 사랑하게 된 존재의 죽음에 대한 소원은 무의식적으로 계속 잔존하고 있음에 틀림없었다. 여기서부터 이 소원의 무의식적 고착에 이르는 길은 쉽게 발견할 수 있었다. 실제로 환자의 유아기 때 기억이 강력히 규정하고 있었는데, 그에 따르면 동생이 죽었을 때 어머니는 아버지의 냉담함 때문에 그렇게 됐다며 책임을 전가하고 서로 이혼으로 위협하는 부모 사이의 격렬한 논쟁을 초래했다는 것이다. 이 환자의 부부 관계의 이후 진행 과정이 치료의 성공을 통해 나의 판단을 확인해 주고 있다.

슈테르케[31]는 창의적인 작가들이 의도적인 행위의 자리에 잘못 잡기를 놓고, 그것을 심각한 결과의 원인으로 만드는 데 어떤 회의도 갖고 있지 않다는 사실에 대한 예를 제공하고 있다.[32]

헤이에르만스의 소품에는 잘못 잡기 또는 정확히 말하자면 부적절한 행위의 한 사례가 있는데, 저자는 이를 극적 동기로 이용한다.[33] 그것은 「톰과 테디」라는 소품이다. 어떤 극장 무대에 서는 잠수 곡예 부부가 있었는데, 그들은 유리벽으로 된 저수조에 오

31 슈테르케의 「일상생활에 관하여」참조 — 원주.
32 이 마지막 사례는 1917년에 추가되었다.
33 헤이에르만스 H. Heijermans의 『사무엘 포클랜드의 스케치들 Schetsen van Samuel Falkland』(1914) 참조 — 원주.

랫동안 잠수하는 곡예를 보여 주었다. 최근에 아내는 다른 남자인 조련사와 관계를 맺기 시작했다. 남자 잠수부는 무대에 서기전에 탈의실에서 함께 있는 그들을 보았다. 정적의 장면, 위협의눈길, 그리고 남자 잠수부가 말했다. 〈나중에 봐!〉 연기가 시작되고 남자 잠수부는 가장 어려운 곡예를 하는데, 그는 〈2분 30초 동안 물에 잠긴 밀폐된 상자 속에〉 머문다. 그들은 이 곡예를 이미자주 했었다. 상자가 열쇠로 잠기고 〈테디는 시계를 보면서 시간을 감독하는 관중에게 열쇠를 보인다.〉 그녀는 의도적으로 열쇠를 한두 번 저수조에 떨어뜨린다. 그런 다음 상자가 열려야 하는시각에 늦지 않으려고 서둘러 잠수한다.

〈1월 31일 이날 저녁에도 톰은 보통 때처럼 활기차고 민첩한아내의 작은 손에 의해 감금당했다. 그는 관중이 엿볼 수 있는 작은 구멍 뒤에서 웃고 있었다. 그녀는 열쇠를 가지고 장난하면서그의 경고 신호를 기다렸다. 무대 세트 사이에서 흰 넥타이에 흠잡을 데 없는 연미복을 입고 말채찍을 손에 든 채 서 있었다. 여자잠수부의 주의를 환기시키기 위해 제3의 인물이 짧게 휘파람을불었다. 그녀는 돌아보며 웃고는, 주의력을 잃은 어떤 사람의 서툰 몸짓으로 열쇠를 높이 던졌다. 그것은 아주 높이 던져져서 정확히 2분 20초에 저수조 옆 발판을 가리고 있는 깃발 천 사이에떨어졌다. 누구도 그것을 보지 못했다. 누구도 그것을 볼 수 없었다. 관중석에서 보면 누구나 열쇠가 물속으로 미끄러지는 것을본 것과 같은 시각적 기만이었다. 깃발 천이 열쇠가 떨어지는 소리를 죽였기 때문에 극장의 조수도 그것을 알아차리지 못했다.

테디는 웃으면서 망설임 없이 저수조의 끝으로 기어올랐다. 웃으면서 — 그는 잘 견뎠다 — 그녀는 사다리를 내려왔다. 그리고웃으면서 그녀는 열쇠를 찾기 위해 발판 밑으로 사라졌다. 거기에서 열쇠를 곧바로 발견하지 못하자, 깃발 천 앞쪽에서 무엇을 훔치는 몸짓으로 등을 구부리면서 마치《오, 이 얼마나 지겨운 일인가!》라고 말하는 듯한 표정을 지었다.

그동안 톰은 엿보는 구멍 뒤에서 마치 불안해진 것처럼 우스꽝스럽게 찡그린 얼굴이었다. 사람들은 그의 하얀 틀니, 평평한 콧수염 아래의 입술을 깨문 모습, 사과 먹을 때 보았던 우습게 부풀어 오른 볼을 보았다. 사람들은 저수조를 꽉 붙잡고 헤집는 그의 창백한 마른 손가락을 보고, 이날 저녁 앞서 자주 웃었던 것처럼 웃어 댔다.

《2분 28초…….》

《3분 7초…… 3분 12초……. 》

《브라보! 브라보! 브라보!》

그때 관중석이 경악하며 발로 바닥을 긁어 대었다. 하인과 조련사도 열쇠를 찾기 시작하고, 뚜껑이 열리기 전에 커튼이 내려왔기 때문이었다.

여섯 명의 영국 무희(舞姬)가 무대에 오르고, 이어서 조랑말, 개, 원숭이와 함께 남자가 오르고, 그렇게 쇼는 계속되었다.

다음 날 아침에야 관중들은 불행한 사건이 일어나 테디가 과부로 세상에 홀로 남겨졌다는 소식을 들었다……〉

이 인용문을 통해 이 작가가 증상 행위의 본질을 얼마나 뛰어나게 이해하고 있는지, 죽음에 이르는 불행한 사건의 깊은 원인을 얼마나 정확하게 보여 주었는지 알 수 있다.

아홉 번째 장

증상 행위와 우연 행위[1]

지금까지 설명한 행동들, 즉 우리가 무의식적인 의도를 수행하는 것으로 확인한 행동들은 다른 의도된 행동들을 교란하는 형태로 나타나면서, 서투름을 구실로 스스로의 모습을 감추는 행동들이다. 이제부터 논의할 〈우연〉 행동들은 그와 같은 〈서투른〉 행동들과는 다르다. 우선 우연 행위는 의식적인 의도의 지원을 거절하기에 어떤 구실을 달 필요가 없다. 그리고 그 자체가 자발적으로 일어나는 행동으로, 어떤 목적이나 의도를 지니고 있다는 의심을 전혀 받지 않는다. 우리는 〈그 속에 무엇이 있다는 생각 없이〉, 〈정말 아주 우연히〉, 〈그저 어쩔 수 없이 그렇게 해야 하는 것처럼〉 그런 행동들을 내보인다. 우연 행위의 성격이 이러하기 때문에, 우리는 그런 행동의 의미가 무엇인지 알아보려는 노력이 당연히 무위로 그치고 만다는 것을 쉽게 예상할 수 있다. 서투름을 구실로 내세우지 않는 이런 행동들이 그 특권의 지위를 계속 누리려면 그 행동들이 〈너무 부각되어서는 안 된다〉는 것, 그리고 그 영향이 미미한 정도에 그쳐야 한다는 것 등의 조건을 충족시켜야 할 것 같다.

나는 나 자신의 경험을 통해, 그리고 다른 사람들의 예를 통해

1 이 장의 전반부는 1901년에 쓴 것이다.

그런 우연 행위의 사례를 많이 수집할 수 있었다. 그리고 그 다양한 사례를 면밀히 검토한 후에, 그런 우연 행위들을 〈증상 행위 *Symptomhandlung*〉라고 명명하는 것이 더 바람직하다고 결론을 내리게 되었다. 우연 행위들은 행동 주체 자신이 전혀 의심하지 않는 것, 따라서 대체로 그가 다른 사람에게 전하고자 하는 의도는 없고 오로지 자신만이 간직하고자 하는 그 무엇을 표현하는 행동들이다. 따라서 우리가 지금까지 고려해 왔던 다른 모든 현상들과 마찬가지로, 그런 행동들도 증상의 한 부분으로 작용하는 것이다.

그런 우연 행위 혹은 증상 행위들의 사례를 우리는 신경증 환자를 정신분석 치료하는 동안 많이 발견할 수 있었다. 그런 사례들 가운데 나는 두 가지를 인용하고자 한다. 이 두 사례는 그와 같은 행동들을 결정하는 것이 무의식의 사고라는 사실을 포괄적으로, 그리고 아주 상세하게 보여 주는 예이기 때문이다. 사실 증상 행위와 서투른 행동들의 차이가 분명하게 정의 내려진 것은 아니다. 따라서 바로 앞 장에서 두 경우를 분명하게 구분 지을 수 없는 예를 포함시켜 설명한 것은 당연한 일이었다.

(1) 언젠가 분석 치료 모임에서 결혼한 한 젊은 여자가 연상 작용을 통해 전날 밤 손톱 깎던 일을 떠올리면서 〈손톱 바로 밑의 각피를 긁어 내려다 그만 살을 베이고 말았다〉고 했다. 전혀 의미도 없고 관심거리도 안 되는 이 말을 듣고, 우리는 그 여자가 왜 별것 아닌 그 일을 떠올려 언급했는지 궁금해하지 않을 수 없었다. 그리고 우리는 그 행위가 바로 증상 행위가 아닌가 의심하기 시작했다. 그런데 그녀의 그 서투른 행위로 피해를 본 손가락이 결혼반지를 끼는 약지라는 사실이 밝혀졌다. 또 하나, 그날이 바로 그녀의 결혼 기념일이었다는 사실도 밝혀졌다. 이런 사실에

비추어 손톱을 깎다가 살을 베고 만 그녀의 행동은 아주 분명한 의미를 지니고 있는 것으로 볼 수 있었으며, 그 의미도 쉽게 추측할 수가 있었다. 동시에 그녀는 남편의 서투름과 아내인 자신의 무감각을 간접적으로 암시하고 있는 어떤 꿈 이야기까지 들려주었다. 그런데 (그녀 나라에서는) 결혼반지를 오른손에 끼는데, 그녀의 경우 상처 입은 손가락이 왜 〈왼손〉의 약지였을까? 그녀의 남편은 법률가로 〈법학 박사〉[2]였고, 처녀 시절 그녀가 흠모하던 사람은 어느 의사(우스갯소리로 의사는 Doktor der Linke로 불린다)[3]였다는 사실에서 단서를 찾을 수 있지 않을까? 문자 그대로 왼손에 의한linkerhand 결혼은 불법 결혼이라는 분명한 의미를 지니고 있기 때문이다.

(2) 미혼의 한 처녀가 나에게 이런 말을 들려주었다. 〈어제 저는 정말 아무 생각 없이, 무심코 100플로린[4]짜리 지폐를 두 조각으로 찢어 저를 찾아온 어느 부인에게 한쪽을 주었어요. 그런 행동도 증상 행위로 받아들여야 하나요?〉 그녀의 여러 이야기를 면밀히 검토해 본 결과, 다음과 같은 구체적인 사항들이 밝혀졌다. 우선 100플로린짜리 지폐에 대해 알아보자. 그녀는 시간과 돈을 투자하여 자선 사업에 봉사하는 여자였다. 그러다 다른 여자와 함께 어느 고아의 뒤를 돌봐 주기로 했다. 그 100플로린의 돈은 바로 그 여자가 보낸 돈이었다. 그녀는 그 돈을 봉투에 넣어 응접실의 테이블 위에다 올려놓았던 것이다.

이제는 그녀를 방문했던 부인의 이야기를 하자. 그 부인은 제법 지위가 높은 여자로, 또 다른 자선 사업 건을 그녀가 도와주고

---

2 독일어로 표현하면 *Doktor der Rechte*로, 말 그대로 〈오른쪽 박사〉란 표현이 될 수도 있다.

3 말 그대로는 〈왼쪽 박사〉다.

4 지금의 화폐 가치로 따지면 약 8파운드나 40달러쯤 되는 돈이다.

있었다. 그 부인은 자선 사업에 후원할 의향이 있는 사람들의 명단을 작성하고 싶어 했다. 그런데 종이가 없자 미혼의 그 여자가 테이블 위에 있던 봉투를 집어 들고는 그 속에 돈이 들었다는 사실을 까맣게 잊은 채, 아무 생각 없이 반으로 쫙 찢었다. 후원자 명단을 자신도 옮겨 적는다는 생각에 반쪽은 자신이 가지고, 나머지 반쪽은 그 부인에게 건네준 것이었다. 여기서 분명히 주목해야 할 사실은, 그녀의 행동이 비록 분별 없는 행동이기는 했어도 실제로는 아무런 손해도 없는 행동이었다는 점이다. 100플로린 지폐가 두 조각으로 찢어졌지만, 나중에 다시 두 조각을 붙이기만 한다면 원래의 가치를 그대로 보존할 수 있기 때문이다. 그 반쪽의 봉투 조각에 기입했을 사람들의 이름이 분명 중요한 것이라면 그 부인이 그것을 아무렇게나 내버리지 않을 것이고, 따라서 그 미혼의 여자가 돈이 들어 있는 봉투를 찢었다는 사실을 알게 되면 그 순간 당장 반쪽을 찾아와 붙일 수가 있는 것이다.

그렇다면 망각으로 인해 일어난 이 우연 행위의 근원에는 어떤 무의식적 사고가 있었던 것일까? 나의 환자인 그 미혼 여성을 치료하는 데는 분명 그녀를 방문했다는 그 지체 높은 귀부인과 그녀의 관계가 열쇠가 되었다. 그녀에게 나를 추천한 사람이 바로 그 부인이었으며, 만일 내가 제대로 봤다면 내 환자는 그 부인의 추천에 대한 대가로 무엇인가를 지불해야 한다는 의무감 같은 것을 느꼈을 것이다. 따라서 그 100플로린 지폐의 반쪽을 아마 중개자의 역할을 한 그 부인에게 지불해야 할 대가로 여겼을지도 모른다. 하지만 그렇게만 생각하기에는 아직 많은 의문점이 있었다.

더 자세한 사실들이 밝혀졌다. 며칠 전에 그 미혼 여성에게 전혀 다른 성격의 중개 역할을 한 여자가 하나 있었다. 그 여자는 내 환자인 그 미혼 여성의 친척을 통해 그녀에게 어느 신사와 사귀어 보지 않겠느냐는 의사를 타진해 왔다. 그런데 바로 그날 아침, 즉 앞에서 말한 그 귀부인이 방문하기 몇 시간 전에 그 신사에게서 구혼의 편지가 날아들었고, 따라서 그 미혼 여성은 그 당시 대단히 흥분한 상태에 있었던 것이다. 그래서 귀부인이 건강을 화제로 꺼내며 대화를 시작하자, 그 미혼 여성은 이렇게 생각했던 것이 아닌가 싶다. 〈당신이 전에도 저에게 좋은 의사 선생님을 소개시켜 주셨잖아요. 그런데 이렇게 좋은 남자를 소개받게 되다니 (여기서 더 생각이 이어진다면 아마《그래서 아이도 낳게 된다면……》하는 식이 되었을 것이다) 어떻게 감사의 말씀을 드려야 할지 모르겠군요.〉 이 생각, 즉 말로 표현은 못하고 가슴에만 꼭꼭 묻어 두고 있던 이런 생각에서 그 미혼 여성은 두 중개인을 동일 인물로 생각하게 되고, 따라서 이미 환상 속에서 다른 여성에게 주어야겠다고 마음먹고 있던 그 돈을 자기를 찾아온 귀부인에게 덥석 내준 것이었다. 그녀의 행동을 이렇게 설명하는 것이 설득력이 있는 것은, 바로 그 전날 밤에 내가 그녀에게 그와 같은 우연 행위와 증상 행위에 관한 말을 했기 때문이다. 그에 따라 그녀는 내가 설명한 것과 비슷한 행동을 내보일 기회를 포착할 수 있었던 것이다.

이처럼 우리 주변에서 지극히 자주 일어나는 우연 행위와 증상 행위는 그 행동들이 습관적인 것이냐, 아니면 특정 조건하에서 규칙적으로 일어나는 행동이냐, 아니면 산발적으로 일어나는 행동이냐에 따라 세 종류로 구분 지을 수가 있다.[5]

첫 번째 종류의 행동들(가령 시곗줄을 만지작거린다든지 수염

5 이 세 종류 가운데 앞의 두 종류는 이 단락에서 설명되고 있지만 나머지 하나, 즉 세 번째 종류의 행동은 뒤에 가서야 설명된다. 그사이에 들어 있는 내용들은 그 가운데 많은 예들이 사실상 세 번째 종류의 행동들, 즉 〈산발적〉인 성격의 행동들에 속하는 것이긴 하지만 나중에 추가된 내용들이다.

을 쓰다듬는 등의 행동)은 행동 주체가 내보이는 특징적 행동으로, 사실상 〈안면 경련〉과 같은 다양한 움직임과 유사한 것이다. 따라서 그런 움직임과 관련시켜 다루어야 한다. 한편 한 손으로는 주머니 속의 동전이나 옷자락을 만지작거리거나 혹은 빵가루 같은 것을 문지르면서, 다른 한 손으로는 나무 막대기를 만지작거리거나 연필로 뭔가를 끼적거리는 행동을 우리는 두 번째 종류의 행동에 포함시킬 수가 있다. 심리 치료를 받는 동안 환자들이 내보이는 이런 종류의 행동에는, 다른 식으로는 표현되지 못하는 어떤 의미가 숨어 있는 것이 보통이다. 일반적으로 이와 같은 두 번째 행동을 내보이는 사람은 자신이 그와 같은 종류의 행동을 내보이고 있다는 사실을 전혀 모르고 있다. 또 어떻게 보면 그런 사람은 그와 같은 행동을 통해 자신이 평상시에 즐겨 하는 동작을 다르게 변형시켜 내보이는 것인지도 모른다. 그런 사람은 자연히 자기 행동의 결과를 보지도 못하고 듣지도 못한다. 예를 들어 주머니 속의 동전을 짤랑이는 경우, 그 사람은 그 짤랑이는 동전 소리를 듣지 못하는 것이다. 그리고 어쩌다 그 소리를 듣게 되면 자기가 왜 그런 행동을 하게 되었는지, 자신도 놀랍고 믿기 어렵다는 식의 태도를 보이게 된다. 자기도 모르게 자기가 입은 옷에 어떤 변화를 가한 사람의 행동도 마찬가지로 심리 치료를 하는 의사들의 관심을 사기에 충분하다. 자주 입는 옷에 나타나는 모든 변화, 가령 단추를 제대로 채우지 않는 것과 같이 부주의에서 비롯된 것 같은 아주 사소한 변화나 노출(露出)의 표시는, 그 옷을 입고 있는 사람이 뭔가 사실대로 얘기하고 싶지 않은 것이 있다는 것을 나타내고자 하는 의도에서 표출된 행동일 수 있다. 물론 대개는 스스로가 그 사실을 인식하지 못하고 있는 경우가 많다. 이처럼 사소한 듯 보이는 우연 행위에 대한 해석과 그 해석에 대한 증거는 심리 치료를 할 때마다 나타나는 여러 가지 자료나 그때 논의되는 화제, 그리고 그 우연 행위에 관심을 가질 때 연상으로 이어져 나타나는 여러 사건을 통해 얻을 수 있다. 이런 연유로 나는 굳이 내 주장을 뒷받침하기 위해 분석을 통해 구할 수있는 구체적인 예를 길게 나열하진 않으려고 한다. 다만 내가 그런 행동들을 언급한 것은, 그 행동들이 나를 찾아온 환자들에게서와 마찬가지로 정상적인 사람의 경우에도 똑같은 의미를 지니고 있다고 믿기 때문이다.

나는 여기서, 어느 건강한 사람이 습관적으로 내보이는 상징적 행동이 우리가 익히 잘 알고 있는 그의 삶의 아주 중요한 부분과 어느 정도로 밀접하게 연관되어 있는지를 보여 주는 사례 하나[6]를 제시하지 않을 수 없다.[7]

프로이트 교수가 우리에게 가르쳐 준 대로, 상징은 초기의 정신분석 경험에서 기대했던 것 이상으로 정상인의 어린 시절에서 대단히 중요한 역할을 한다. 이런 점에서 보면 다음의 짤막한 분석은 특히 그것이 지닌 의학적인 주제를 고려할 때 관심을 가져볼 만한 내용이다.

새집에 이사를 해서 가구를 정리하던 한 의사가, 우연히 옛날에 쓰던 구식의 나무 막대기 청진기를 발견하고 잠시 그것을 어디에 둘까 망설이다가 책상 옆, 자기가 앉는 의자와 환자들이 앉는

6 이 사례는 1912년에 추가되었다.
7 어니스트 존스Ernest Jones(1910)의 「일상생활에서의 상징에 관하여Beitrag zur Symbolik im Alltagsleben」 — 원주. 어니스트 존스의 독일어 원문은 번역된 영어본보다 상당히 길고 내용에도 다소 차이가 있다. 이 책에서는 가능한 경우엔 영어본을 그대로 실으면서 되도록 독일어 원문에 가깝게 따르도록 했다.

의자 중간에 세워 놓았다. 이 의사의 행동은 두 가지 이유에서 본질적으로 기이한 구석이 있다. 첫째, 그 의사는 청진기를 거의 사용하지 않는 사람이다(사실 그는 신경학자였다). 그리고 혹 청진기가 필요한 경우라면 그는 보통 두 귀에 꽂는 청진기를 사용했다. 둘째, 그가 사용하는 모든 의료 기기들은 서랍에 들어 있다. 오직 그 나무 청진기만 밖에 세워져 있는 셈이었다. 그러나 그 의사는 그런 사실을 전혀 모르고 있는 듯했다. 그러다 어느 날, 그런 나무 청진기를 처음 본 어느 여자 환자가 그 의사에게 그것이 뭐냐고 물었다. 의사가 청진기라고 알려 주자, 그 여자 환자는 이번에는 왜 그 청진기를 그렇게 중간에 세워 놓았는지를 물었다. 의사는 무뚝뚝하게 그곳이나 다른 곳이나 다 똑같지 않냐고 대답했다. 그러나 그때부터 의사는 곰곰이 생각하기 시작했다. 자기가 그 나무 청진기를 그곳에 세워 놓은 행동에 어떤 무의식적인 동기가 있었던 것은 아닌가 하는 궁금증이 생겼던 것이다. 그리고 나름대로 정신분석적 방법을 잘 알고 있었던 그는 그 문제를 해결하기로 마음먹었다.

맨 먼저 그에게 떠오른 것은, 의과 대학생이었을 때 나무 청진기를 사용하지 않으면서도 습관처럼 늘 손에 들고 회진을 다니던 어느 인턴에 대한 기억이었다. 그 당시 그는 그 인턴을 존경했고, 그래서 늘 따라다녔다. 나중에 그가 인턴이 되었을 때 그도 예전의 그 인턴과 똑같은 습관을 키웠다. 그러다 보니 어쩌다 방을 나서며 청진기를 손에 들고 나오지 않으면 뭔가가 어색하고 불편한 느낌이 들었다. 그러나 그런 습관이 아무 목적도 없는 습관이라는 것은, 그가 사용하는 청진기는 늘 주머니 속에 넣고 다니는 양 귀에 꽂는 청진기라는 사실, 그리고 그가 청진기를 전혀 사용할 필요가 없는 외과 인턴이 되었을 때도 그 습관을 버리지 못했다는 사실에서 분명히 드러났다. 그런데 여기서 만일 우리가 그와 같은 상징적 행동이 지니고 있는 남근 숭배적 속성에 주목한다면 그 의미가 분명하게 드러나는 것이다.

그다음에 그가 떠올린 것은 어린 시절의 기억이었다. 아주 어렸을 적에 그는 모자 속에 나무 청진기를 들고 다니던 가정의(家庭醫)의 행동을 보고 재미있다고 생각한 적이 있었다. 그 의사는 환자를 보러 갈 때마다 항상 주요 의료 기기를 편리하게 사용할 수 있게끔 들고 다녔는데, 바로 모자(의상의 한 부분이다)에 넣고 다니기 때문에 모자만 벗어 그 속에 들어 있는 물건을 〈꺼내기만〉 하면 되었던 것이다. 아주 어렸을 적에 그는 바로 그 의사에게 끌렸던 것이다. 그는 잠시 자기 분석Selbstanalyse을 한 뒤에, 자기가 세 살 반이었을 때 누이동생의 탄생에 관해 이중의 환상을 지니고 있었음을 알아낼 수 있었다. 그 이중의 환상이란, 하나는 누이동생이 자기 자신과 어머니의 아이라는 환상이었고, 또 하나는 의사와 자기 자신의 아이라는 환상이었다. 따라서 이런 환상 속에서 그는 남성과 여성의 역할을 동시에 수행했던 것이다. 더 나아가 그는 자신이 여섯 살이 되었을 때 바로 그 의사에게 검진받았던 기억도 떠올렸다. 가까이서 자기 가슴에 청진기를 대고 귀를 기울이는 그 의사의 머리가 무척 육감적인 느낌으로 와닿았던 것과, 리드미컬하게 들려오는 그의 호흡 소리가 기억에 떠올랐던 것이다. 이미 세 살 때부터 그는 만성 심장 질환 때문에 지속적으로 의사의 검진을 받아야 했다. 그런데 그때까지 그 사실을 기억해 내지 못했던 것이다.

여덟 살 때 그는 자기보다 나이가 많은 한 아이에게, 의사들이 여자 환자들과 같이 자는 것은 흔한 일이라는 말을 들은 적이 있다. 그는 그 말을 가슴에 새겨 두었다. 당시 그의 어머니를 포함하여 이웃에 사는 여자들이 그 젊고 잘생긴 의사를 무척 좋아했기 때문에, 그 말이 소문만은 아니라고 생각할 만했다. 사실 의사가 된 뒤에 그 자신도 여자 환자에게 성적 매력을 느낀 적이 여러 번 있었다. 그러다 한 여자와 사랑에 빠져 마침내 결혼까지 한 그였다. 어떻게 보면 어렸을 적에 그 의사와 자신을 무의식적으로 동일시한 데서 그가 의사라는 직업을 택하게 된 동기가 생겨났을 것이 분명해 보였다. 물론 또 다르게 분석을 해보면, 그것이 분명 가장 흔하고 일반적인 동기(어떻게 일반적이라고 결정할 수 있는지는 어렵겠지만)인 것도 틀림없다. 이 의사의 경우는 그 동기가 다음 두 가지 것에 의해 결정되었다고 볼 수 있다. 첫째는 아들인 자신이 그렇게 질시하던 아버지에 대해 그 가정의가 지니고 있던 우월성이고, 둘째는 의사들이 금기시된 화제에 대해 소상히 잘 알고 있고 또 성적 만족을 취할 기회를 누구보다 더 많이 가지고 있다는 사실이다.

그런 다음에는 내가 다른 곳에서 글로 발표한 적[8]이 있는 꿈에 관한 이야기를 거론할 수 있다. 그 꿈은 분명히 동성애*Homosexualität*적이고 피학대 음란증적인 속성을 지닌 꿈이었다. 그 꿈에서 의사를 대신한 한 남자가 그를 〈칼〉로 공격했다. 그 칼을 보고 그는 『뷜숭 니벨룽겐 사가*Völsung Nibelungen Saga*』에서 시구르드Sigurd가 잠자고 있는 브륀힐드Brynhild 여왕[9]과 자기 사이에 칼을 놓아둔 구절이 생각났다. 이 대목은 물론 그가 잘 알고 있는 아서왕의 전설에서도 똑같은 상황으로 나타나고 있는 부분이기도 하다.

8 어니스트 존스의 「프로이트의 꿈에 관한 이론Freud's Theory of Dreams」(1910)을 말한다 — 원주.
9 흔히 알려진 『니벨룽의 반지』에서는 시구르드가 지크프리트Siegfried이고, 브륀힐드 여왕은 브륀힐데Brünhilde로 나온다.

그 상징적 행동의 의미는 이제 분명해진 셈이다. 우리의 그 의사는 지크프리트가 자신이 접근해서는 안 될 여자와 자기 사이에 그의 칼을 놓아두었듯이, 나무 청진기를 자기와 여자 환자 사이에 세워 놓은 것이었다. 이 행동은 일종의 타협-형성으로 두 가지 충동을 만족시켜 준다. 하나는 매력적인 여성 환자들과 성적 관계를 맺고 싶은 억압된 소망을 그의 상상 속에서 만족시켜 주는 것이며, 또 하나는 그와 동시에 그에게 그러한 소망이 실현될 수 없는 것이라는 사실을 상기시켜 주는 것이다. 말하자면 유혹에 빠지지 않도록 하는 마술이 바로 그것이다.

나는 여기서 그 의사가 소년이었을 때, 리턴 경Lord Lytton의 『리슐리외Richelieu』에 나오는 다음 구절이 그에게 깊은 감명을 주었다는 사실을 덧붙이고자 한다.

위대한 사람의 지배하에서는
펜이 칼보다 더 강하노니······.[10]

그리고 그는 글을 많이 쓰는 작가가 되었고, 게다가 굉장히 큰 만년필을 사용하고 있었다. 내가 왜 그렇게 큰 만년필을 사용하냐고 물었을 때 그의 대답이 참 인상적이었다. 〈표현할 것이 너무도 많아서요.〉

이 분석을 통해 다시 한번 우리가 알게 되는 것은, 〈순진〉하고 〈무의미〉한 행동이라도 그것이 우리의 정신적 삶에 얼마나 심오한 통찰을 부여하는가 하는 사실이다. 그리고 또 상징화라는 것은

10 올드햄Oldham의 〈다른 사람이 칼을 들고 있듯이 나는 펜을 들었노라〉와 비교해 보라 — 원주. 존 올드햄John Oldham(1653~1683)의 〈어느 화가에 대한 풍자〉에 나오는 구절이다.

아주 어렸을 적부터 시작된다는 사실도 알 수 있다.

　나는 여기서 내가 정신 치료를 했던 한 환자의 예를 추가로 인
용해 보겠다. 그 환자는 손으로 빵 부스러기를 만지작거리며 장
난치는 습관이 있던 아직 열세 살이 채 못 된 소년이었다. 거의
2년 동안 소년은 심한 히스테리 증세를 앓아 왔다. 장기간 수(水)
치료 기관에서 치료를 받았지만 아무 효과가 없다기에, 나는 마
지막으로 정신분석 치료를 해보자고 결정을 내렸던 것이다. 나는
그 소년이 분명 어떤 성적 경험을 지니고 있고, 또 성적인 문제로
고민하고 있는 것이 틀림없다는 가정을 하고 있었다. 그 소년의
나이쯤 되면 그럴 가능성이 많았기 때문이었다. 하지만 나는 내
가 생각한 전제를 시험하면서 그 소년에게 이러쿵저러쿵 설명하
지 않기로 했다. 자연히 내가 찾고자 하는 것을 그 소년이 어떻게
내놓을까 궁금하지 않을 수 없었다. 그러던 어느 날, 소년이 오른
손 손가락으로 뭔가를 조몰락거리는 것을 보게 되었다. 그것을
주머니 속에 쑤셔 넣고 계속 만지작거리다가는 다시 꺼내 만지고
또 집어넣고 하는 것이었다. 나는 소년에게 손에 들고 있는 것이
무엇인지 묻지 않았다. 그런데 소년이 갑자기 손을 펴더니 나에
게 그것을 보여 주는 것이었다. 그것은 하도 주물러서 덩어리로
변한 빵 부스러기였다. 그다음 치료 때도 소년은 비슷한 빵 덩어
리를 가져왔다. 그리고는 이야기를 하는 동안 그 덩어리로 무슨
형상을 만드는 것이었다. 자연히 내 관심은 그곳으로 쏠릴 수밖
에 없었다. 소년은 눈을 감은 채 능숙한 솜씨로 순식간에 형상을
빚어 냈다. 머리가 하나 있고 두 팔과 두 다리가 달린 것이 영락없
이 작은 사람의 모습이었다. 선사(先史) 시대의 조잡한 어떤 우상
같기도 했다. 소년은 두 다리 사이에 길게 뻗어난 무엇인가를 붙

이려고 했다. 그러나 그것이 채 완성되기도 전에 다시 소년은 덩어리를 뭉개 버리는 것이었다. 나중에는 다리 사이에 뻗어난 것을 그대로 둔 채로 만들기도 했지만, 그것이 의미하는 것을 감추기라도 하듯 등이나 신체의 다른 부분에도 그 비슷한 돌기를 만들어 놓았다. 나는 내가 소년을 이해했다는 사실을 보여 주고 싶었다. 하지만 그렇게 되면 소년은 그 형상을 만들면서 아무 생각도 안 하고 만든 것이라는 변명을 할 것이 틀림없을 테고, 나는 그말을 듣고 싶지가 않았다. 이런 생각을 하며 나는 소년에게 불쑥질문을 던졌다. 어느 로마의 왕이 아들이 보낸 사신(使臣)에게 대답 대신에 궁의 뜰에서 무언의 몸짓을 내보인 이야기를 알고 있느냐는 물음이었다. 분명히 나보다는 최근에 그 이야기를 많이들었을 텐데 소년은 기억해 내지 못했다. 소년은 엉뚱하게도 어느 노예의 이야기가 아닌가, 그리고 그 몸짓이라는 것이 머리를깎은 것이 아닌가 하는[11]식으로 대답하는 것이었다. 나는 그게 아니고 그리스 역사에 나오는 이야기라며 그 이야기를 들려주었다. 로마의 왕인 타르키니우스Tarquinius가 그의 아들인 왕자 섹스투스Sextus를 적대국인 어느 라틴의 도시로 은밀히 잠입하게 했다. 그 아들은 그곳에서 은밀히 동조자를 모았고, 그런 후에 왕에게 사신을 보내 그다음에는 어떻게 했으면 좋겠냐고 물었다. 그때 그 로마의 왕은 대답 대신에 뜰로 나가 그곳에서 왕자가 물은 것이 무엇인지 다시 한번 반복하게 한 다음, 뜰에 서 있던 큼직한 꼭두각시 인형들의 목을 말없이 내리쳤던 것이다. 사신은 그 사실을 왕자인 섹스투스에게 보고했고, 아버지의 뜻을 이해한 그는 그 도시에 있는 유명 인사들을 제거하는 일에 착수했다.

내가 이 얘기를 하는 동안, 소년은 빵 조각 주무르는 일을 멈추

11 이 노예의 이야기는 헤로도토스Herodotos의 제5권 35장에 나오는 것이다.

고 내 말에 귀를 기울였다. 그리고 내가 왕이 뜰로 나가 인형들의 목을 〈말없이 내리쳤다〉는 말을 하려는 순간, 자기가 만든 작은 사람 형상의 목을 떼어 내는 것이었다. 말하자면 소년은 나의 말을 이해했고, 또 내가 자신을 이해하고 있다는 사실도 알고 있었던 것이다. 그제서야 나는 그 소년에게 직접 질문을 던질 수 있었고, 필요한 정보를 제공해 주었으며, 우리는 곧 그 소년의 신경증을 치료할 수가 있었다.

환자들뿐만 아니라 건강한 사람들에게서도 쉽게 찾아볼 수 있는 증상 행위[12]는 여러 가지 이유에서 우리의 관심을 끈다. 의사에게는 그런 증상 행위들이 신기하고 낯선 상황을 이해하는 데 중요한 단서가 되며, 인간 본성을 관찰하고자 하는 사람에게는 그런 행동들이 그가 알고자 하는 것 이상의 많은 사실을 보여 준다. 그런 증상 행위들의 의미를 잘 아는 사람은 동방의 전설에서 동물의 언어를 이해했다고 알려진 솔로몬왕과 같은 느낌이 들 수도 있을 것이다. 언젠가 나는 잘 알지 못하는 어느 젊은이를 그의 어머니 집에서 검진한 적이 있었다. 그때 나에게 다가오는 그 젊은이의 바지에 큼직한 얼룩이 묻어 있었다. 얼룩의 테두리가 조금 딱딱하게 굳어 있는 것으로 보아, 나는 그 얼룩이 달걀흰자에 의해 생긴 것임을 알 수 있었다. 잠시 당황해하던 그 젊은이는 목이 칼칼해 날달걀을 깨 먹다 달걀흰자가 흘러내려 묻은 것이라고 설명했다. 그러면서 그는 방 안 작은 접시 위에 남아 있던 깨진 달걀 껍데기를 가리켰다. 그것으로 그 의심스러운 얼룩이 왜 생겼는지 충분히 설명된 셈이었다. 잠시 후, 그의 어머니가 우리만 남겨 두고 방을 나섰을 때, 나는 그에게 내가 쉽게 진단을 내릴 수 있게 해주어서 고맙다고 했다. 사실 별로 애쓰지 않고 나는 수음

12 이 단락은 1907년에 추가된 것이다.

(手淫)으로 인한 문제로 고민하고 있다는 그의 고백을 토대로 논의를 전개시킬 수 있었던 것이다. 또 언젠가 나는 어느 부유한 부인을 방문한 적이 있었다. 그 부인은 재산이 많기는 해도 어딘가 고민도 많고 어리석은 데가 있는 여자였다. 그런데 그 부인은 의사가 병의 원인을 알아내기 전까지 온갖 불평과 불만을 털어놓아진을 다 빼놓는 습관이 있었다. 내가 방에 들어섰을 때, 그녀는 작은 테이블 옆에 앉아 은화를 열심히 쌓아 두고 있었다. 내가 들어서는 것을 본 그녀가 자리에서 일어나며 테이블을 건드리는 바람에 동전 몇 개가 바닥에 떨어지고 말았다. 나는 그 부인이 동전 줍는 것을 도와주면서, 다음과 같은 질문으로 그녀의 고민거리에 대한 설명을 금방 얻어 낼 수 있었다. 〈사위가 돈을 많이 빼가는 모양이죠?〉 이 물음에 그 부인은 화를 벌컥 내며 아니라고 부인했지만, 이내 사위가 방탕한 생활을 하여 여간 화가 치미는 게 아니라며 고민을 털어놓는 것이었다. 그러나 그 부인은 그날 이후로 나를 더 이상 부르지 않았다. 아마 자신들이 내보이는 증상 행위의 의미를 제대로 파악한 사람을 누구든 친구로 삼기는 어려운가 보다.

　J. E. G. 판 엠던 박사(헤이그)는 〈실수에 의한 고백〉의 또 다른 예[13]를 다음과 같이 들려준다.

　베를린의 한 작은 레스토랑에서 웨이터가 계산을 하며, 내가 먹은 음식의 가격이 전쟁 때문에 10페니히 올랐다고 했다. 내가 그러면 왜 그 가격이 메뉴에 나와 있지 않냐고 따지자, 그는 착오가 있었던 모양이라고 하면서 가격이 오른 것은 분명하니 그 가격

13　1919년에 추가된 것이다.

으로 계산해야 한다고 했다. 그러면서 그는 돈을 받아 주머니에 집어넣다가 잘못해서 10페니히 동전을 바로 내 앞의 테이블에 떨어뜨리는 것이었다.

내가 물었다. 「당신, 음식값을 너무 많이 받은 게 아니오? 내가 계산대에 가서 물어봐도 되겠소?」

「죄송합니다만…… 잠깐만 기다려 주시겠습니까?」 그리고 그 웨이터는 어디론가 사라졌다.

당연히 나는 그가 물러서는 것을 말리지 않았다. 잠시 후 그가 다시 나타나 내 음식을 다른 손님의 음식과 혼동했다며 사과하는 것이었다. 그때 나는 그가 돌려주는 10페니히를 받지 않고 그에게 그냥 주고 말았다. 일상생활의 정신 병리학에 대한 기여로 생각하고 그 보답으로 준 것이었다.

친구들과 식사를 하는 동안 그들을 관찰하는 것을 좋아하는 사람이면 누구든지, 아마 가장 분명하면서도 시사해 주는 점이 많은 증상 행위들을 관찰할 수 있을 것이다.[14]

한스 작스 박사는 다음과 같은 이야기를 들려준다.

우연히 내 친척인 노부부가 저녁 식사를 하는 자리에 낀 적이 있었다. 그런데 부인은 위장병이 있어서 엄격히 다이어트를 하고 있는 중이었다. 그 부인의 남편 앞에는 구운 고기가 놓여 있었고, 남편은 고기를 먹지 못하는 자기 부인에게 겨자를 좀 갖다 달라고 했다. 그러자 그 부인은 찬장을 열고는 그 속에서 위장약이 든 작은 병을 꺼내 남편 앞에 놓는 것이었다. 물론 겨자통과 위장약병은 전혀 다른 모양이었다. 하지만 그 부인은 남편이 웃으며 그 사

14   이 단락과 그다음에 이어지는 네 가지 예는 1912년에 추가된 것이다.

실을 지적할 때까지 자신의 실수를 깨닫지 못하고 있었다. 이 증상 행위의 의미는 더 이상 설명할 필요도 없는 것이다.

나는 이런 종류의 예 가운데 관찰자가 그 상황을 교묘히 잘 이용한 한 예를 빈의 다트너 B. Dattner 박사에게서 들은 적이 있다.

나는 철학 박사인 친구 H와 한 레스토랑에서 점심을 먹고 있었다. 그런데 그 철학 박사가 시험 기간에 있는 학생들의 어려움에 관해 이런저런 말을 하다가 우연히 자기가 공부를 끝내고 어느 대사의 비서직, 좀 더 정확히 말하면 칠레의 특명 전권 대사의 비서로 근무한 시절의 얘기를 꺼내는 것이었다.

「그런데 그 대사가 다른 곳으로 부임하게 되었는데, 나는 그 후임자에게 나 자신을 소개하지 않았지 뭡니까?」

이 말을 끝내면서 그는 케이크 한 조각을 집어 들고 입에 넣으려다 그만 떨어뜨리고 말았다. 나는 즉각 이 증상 행위의 의미를 파악하고는 그 얘기를 친구에게 말했다.

「맛있는 것을 그만 떨어뜨리고 말았군.」

그러나 정신분석을 잘 모르고 있던 그 친구는, 내 말이 자신의 증상 행위에 대한 언급이라는 사실을 깨닫지 못하고는 내 말을 그대로 받아 똑같이 내뱉는 것이었다.

「그래, 맛있는 건데 떨어뜨렸어.」

그리고는 보수가 좋았던 그 자리를 실수 때문에 잃어버린 상황을 계속 늘어놓았다.

이 상징적 증상 행위의 의미는, 만일 내 친구가 그렇게 가깝지 않은 나와 같은 친구에게 자신의 궁핍했던 상황을 얘기하는 것을 주저했다는 사실이 드러나면 더욱 분명해지는 것이다. 그리고 그

때 떠올랐던 생각이 어떤 증상 행위로 스스로를 은폐하고, 그 증상 행위는 숨겨진 의미를 상징적으로 표현한 것일 뿐만 아니라, 그런 식으로 해서 무의식적으로 바라던 위안을 그에게 줄 수 있었다면 그것만으로도 그 증상 행위의 의미는 분명해질 수 있는 것이다.

다음의 예는 아무 의도 없이 무심코 무엇인가를 가져가 버리는 행동에 얼마나 많은 의미가 숨겨져 있는가를 잘 보여 주는 예들이다. 다트너 박사는 이런 이야기를 들려준다.

한 동료가 여자 친구를 방문했다. 그가 젊었을 때 무척 좋아한 여자였다고 한다. 그리고 그 방문은 그녀가 결혼한 이후 첫 방문이었다. 그는 나에게 그 얘기를 들려주면서, 방문하기 전에 다짐했던 자신의 결심이 그녀와 같이 있자마자 이내 허물어지는 것을 보고 놀랐다고 덧붙였다. 그리고는 그곳에서 있었던 자신의 실수를 얘기하기 시작했다. 같이 대화를 나누던 그 여자 친구의 남편이 성냥갑을 찾았다는 것이다. 성냥갑은 그가 방문했을 때 분명 테이블 위에 놓여 있었다는 것을 그도 알고 있었다. 순간 내 동료는 혹시 자신이 잘못 그 〈성냥갑을 집어〉[15] 자기 주머니에 넣은 것이 아닌가 하고 주머니를 뒤졌다는 것이다. 정말로 그 성냥갑이 그의 주머니에서 발견되었고, 더욱이 그 성냥갑에 성냥이 한 개 들어 있었다는 사실에 그도 놀랐다고 한다. 며칠 후에 그 성냥갑이 지닌 상징성을 보여 주는 동시에, 그 여자 친구와 관련된 꿈을 꾸었다는 동료의 이야기를 듣고, 나는 내 동료의 증상 행위가 바로 그 여자를 소유할 우선권이 있음을 선언하고, 또 배타적 소유

15 독일어에서 성냥갑의 〈상자〉를 뜻하는 단어 〈Schachtel〉은 여성형 명사다.

권(성냥갑에 성냥이 하나 들어 있다는 것)에 대한 자신의 주장을 증명하는 행동이라는 나의 설명을 더욱 분명하게 확인할 수 있었다.

한스 작스 박사는 이런 이야기를 들려준다.

우리 가정부는 어떤 특정한 종류의 케이크를 굉장히 좋아한다. 그녀가 잘 만드는 것이 그것밖에 없으니 더욱 그런 것인지도 모르겠다. 어느 일요일, 그녀가 자신이 좋아하는 케이크를 들고 들어와 식기대 위에 내려놓았다. 그리고는 먼저 먹은 음식의 접시와 식기 등을 치우더니 그것들을 케이크를 담아 온 쟁반 위에 차곡차곡 쌓는 것이었다. 그런 다음에 케이크를 들고 와서 그것을 식탁 위에 올려놓는 것이 아니라 쟁반에 쌓은 접시와 식기 뒤에 올려놓는 것이 아닌가! 그리고 그 쟁반을 들고 주방으로 들어가는 것이었다. 처음에 우리는 그녀가 케이크를 다시 잘 챙겨 가져오려고 그러는 모양이라고 생각했다. 그러나 그녀는 다시 나타나지 않았고, 궁금한 나머지 아내가 큰 소리로 물었다. 〈베티, 케이크 어떻게 됐어요?〉 그러자 가정부는 무슨 말인지 모르겠다는 듯이 〈무슨 말씀이세요?〉라고 대답했다. 그제서야 우리는 처음으로 그녀에게 케이크를 도로 가져갔다는 사실을 알려 주었다. 그녀는 접시를 쌓은 쟁반 위에 케이크를 올려놓고는 〈그 사실도 모른 채〉 함께 치워 버린 것이었다. 다음 날, 우리가 남아 있던 케이크를 먹으려고 하는 순간 아내가 전날 남겨 둔 케이크가 그대로 있다는 사실을 발견했다. 이 말은, 그 케이크를 좋아하는 가정부가 자기 몫도 먹지 않고 그대로 남겨 두었다는 뜻이었다. 우리가 그녀에게 왜 한 조각도 먹지 않고 그대로 남겼냐고 묻자, 그녀는 당황해하며 먹고 싶지 않아서 그랬다고 대답할 뿐이었다. 이 두 경우에서 분명히 드러나는 것은 그 가정부의 유아적 태도이다. 첫째는 자기가 소망하는 것을 다른 누구와도 같이 나누고 싶어 하지 않는 어린아이 같은 탐욕이고, 둘째는 어린아이들의 반항적 반응 같은 것이다. 즉 〈나 주기 아까우면 혼자 잘 먹어. 난 조금도 먹고 싶지 않으니까〉 하는 반응인 것이다.

결혼 문제를 둘러싸고 나타나는 우연 행위나 증상 행위[16]는 아주 심각한 의미를 지니고 있을 뿐만 아니라, 무의식의 심리학을 별것 아니라고 치부하는 사람들에게도 불길한 징조를 믿게 하는 여지를 지니고 있다. 갓 결혼한 신부가 신혼여행 중에 결혼반지를 잃어버렸다면, 그녀의 결혼은 행복한 출발로 시작되지 않는다. 물론 대개의 경우는 결혼반지를 딴 곳에 두었는데 잊었다가 나중에 다시 찾게 되는 경우가 많다. 내가 알고 있는 여자 중 지금은 남편과 이혼하여 혼자 살고 있는 한 여자가 있다. 그녀는 결혼 후에도 돈 문제에 관한 서류에 서명을 할 때마다 처녀 때의 이름을 적었다고 한다. 결국은 몇 년이 지난 뒤 자기 이름을 되찾은 셈이 된 것이다. 한번은 어느 신혼부부의 초대를 받은 적이 있었다. 그 때 신부가 자신이 최근에 겪은 경험이라며 웃으면서 털어놓는 이야기를 듣게 되었다. 신혼여행에서 돌아온 그다음 날, 그녀는 남편이 출근한 후 전에 늘 그랬던 것처럼 미혼의 여동생에게 쇼핑을 가자고 했다는 것이다. 그런데 길을 가다가 건너편의 한 신사를 보고는 여동생의 옆구리를 쿡쿡 찌르며 큰 소리로 말했다고 한다. 〈얘, 저기 봐. L 씨가 가네.〉 그녀는 그 신사가 몇 주 전에 자기와 결혼한 자기 남편이란 사실을 잊고 있었던 것이다. 나는 그

16 이 단락은 1907년에 추가된 것이다.

얘기를 듣는 순간 가슴이 철렁 내려앉았지만 감히 내 생각을 말할 수는 없었다. 몇 년이 지난 뒤 그 신혼부부의 결혼이 결국 불행하게 끝나고 말았다는 소식을 들었을 때, 나는 그 작은 사건이 가장 먼저 떠올랐던 것이다.

다음의 이야기[17]는 프랑스어로 출간된 알퐁스 메더Alphonse Maeder의 귀중한 연구서[18]에서 인용한 것으로, 망각의 예를 잘 보여 주는 또 다른 경우다.

한 여자가 최근에 들려준 얘기로, 그녀는 웨딩드레스를 입어보는 일을 잊고 있다가 결혼 전날 밤 8시에 그 사실이 생각났다는 것이다. 드레스를 만든 사람은 고객이 나타나기만을 기다리다가 그냥 포기했다고 한다. 이 사실은 그 신부가 웨딩드레스를 입는 일을 그리 행복하게 생각하고 있지 않다는 점을 분명하게 보여 주는 일이다. 아마 그녀로서는 그 고통스러운 행사를 잊고 싶었는지도 모른다. 그런데 오늘…… 그녀는 이혼했다.

여러 가지 징후를 제대로 파악하는 법을 배운 한 친구가, 유명한 여배우인 엘레오노라 두제Eleonora Duse가 그녀가 맡은 한 역에서 증상 행위를 보였다고 나에게 말했다.[19] 그 증상 행위는 그녀의 연기(演技)가 내보이는 예술성의 깊이를 분명하게 보여 주는 행동이었다는 것이다. 간통을 주제로 한 극에서 그녀는 남편과 심한 언쟁을 벌이고 난 뒤 혼자 깊은 생각에 빠져 있었고, 곧이어 유혹자가 접근한다는 내용이었다. 그사이에 그녀는 자신의

17   1910년에 추가된 것이다.
18   「일상생활의 정신 병리학에 관한 기고Contributions á la psychopathologie de la vie quotidienne」(1906)를 말한다.
19   이 단락은 1907년에 추가된 것이다.

결혼반지를 손가락에서 뺐다가 다시 끼웠다. 그리고는 다시 한 번 빼냈다. 드디어 다른 남자를 받아들이겠다는 마음을 굳힌 것이었다.

여기서 나는 반지를 둘러싼 또 다른 증상 행위의 예로 테오도어 라이크Theodor Reik의 설명을 인용해 보겠다.[20]

우리는 결혼한 부부들이 끼고 있던 결혼반지를 빼고 다른 것으로 바꾸는 등의 증상 행위에 대해서는 잘 알고 있다. 내 동료인 M이 그 비슷한 증상 행위들의 예를 알려 주었다. 그는 자신이 사랑하던 한 여자에게서 선물로 반지를 받았다. 그런데 선물 속에는 반지를 절대 잃어버리지 말라는, 혹 잃어버리면 자신을 더 이상 사랑하지 않는 것으로 알겠다는 쪽지가 들어 있었다. 그 이후로 그는 반지를 잃어버릴까 봐 노심초사했다는 것이다. 혹시라도 잠시 반지를 빼났다가(가령 세수나 목욕을 할 때) 잘못 보관하면 한참 야단법석을 떨며 찾아야 할지 모른다는 걱정이었다. 편지를 부칠 때도 우체통의 모서리에 걸려 반지가 우체통으로 쏙 들어가 버리면 어떡하나 하는 걱정을 떨쳐 버릴 수가 없었다. 그런데 한번은 실수를 하는 바람에 정말 반지가 우체통에 빠지는 일이 발생했다. 그때 그가 우체통에 집어넣은 편지는 예전의 애인에게 그만 만나자는 절교의 편지였다. 그는 그녀에게 일말의 죄의식을 느끼고 있었던 참이었다. 동시에 그에게는 현재의 사랑 대상*Liebeobjekt*에 대한 그의 감정에 갈등을 일으켰던 그 여자를 향한 갈망의 느낌도 있었던 것이다.

20 라이크의 「일상생활에서의 실수 행위」 참조 — 원주. 이 부분은 1917년에 추가된 것이다.

정신분석학자들의 입장에서 볼 때, 반지의 주제는 새로운 내용을 찾는다는 것이 얼마나 어려운가 하는 인상만을 남겨 놓을 뿐이다.[21] 사실 새로운 내용을 찾으려면 어떤 창조적인 작가의 힘이 필요한 것인지도 모르겠다. 폰타네의 소설 『폭풍 앞에서 *Vor dem Sturm*』에서 법률 고문관인 투르가니Turgany가 과태료에 관한 말을 하는 가운데 이렇게 선언하는 대목이 나온다. 〈숙녀 여러분, 여러분은 과태료나 벌금을 내기 위해 어떤 물건을 담보로 내미는 행위 속에서 본질의 가장 은밀한 비밀이 드러난다고 보시면 틀림없을 겁니다.〉 그러면서 그는 자신의 주장을 뒷받침하기 위해 여러 예를 들었는데, 그 가운데 다음의 내용이 특히 우리의 관심을 끌었다. 〈어느 교수의 부인이 생각납니다. 그녀는 보통의 중년 부인처럼 서서히 비만으로 접어드는 나이에 들어섰습니다. 그런데 그녀는 벌금을 물어야 할 때마다 반지를 빼서 내미는 것이었습니다. 그녀의 결혼 생활이 행복했는지의 여부는 묻지 마십시오.〉 그런 다음에 그는 계속 말을 이었다. 〈똑같은 부류의 사람으로 한 신사가 있습니다. 그는 칼이 열 개이고 코르크 따개 등이 달린 영국제 주머니칼을 여자의 무릎에 올려놓는 것이 습관처럼 되어 버린 사람입니다. 그러다 여러 차례 여자의 드레스를 찢기도 했죠. 여자들이 화를 내며 놀라 소리를 질러야 비로소 그 칼을 치우는 사람입니다.〉

우리는 반지와 같이 상징적 의미가 풍부한 물건이라면, 그것이 결혼반지나 약혼반지처럼 어떤 성애적인 관계를 내보이지 않는 상황에서도 주체의 실수를 통해 그 의미가 드러나는 일에 그리 놀라지 않는다. 다음의 예는 카르도스M. Kardos 박사의 설명을 내가 다시 엮어 본 것이다.

21 이 단락과 다음의 두 단락은 1919년에 추가된 것이다.

〈몇 년 전에 나보다 나이가 훨씬 아래인 한 남자가 나를 무척 사랑했다. 당시 그는 나의 학문 연구에 같이 참여하던 사람으로, 그의 선생이었던 나와는 어느 정도 사제 간의 관계를 나름대로 엄격히 지키던 사람이었다. 그러던 참에 언젠가 아주 특별한 날에 나는 그에게 반지를 하나 선물했다. 그런데 그 반지가 우리 둘 사이의 관계에 대해 그가 거부감을 표출할 때마다 증상 행위나 실수의 대상이 되었다. 바로 얼마 전에 그는 다음과 같은 일이 있었음을 나에게 알려 주었다. 내가 보기엔 아주 분명한 의미가 있는 일이었다. 우리는 일주일에 한 번 정도 만나곤 했다. 약속을 하면 그는 어김없이 나를 찾아왔고 우리는 많은 얘기를 나누었다. 그런데 한번은 그가 약속을 지킬 수 없다며 구실을 대었다. 어쩌면 어느 젊은 여자와 만나기로 했는데 아마 그 일이 나를 만나는 일보다는 더 좋았을지도 모를 일이었다. 그다음 날 그는 자신의 손가락에 반지가 없다는 사실을 알게 되었다. 사실은 집을 나서고 한참이 지나서야 그 사실을 알게 되었다. 처음에는 별로 신경을 쓰지 않았던 모양이다. 왜냐하면 매일 저녁 늘 그렇듯이 침대 옆 테이블 위에 벗어 놓고는 끼고 나오지 않았다고 생각했기 때문이었다. 물론 집에 가서 찾으면 금방 찾으리라는 기대도 있었다. 그러나 집에 돌아와 반지를 찾았을 때 그것은 눈에 띄지 않았다. 방 구석구석을 다 뒤졌지만 결과는 마찬가지였다. 마침내 그의 머리에 한 가지 생각이 스치고 지나갔다. 반지는 분명 지난 1년 동안 그래 왔던 것처럼 침대 옆 테이블 위에 벗어 놓은 것이 틀림없었다. 그런데 그 옆에 평상시 조끼 주머니 속에 넣고 다니는 작은 주머니칼도 있었다는 생각이 번뜩 떠올랐던 것이다. 자연히 그는 《아무 생각 없이》 그 주머니칼과 반지를 함께 주머니 속에 집어넣은 것이 아닌가 하는 생각에 조끼 주머니를 뒤졌고,

그 속에서 잃었던 반지를 찾아낸 것이다. 《조끼 주머니 속에 들어 있는 결혼반지》는 그 반지를 준 아내를 배신하려는 의도로 보통 남편들이 반지를 감추는 행위를 의미하는 유명한 표현이다. 아마 내 친구는 죄의식에서 먼저 스스로를 질책했을 것이다(《너는 이 반지를 낄 자격이 없어》). 그다음에는 두 번째로, 비록 들키지는 않은 실수였지만 자신의 부정을 스스로 고백한 셈이었다. 비록 나중에 자기가 반지를 잠시 잃어버렸다는 얘기를 들려주었지만, 그것은 자신의 《부정(不貞)》을 나에게 우회적으로 고백한 것과 다름없었던 것이다.〉

내가 알고 있는 한 중년 남자의 얘기를 해보자. 그는 아주 젊은 여자와 결혼을 했다. 그리고는 결혼식 날 밤에 바로 신혼여행을 가는 대신에 시내의 한 호텔에서 하룻밤을 묵기로 결정을 내렸다. 그러나 호텔에 도착하자마자 그는 신혼여행 비용이 들어 있는 지갑이 없다는 사실을 알게 되었다. 어디에 놔두고 온 것인지, 아니면 잃어버린 것이 분명했다. 그는 전화로 집에 있는 하인에게 연락했고, 하인은 주인이 벗어 놓은 결혼 예복에서 지갑을 찾아내어 호텔에서 기다리고 있는 주인에게 갖다 주었다. 자칫하면 그 중년의 신사는 〈아무 돈도 없이 ohne Vermögen〉 결혼 생활을 시작할 뻔했던 것이다. 아무튼 다행히 지갑을 찾은 그는 젊은 신부와 그다음 날 신혼여행을 떠날 수가 있었다. 그러나 그날 밤, 이미 그 자신이 불안한 마음에서 예견했듯이, 그는 〈성교 불능의 unvermögend〉 무능한 남자라는 사실이 입증되었다.[22]

〈물건을 잃어버리는〉 인간 습관 — 증상 행위 — 의 범위가 굉장히 넓다는 사실과, 그런 습관이 적어도 물건을 잃어버린 사람의 은밀한 의도와 연관이 있다는 사실은 인정하기에 무리가 없을

22 unvermögend는 〈재산이 없는〉, 〈무력한〉, 〈성교 불능의〉 등의 의미가 있다.

것이다. 그런 증상 행위는 종종 잃어버린 물건을 낮게 평가하는 마음의 표현일 수도 있으며, 그 물건에 대해 혹은 그 물건을 준 사람에 대해 은밀하게 품고 있던 반감이 그대로 표출된 것일 수도 있다. 또한 어떤 상징적 연상 작용에 의해 더욱 중요한 물건이나 대상을 원하는 마음에서 현재의 그 물건을 잃어버렸으면 하는 마음이 생겨난 것일 수도 있다. 그러나 가치 있는 소중한 대상을 잃어버렸다는 것은 어떤 충동의 표현일 수가 있다. 즉 그것은 어떤 억압된 생각을 상징적으로 재현하는 것 — 말하자면 그 대상쯤은 무시해도 좋다는 것을 계속 반복해서 예시해 주는 것 — 이거나, 아니면(아마 이것이 가장 일반적인 경우일 것이다) 오늘날 우리가 여전히 숭배해 마지않는 어떤 알 수 없는 운명의 힘에 그 대상을 희생의 제물로 바치는 것일 수도 있다.[23] 물건을 잃어버리는 것에 대한 이런 설명을 뒷받침해 주는 몇 가지 예를 들어 보기로 하자.[24]

다트너 박사가 제시한 예를 들어 보자.

한 동료가 나에게 자기가 2년 동안 아끼고 소중히 여기던 좋은 품질의 펜칼라Penkala[25] 연필을 잃어버렸다고 했다. 분석 결과 다음과 같은 사실이 드러났다. 연필을 잃어버리기 전날 내 동료는 처남에게서 아주 불쾌한 편지를 받았다. 그 편지 마지막에 이런

23   1907년판에서 이 부분에 각주가 추가되었고, 그 각주는 이후의 판에서 증상 행동의 몇 가지 짤막한 예가 추가되면서 그 내용이 더 늘어나게 되었다. 그러다 1924년판에서는 그 각주의 내용이 글의 마지막 부분에 본문으로 실리게 되었다. 여기에서도 그 각주는 마지막 부분에 본문으로 실렸다.

24   이 문장과 그다음에 이어지는 다트너 박사의 예, 그리고 계속 이어지는 랑크 박사의 글에 대한 언급은 1912년에 추가된 것이다. 그 다트너 박사의 예와 랑크 박사에 대한 언급 중간에 실린 두 단락은, 순서대로 각각 1917년과 1920년에 추가된 내용이다.

25   〈펜칼라〉는 연필의 상표명이다.

글이 써 있었다. 〈저는 그렇게 경박하고 나태한 형님을 격려하고 싶은 생각도 없고 시간도 없어 참석하지 못하겠습니다.〉 이 편지의 내용이 너무도 불쾌하고 충격적이어서 내 동료는 그다음 날 바로 그 연필을 부러뜨렸던 것이다. 그 연필은 바로 〈처남이 준 선물〉이었다. 이제는 그에게 어떤 고마운 마음도 지니고 싶지 않다는 뜻이었다.

내가 아는 한 부인은 어머니가 돌아가시고 난 뒤, 애도 기간 동안에는 극장에 가는 일을 삼가기로 마음먹었던 모양이다. 물론 충분히 이해할 만한 일이다. 그리고 애도 기간이 끝나려면 아직 며칠이 더 지나야 했던 어느 날, 굉장히 재미있는 연극 공연을 보러 가자며 표를 구하겠다는 친구들의 말에 그냥 그러라고 했던 모양이었다. 그런데 연극을 보러 극장에 도착한 순간, 그녀는 표를 잃어버렸다는 사실을 알게 되었다. 나중에 곰곰이 생각한 끝에, 그녀는 전차를 타고 극장에 가다가 전차에서 내리는 순간 전차표와 함께 극장표도 내버렸다는 사실을 알게 되었다. 그 부인은 평소에 부주의로 인해 물건이나 여타의 것을 잃어버리는 일이 없다고 늘 자랑삼아 얘기하던 여자였다.

따라서 그녀가 뭔가를 잃어버린 또 다른 경험 역시, 그만한 충분한 이유가 있다고 하는 것이 그리 틀린 생각은 아닐 것이다. 어느 휴양지로 놀러 간 그녀는 그곳에 도착하자 옛날에 자기가 한때 기거한 적이 있었던 하숙집을 찾아가 보기로 마음먹었다. 옛날 하숙집에 들어서자 옛 친구가 왔다며 주인과 가정부가 반갑게 맞이해 주었고 대접도 잘 받았다. 그러다 그 하숙집을 떠날 때쯤 되어, 그녀는 대접을 잘 받았으니 대가를 지불하고 싶은 마음이 들었다. 그러나 하숙집 사람들은 손님이 그럴 수 있냐며 한사코

사양했다. 결국 타협이 이루어져 그녀에게 대접을 잘 해준 가정부에게 감사의 표시로 팁만 주기로 했다. 그녀는 지갑을 열어 1마르크짜리 지폐 한 장을 꺼내 테이블 위에 올려놓았다. 그런데 그날 저녁, 하숙집의 남자 하인이 그녀에게 5마르크짜리 지폐를 가져왔다고 한다. 테이블 아래에 떨어져 있던 것인데, 주인이 그 돈은 분명 낮에 찾아온 부인의 것이라며 돌려주라고 했다는 것이다. 그녀가 가정부에게 팁을 주면서 떨어뜨린 것이 틀림없어 보였다. 아마 그 당시 그녀는 어떻게 해서든지 환대(歡待)의 대가를 치르고 싶었던 모양이었다.

오토 랑크Otto Rank는 제법 긴 어느 글[26]에서, 〈물건을 잃어버리는 분실 행위〉의 기저에 뭔가를 제물로 바치고 싶은 분위기가 있음을 밝히고, 또 그 심오한 동기를 찾아내기 위해 꿈-분석을 이용한 적이 있다.[27] 그의 글이 흥미를 끌게 된 것은 몇 년 후 그가 물건을 잃어버리는 행위뿐만 아니라 그것을 〈되찾는〉 행위 또한 (심리학적으로) 결정된 것이라고 말했을 때였다. 이 랑크의 말을 어떻게 이해할 것인가는 다음에 수록한 그의 이야기를 살펴보는 게 제일 좋을 것이다. 물건을 잃어버리는 경우 그 대상은 이미 주어진 것이고, 되찾는 경우 먼저 그것을 찾아야 한다는 것은 분명한 사실이다.

부모에게서 돈을 타 써야 하는 한 처녀가 값싼 보석을 하나 사

---

26 랑크의 「증상 행위로서의 분실Das Verlieren als Symptomhandlung」(1911) 참조
— 원주.
27 (1917년에 추가된 각주) 동일한 주제를 다룬 다른 논문들은 『정신분석 중앙지Zentralblatt für Psychoanalyse』 제2권(1912)과 『국제 정신분석학지Internationale Zeitschrift für Psychoanalyse』 제1권(1913)을 참조할 것 — 원주. 이 단락과 그 뒤에 이어지는 예는 1917년에 추가된 것이다.

고 싶었다. 그녀는 보석 가게에 가서 자기가 사고 싶었던 보석의 가격을 물었다. 그러나 그동안 자기가 저축한 돈보다 보석값이 더 비싸다는 것을 알고는 실망했다. 문제는 차이가 나는 2크로넨이었다. 우울한 기분에 그녀는 퇴근하는 사람들로 가득한 거리를 힘없이 터벅터벅 걸으며 집으로 향했다. 그런데 그녀는 사람들의 발길이 분주한 길바닥에 뭔가가 떨어져 있는 것을 보게 되었다. 작은 종잇조각이었다. 그 당시 그녀는 깊은 생각에 잠겨 있었다고 했지만, 사실 길바닥을 유심히 바라보지 않았으면 그냥 지나쳤을 종잇조각이었다. 발걸음을 돌려 그녀는 그 종잇조각을 주웠고, 그것이 접혀진 2크로넨짜리 지폐라는 사실을 알고는 깜짝 놀라지 않을 수 없었다. 그녀는 생각했다. 〈이건 그 보석을 사라고 운명의 여신이 보낸 돈이야.〉 그리고는 그 행운을 그대로 자기 것으로 만들겠다는 생각으로 발걸음도 가볍게 다시 보석 가게로 향했다. 그러나 그 순간, 그녀는 주운 돈이 행운의 돈이라면 그냥 써버려서는 안 된다는 생각이 들었다는 것이다.

이 〈우연 행위〉를 이해하기 위한 분석은 그 처녀의 신상에 관한 정보가 전혀 드러나 있지 않긴 하지만, 아무튼 앞에서 언급한 상황 설명을 토대로 이루어져야 할 것이다. 그녀가 집으로 향하는 동안 그녀의 마음을 사로잡았을 생각 가운데는, 아마 자기는 왜 늘 돈 없이 쪼들리며 살아야 하는가 하는 생각이 거의 상당 부분을 차지하고 있었을 것이 틀림없다. 그리고 우리는 그녀의 그런 생각이 그와 같은 궁핍한 상황에서 벗어나고자 하는 소망으로 변했으리라고 짐작할 수 있다. 또한 자신의 소박한 소망을 충족시키고자 하는 마음에서, 분명 그 차액의 돈을 어떻게 하면 쉽게 얻을 것인가 하는 생각이 일어났을 것도 어렵지 않게 추측할 수 있다. 그리고는 아주 간단한 해결책이 제시되었을 것이다. 그 간단한 해결책이란 바로 그만큼의 돈을 찾는 일이다. 비록 그런 실제의 생각이 완전히 의식화되지는 않았더라도(그녀의 관심이 딴 곳에 있었다는 그녀 자신의 주장, 즉 〈깊은 생각에 잠겨〉 있었다는 주장을 그대로 받아들인다 하더라도), 분명 이런 식으로 그녀의 무의식(혹은 전의식 *das Vorbewußte*)이 〈찾는다〉는 쪽으로 흘렀을 것이 틀림없다. 더 나아가 우리는 그동안 분석된 비슷한 예를 통해서 〈무엇인가를 찾아야 한다는 무의식적인 마음가짐〉이 의식적으로 그것에 신경을 집중시키는 것보다 더 성공할 가능성이 높다는 사실을 잘 알고 있다. 만일 그렇지 않다면 그 수많은 보행자들 가운데 어떻게 바로 그 사람만이, 가로등도 그리 밝지 않고 또 사람들의 발길로 복잡한 길바닥에서 그 놀라운 선물을 발견할 수 있었는지를 설명하기가 거의 불가능할 것이다. 이처럼 무의식이나 전의식적인 마음가짐의 실제 능력에 대한 증거는 다음과 같은 놀라운 사실, 그러니까 그 돈을 발견한 〈뒤〉에 — 즉 다시 뭔가를 찾아야 한다는 생각을 의식에서 배제시키고 난 뒤에 — 다시 집으로 향하는 어느 어둡고 한적한 길가에서 손수건 한 장을 발견한 사실에서 쉽게 드러난다.

여기서 한 가지 언급해야 할 것은,[28] 종종 사람들의 개인적인 정신생활을 이해하는 가장 최선의 접근 방법을 제공하는 것이 바로 그와 같은 증상 행위라는 사실이다.

이제는 산발적으로 일어나는 우연 행위[29]로 방향을 돌려, 비록 분석은 아니지만 비교적 심오한 해석을 제시하고 있는 한 예를 거론하기로 하겠다. 이 예는 그와 같은 증상이 눈에 띄지 않게 나

28 이 단락은 1912년에 추가된 것이다.
29 이 단락과 그다음 단락은 1901년에 쓰인 것이다.

타나는 상황을 아주 분명하게 보여 주는 예이며, 그렇기 때문에 내가 내 나름대로 중요한 언급을 부언할 수 있는 예이기도 하다. 어느 해 여름휴가 중에 나는 같이 여행하기로 되어 있는 친구가 어느 곳에선가 도착하기만을 기다리며 며칠을 지냈다. 그러는 동안에 나는 한 젊은이를 알게 되었다. 그도 나처럼 외로워 보였으며, 그래서인지 금방 친하게 되었다. 우리 두 사람은 같은 호텔에서 묵었기 때문에 자연히 같이 식사도 하고 산책도 했다. 그러다 사흘째 되는 날 오후에, 그가 불쑥 그날 저녁은 기차로 도착하는 자기 아내를 기다려야 한다고 말하는 것이었다. 그때 자연히 나는 심리학적인 측면에서 그의 행동에 관심을 가지지 않을 수 없었다. 왜냐하면 그날 아침 이미 그는 시간을 두고 좀 먼 곳까지 걸어 보자는 나의 제안을 거부했을 뿐 아니라, 잠시 산책하는 길에서도 어느 길로 가보자는 나의 말에 그 길이 너무 가파르고 험하다며 반대했기 때문이었다. 아무튼 오후 산책 중에 아내를 기다려야 한다고 했던 그가, 곧이어 갑자기 밑도 끝도 없이 내가 굉장히 허기져 보인다며 자기 때문에 저녁 식사를 미루지 말고 먼저 먹으라고 했다. 자기는 아내가 도착하기를 기다렸다가 같이 먹겠다는 뜻이었다. 그의 의중을 알아차린 나는 그가 역으로 아내를 마중 나간 사이 혼자 식당에서 저녁을 먹을 수밖에 없었다. 다음 날 아침 우리는 호텔의 홀에서 다시 만나게 되었다. 그는 나에게 자기 아내를 소개시키며 이렇게 말했다. 〈저희와 아침 식사나 같이하시죠.〉 그의 제안에 나는 요 앞에 볼일이 있는데, 얼른 갔다 오겠다고 했다. 볼일을 본 다음 식당에 들어섰을 때, 나는 그 부부가 창가에 있는 한 작은 식탁에 나란히 앉아 있는 모습을 보았다. 부부가 앉은 맞은편에는 의자가 하나 있었고, 그곳에 그 젊은이는 자기가 입고 다니는 두툼한 방수 망토를 걸쳐 놓고 있었다. 왜 그의 망토가 그 의자에 걸쳐져 있는지, 나는 그 의미를 파악할 수 있었다. 분명 그가 일부러 그렇게 한 것은 아니었다. 하지만 그렇기 때문에 더더욱 그 의미가 분명히 와닿았다. 그것은 바로 〈여긴 당신이 앉을 자리가 없군요. 이제 나에겐 당신이 필요 없습니다〉라는 뜻이 아니겠는가. 그는 내가 의자에 앉지 않은 채 식탁 앞에 그냥 서 있는 것을 보지 못한 모양이었다. 그때 그의 아내가 얼른 그의 옆구리를 쿡쿡 찌르며 이렇게 속삭이는 것이었다. 〈여보, 저분이 앉으셔야 하는데 당신 때문에…….〉

이런 일과 비슷한 여러 가지 일을 겪고 난 뒤, 나는 아무 의도 없이 이루어지는 행동들도 분명 불가피하게 인간관계에서 오해의 불씨가 될 수 있다는 결론을 내리게 되었다. 자신의 행동이 어떤 식으로든 자신의 어떤 의도와 연관되어 있다는 사실을 알지 못하는 행동의 주체는, 그런 행동으로 자신이 비난받을 수 있다는 사실을 전혀 느끼지도 못하며, 더욱이 자기가 그 책임을 져야 한다고 생각하지도 않는다. 반면에 상대방은, 그 행동의 주체가 그런 행동을 통해 어떤 의도를 내보이고 어떤 감정을 가지고 있는지를 생각하며 판단을 내리기 때문에, 오히려 그 행동의 주체가 어떤 심리적 과정을 거치고 있는지 그보다 더 잘 알 수가 있다. 실제로 상대방이 자신의 증상 행위를 보고 이런저런 결론을 이끌어 내어 문제를 제기하면, 자기는 아무 잘못이 없는데 왜 그러냐며 화를 내는 사람들이 많이 있다. 자신이 그런 행동을 할 때 아무런 의도도 없었다고 생각하기 때문에 상대방의 말을 근거 없는 것이라고 몰아붙이며, 상대방이 그렇게 오해하는 것에 대해 불쾌하다는 반응을 보이게 되는 것이다. 엄밀하게 따지면 그런 종류의 오해는 너무도 개인적이고 너무도 포괄적인 이해에서 비롯된 것이라고 할 수 있다. 두 사람이 〈신경과민〉에 빠지면 빠질수록,

그들은 불화의 원인을 제공한 사람이 서로 자기가 아니라 상대방이라고 비난하며 상대에게 책임을 전가시키게 된다. 그리고 그와 같은 비난은 망각이나 서투름을 핑계로, 그리고 아무런 의도 없이 충동에 따라 이루어진 행동이라는 핑계로, 자신의 숨은 속뜻을 내보이는 내적인 부정직에 대한 대가로 당연하다고 생각하는 것이다. 사실상 우리는, 모든 사람들이 끊임없이 그들 이웃에 대한 심리 분석을 실행하고 있으며, 그런 결과로 자기 자신보다는 그 이웃들을 더 잘 알게 된다고 말할 수 있다. 거꾸로 얘기하면, 〈너 자신을 알라〉[30]라는 교훈을 준수하는 것이 최종 목적지인 그런 길을 가고자 한다면, 바로 자기 자신의 우연한 행동이나 실수를 연구하는 경로를 통해야 한다는 뜻이다.

아마 자신의 글에서 우리의 사소한 증상 행위나 실수에 대해 가끔씩 이런저런 평을 하고 지나가거나, 아니면 그런 행위들을 활용하여 글을 전개시키는 작가들 가운데 스트린드베리Strindberg만큼 그런 행위들 속에 숨겨진 그 본질적인 속성을 분명하게 이해하고 실감나게 표현한 작가는 없을 것이다.[31] 그리고 스트린드베리가 그런 뛰어난 재능을 지닐 수 있었던 것은 분명 그가 겪었던 심각한 정신 질환 때문일 것이다.[32] 특히 빈의 카를 바이스Karl Weiss[33] 박사는 스트린드베리의 작품 가운데 다음 구절에 관심을 나타냈다.

30 〈너 자신을 알라〉는 델피의 아폴로 신전에 새겨진 유명한 말이다.
31 이 단락과 그다음에 이어지는 스트린드베리의 글은 1917년에 추가된 것이다.
32 편집증 환자들이 오히려 다른 사람들의 증상 행위를 더 정확하게 해석해 낼 수 있다는 사실은 뒤에서 다시 논의된다.
33 「스트린드베리의 작품에 나타난 실수 행위Strindberg über Fehlleistungen」 (1913).

잠시 후에 정말 백작이 나타났다. 그는 마치 이미 〈만날 약속〉이 되어 있었다는 듯 말없이 에스더에게 접근했다.

「오래 기다리셨습니까?」 백작은 나지막한 목소리로 물었다.

에스더가 대답했다. 「그럼요, 6개월이나 되었지요. 근데 오늘 저를 보셨던가요?」

「예, 바로 전에 전차에서요. 당신의 눈을 보는 순간 당신하고 이렇게 얘기 나누게 될 것 같은 느낌이 들었지요.」

「지난번 이후 정말 많은 일들이 벌어졌어요.」

「예, 그렇지요. 전 우리 둘 사이가 완전히 끝났다고 생각했어요.」

「어째서요?」

「당신한테서 받은 작은 선물들 모두가 죄다 망가졌거든요. 그것도 아주 괴상하게 말입니다. 하지만 다 옛날에 일어난 일들이니까요.」

「어머! 그래요? 그 말씀을 들으니 저도 우연하게 벌어진 많은 사건들이 기억나네요. 한번은 할머니한테서 코안경을 선물로 받은 적이 있었어요. 그때만 하더라도 할머니하고 저는 잘 지냈지요. 반짝반짝한 수정알로 만들어진 것인데 시체 해부[34]할 때 그걸 쓰면 아주 안성맞춤이었죠. 그래서 아주 애지중지하며 가지고 다녔어요. 그런데 어느 날, 저와 할머니 사이가 틀어졌지 뭐예요. 할머니가 막 화를 내시는 거예요. 그런 일이 있고 난 뒤, 그다음 시체 해부 시간에 아무 이유도 없이 그 코안경의 렌즈가 떨어져 버리는 거예요. 저는 그냥 깨졌겠거니 하며 고쳐 달라고 안경점에 갖다 맡겼어요. 그런데 그 이후 계속 그 안경이 잘 맞지 않는 거예요. 그래서 그냥 서랍에 넣어 두었는데 그만 잃어버리고 말았어요.」

34 스트린드베리의 소설에서 에스더 보리는 의사로 나온다.

「저런! 우리 눈과 관련된 물건들이 굉장히 민감한 걸 보면 참 이상하다는 생각이 듭니다. 나도 한번은 어느 친구한테서 오페라 안경을 선물로 받은 적이 있습니다. 그 안경이 내 눈에 정말 잘 맞아서 아주 즐거운 마음으로 가지고 다녔지요. 그런데 그 친구하고 내 사이가 벌어지고 말았어요. 뭐, 별다른 이유도 없이 그냥 그렇게 되더라고요. 어딘가 서로 잘 맞지 않는 것 같았지요. 그러고 나서 어느 날인가 오페라를 보러 가서 그 안경을 쓰니까 앞이 잘 안 보이는 겁니다. 가로대가 너무 짧아서 상(像)이 겹쳐 보이는 거예요. 물론 진짜로 가로대가 짧아진 것도 아니고, 그렇다고 내 두 눈 사이가 더 벌어진 것도 아니죠! 그런 게 매일매일 일어나는 이상한 일 아니겠습니까? 무심한 관찰자라면 잘 보지 못하는 그런 일들이죠. 그러면 그런 일을 어떻게 설명해야 할까요? 〈분명 미움이라는 정신적 힘이 우리가 생각하는 것 이상으로 큰 것 아니겠습니까?〉 그런데 내가 당신에게서 받은 반지 있죠? 그 반지의 보석알이 어디서 빠졌는지 없어졌어요. 어떻게 다른 보석이라도 박으려 했지만 안 돼요. 안 되더군요. 혹시 당신이 저와 헤어지고 싶은 마음을 갖고 계신 건 아닌가요······?」(『고딕 양식의 방들』에서)

물론 증상 행위의 경우, 정신분석 관찰자보다는 상상력이 풍부한 작가들이 더 뛰어나다는 느낌이 든다. 여기서 그런 작가들 가운데 한 사람이 오래전에 썼던 글을 다시 한번 보기로 하자. 빌헬름 슈트로스 덕분에 나는 로런스 스턴Lawrence Sterne의 그 유명한 유머 소설인 『트리스트람 샌디Tristram Shandy』에 나오는 다음 구절에 관심을 가지게 되었다.[35] 그 구절은 이렇다(제6권, 5장).

---

35 이 단락과 다음의 스턴 소설에 나오는 부분은 1920년에 추가된 것이다.

……나는 전혀 놀라지 않는다. 줄리안Julian의 그 조급하고 괴팍한 제스처를 보고 나지안줌의 그레고리우스Gregorius von Nazianzum가 언젠가는 그가 배신자가 되리라고 예견한 것이나, 혹은 성(聖) 암브로시우스St. Ambrosius가 고개를 도리깨질하듯 불경스럽게 흔든다고 그의 서기를 문밖으로 내쫓은 것이나, 혹은 데모크리토스Democritos가 프로타고라스Prortagoras가 장작을 쌓으면서 잔가지들을 안으로 밀어 넣는 것을 보고 그가 학자가 되리라고 생각한 것이나, 모두가 놀랄 일이 아니라고 생각한다. 우리 아버지의 말씀에 의하면, 사람이 신통한 눈을 가지고 있으면 다른 사람들은 보지 못하는 천 개의 구멍을 통해 다른 사람의 영혼을 들여다볼 수 있다는 것이다. 아버지는 또 덧붙여 이렇게 말씀하셨다. 지각 있는 사람이라면 방에 들어서면서 모자를 벗어 놓고 방을 나설 때 다시 집어 드는 게 아니라고. 그가 어떤 사람인지 알 수 있는 게 그 모자이기 때문에.

이제 다음은 건강한 사람과 신경증이 있는 사람들에게서 발견할 수 있는 여러 증상 행위를 간략하게 소개하기로 하겠다.[36]
카드판에서 좀처럼 돈을 잘 잃지 않는 한 나이 든 내 동료가 어느 날 저녁 많은 돈을 잃었다. 그는 겉으로야 별 불평 없이 돈을 내주었지만 속으로는 굉장히 분을 못 이기는 모습이 역력했다. 그런데 그가 떠난 뒤에, 그가 앉았던 자리에 안경, 담뱃갑, 손수건 등 그의 소지품이 그대로 남아 있다는 사실이 밝혀졌다. 이것은 분명 이런 식으로 이해될 수 있다. 〈야, 이 날강도 같은 놈들아! 너희는 정말 내 돈을 다 강탈해 간 놈들이야!〉

36 여기서부터 끝까지는(1907년이라고 표기된 예를 제외하고는), 처음에는 1907년판의 각주에 실렸다가 1924년판에 들어서야 본문에 실리게 되었다.

가끔씩 성교 불능의 상태에 빠져 고민을 하던 한 남자가(그것은 그가 어렸을 적에 자기 어머니와의 어떤 친밀한 관계에서 비롯된 것이 틀림없다), 자기는 팸플릿이나 노트에 자기 어머니 이름의 첫 문자인 S를 쓰는 버릇이 있다고 말했다. 그는 집에서 오는 편지가 책상 위에 쌓인 다른 세속적인 편지들과 함께 섞이는 것을 아주 싫어했다. 따라서 집에서 오는 편지는 따로 보관한다고 했다.

한 젊은 여자가 자기보다 먼저 온 여자가 아직 방을 나서지도 않았는데 상담실 문을 확 열고 들어섰다. 당연히 그녀는 미안하다고 사과하면서 자신이 〈아무 생각 없이〉 실수를 저질렀다고 스스로를 책망했다. 그러나 곧 그녀에게는 아주 어렸을 때 호기심에 부모의 침실을 아무 인기척 없이 멋대로 들어서던 습관이 있었다는 사실이 밝혀졌다.

자기 머리가 아주 멋지다고 자랑하는 여자아이들은 누구와 대화를 나누는 중에도 머리를 다듬기 위해 빗질을 하거나 머리핀을 꽂는다.

남자들 가운데는 치료받기 위해 자리에 누울 때 바지 주머니에서 동전을 다 꺼내 놓는 사람들이 있다. 그런 식으로 그들은 자기가 생각하기에 적절하다고 여기는 치료비를 지불하는 셈이다.

병원에 올 때 코안경이나 장갑, 지갑 등 자기가 가지고 온 소지품을 그대로 놔두고 가는 사람들은, 그런 행위를 통해 자신이 그곳을 뿌리치고 떠날 수 없으며 나중에 다시 오고 싶다는 마음을 보여 주는 것이다. 어니스트 존스는 다음과 같이 말한다.[37] 〈예를 들어 의사가 심리 치료를 성공적으로 수행했느냐의 여부는, 한 달 동안 그의 사무실에 쌓인 우산이나 손수건, 지갑 등의 물건을

[37] 「일상생활의 정신 병리학」 참조.

보고 가늠할 수 있다.)[38]

거의 아무 생각 없이 습관적으로 이루어지는 아주 사소한 행위들, 가령 잠자리에 들기 전에 시계를 찬다든지, 아니면 방을 나서기 전에 불을 끈다든지 하는 행위들이 때때로 방해를 받거나 멈칫할 때가 있는데, 그것은 고착된 습관처럼 보이는 그런 행위에 무의식적인 반사 작용이 영향을 미치기 때문이다. 『코에노비움 Coenobium』이란 잡지에 쓴 한 글에서 메더Maeder는 어느 입주(入住) 내과 의사의 이야기를 들려주었다. 어느 날 그 의사는 당번이기 때문에 병원을 떠날 수 없는데도 불구하고, 그날 저녁 중요한 약속이 있다며 시내로 나갔다. 그런데 나중에 병원으로 돌아온 그는 자기 방에 불이 그대로 켜져 있는 것을 보고 놀랐다. 분명 방을 나서며 불을 끄는 것을 잊어버린 것인데, 사실 전에는 그런 일이 한 번도 없었다. 하지만 곧 그는 자신의 그런 망각 행위가 어떤 동기에서 이루어진 것인지 알게 되었다. 그의 방에 불이 그대로 켜져 있었으니, 주임 레지던트가 분명 그가 계속 방에서 근무를 한다고 생각했을 것은 너무도 당연한 일이다.

걱정거리가 하도 많아서 가끔 우울증 증세를 내보이곤 하던 한 남자가 나에게 들려준 얘기에 의하면, 전날 저녁에 그날 하루가 힘들게 지나간 듯 느껴지고 기분도 썩 좋지 않다는 느낌이 들 때면 그다음 날 아침 여지 없이 시계가 서 있다는 것이다. 태엽 감는 일을 잊어버린다는 의미였다. 아마 그는 이런 행동을 통해 다음 날까지 모든 것을 다 잊어버리고 싶은 자신의 속마음을 상징적으로 표현하고 싶었을지도 모른다.

개인적으로 내가 잘 알지 못하는 어떤 남자가 이런 글을 쓴 적

---

38 어니스트 존스의 말은 1912년에 추가된 것이고, 그다음에 이어지는 두 단락은 1910년에 추가된 것이다.

이 있다.[39] 〈운명이 나를 너무 가혹하게 몰아붙인 이후로, 삶이라는 게 너무 힘들고 고통스럽다고 느꼈기 때문에 나는 다음 날까지 살 여력조차 없다고 생각했다. 그런데 그 순간 나는 거의 매일 내가 시계의 태엽 감는 일을 잊고 지낸다는 사실을 알게 되었다. 전에는 그런 적이 없었다. 정말 거의 기계적으로, 그리고 무의식적으로 잠자기 전에 시계 태엽을 감지 않았는가? 하지만 요즘 들어서는 그런 기억이 거의 없다. 하나 분명한 것은 내 앞에 뭔가 중요하고 재미있는 일이 놓여 있을 때는 태엽을 감았다는 사실이다. 그렇다면 이것 역시 증상 행위로 간주해야 하는 것인가? 이것을 어떻게 설명해야 할지 모르겠다.〉

융이나 메더가 그랬던 것처럼,[40] 누구든 자기가 아무 생각 없이, 그리고 그러고 있다는 사실조차 의식하지 못한 채 스스로 흥얼거리는 노래의 곡조를 애써 찾아낼 수 있다면, 그 사람은 자기가 부르는 노랫말과 그때 자기 마음을 사로잡고 있는 문제와의 연관 관계를 아주 훌륭히 찾아낼 수 있을 것이다.

물론 말이나 글로써 자신의 생각을 표현하는 행위에 어떤 미묘한 결정적 계기가 있는지에 대해서도 주의와 관심을 기울일 필요가 있다. 일반적으로 우리는 어떤 단어든 자유롭게 선택하여 우리의 생각을 포장하고, 어떤 이미지든 자유롭게 끌어내 우리의 생각을 위장시킨다. 그런데 조금만 더 면밀히 관찰해 보면, 그와 같은 자유로운 선택을 결정하는 또 다른 요인들이 있으며, 우리의 생각을 표현하는 형식 이면에 행동의 주체가 의도하지 않았던 더욱 깊은 의미가 숨어 있음을 알 수 있다. 우리가 어떤 사람을 판

39 이 단락은 1912년에 추가된 것이다.
40 융의 「조발성 치매의 심리학에 대하여」와 메더의 「심리학이 가야 할 새 방향 ─ 프로이트와 그의 학파Une voie nouvelle en psychologie ─ Freud et son école」(1909) 참조. 메더에 관한 언급은 1910년에 추가된 것이다.

단하고자 할 때는, 그 사람이 특징적으로 자주 사용하는 이미지나 단어들을 분명 의미 있는 것으로 여겨야 한다. 그 밖의 다른 이미지나 단어들은 말을 할 당시에는 이면에 머물러 있지만, 한때 분명히 화자에게 강한 영향을 미쳤던 어떤 주제를 넌지시 암시하는 것으로 판명된다. 어떤 이론을 놓고 토론하는 자리에서 나는 한 사람이 특정한 시간에 〈만일 불현듯 뭔가가 누구의 머리를 관통하고 지나간다면〉[41]이란 말을 반복해서 내뱉는 것을 들은 적이 있다. 그리고 나는 우연히 다음과 같은 사실을 알게 되었다. 최근에 그는 러시아 총알 하나가 자기 아들이 쓰고 있던 모자를 뚫고 지나갔다는 소식을 들었다는 것이다.

41 〈어떤 아이디어가 누구의 머릿속에서 불쑥 떠오른다면〉이라는 뜻.

열 번째 장

착오

  기억상의 착오들은 결코 착오로 인식되지 않고 믿음의 대상이
된다는 작은 차이로 인해, 잘못된 기억과 함께 일어나는 망각과
구별된다. 〈착오〉라는 말은 또 다른 조건과도 관련되어 있을 것이
다. 재현해 내고자 하는 정신적 내용물들이 객관적인 사실임을
강조하고자 할 때, 다시 말해 기억해 내려고 애쓰는 사람의 정신
적 움직임이 아닌 다른 것, 즉 다른 사람들의 기억에 의해 입증되
거나 혹은 부정될 수 있는 것이 아닌 다른 것을 기억해 내고자 할
때, 우리는 〈잘못된 기억〉이라 하지 않고 〈착오〉라고 말할 수 있
는 것이다. 이러한 정의에 따르면 기억상의 착오와 반대되는 것
은 무지일 것이다.
  『꿈의 해석』이라는 내 책에서 나는 역사적 사실들을 비롯한 여
러 가지 다른 사실과 관련된 일련의 착오들을 저질렀는데, 책이
출간된 이후 다시 읽어 보는 중에 나는 이 착오들을 발견하고 심
한 충격을 받았으며 놀라지 않을 수 없었다. 이 착오들에 대해 좀
더 깊이 생각을 해본 결과, 착오들이 내 무지에서 온 것이 아니라
분석을 해보면 쉽게 설명이 가능한 기억상의 착오들임을 알 수
있었다.
  (1) 『꿈의 해석』에서 나는 헤센 지방에 위치해 있는 마르부르

크를 실러의 출생지라고 기술했다. 나는 이 착오의 이유를 한 야간 여행을 하면서 꾸었던 꿈을 분석함으로써 찾아낼 수 있었는데, 그 당시 나는 기관사가 마르부르크역의 이름을 외치는 바람에 느닷없이 잠에서 깨어났다. 꿈속에서 문제가 되었던 것은 실러가 쓴 책이었다. 그런데 실러의 고향은 대학 도시인 마르부르크가 아니라 슈바벤 지방의 마르바흐시(市)였다. 나는 확언하건대, 이 사실을 잘 알고 있었다.[1]

(2) 나는 한니발의 아버지 이름을 하스두르발이라고 했다. 유난히도 마음에 내키지 않았던 이 착오는, 그러나 이런 종류의 착오들에 대해 내가 갖게 된 개념 속에서는 받아들이지 않을 수 없는 착오였다. 나는 착각을 하고 있었고 세 번씩이나 초고를 검토하면서도 이 착각을 깨닫지 못했지만, 바르카스 가의 역사에 대해서 나보다 더 잘 알고 있는 독자들은 별로 없었다. 한니발의 아버지는 하밀카르 바르카스였다. 하스두르발이란 이름은 한니발의 형제 이름이고, 동시에 한니발에 앞서 사령관을 지낸 그의 매형 이름이기도 하다.[2]

(3) 나는 또한 제우스가 아버지인 크로노스를 거세하고 왕권을 찬탈했다고 적었다. 그리스 신화에 따르면, 이 이야기는 크로노스와 그의 아버지인 우라노스 사이에 일어난 이야기다.[3] 따라서 나는 이 끔찍한 이야기를 한 세대 뒤에 일어난 이야기로 적고 있었던 셈이다.[4]

---

1 『꿈의 해석』 참조.
2 『꿈의 해석』 참조.
3 이것이 완전히 잘못된 것은 아니다. 제우스도 그의 아버지 크로노스에 대하여 거세의 과정을 반복한다. 로셔W. H. Roscher의 『그리스 로마 신화 사전 *Ausführliches Lexikon der griechischen und römischen Mythologie*』(1884~1897) 참조 — 원주.
4 『꿈의 해석』 참조.

비록 사람들에게 많이 알려져 있지 않고 흔히 인용되지 않는 내용들이라 하더라도 나는 이러한 이야기들 속에서 보통은 별 어려움 없이 잘못된 것을 찾아내곤 했는데, 이런 내용들에 대해 내가 착각을 하다니 도대체 어떻게 된 일인가? 나아가 세 번씩이나 초고를 살펴보았는데도 마치 갑자기 시력이라도 잃어버린 사람처럼 이 실수들을 눈치채지 못했다니 대체 어떻게 된 일인가?

괴테는 일찍이 리히텐베르크를 두고 다음과 같은 말을 한 적이 있다.[5] 〈그의 모든 정신적 특징들에는 뭔가 문제가 하나씩 숨겨져 있다.〉 위에서 인용한 내 책의 내용들에 대해서도 같은 말을 할 수 있을 것이다. 하나하나의 착오 뒤에는 뭔가 억압된 것이 있다. 혹은 좀 더 정확히 말해 본다면 진지함이 결여되었다고도 볼 수 있는데, 어쨌든 억압된 것들로 인해 기억이 변형된 것이다. 내가 소개해 나갈 꿈들을 분석하면서, 나는 꿈-내용들과 관련되어 있는 주제들의 성격상 어떤 때는 분석이 채 끝나기도 전에 분석을 중단할 수밖에 없는 경우도 있을 것이고, 또 지나치게 노골적인 내용들의 경우에는 약간 변형을 가함으로써 충격을 완화시킬 수밖에 없을 것이다. 여러 가지 사례와 증거를 인용하고자 하는 경우, 나는 달리 어떤 선택을 할 수가 없다. 나는 어려운 상황에 처해 있는데, 이는 억압된 것을 표현해 내는, 다시 말해 의식으로는 도달할 수 없는 꿈의 속성상 어쩔 수 없는 것이기도 하다. 하지만 예민한 사람들에게는 충격을 줄 수도 있는 적지 않은 것들을 그냥 기술할 수밖에 없었다. 그런데 내가 이미 알고 있었고 충분히 발전될 만큼 발전된 어떤 내용들에 대한 변형이나 삭제는, 이 내용들의 흔적이 남아 있지 않는 한 이루어질 수가 없다. 내가 지워

---

5 프로이트는 『농담과 무의식의 관계』에서 리히텐베르크의 예화들에 대해 논의하면서 괴테의 이런 말을 언급한 적이 있다. 『정신분석 강의』 중 두 번째 강의 참조.

버리려고 했던 것들은 종종 나도 모르는 사이에 내가 간직하고
있는 것 속으로 미끄러져 들어온 것이고, 거기에서 착각이라는
형태로 모습을 드러낸 것이다. 위에서 인용한 세 가지 착오들에
있어서 문제가 된 것은, 사실 한 가지 동일한 주제였다. 즉 이 착
오들은 모두 돌아가신 내 아버지와 관련하여 억압된 생각들이 만
들어 낸 결과였던 것이다.[6]

　위의 착오들을 다시 살펴보도록 하자.
　(1) 내 책『꿈의 해석』에서 분석된 꿈을 다시 읽어 보면, 직접
적으로든 몇몇 암시를 통해서든, 아버지에 대해 결코 다정하지
않은 비판을 담게 될지도 모르는 생각들에 접근하려고 하기 때문
에 내가 중도에서 글을 끝냈다는 사실을 독자들은 확인할 수 있
을 것이다. 이러한 생각들과 기억들을 추적해 나가면서 나는 결
코 유쾌하지 못한 이야기를 다시 발견하게 되었는데, 이 이야기
속에서는 몇 권의 책이 일정한 역할을 하고 있었다. 나는 또한 이
이야기 속에서 마르부르크라고 불리는, 즉 나로 하여금 꿈에서
깨어나도록 기관사가 외쳐 댔던 그 역 이름과 동일한 이름의 한
인물을 재발견했는데, 이 인물은 바로 아버지의 친구이자 동업자
였던 사람이다. 분석을 하는 동안 나는 이 마르부르크 씨를 나 자
신과 독자들에게 숨기려고 했던 것이다. 하지만 이 이름은 자신
의 자리가 아닌 곳으로 슬며시 파고들어 옴으로써 복수했던 것이
고, 그 결과 마르바흐 대신 마르부르크를 실러의 고향으로 변형
시켜 놓은 것이다.
　(2) 하밀카르 대신 하스두르발이라고 적게 한 착오, 다시 말해

___

6　프로이트는『꿈의 해석』제2판 서문에서『꿈의 해석』이 아버지의 죽음에 대한
자신의 반응을 자기 분석한 책이라는 것을 밝히고 있다.

나로 하여금 아버지의 이름이 들어가야 할 자리에 형제의 이름을 대신 적게 한 착각은, 내가 어린 고등학생이었던 시절 한니발에 대해 갖고 있었던 열광적인 존경심과 아버지께서 한니발에 대해 〈우리 민족의 적〉[7]이라고 하며 보이셨던 반감이 뒤섞여 있는 일련의 생각들과 관련되어 있다. 나는 내 생각들을 있는 그대로 기술할 수도 있었을 것이고, 또 아버지께서 첫 번째 결혼을 통해 낳은 아들인 이복형을 만났던 독일 여행 동안 아버지에 대한 내 태도가 어떻게 변했는지도 기술할 수 있었을 것이다. 내 이복형은 나와 매우 닮은 사람이었다. 따라서 전혀 있을 수 없는 일이라고도 할 수 없는 것인데, 나는 내가 아버지의 아들이 아니라 내 이복형의 아들일지도 모른다고 생각할 수 있었다. 바로 이때 이 엉뚱한 의심이 아버지의 이름이 들어가야 할 자리에 형의 이름을 대신 들어가게 함으로써, 내 책을 실수투성이로 만들어 버린 것이고 내 분석 역시 그곳에서 중단되었다.

(3) 그리스의 올림포스산에서 일어난 끔찍한 이야기를 한 세대나 뒤로 후퇴시킨 내 착오 역시 형에 대한 기억의 영향을 받아서 일어났다. 형이 내게 들려준 충고들 중에는 내 기억 속에 오랫동안 남아 있었던 다음과 같은 충고가 하나 있었다. 〈행동을 하면서 네가 결코 잊어서는 안 되는 것이 하나 있다. 즉 너는 아버지에게서 시작된 세대로 따지자면 두 번째가 아니라 세 번째 세대에 속한다는 것이다.〉 아버지는 세 번째 결혼을 하셨고 두 번째 결혼에서 얻은 자식들은 나이가 나보다 훨씬 앞서 있었다. 내가 책 속에서 사례 (3)에 해당하는 착각을 일으킨 곳이 바로 아이들은 아버지를 공경해야 한다는 것을 말하는 부분이었다.

나는 내 책 속에서 친구와 환자들의 꿈을 분석하기도 했고 또

7 『꿈의 해석』 참조.

는 암시하기도 했는데, 그들의 부정확함이 종종 나의 주의를 끌곤 했다. 그런데 그들이 들려준 부정확한 이야기들이, 그들과 내가 함께 이야기를 나눈 바 있는 이러저러한 사건들에 대한 나의 이야기 속으로 미끄러져 들어오는 일이 종종 일어나곤 했다. 이런 경우에 있어서도 역시 역사적 사건들과 관련된 착오들이 문제였다. 수정을 한 이후 지적된 모든 사례를 새롭게 검토해 본 결과, 나는 구체적인 사실과 관련된 나의 기억들이 다른 곳이 아닌 바로 분석 도중에 내가 억압하거나 은폐시켜야만 했던 곳에서만 틀리고 있었음을 확인할 수 있었다. 따라서 여기서도 문제가 되는 것은 역시 눈에 띄지 않은 채 지나쳤으나 억압과 의도적인 삭제에 대한 일종의 반발 작용으로 이루어진 착오였다.[8] 억압에서 발생된 착오와 실제적인 무지에 근거한 착오는 구별해야 할 것이다. 언젠가 나는 바하우에 있는 에머스도르프라는 마을을 산책하고 있었는데, 당시 나는 혁명가 피슈호프Fischhof가 태어난 곳을 걷고 있다고 생각했다. 그러나 두 마을은 이름만 같았을 뿐이다. 피슈호프가 태어난 마을인 에머스도르프는 코린티에 있었는데, 나는 이 사실을 모르고 있었다.

(4) 다음과 같은 경우는 잠시 동안 착오를 일으켰던 경우인데, 나로서는 수치스럽기도 하지만 교훈이 된 착오이기도 했다.[9] 어느 날 한 환자가 내게 베네치아에 관한 책을 두 권만 빌려 달라고 전화를 했고, 나는 빌려주겠다고 약속했다. 환자는 부활절 휴가 여행을 떠나기 전에 책을 살펴보고 갈 생각이었다. 나는 그가 찾아오자 〈준비해 놓았다〉고 대답을 하고는 옆방에 있는 서재로 들

---

8   같은 기제에 대한 예가 「17세기 악마 신경증」(프로이트 전집 14, 열린책들)에서 설명되고 있다.
9   여기서부터 사례 (5) 끝까지는 1907년에 추가되었다.

어갔다. 그러나 나는 실제로 책을 준비해 놓는 일을 완전히 잊고 있었는데, 그 이유는 그의 여행이 쓸데없이 치료를 중단하는 것이기도 할 뿐만 아니라 나에게는 물질적인 손해도 되기 때문에, 그의 여행을 마음속으로는 그리 탐탁하게 여기고 있지 않았기 때문이었다. 나는 환자에게 약속한 책을 찾기 위해 서가를 재빨리 훑어보았다. 한 권은 『예술의 중심지, 베네치아』였는데 그 책은 쉽게 찾아냈다. 하지만 같은 총서에 속해 있는 베네치아의 역사에 관한 다른 한 권의 책을 더 찾아야만 했다. 이번에도 쉽게 책이 눈에 들어왔다. 『메디치 가문』이라는 책이 바로 그 책이었다. 나는 그 두 권의 책을 환자에게 갖다주었는데, 그리고 바로 창피하게도 내가 저지른 실수를 눈치챘다. 메디치 가가 베네치아와는 아무런 관계가 없다는 것을 나는 잘 알고 있었다. 하지만 나는 두 번째 책을 서가에서 꺼내는 순간에는 베네치아에 흥미를 갖고 있는 환자에게 메디치 가에 대한 책이 아무것도 가르쳐 줄 것이 없다고는 생각하지 않았던 것이다. 그런데 솔직해지지 않을 수가 없었다. 환자 자신에게 그토록 자주 그의 징후들에 대하여 비난을 하곤 했던 나에게 의사로서의 권위를 회복할 수 있는 유일한 방법이란, 그의 여행을 탐탁하게 여기지 않았던 내 숨은 동기들을 진지하고도 솔직하게 고백하는 것이었다.

사람들은 아마도 진실하려는 인간의 성향이 흔히 생각하는 것보다 훨씬 강하다는 사실을 알게 되면 놀랄지도 모른다. 내가 절대로 거짓말을 할 수 없는 사람이라는 사실을 내가 행한 정신분석적 탐구들의 결과로 보아도 될 것이다. 내가 어떤 사실을 왜곡하려고 할 때마다 나는 착오나 실수를 범했는데, 이 착오나 실수들은 마지막 예와 앞에서 인용했던 사례들에서처럼 내게 성실함이 없었다는 것을 드러내 주고 있다.

착오의 메커니즘은 여타의 다른 실수들의 메커니즘보다 훨씬 느슨하다. 일반적으로 착오는 해당 정신 행위가 혼란을 야기하는 영향에 맞서 싸울 때 일어나는데, 그렇다고 해서 착오가 정신 영역의 심부에 숨어 있으면서 혼란을 만들어 내는 생각에 의해 결정되는 것은 아닌 것이다. 많은 언어상의 실수와 글자에 관계된 실수에서도 같은 상황을 발견할 수가 있다. 이러저러한 실수를 저지를 때마다 이 실수들이 우리의 의지를 벗어나 있는 정신적 과정에 의해 발생한다는 결론에 도달하게 된다. 하지만 이와 함께 우리는 말과 글에 관계된 실수들이 흔히 서로 유사한 말과 글자 사이에서 발생한다는 것을, 혹은 편리성과 신속성을 추구하는 욕망에 의해 발생한다는 것 또한 받아들여야만 할 것이다. 이때는 실수를 저지른 자가 저질러진 실수를 통해 자신의 성격이 갖고 있는 이러저러한 특질을 드러내지는 못한다. 이러한 실수를 결정하는 것도, 또 이 실수들의 한계를 설정하는 것도 모두 언어의 조소성(彫塑性)인 것이다.

나의 개인적인 착오만이 아니라 말실수나 혹은 착오로 (이런 구분은 모든 실수들 속에 존재하는 공통점으로 인해 실제로는 별 중요성이 없는 것이긴 하지만) 분류될 수 있는 다른 사람들의 몇 가지 사례를 들어 보겠다.

(5) 애인과의 관계를 끊기로 한 어느 남성 환자에게, 그녀와의 어떤 대화도 이제까지 유지해 왔던 습관을 버리는 데 장애가 될 수 있으므로 전화 통화를 하지 말도록 금지시킨 적이 있었다. 그러면서 충고하기를, 편지를 전달하는 것이 어려운 일이긴 하지만 마지막 결정 사항을 그녀에게 편지로 알리라고 했다. 오후 한 시쯤 되어 내게 들른 그는 애인에게 편지를 전달할 수 있는 길을 찾아냈다고 하면서, 의사로서 내가 내린 결정 사항을 자신이 따르

고 있는 것임을 편지에 써도 되겠느냐고 물었다. 편지를 한창 쓰고 있던 그는, 오후 두 시쯤 되었을 때 갑자기 편지를 중단하더니 옆에 있던 어머니에게 말했다. 〈교수님께 교수님 이름을 편지에 써도 되는지를 깜빡 잊고 안 물어봤어요!〉 그는 전화기로 달려가 수화기를 집어 들더니 말했다. 〈저녁 식사 후에 교수님을 좀 만날 수 있을까요?〉 수화기에서는 다음과 같은 답이 들려왔다. 〈아돌프, 당신 미쳤어?〉 전화기 속의 목소리는 매우 놀란 어투였고, 그것은 내가 만나지 말라고 한 바로 그 애인의 목소리였다. 환자는 완전히 착각을 한 것이었고, 내 전화 번호 대신 애인의 번호로 전화를 걸어 부탁한 것이었다.

(6) 한 젊은 부인이 〈합스부르거가세Habsburgergasse〉에 살고 있는 막 결혼한 친구를 방문하려고 마음먹고 있었다. 그녀는 이 방문 계획을 식사 도중에 밝혔는데, 그만 실수로 〈바벤베르거가세Babenbergergasse〉에 갈 거라고 말했다. 식탁에 앉아 있던 다른 사람들은 모두 웃음을 터뜨렸고, 그럼으로써 그녀가 자신도 모르게 착각을 (혹은 말실수를) 했다는 것을 암시했다. 실제로 이틀 전 빈에서는 공화국이 선포되었고, 검은색과 노란색이 들어 있는 국기가 사라진 대신 적-백-적으로 조합된 옛 동부 국기가 펄럭이게 되었다. 즉 합스부르크 가(家)가 붕괴된 것이다. 젊은 부인 역시 그녀 나름대로 길 이름에 들어 있는 합스부르크 가를 제외시킨 것이었다. 빈에는 실로 바벤베르거슈트라세Babenbergerstrasse라는 꽤 유명한 도로가 있기는 했다. 하지만 그 도로는 작은 〈길Gasse〉이 아니라 〈대로(大路, Strasse)〉였다.

(7) 휴가철을 맞아 여행을 하고 있던 한 초등학교 교사가 있었다. 그는 가난했지만 준수한 외모를 갖고 있었다. 이 선생은 한 빌라 소유주의 딸을 사랑하게 되었는데, 여인의 아버지는 겨울이면

수도에 올라가 있었다. 두 사람은 사랑에 빠졌고, 사회적 신분과 종족상의 차이점에도 불구하고 여인의 부모에게서 결혼 승낙을 얻어 내는 데 성공했다. 어느 날 학교 선생은 형에게 다음과 같은 편지를 썼다. 〈아가씨는 그리 예쁜 편은 아니야. 하지만 아주 착한 여인이지. 예쁘고 안 예쁘고는 내게 중요하지 않아. 하지만 유대 인 여인과 결혼을 한다는 생각을 하면……. 이 점이 바로 이제껏 형에게 말하지 않았던 점이야〉. 이 편지는 약혼녀의 손에 들어가 고 말았고 모든 꿈도 깨지고 말았다. 반면 형은 전혀 다른 내용의 편지를 받고 깜짝 놀라지 않을 수 없었는데, 사랑의 맹세로 가득 한 편지를 받았기 때문이다. 이 이야기를 내게 들려준 사람은 의 도적인 속임수가 아니라 단순한 실수였다고 했다. 이와 유사한 경 우를 나 또한 알고 있는데, 의사를 탐탁하게 여기고 있지 않던 한 부인이 편지를 바꿔 보냄으로써 자신의 목적을 달성한 적이 있었 다. 부인이 코미디에 자주 등장하는 이런 고전적인 기법을 사용 한 이 경우도, 물론 의도적인 계략이 아니라 단순한 실수였다.[10]

(8) 브릴 씨가 언젠가 내게 한 부인에 관한 이야기를 들려준 적 이 있다.[11] 이 부인은 자신과 브릴 씨가 함께 친구 사이로 지내고 있는 여자 친구의 안부를 물으면서 여자 친구를 처녀 때의 이름 으로 불렀다. 실수를 지적해 주자 이 부인은, 여자 친구의 남편 이 름을 자신으로서는 견딜 수가 없고 결코 그 결혼을 인정할 수 없 다고 고백했다고 한다.[12]

(9) 언어 실수를 나타내는 다음과 같은 착오도 있다. 한 젊은 아버지가 둘째 딸의 출생 신고를 하기 위해 시청을 찾아갔다. 아

10　1907년에 추가되었다.
11　『정신분석: 그 이론과 실제적 응용』 참조.
12　1912년에 추가되었다.

이의 이름을 대라고 하자 이 아버지는 〈한나〉라고 답했다. 그러나 대답을 하고 나서 곧 그는 이 이름이 첫째 딸의 이름임을 깨닫게 되었다. 이 실수에서 우리는 둘째 딸의 탄생이 첫째 딸만큼 그렇게 원하던 것이 아니었다는 결론을 끌어낼 수 있다.[13]

(10) 이름을 혼동하는 경우에 대해 그동안 관찰해 왔던 몇 가지 사례를 덧붙이고자 한다.[14] 물론 이름을 혼동하는 경우는 이 책의 다른 부분에서 다룰 수 있는 내용이기도 하다.

세 딸 중 두 딸을 결혼시킨 한 어머니가 있었다. 어머니의 친구는 시집간 두 딸에게 매번 같은 은식기를 선물로 사주었다. 그런데 이 은식기 이야기만 나오면 어머니는 매번 시집을 안 간 셋째 딸의 것이라고 잘못 말하곤 했다. 어머니가 이런 실수를 통해 셋째 딸이 어서 시집을 갔으면 하는 바람을 드러낸 것임은 자명하다. 동시에 어머니는 셋째 딸도 같은 선물을 받으리라는 가정을 하고 있었을 것이다.

어머니가 아이들이나 사위들의 이름을 혼동하는 경우도 쉽게 해석할 수 있다.

(11) J. G. 씨의 경우가 이에 해당되는데, 당사자가 직접 이야기를 들려준 적이 있다. 한 요양소에서 일어난 이야기다.

식사 시간에 밥을 먹으면서 사람들이 주고받는 일상적인 대화에는 별 관심이 없던 나는, 옆에 앉아 있던 한 여자에게 각별히 다정한 어조로 말을 걸었다. 꽃다운 나이는 이미 지난 그 아가씨는, 내게 갑자기 그렇게 다정하게 말을 걸어 오시다니 웬일이냐며 반문을 했다. 이 지적은 한편으로는 일말의 불만을 나타내면서도,

13 이 부분은 1907년에 추가되었다.
14 여기서부터 사례 (11)까지는 1920년에 추가되었다.

다른 한편으로는 내가 평소 각별하게 신경을 쓰던 우리 두 사람이 함께 알고 지내던 다른 한 아가씨에 대한 암시를 담고 있었다. 나로서는 쉽게 이해가 가는 일이었다. 이후 그녀와 이야기를 나눌 때마다 나는 그녀를 그녀가 자신의 경쟁자로 여기고 있는 다른 아가씨의 이름으로 반복해서 부르게 되었고, 그때마다 그녀는 자신의 이름이 틀렸다고 매번 지적을 해주었는데 여간 곤혹스러운 일이 아니었다.

(12) 직접 목격한 증인에게서 들은 더욱 심각한 다음과 같은 사건도 〈착오〉의 사례로 분류할 수 있을 것이다. 한 부인이 남편과 남편의 두 친구와 함께 시골에서 저녁 시간을 보냈다. 두 남자 중 한 사람은 바로 부인과 내연의 관계를 맺고 있던 남자였는데, 이를 아는 사람은 아무도 없었고 또 없어야만 했다. 두 친구는 부부를 문 앞까지 배웅해 주었다. 문이 열리기를 기다리면서 부부는 두 친구에게 작별 인사를 했다. 부인은 한 사내 쪽으로 몸을 숙인 채 손을 내밀어 악수를 했고 몇 마디 인사를 나누었다. 그런 다음 부인은 나머지 한 사내(이 사내가 그녀의 정부였다)의 팔을 붙잡은 채로 남편을 돌아보더니 안녕히 돌아가시라고 남편에게 작별 인사를 하는 것이었다. 농담으로 생각한 남편은 모자를 벗어 들고 과장된 제스처로 작별 인사를 하고 돌아섰다. 〈부인, 그럼 이만 저는 실례하겠습니다. 안녕히 계십시오.〉 이 말을 듣고 기겁을 한 부인은 잡았던 애인의 팔을 놓았고, 남편이 다시 가까이 돌아오는 사이 그만 놀라서 소리를 지르고 말았다. 〈하느님 맙소사, 큰일날 뻔했네!〉 남편은 자기 부인이 불륜을 저지르리라고는 추호도 생각하고 있지 않았다. 그는 기회 있을 때마다, 만일 아내가 그런 짓을 저지른다면 여러 사람이 다치게 될 거라고 공언해 왔다.

따라서 남편은 아내의 착오가 무엇을 의미하는지 절대로 알 수가 없었던 것이다.[15]

(13) 내가 치료하던 한 환자가 일으킨 착오인데, 이 이야기는 환자가 내게 들려주는 동안에 반대되는 착오로 바뀌었다. 이런 의미에서 이 착오는 시사하는 바가 많다. 극도로 우유부단한 성격을 지닌 한 청년이 오랫동안 내적 갈등을 겪은 후, 마침내 그를 사랑하고 있고 그 역시 사랑하고 있는 한 아가씨와 결혼하기로 결심했다. 약혼녀를 데려다 주고 행복에 젖어 집으로 돌아오기 위해 전차를 탔는데, 차장 아가씨에게 두 장의 전차표를 달라고 했다. 6개월 후 나는 결혼한 그를 다시 만나게 되었는데, 그의 결혼 생활은 그리 행복해 보이지가 않았다. 그는 결혼을 잘한 것인지 잘못한 것인지 자문하면서, 결혼 전에 친구 사이로 지내던 시절을 그리워하고 있었고 장인 장모에게 온갖 비난을 다 퍼부어 댔다. 어느 날 저녁 그는 처갓집에서 아내를 데려오게 되어 돌아오는 길에 함께 전차를 탔는데, 그는 차장 아가씨에게 전차표를 한 장만 달라고 부탁했다고 한다.[16]

(14) 메더는 한 적절한 예[17]를 통해 충족이 금지된 욕망이 어떻게 〈착오〉의 도움을 받아 만족되는지를 잘 보여 주고 있다.

휴일을 조용히 보내려고 마음먹고 있던 한 동료가 있었다. 그러나 갑자기 루체른을 방문할 일이 생겼다. 한참 망설이던 끝에 그는 떠나기로 결정했다. 무료함을 달래기 위해 그는 취리히-아르트-골다우로 이어지는 여정(旅程) 동안 신문을 읽었고, 마지막

15 1917년에 추가되었다.
16 1919년에 추가되었다.
17 메더의 「일상생활의 정신 병리학에 대한 새로운 고찰Nouvelles contribution à la psychopathologie de la vie quotidienne」(1908) 참조 — 원주.

역에서 차를 바꿔 탄 이후에도 계속 신문을 읽었다. 한참 가던 중이었는데, 검표원이 그에게 열차를 잘못 탔다고 일러 주었다. 검표원의 말에 따르면, 그는 골다우에서 취리히로 올라가는 기차를 탔다는 것이다. 하지만 그의 기차표는 루체른행이었다.[18]

(15) 타우스크V. Tausk 박사 역시 〈틀린 행선지〉라는 제하의 글에서,[19] 완전히 성공한 것은 아니었지만 억압당한 욕망을 착오의 메커니즘을 통해 충족시키려는 유사한 시도에 관해 이야기하고 있다.

나는 전선에서 휴가를 받아 빈에 도착했다. 내가 치료했던 적이 있는 한 환자가 내가 빈에 온 것을 알고는 자기를 한번 만나러 와달라고 부탁했다. 당시에도 그는 여전히 병이 낫지 않아 누워 있었다. 그의 뜻대로 나는 그를 찾아가 두 시간 정도 그의 곁에 있었다. 막 자리를 뜨려고 하는데, 그는 내게 치료비를 얼마나 내면 되겠느냐고 물었다. 〈나는 지금 휴가 중이니 치료 행위를 한 것이 아니오. 당신을 찾아온 것은 친구끼리의 인사요〉라고 그에게 일러 주었다. 환자는 깜짝 놀라는 표정이었다. 왜냐하면 자신은 무료 서비스를 받을 아무런 권리가 없다는 것이 그의 생각이었기 때문이다. 정신분석가인 내가 어떤 일을 했는지 모를 리 없다고 생각한 (환자의 의견은 매우 존경할 만한 것이긴 했지만 사실 그는 치료비를 줄여 보려는 속셈을 갖고 있었다) 그는 내 대답을 듣고서 더 이상 고집을 피우지는 않았다. 그러자 나는 혹시 내가 그에게 베푼 너그러운 행동이 정말로 진지한 마음에서 우러나온 것인

18 1910년에 추가되었다.
19 타우스크의 「일상생활의 정신 병리학에 관하여」(1917) — 원주.

지 의혹이 들기 시작했다. 여러분이 그 이유를 잘 아는 꺼림칙한 마음에 시달리면서 나는 X선 전차에 올라탔다. 몇 정거장 안 가서 나는 Y선으로 갈아타야만 했다. 환승역에서 내려 전차를 기다리고 있는 동안, 나는 상담료 문제는 완전히 잊고 있었고 환자의 병적인 징후만을 생각하고 있었다. 그러던 중에 기다리던 전차가 왔고 나는 올라탔다. 그런데 첫 번째 정거장에서 나는 다시 내려야만 했다. 왜냐하면 Y선 전차를 갈아타기는커녕, 나는 X선 전차를 다시 탄 것이었다. 다시 말해 내가 온 장소로 다시 가는 전차를 탄 것이다. 마치 상담료를 거절하고 헤어진 그 환자의 집으로 다시 돌아가려는 듯이. 왜냐하면 나의 무의식은 상담료를 받고 싶었기 때문이다.[20]

(16) 나 또한 방금 소개한 메더 박사의 일화와 유사한 경험을 한 적이 있다. 매우 예민한 사람이었던 형에게, 나는 오래전부터 약속했던 방문을 하겠다고 재차 약속을 했다. 영국의 한 해변가에서 형을 만나기로 되어 있었고, 시간적인 여유가 그리 많지 않았던 나는 가장 빠른 지름길을 택해야만 했으며 중간에서 한 번도 쉴 수가 없었다. 단지 네덜란드에서 하루를 머물 생각이었는데, 돌아오는 길에 그렇게 할 작정이었다. 그래서 나는 뮌헨을 출발해 쾰른을 거쳐 네덜란드의 로테르담-후크에 도착한 이후, 그곳에서 배를 타고 자정에 하위치에 도착하기로 했다. 쾰른에서 나는 로테르담행 급행으로 기차를 갈아타야만 했다. 그런데 이 급행 열차를 도저히 찾을 수가 없었다. 여러 명의 직원에게 물어보았지만 이 플랫폼에서 저 플랫폼으로 다리품만 팔고 말았다. 기차 시간표를 살펴본 결과, 환승할 수 있는 모든 기차가 끊긴 상

20　이 부분은 1919년에 추가되었다.

태였기 때문에 나는 절망하지 않을 수 없었다. 이런 상황에 직면하게 되자, 나는 우선 퀼른에서 무사히 하룻밤을 지낼 수 있을까 자문해 보지 않을 수가 없었다. 퀼른에서 하룻밤을 자겠다는 생각은 일종의 경건한 감정에서 우러나온 것인데, 왜냐하면 가족 대대로 전해 내려오는 이야기에 따르면 내 먼 조상들이 퀼른에서 자행된 유대인 학대를 피해 이 도시를 도망쳐 나왔기 때문이다. 그러나 잠시 생각을 한 끝에, 나는 생각을 고쳐 다른 기차를 타고 로테르담으로 출발하기로 했다. 그렇게 해서 나는 로테르담에 한밤중에 도착하게 되었고, 할 수 없이 네덜란드에서 하루를 보냈다. 어쨌든 나로서는 이렇게 해서 오랫동안 간직해 오던 꿈을 이루게 된 것이다. 다시 말해 헤이그와 암스테르담의 박물관에서 렘브란트의 그림들을 보는 꿈을 이루게 된 것이다. 그런데 내가 서 있던 같은 플랫폼에서 몇 발자국 떨어지지 않은 곳에 큰 글자로 〈로테르담-후크, 네덜란드〉라고 쓴 간판을 퀼른역에서 보았다는 기억이 어렴풋이 떠오른 것은, 다음 날 오후 영국행 기차에 몸을 실은 채 이러저러한 인상들을 반추하던 바로 그때였다. 전날 여행을 계속하기 위해서 내가 타야만 했던 기차는 바로 그곳에서 기다리고 있었던 것이다. 타야 할 기차를 놔두고 나는 다른 곳에서 기차를 찾고 있었던 것인데, 이것은 도저히 납득할 수 없는 것으로 내가 〈실명〉하지 않았다면 있을 수 없는 일이었다. 다만 내가 형의 권고에도 불구하고 형을 만나러 가는 길에 꼭 렘브란트의 그림을 보고 싶어 했다는 사실을 인정한다면, 어느 정도는 이해가 가는 일이기도 할 것이다. 다른 나머지 요소들, 즉 그토록 당황했던 것이라든지, 퀼른에서 하룻밤을 지내려고 하자 불쑥 떠올랐던 경건한 마음이라든지 하는 것들은 모두 나 자신에게 내 은밀한 계획을 숨기기 위한 하나의 기만에 지나지 않았다. 내 은

밀한 계획이 실현되고 나서야 나는 이 사실을 깨달은 것이다.[21]

(17) 슈테르케는 개인적인 경험을 이야기한 적이 있는데, 여기서도 역시 같은 유형의 희생이 문제였다.[22] 즉 〈망각〉이 적절한 순간에 개입하여, 단념했다고 생각하고 있던 욕망을 충족시키고 있다.

언젠가 환등기를 이용해 한 마을에서 강연회를 해야만 했던 적이 있었다. 그런데 강연회 날짜가 느닷없이 일주일 연기되었다. 날짜 변경을 알려 온 편지에 회신을 보내고 난 후, 나는 수첩에 새로운 날짜를 적어 넣었다. 처음 계획대로라면 오후 시간을 내서 그곳에 살고 있던 작가인 내 친구를 만날 수도 있었다. 그러나 안타깝게도 나는 오후에 시간을 낼 수가 없게 되었고, 그래서 처음 계획을 단념할 수밖에 없었다.

강연회 날이 다가와서 나는 서둘러 슬라이드로 가득 찬 가방을 들고 역으로 갔다. 제시간에 도착하려면 택시를 탈 수밖에 없었다 (나는 종종 기차 여행을 할 때면 너무 시간에 맞추어 움직이다가 꼭 택시를 타곤 했다). 목적지에 도착한 나는 역에 마중 나온 사람이 없다는 사실에 적이 놀랐다. (작은 마을에서는 흔히 강연회의 연사(演士)를 역까지 마중 나오는 것이 관례였다.) 순간 강연회가 일주일 연기되었다는 사실이 머리에 떠올랐다. 나는 공연히 헛수고를 한 셈이었다. 처음에 정해진 날짜만을 생각하고 있었던 것이다. 마음속으로 내 망각을 실컷 저주한 후, 나는 첫 기차를 타면 바로 집으로 돌아갈 수 있지 않을까 자문해 보았다. 순간 나는 내 실수가 위에서 말한 바 있는 작가를 만날 수 있는 절호의 기회라는

21 이 부분은 1910년에 추가되었다.
22 슈테르케의 「일상생활에 관하여」 참조.

것을 깨달았다. 나는 그 작가를 만났다. 그리고 작가를 만나러 가는 도중에 그를 만나고 싶은 바로 그 욕망(상황이 달랐다면 결코 실현될 수 없었던 그 욕망)이 모든 음모를 꾸몄다는 사실을 깨닫게 되었다.[23]

어쩌면 내가 이 장에서 다루었던 사례들이 양적으로 얼마 되지 않을 뿐만 아니라 그리 의미 있는 것들이 아닐지도 모른다. 그러나 나는 우리의 이러한 관점이 우리가 인생을 살면서 혹은 학문적 활동을 하면서 내리게 되는, 훨씬 더 중대한 의미를 지니는 판단 착오에도 마찬가지로 적용될 수 있지 않을까 묻게 된다. 오직 이상적으로 균형 잡힌 정신을 소유한 소수의 사람만이, 지각한 외부의 인상이 지각하는 주체의 정신적 특이성을 통과하면서 겪게 되는 변형으로부터 현실의 실상을 보존할 수 있을 것이다.

23 이 부분은 1917년에 추가되었다.

열한 번째 장

복합적 실수 행위[1]

앞에서 언급한 두 가지 사례(메디치 가를 베네치아로 보낸 나
자신의 실수와 나의 만류를 무시하고 약혼자와 통화하는 데 성공
한 젊은이의 실수)는 사실 백 퍼센트 정확하게 설명된 것이 아니
다. 주의 깊게 살펴보면 그것들은 건망증과 실수가 복합된 결과
임을 알 수 있다. 나는 이런 복합적 증세를 다른 사례들에서 더욱
분명하게 설명할 수 있다.[2]

(1) 한 친구가 다음과 같은 경험을 내게 들려주었다.

나는 몇 년 전에 어떤 문학 단체 위원회의 위원으로 위촉된 적
이 있었네. 나는 그 학회가 언젠가는 나의 희곡을 공연하는 문제
에 어느 정도 도움이 되어 줄 수 있으리라는 생각에서, 그다지 큰
관심은 없었지만 매주 금요일마다 열리는 그 위원회의 회의에 꼬
박꼬박 참석했네. 그런데 바로 몇 달 전에 나는 F시의 극장에서 그
희곡을 공연하게 되리라는 확답을 받게 되었지. 그 뒤부터 나는

---

1 이 장은 1907년판에 처음으로 포함되었다. 그 당시에 이 장은 처음 네 가지 사
례와 마지막 사례로 구성되어 있었다. 다른 사례들은 나중에 나온 이 책의 판본에서
추가된 것들이다.
2 다음 세 가지 사례는 『정신분석 강의』 중 첫 번째 강의에서 반복되는 것이다.
두 번째 사례의 출처는 라이틀러R. Reitler로 되어 있다.

그 위원회의 회의를 매번 〈잊어버리고〉 말았다네. 그런데 내가 이러한 문제에 대한 자네의 글을 읽고 나니 나의 망각에 대해서 수치심을 느끼지 않을 수 없었다네. 내가 이 사람들을 더 이상 필요로 하지 않게 되자 이제 그 회의에 참석하지 않는다는 것은 너무도 뻔뻔스러운 일이라고 심한 자책을 하면서, 나는 다음 금요일에는 기필코 잊지 않겠노라고 다짐했지. 나는 이 계획을 계속적으로 기억해 내고 드디어는 실행에 옮겨서 그 회의실 문 앞에 섰지. 그런데 이게 어떻게 된 일인가. 문은 굳게 잠겨져 있었네. 회의는 이미 지나가 버린 것이었다네. 나는 말하자면 날짜를 잘못 알고 있었는데 그날은 토요일이었다네!

(2) 다음 사례는 증후적 행위와 물건을 잘못 둔 경우가 복합되어 있다. 나는 이 사례를 간접적으로 듣게 되었지만, 그 출처는 믿을 만한 것이다.

한 부인이 유명한 미술가인 시동생과 로마에 갔다. 시동생은 로마의 독일 거류민단으로부터 대단한 환영을 받았고, 그가 받은 여러 선물 가운데 골동품 금메달이 하나 있었다. 그 부인은 시동생이 그 멋진 선물을 탐탁지 않게 여기는 것을 보고 당황했다. 로마의 일을 여동생에게 맡기고 그녀가 집으로 돌아와서 짐을 풀어 보니 그 메달이 들어 있었다. 어찌 된 영문인지 그녀는 알 도리가 없었다. 그녀는 당장 시동생에게 편지를 보내 이 사실을 알렸고, 그것을 다음 날 로마로 보내겠노라고 공언했다. 그러나 그 메달을 어디에 두었는지 찾을 수가 없어서 그녀는 그것을 보낼 수가 없었다. 바로 이때 그녀는 〈무심코 손에 넣기〉라는 말의 뜻을 이해할 수 있을 것 같았다. 그녀 자신이 그 물건을 가지고 싶어 했던 것이다.

(3) 실수 행위가 끈질기게 되풀이되고, 되풀이될 때마다 그 방식이 바뀌는 경우들이 있다.[3]

무슨 이유에서 그랬는지는 모르지만, 어니스트 존스는 책상 위에 놓인 편지 한 통을 며칠 동안 부치지 않고 그대로 내버려 두고 있었다.[4] 마침내 그는 그것을 부쳤지만 그것은 〈수취인 불명〉이라는 딱지가 붙은 채 되돌아왔다. 수신인의 주소 쓰는 걸 깜빡했던 것이다. 수신인 주소를 쓰고 편지를 다시 우체통에 넣었지만, 이번에는 우표를 붙이지 않았다. 그래서 그는 자신이 그 편지 부치기를 꺼린다는 사실을 더 이상 간과할 수 없게 되었다.

(4) 마음속으로 꺼리는 데도 불구하고 어떤 행동을 실천하려는 헛된 시도가 빈의 카를 바이스Karl Weiss 박사의 짤막한 얘기 속에 인상적으로 묘사되어 있다.

다음 일화는 어떤 의도가 수행되는 것을 막을 동기를 무의식이 가지고 있다면 무의식은 얼마나 끈질기게 발동되는지, 또 그것을 억제하기가 얼마나 어려운지를 보여 줄 것이다. 한 친구가 나에게 책을 한 권 빌려 달라고 하면서, 다음 날 그것을 갖다 달라고 부탁했다. 나는 즉각 그렇게 하겠노라고 약속했지만, 처음에는 뭐라 설명할 수 없는 불쾌한 감정이 솟구쳐 오르는 것을 의식할 수 있었다. 나중에는 그 이유가 명백해졌다. 부탁한 사람은 몇 년 동안이나 나에게 빚진 돈을 갚지 않고 있었는데 앞으로도 안 갚을 게 뻔했다. 나는 그 일을 잊고 있었지만 다음 날 그것을 기억해 내자

3　사례 (3)부터 (5)까지는 1912년에 추가되었다.
4　존스의 「일상생활의 정신 병리학」 참조 — 원주.

똑같이 불쾌한 감정이 솟구쳤고, 그 순간 나는 중얼거렸다. 〈너의 무의식이 그 책을 잊도록 하는 방향으로 이끌어 가고 있다. 그러나 너는 불친절하게 보이기가 싫어서 그걸 잊지 않으려고 가능한 모든 조처를 취하려 할 것이다.〉나는 집에 돌아와서 그 책을 포장해 책상 위에 놓고는 편지 몇 통을 썼다. 얼마 후에 나는 밖으로 나서 몇 걸음 옮기다가 부치려 했던 편지들을 책상 위에 놔두고 왔다는 사실을 알게 되었다. 그중 하나는 어떤 문제에 대해서 내가 도움을 바라는 사람에게 뭔가 불쾌한 내용을 적어 보낼 수밖에 없었던 편지였다. 나는 되돌아가 그 편지들을 가지고 다시 나왔다. 지하철 속에서 아내에게 뭔가를 사주겠다고 약속했던 일이 떠올랐는데, 그건 작은 꾸러미에 불과할 거라는 생각이 들어 기분이 좋았다. 그 순간 문득 〈꾸러미〉가 〈책〉을 연상시켰고, 그제서야 나는 책을 두고 왔다는 사실을 깨달았다. 나는 처음 나왔을 때뿐만 아니라 책 옆에 있는 편지들을 가지고 나왔을 때에도 집요하게 책을 잊으려고 했던 것이다.

(5) 똑같은 상황이 오토 랑크가 철저하게 분석한 사례에서도 발견된다.[5]

용의주도하게 규칙적이고 정확하다고 자처하는 한 사람이, 그에게는 아주 유별난 다음과 같은 경험을 전했다. 어느 날 오후 그는 거리에서 시계를 보려다가 그것을 집에 두고 왔다는 걸 알았다. 이건 그로서는 전에 없던 일이었다. 시간을 엄수해야 할 저녁 약속이 있었고, 약속 시간 전에 자기 시계를 가지러 갈 시간적 여

5   랑크의 「일상생활에서의 실수 행위Fehlleistungen aus dem Alltagsleben」(1912) 참조 — 원주.

유가 없었기 때문에, 그는 한 여자 친구에게 가서 그날 저녁 동안 그녀의 시계를 빌리기로 마음먹었다. 다음 날 아침 그가 그녀를 찾아가기로 이미 약속을 해놓은 터라 그의 생각은 더더욱 그럴듯했다. 그는 다음 날 아침에 시계를 돌려주겠다고 약속했다. 그러나 다음 날 빌린 시계를 돌려주려 했을 때, 놀랍게도 그는 그걸 집에 두고 왔다는 사실을 알게 되었다. 이번에는 자신의 시계를 차고 있었던 것이다. 그는 같은 날 오후에 그녀의 시계를 돌려주겠다고 굳게 마음먹고 이를 실천에 옮겼다. 그녀의 집을 나서며 시계를 보려다가, 정말이지 어처구니없게도 자기 시계를 차고 나오는 걸 또다시 깜빡했다는 것을 알게 되었다.

이와 같은 실수 행위의 반복은 규칙을 사랑하는 사람에게는 아주 병적인 일이어서, 만일 그가 그 동기를 알았다면 매우 기뻐했을 것이다. 그런데 그 동기는 그가 처음으로 깜빡했던 그 문제의 날에 뭔가 불쾌한 일이 일어났는지, 그리고 그런 일이 어떤 연관 속에서 일어났는지 등과 같은 심리적 질문에 의해 이내 드러나게 되었다. 그는 즉각 대답하기를, 점심 식사 후 시계를 깜빡하고 나가기 직전, 어머니와 대화 중에 다음과 같은 사실을 알게 되었다는 것이다. 그를 괴롭혔고 그에게 금전적 손해를 끼친 적이 있었던 무책임한 친척 한 사람이 자기의(그 친척의) 시계를 전당포에 맡겼는데, 자기 집에서 그 시계가 필요하기 때문에 그(화자)에게 그걸 찾을 돈을 빌려 달라고 했다는 것이다. 다소 강제적으로 돈을 꾸어 줘야 한다는 사실 때문에 그는 적이 낭패했고, 그 친척이 몇 년 동안이나 그를 괴롭혔다는 사실을 새삼 떠올렸다. 그러므로 그의 증후적 행위의 동기는 하나 이상이라고 판명된다. 그의 생각이 꼬리를 물고 이어지다가 대충 다음과 같은 표현으로 나타났을 것이다. 〈이런 식으로 내 돈을 착취당할 수는 없지. 시계가 필요하다면 내 시계를 집에 두고 가리라.〉 그러나 그는 그날 저녁 약속을 지키는 데 시계가 필요했기 때문에, 이런 생각은 무의식 속에서만 일어났고 증상 행위의 형태를 띠게 되었을 것이다. 다음으로 그의 건망증이 뜻하는 것은 이러하다. 〈이 아무짝에도 쓸모없는 일에 계속 돈을 쓰다가는 나는 아주 망해 버릴 것이고, 모든 것을 포기 해야 할 것이다.〉 그의 말인즉, 친척 얘기를 듣고 그가 화낸 것은 잠시뿐이었다고 하지만, 똑같은 증상 행위의 반복은 그 행위가 무 의식 속에서 계속 강하게 작용했다는 것을 나타낸다. 그래서 그의 의식은 아마 이렇게 말했을 것이다. 〈이 얘기를 내 머릿속에서 지 울 수가 없다.〉6 무의식의 이런 경향에 비추어 볼 때, 똑같은 일이 여자로부터 빌린 시계에도 일어난다는 것은 놀라운 일이 아니다. 이와 같이 〈죄 없는〉 여자의 시계로 전이된 데에는 아마 다른 특 별한 동기들도 있었을 것이다. 가장 명백한 동기는 분명 그가 희 생시킨 자신의 시계를 대신해서 여자의 시계를 갖고자 했으리라 는 것이다. 그래서 그는 다음 날 시계 돌려주는 걸 깜빡했던 것이 다. 아마도 그는 또한 그녀에 대한 기념으로 그녀의 시계를 가질 수 있었다면 아주 기뻤을 것이다. 더구나 그녀의 시계를 가져가는 걸 깜빡하는 바람에 자신이 사모하는 여자를 재차 방문할 기회를 가질 수 있었던 것이다. 어쨌든 그는 다른 문제로 아침에 그녀를 방문하도록 되어 있었고, 이미 정해진 이 방문을 시계를 돌려준다 는 부차적인 목적으로 활용한다는 것은 수치스러운 일이라고 생 각했기 때문에, 그가 그녀의 시계를 가져가지 않았던 것으로도 보 인다. 게다가 여자의 시계를 돌려주러 가면서 자신의 시계를 차고

6 무의식 속에서 거듭해서 일어나는 생각은 어떤 때는 실수 행위 이후에 꿈의 형 태로 나타나기도 하고, 또 어떤 때는 실수 행위의 반복 혹은 수정되지 못하는 실수 행 위로 나타나기도 한다.

나가는 것을 깜빡했다는 것은, 그가 무의식적으로 시계 두 개를 한꺼번에 차는 걸 회피하려 했다는 것을 나타낸다. 분명히 그는 시계 두 개를 찬 모습을 보이기 꺼렸을 것이다. 이것은 곤궁한 그의 친척의 모습과 뚜렷이 대조되기 때문이다. 그러나 그는 이렇게 함으로써, 다른 한편으로 그녀와 결혼하겠다는 자신의 분명한 의도에 대항하려 했다. 즉 이는 그가 가족(어머니) 부양에 대한 확고한 의무가 있다는 자신에 대한 경고인 것이다. 마지막으로 그녀의 시계를 잊고 가져가지 않은 또 다른 이유는, 전날 저녁 친구들 앞에서 여자 시계를 들여다봐야 한다는 데 대해 그가 총각으로서 당혹감을 느꼈을 것이고, 따라서 몰래 시계를 들여다봤을 것이라는 사실이다. 이런 어색한 상황이 되풀이되는 것을 피하기 위해서 그는 더 이상 여자 시계를 차고 다니지 않으려 했다. 반면에 그는 그것을 돌려줘야 했기 때문에 자기 시계를 차고 가지 않은 것 역시 무의식적으로 수행된 증상 행위였다. 이런 행위는 서로 갈등을 빚는 정서적 충동들 간에 화해를 모색하는 행위이자 비싼 대가를 치른 무의식의 승리인 것으로 판명되었다.

아래에 소개되는 세 가지 사례는 슈테르케가 관찰한 것이다.[7]
(6) 억제된 의지의 표현으로서의 잘못 두기, 깨뜨리기, 그리고 잊기.[8]

나는 어떤 과학 작업을 위해 많은 도해(圖解)를 모아 두었는데, 어느 날 동생이 강의 중에 환등기 슬라이드로 사용하겠다며 몇 장을 빌려 달라고 했다. 내가 그처럼 수고를 들여 수집했던 도해들

7 슈테르케의 「일상생활에 관하여」 참조 — 원주.
8 사례 (6)부터 (8)까지는 1917년에 추가되었다.

이, 내가 전시하거나 간행하기 전에 어떤 식으로든 소개되지 않았으면 하고 바랐던 적이 있었다는 사실이 잠시 떠올랐지만, 나는 그가 원하는 사진의 원판을 찾아서 환등기 슬라이드로 만들어 주겠다고 약속했다. 하지만 나는 그 원판들을 찾을 수가 없었다. 나는 원판들로 가득한 상자들 전체를 찾아보았다. 족히 200장이 넘는 원판들이 하나씩 하나씩 내 손을 거쳐 갔다. 그러나 내가 찾는 원판들은 보이지 않았다. 사실 내가 동생에게 사진을 넘겨주기를 원치 않는 것이 아닌가 하는 의심도 들었다. 이런 박정한 생각을 억누르고 나니, 제일 꼭대기에 있는 상자를 한쪽으로 밀쳐놓고 그걸 열어 보지도 않았다는 사실을 깨달았다. 바로 그 상자에 내가 찾던 원판들이 들어 있었다. 그 상자의 덮개에는 내용물 명세가 간략히 적혀 있었는데, 그걸 눈여겨보지도 않고 한옆으로 밀쳐놓았던 것 같았다. 그런데 그 박정한 생각이 완전히 극복되지는 않은 것 같았다. 갖가지 사건들을 벌이고 나서야 슬라이드를 보낼 수가 있었기 때문이었다. 어떤 슬라이드는, 내가 그걸 손에 쥐고 유리 덮개를 닦다가, 너무 세게 누른 탓에 깨져 버렸다(평상시에는 그런 식으로 내가 환등기 슬라이드를 깨뜨린 적이 없었다). 이 슬라이드를 새로 만들었을 때 나는 그것을 손에서 떨어뜨렸는데, 발을 뻗어 떨어지는 것을 막은 덕분에 그것이 박살나는 것을 모면할 수 있었다. 환등기 슬라이드들을 차곡차곡 세워 놓았을 때 그것들이 또다시 무너졌는데, 다행히 깨진 것은 하나도 없었다. 대엿새가 지나고 나서야 마침내 나는 그것들을 포장해서 보낼 수 있었는데, 매일같이 보내겠다고 마음먹고도 그때마다 나는 나의 결심을 계속해서 잊곤 했기 때문이었다.

(7) 반복되는 망각 — 서투른 행위.

어느 날 나는 한 친구에게 우편엽서를 보내야만 했다. 그러나 나는 대엿새 동안 그것을 계속 연기했다. 나는 이것이 다음과 같은 이유 때문이 아닐까 하는 강한 의구심이 든다. 그는 내가 그다지 만나고 싶어 하지 않는 사람이 일주일 내로 나를 만나러 올 것이라는 사실을 편지로 알려 준 적이 있었다. 일주일이 흘러 원치 않는 방문의 가능성이 아주 희박해졌을 때, 마침내 나는 그에게 엽서를 보내 내가 한가해지는 때를 알려 주었다. 엽서를 쓸 때 나의 처음 생각은, 네덜란드어로 *druk werk*(힘든 일) 때문에 좀 더 일찍 편지를 보내지 못했다는 말을 넣을 요량이었다. 이성적인 사람이라면 아무도 그런 판에 박힌 말을 더 이상 믿지 않을 것이 뻔하기 때문에 나는 결국 그렇게 하지 않았다. 그랬는데도 이 사소한 거짓말을 내가 써넣었는지는 잘 모르겠다. 그러나 엽서를 우체통에 밀어 넣었을 때, 나는 우연히도 그것을 네덜란드어로 *Drukwerk*(인쇄물)라고 적힌 아래쪽 구멍에 넣고 말았다.

(8) 건망증과 실수.

어느 쾌청한 아침, 한 소녀가 석고상을 그리려고 왕립 미술관으로 갔다. 날씨가 너무 좋아 산책을 가고 싶은 생각도 들었지만, 그녀는 한번쯤은 성실하게 그림을 그려 보자고 다짐했다. 그녀는 먼저 도화지를 사야 했다. 그녀는 미술관에서 걸어서 10분 정도 걸리는 가게로 가서 연필과 스케치에 필요한 도구들을 샀지만, 도화지 사는 것을 까맣게 잊었다. 그러고 나서 그녀는 미술관으로 갔고, 의자에 앉아서 그림을 그리려 했을 때 종이가 없다는 사실을 알고는 그 가게로 다시 가야 했다. 도화지를 준비하고 나서 그녀는 진지하게 그림을 그리기 시작했다. 그림을 제법 잘 그리고 있던 중에, 그녀는 미술관의 종탑 시계에서 시간을 알리는 종이 여러 차례 울리는 소리를 들었다. 〈12시일 거야〉라고 그녀는 생각하면서, 종탑 시계가 15분을 타종할 때(〈12시 15분일 거야〉라고 그녀는 생각했다)까지 계속 그림을 그렸다. 그러고 나서 그녀는 화구(畵具)를 챙기고 폰델파크Vondelpark[9]를 지나 언니 집까지 걸어가 거기서 커피를 마시기(네덜란드에서는 점심 식사에 해당됨)로 작정했다. 수아소 미술관에서 그녀는 12시 30분이 아니라 이제 12시라는 것을 알고는 깜짝 놀랐다. 그림 그리는 작업보다는 쾌청한 날씨에 마음이 팔려, 그녀는 그 종탑 시계가 매시 30분 전에도 30분 후의 시간과 똑같은 회수의 타종을 한다는 사실을 잊고 있었던 것이다. 종탑 시계가 열두 번을 타종했을 때가 사실은 11시 30분이었다.

(9) 위의 몇몇 사례가 이미 나타내는 바와 같이, 무의식 속의 혼란스러운 목적은 같은 종류의 실수 행위를 집요하게 반복함으로써 그 목적을 달성할 수도 있는 것이다.[10] 이에 대한 흥미로운 예로서, 나는 드라이 마스켄 출판사에 의해 뮌헨에서 간행된 『프랑크 베데킨트와 극장Frank Wedekind und das Theater』이라는 소책자에 나오는 일화를 소개하고자 한다. 하지만 나는 이 일화의 신빙성을 마크 트웨인Mark Twain 식으로 풀어 나간 그 책의 작가에게 돌릴 수밖에 없는 입장이다.

베데킨트의 1막짜리 연극 「검열Die Zensur」의 가장 엄숙한 순간에 한 등장인물이 〈죽음의 공포는 지적 실수Denkfehler이다〉라

<hr>

9 암스테르담의 〈볼로뉴 숲〉을 말한다. 수아소 미술관은 시립 미술관의 일부.
10 1919년에 추가된 것이다.

고 선언한다. 이 말에 많은 함축을 부여한 작가는 리허설 중인 한 연기자에게 *Denkfehler*라는 단어 앞에서 약간의 휴지(休止)를 둘 것을 부탁한다. 그날 밤 그 연기자는 자기 역에 몰입했고, 그 휴지를 지키려고 조심했다. 그러나 그는 무의식중에 가장 엄숙한 어조로 〈죽음의 공포는 잘못된 인쇄*Druckfehler*이다〉라고 선언했다. 공연이 끝난 후 그 배우의 질문에 답하면서, 작가는 자신이 비판할 게 아무것도 없다고 그를 안심시켰다. 작가는 다만 문제의 선언에서 죽음의 공포는 잘못된 인쇄가 아니라 지적 실수라는 말만 했다. 다음 날 밤 「검열」이 다시 공연됐을 때, 그 배우는 같은 대목에 이르러 또다시 가장 엄숙한 어조로 〈죽음의 공포는 비망록*Denkzettel*이다〉라고 선언했다. 베데킨트는 다시 한번 그 배우에게 아낌없는 찬사를 보냈고, 다만 대본에는 죽음의 공포는 비망록이 아니라 지적 실수로 되어 있다는 말만 했다. 다음 날 밤에도 「검열」은 다시 공연되었고, 예술적 문제에 관한 견해를 나누며 작가와 교분을 쌓은 그 배우는 그 대목에 이르러 세상에서 가장 엄숙한 표정을 지으며 〈죽음의 공포는 인쇄된 레테르*Druckzettel*이다〉라고 선언했다. 그 배우는 작가의 절대적인 찬사를 받았고 이 연극은 여러 차례 공연을 거듭했다. 그러나 작가는 이미 〈지적 실수〉라는 개념은 그 의의를 영영 상실하고 말았다고 판단했다.

랑크[11] 역시 실수 행위와 꿈 사이의 매우 흥미로운 관계에 주목한 바 있다.[12] 그러나 양자 사이의 관계는 실수 행위와 관련된 철저한 꿈의 분석 없이는 설명될 수 없다. 언젠가 나는 긴 꿈을 꾼

11　랑크의 「일상생활에서의 실수 행위」, 「실수 행위와 꿈Fehlhandlung und Traum」 (1915) 참조 ─ 원주.
12　랑크의 사례는 1912년에 추가되었다. 랑크의 두 번째 논문에 대한 언급은 1917년에 삽입되었다.

적이 있었는데, 거기서 나는 지갑을 잃어버렸다. 다음 날 아침 옷을 입으면서 그것이 정말로 없어졌다는 것을 알았다. 전날 밤 꿈꾸기 전 옷을 벗으면서, 나는 바지 주머니에서 지갑을 꺼내 그것을 늘 두던 곳에 놓는 걸 잊었다. 따라서 나는 내가 잊고 있었다는 사실을 몰랐던 것이 아니었다. 그 사실은 무의식 속에서 꿈으로 나타났던 것이다.[13]

나는 이와 같은 복합적 실수 행위의 사례들이 단순한 사례들에서는 관찰될 수 없는 전혀 새로운 어떤 것을 시사한다고 주장하려는 것이 아니다. 하지만 실수 행위의 형태들은 바뀌지만 그 결과는 똑같은 이 같은 사례들은 분명한 목표를 위해 노력하려는 의지를 생생하게 보여 준다. 이는 실수 행위가 우연의 소산이고 해석이 불필요하다는 생각과 대비되고, 그보다 훨씬 더 설득력이 있는 견해이다. 이 사례들에서 보는 바와 같이, 의식적으로 노력해도 실수 행위를 전혀 막을 수 없다는 사실 또한 놀라운 것이다. 나의 친구는 아무리 노력했어도 그 협회의 모임에 참가하지 못했고, 그 부인은 골동품 메달과 헤어지기가 불가능하다는 것을 알았다. 이런 의식적인 의도와 반대되는 미지의 요인은 그 첫 번째 통로가 봉쇄되어도 또 다른 출구를 찾아내기 마련이었다. 무의식

13 (1924년에 추가된 각주) 뭔가를 잃어버리거나 잘못 두는 것과 같은 실수 행위가 꿈에 의해서 교정되는 것은 드문 일이 아니다. 우리는 잃은 물건을 어디서 찾을 것인지 꿈속에서 알게 되는 경우가 있다. 그러나 이것은 꿈꾸는 사람과 물건을 잃은 사람이 동일인인 한 전혀 신비로운 일이 아니다. 한 젊은 여자가 이렇게 적고 있다. 〈약 4개월 전 은행에 갔을 때 나는 아주 예쁜 반지를 잃어버렸다는 걸 알게 되었다. 내 방을 샅샅이 찾아보았지만 그건 보이지 않았다. 일주일 전 나는 꿈을 꿨는데, 그것은 난방기 옆 찬장에 놓여 있었다. 그런 꿈을 꾸고 나는 안절부절못하다가 다음 날 아침 정말 그것을 바로 그 장소에서 찾아냈다.〉 그녀에게는 놀라운 일이었다. 그녀는 자기 생각과 소망이 이런 식으로 종종 성취된다고 주장했다. 하지만 그녀는 반지를 잃은 시기와 되찾은 시기 사이에 그녀의 삶에 어떤 변화가 있었는지 자문해 보는 일을 빠뜨리고 있다.

적 동기를 극복하는 데 요구되었던 것은 그것과 상반된 의식적 의도 이외의 어떤 것, 다시 말해서 미지의 것을 의식적으로 인식하게 만드는 어떤 정신 작용이었기 때문이다.

열두 번째 장

결정론, 우연에 대한 믿음과 미신 — 관점들

지금까지 앞에서 살펴보았던 여러 가지 문제를 통해 다음과 같은 일반적인 결론을 끌어낼 수 있을 것이다. 즉 〈정신 활동의 불완전함(그 이유는 앞으로 이 장에서 밝혀지겠지만)과 겉으로는 정상적으로 보이는 일정한 행위들을 정신분석의 관점에서 살펴보면, 이것들이 의식을 벗어나 있는 이유들에 의해 생겨나고 결정된다는 사실이 드러난다〉는 것이다.

잘못된 어떤 행위는 위와 같은 설명이 가능한 여러 행위 중의 하나일 텐데, 이를 위해서는 다음과 같은 조건이 충족되어야만 한다.

(a) 이 행위는 우리의 판단이 가하는 일정한 한계를 넘어서서는 안 된다. 다시 말해 우리가 흔히 〈정상적인 상태〉라고 부르는 한계를 넘어서서는 안 된다.

(b) 이 행위는 또한 잠시 동안만 지속되는 잠정적인 혼란만을 나타내야 한다. 즉 이 행위는 우리가 이전에는 정확하게 실행했던 행위였고, 앞으로도 정확하게 실행할 수 있는 행위여야만 하는 것이다. 우리가 이와 같은 행위를 했을 때 누군가가 지적해 준다면, 이 지적이 정확하다는 것과 우리의 정신적 움직임이 틀렸다는 것을 인정할 수 있어야만 하는 것이다.

(c) 잘못된 행위를 했거나 하고 있다는 것을 알았을 때조차도 이 행위의 동기가 의식되지 않아야 하고, 그 원인을 〈우연〉이나 〈부주의〉로 돌릴 수 있어야 한다.

따라서 (무지의 결과가 아닌) 망각, 착오, 잘못 말하기, 잘못 읽기, 잘못 쓰기, 서투른 행위 등 우연한 행위들은 모두 잘못된 행위의 범주에 속한다.

독일어의 경우 잘못된 행위를 지칭하는 모든 단어들은 *ver*라는 음절로 시작되는데,[1] 이는 모든 잘못된 행위들 사이에 내적인 동일성이 있음을 일러 준다고 볼 수 있다. 이러한 하나하나의 정신적 현상들이 일어나는 과정에 대해 설명하자면, 각 현상들이 갖고 있는 대단히 흥미로운 일련의 특징들에 대한 설명이 뒤따르지 않을 수 없다.

1

지향하고 있는 목적을 통해 설명이 불가능하다는 이유를 들어 일부 정신적 움직임들을 제쳐 놓는다면, 이는 정신적 움직임이 종속되어 있는 결정론의 중요성을 무시하는 것이 된다. 이 결정론은 우리가 다루고 있는 영역에서나 다른 영역에서 흔히 생각하는 것보다 훨씬 광범위하게 퍼져 있다. 1900년 『시대*Die Zeit*』라는 잡지에 실린 한 글에서 문학사가인 마이어R. M. Meyer는, 의도적이고 자의적으로 난센스를 저지른다는 것이 불가능함을 많은 예를 통해 자세하게 지적한 바가 있다. 나는 어떤 숫자나 이름에 대한 선택이 완전히 자의적으로 이루어질 수 없다는 것을 오래전부

---

1 잘못 말하기*Ver-sprechen*, 잘못 읽기*Ver-lesen*, 잘못 쓰기*Ver-schreiben*, 오해*Ver-greifen*.

터 알고 있었다. 농담으로든 혹은 자신의 재치를 뽐내려는 허영심에서든, 만일 우리가 겉으로 보아서는 여러 숫자가 자의적으로 결합되어 있는 것 같아 보이는 한 번호를 살펴본다면, 이 번호가 현실에서는 도저히 생각조차 할 수 없는 이유들로 인해 엄밀하게 선택된 것임을 알 수 있다. 나는 우선 자의적으로 선택된 이름을 예로 들어 간략하게 분석해 보고, 이어 우연히 〈아무 생각 없이〉 말해진 번호를 예로 들어 더욱 자세하게 분석해 보고자 한다.

(1) 한 여성 환자에 대한 상담 기록을 출간할 목적으로 재구성하면서,[2] 환자에게 어떤 가명(假名)을 부여하는 것이 적당한지 고려해 보았다. 선택은 결코 쉽지가 않았다. 환자의 진짜 이름이나 내 가족의 이름들과 같은 실명은 처음부터 배제되었다. 가족의 이름이 사용된다면 끔찍한 노릇이 아니겠는가? 나아가 지나치게 이상하거나 겉멋이 들어간 이름들도 제외되었다. 이름 문제를 가지고 내가 지나치게 고민을 할 필요가 없는지도 모른다. 세상에 많은 것이 여자 이름들이므로 조용히 기다리고 있다 보면 적절한 게 떠오를 것이기 때문이다. 그러나 세상에 널려 있는 것 같던 수많은 여자 이름 대신 단 하나의 이름만이 내 머리에 떠올랐다. 〈도라〉라는 이름이 그것이다. 나는 왜 그 이름이 내 머리에 떠올랐는지 곰곰이 따져 보았다. 대체 도라는 누구란 말인가? 우선 뇌리에 떠오르는 생각은 나 스스로도 믿기지 않아 인정할 수 없는 생각인데, 도라는 바로 내 누이의 아이들을 돌보는 하녀의 이름이었던 것이다. 하지만 이미 지나치게 분석에 몰두해 버린 나머지 이 생각을 떨쳐 버릴 수가 없었다. 그래서 생각을 유지한 채 계속 분석해 나갔다. 그러자 어제 저녁에 일어났던 한 작은 일에 생

2 이 글은 1905년 발간된 「도라의 히스테리 분석」(프로이트 전집 8, 열린책들)을 말하는 것이다.

각이 미치게 되었고, 내가 왜 그 이름을 선택하게 되었는지를 알 수 있게 되었다. 어제 저녁 나는 내 누이의 식당에서 식탁 위에 놓여 있던 편지 한 통을 보았는데, 그 편지에는 〈로자 W. 양에게〉라고 수신인이 적혀 있었다. 놀란 나는 이런 이름을 가진 사람이 누군지 물었고, 내가 도라라고 알고 있는 소녀의 진짜 이름이 로자라는 것을 알게 되었다. 그러나 그녀는 누이의 집에 들어오면서 자신의 진짜 이름인 로자를 포기해야만 했는데, 왜냐하면 로자라는 이름은 내 누이의 이름이기도 했기 때문이다. 왠지 서글퍼진 나는 나지막이 중얼거렸다. 〈불쌍한 사람들 같으니라고! 제 이름도 버려야 하다니.〉 당시 나는 먼 옛날에 일어났지만 지금도 손쉽게 회상할 수 있는 모든 종류의 심각한 일들을 떠올리며 잠시 동안 조용히 앉아 있던 기억이 난다. 그다음 날 진짜 이름을 부를 수가 없는 내 환자에게 가명을 하나 지어 주려고 하던 차에 내 머리에 떠오른 것이 바로 도라라는 이름이었다. 이렇게 도라라는 이름이 다른 이름들을 제치고 내 머리에 떠오른 것은 견고한 내적 연상 작용 때문이다. 내가 치료하고 있던 여성 환자의 경우에 있어서도 남의 집에 와서 일을 하던 한 여성, 즉 여자 가정 교사가 환자의 증후에 결정적인 영향을 미치고 있었던 것이다.

이 사소한 사건은 몇 년 후 예기치 못한 결과를 가져왔다.[3] 어느 날 한 강연회에 참석해 이미 몇 년 전에 출간한 바 있었던 도라의 사례에 대해 발표하게 되었는데, 내 강연에 참석하기로 한 두 명의 여성 중에 내가 발표하면서 몇 번이고 반복해서 호명하지 않을 수 없었던 도라라는 이름을 갖고 있는 여성이 한 사람 있었다. 나는 그녀에게 다가가 미리 이 사실을 염두에 두지 못해 미안하다고 사과하면서 다른 이름으로 바꾸겠다고 했다. 따라서 나는

3 이 단락은 1907년에 추가되었다.

다른 한 여성 청중의 이름을 닮지 않아야 한다는 생각을 하면서 다급하게 새 이름을 찾아야만 했다. 한 여성 청중의 마음은 이미 상해 있었고 자칫 새로 고른다고 고른 이름이 두 번째 여성 청중의 이름과 같은 것이라면, 이 또한 그녀로 하여금 정신분석에 대해 치를 떨게 할 것이 분명했던 것이다. 그러던 중 〈도라〉라는 이름을 대신해 줄 이름이 떠올라 나는 흐뭇했다. 〈에르나〉라는 이름이었다. 나는 이 새로운 이름을 이용하여 강연을 무사히 마쳤다. 강연을 마치고 나는 〈에르나〉라는 이름이 어떻게 해서 내 머리에 떠올랐을까 궁금했는데, 곧이어 웃지 않을 수가 없었다. 새 이름으로 바꾸면서 두려워했던 일이 현실로 나타났기 때문이다. 물론 완전히 똑같지는 않았으나 어쨌든 두 이름은 상당히 유사했다. 두 번째 여성 청중의 성(姓)이 〈루세르나〉였던 것이다. 다시 말해 나는 그녀의 성에서 마지막 두 음절을 빌려 온 셈이었다.

(2) 내 저서인 『꿈의 해석』의 교정을 마쳤다고 친구에게 편지를 쓴 적이 있었다.[4] 편지에서 나는 또한 〈2467개의 오류가 있다고 하더라도 다시는 내 책을 교정하지 않겠다〉는 말도 했다. 당시 나는 이 숫자가 어디서 온 숫자인지를 밝히고 싶었고, 이 숫자에 대해 내가 행한 분석을 편지에 덧붙여서 보냈다. 당시 내가 적어 보낸 분석을 그대로 인용해 보겠다.

허둥대다가 일상생활의 심리학에 도움이 되는 것을 하나 얻게 되었네. 자네는 내 편지에서 꿈에 관한 내 책 속에 남겨 둔 오류의 숫자를 자의적으로 과장되게 부풀린 2467이라는 숫자를 보게 될 걸세. 그런데 정신의 움직임 속에는 자의적인 것도 없고 우연적인

---

4   이 친구는 빌헬름 플리스를 말하는 것이며, 1899년 8월 27일 플리스에게 보낸 편지에 이와 같은 언급이 있다.

것도 없네. 자네는 의식이 내던진 숫자를 결정한 것이 사실은 무의식이라고 생각해도 되겠네. 그런데 최근에 나는 한 신문에서 E. M. 장군이 원수(元首) 계급으로 제대를 했다는 소식을 읽었는데, 이 사람이 내 관심을 끌었던 것일세. 이전에 내가 보조 의사로서 군 복무를 하던 때, 언젠가 한번 그 사람이(당시 그의 계급은 대령이었지) 의무실을 방문해서 의사에게 다음과 같은 말을 한 적이 있었네. 〈8일 안에 나를 완쾌시키시오. 급히 끝내야 할 일이 하나 있는데, 황제가 기다리고 계시기 때문이오.〉 이 사람의 승진 경력을 속으로 계산해 보던 나는, 올해(1899년)로 그의 군 경력이 끝나 당시 대령이었던 그가 원수로 제대를 할 수 있다는 사실을 알게 되었네. 의무실에서 내가 그를 만났던 해가 1882년이었네. 따라서 그는 대령에서 원수가 되기까지 17년의 세월을 보낸 셈이었네. 아내에게 이 이야기를 들려주었더니 〈당신도 진작에 은퇴했어야 하는 것 아니에요?〉라고 말하더군. 나는 〈하느님이 보살펴 주시겠지〉라고 말했네. 이 말을 끝내고 나는 책상에 앉아 자네에게 편지를 쓴 것일세. 그런데 내 생각은 여전히 다른 데 가 있었고 그럴 만한 이유가 몇 가지 있었네. 내가 계산을 잘못했던 것일세. 나는 이 사실을 기억 속에 고이 간직되어 있는 한 기준점을 통해 알 수가 있었네. 군 복무를 하고 있는 동안 나는 성년(成年)을, 다시 말해 스물네 번째 생일을 맞이했네(휴가를 얻지 못하는 바람에 나는 내 생일 파티에 참석하지 못했네). 그해가 1880년이었네. 따라서 지금부터 19년 전일세. 2467이라는 숫자에서 자네는 24라는 숫자를 볼 수 있을 걸세. 현재의 내 나이에다가 24를 더해 보게. 그러면 43 + 24 = 67이 되네! 즉 다시 말해 은퇴하고 싶지 않느냐는 아내의 질문에 나는 내 나이에 24를 더해서 답을 했던 것이네. 물론 나는 대령에서 원수가 되어 제대할 때까지 그가 필요로 했던

17년이라는 세월 동안 결코 그와 똑같은 경력을 쌓지 못했다는 것 때문에 기분이 그리 좋지는 않았지. 하지만 이런 불편한 감정은, 그의 경력은 완전히 끝난 반면에 아직도 내 앞에는 많은 시간이 놓여 있다는 생각이 들자 말끔히 가셔 버렸네. 전혀 아무런 의도도 없이 불쑥 튀어나온 2467이라는 숫자도 역시 무의식에서 나온 이유들에 의해 결정된 것이라고 볼 수 있을 걸세.

(3) 겉으로 보기에는 우연에 지나지 않는 것처럼 보이는 한 숫자의 선택 동기와 관련된 이 첫 번째 사례를 경험한 이후, 나는 다른 숫자들에 대해서도 여러 번에 걸쳐 유사한 경험을 하게 되었고 매번 내 분석은 성공적이었다. 그러나 대부분의 경우, 그 성격이 너무나 개인적인 것들이어서 공개하기는 어렵다.

이런 이유로 나는 빈의 알프레드 아들러 박사가 〈지극히 정상적인 사람〉이 〈우연히 선택한 숫자〉에 대해 행했던 매우 흥미로운 분석을 대신 살펴보고자 한다.[5] 아들러 박사는 A라는 사람이 다음과 같은 편지를 자신에게 보냈다고 한다.

어제저녁 나는 『일상생활의 정신 병리학』을 읽었습니다. 이상야릇한 일이 한 가지 생기는 바람에 끝까지 읽지를 못했는데, 그런 일만 없었더라면 아마도 끝까지 다 읽었을 것입니다. 그런데 겉으로 보기에는 완전히 자의적으로 떠올린 것처럼 보이는 숫자도 나름대로 의미를 갖고 있다는 대목을 읽은 후, 나는 한번 실험해 보기로 했습니다. 내 머리에 떠오른 숫자는 1734였습니다. 이 숫자에 대한 내 생각들은 이후 다음과 같이 전개되었습니다.

5 아들러A. Adler의 「숫자에 대한 생각과 발간 번호에 대한 세 가지 정신분석Drei Psychoanalysen von Zahleneinfüllen und obsedierenden Zahlen」 참조 — 원주.

1734÷17=102, 102÷17=6. 그다음 나는 1734를 17과 34 두 부
분으로 나누어 보았습니다. 그런데 내 나이가 바로 34입니다. 선
생께서 말씀하셨던 것으로 기억하는데, 나 또한 34라는 나이를
청년기의 마지막 해로 생각하고 있습니다. 그래서 34회 생일을 맞
이했을 때 무턱대고 즐거워할 수만은 없었습니다. 내 개인적인 이
야기를 좀 하자면, 열일곱 살이 되던 해 말경 내 인생의 매우 아름
답고 흥미로운 시기가 시작되었습니다. 그래서 나는 내 삶을 전반
기 17년과 후반기 17년으로 나누고 있습니다. 이런 나누기들은
무슨 의미를 지니고 있는 것일까요? 102라는 숫자는 극작가 코체
부A. von Kotzebue의 작품 『염세주의와 후회Menschenhaß und Reue』
가 실려 있는 레클람 총서의 책 번호입니다.[6]

　현재의 내 심리 상태는 〈염세주의〉와 〈후회〉라는 이 두 마디 말
로 요약할 수 있습니다. 레클람 총서의 6번 책이 바로 뮐러A.
Müller의 『실수』입니다(나는 이 총서의 책들을 거의 다 기억하고
있습니다). 나는 지금도 내 능력이 허락하는 그런 인간이 되지 못
했다는 생각이 들 때마다 몹시 괴롭습니다. 같은 총서의 34번 책
이 같은 작가인 뮐러의 『칼리버Kaliber』입니다. 이 책 제목을 두 부
분으로 나누어 보면, 한쪽에 〈알리Ali〉와 〈칼리Kali〉(가성 칼륨)라
는 두 단어가 들어 있다는 것을 알 수 있습니다. 그러자 여섯 살 난
제 아들 칼리와 함께 말꼬리 잇기 게임을 했던 기억이 떠올랐습니
다. 알리라는 발음이 문장 앞뒤에 들어가는 말을 해보라며 아들에
게 내기를 걸었죠. 아들이 못하겠다고 하면서 나보고 해보라고 해
서 다음과 같은 문장을 지어서 들려주었습니다. *Ali reinigt sich*
den Mund mit hypermangansaurem Kali(알리가 과망가니즈산칼

6　레클람 총서는 오래되고 포괄적인 서적들을 다시 인쇄한 것들이다. 코체부
(1761~1819)는 독일의 저명한 극작가로 『소도시의 독일인』 등의 작품이 있다.

룸으로 입을 헹군다). 우리 두 부자는 실컷 웃었습니다. 알리는 착한 아이였습니다. 그런데 며칠 지나지 않아 *Ali Ka(Kein) lieber Ali sei*(알리가 그렇게 착한 아이가 아니라는 것)을 알게 되자 저는 마음이 편하질 못했습니다.[7]

이어 저는 스스로 물어보았습니다. 〈레클람 총서 17번이 어떤 책이었더라?〉 나는 그것이 어떤 책인지를 알고 있다고 확신하고 있었습니다. 그래서 잠시 잊어버린 것으로 생각했습니다. 하지만 아무리 기억해 보려고 해도 도무지 떠오르지를 않았습니다. 다시 책을 읽기로 마음을 정하고 책에 눈을 주었지만, 건성으로 읽힐 뿐 책의 내용은 한 글자도 머리에 들어오지 않았습니다. 17이라는 숫자가 머리에서 떠나지 않았기 때문입니다. 그래서 불을 끄고 계속 기억을 더듬어 보았습니다. 그러던 중 결국 17번 책이 바로 셰익스피어가 쓴 한 연극 작품이라는 사실을 기억해 냈습니다. 그런데 어떤 작품이 생각났겠습니까? 「영웅과 멋쟁이」였습니다. 물론 이 제목은 내 주의를 다른 곳으로 돌려 보려는 어처구니없는 시도에 지나지 않는 것이었습니다. 몸을 일으켜 레클람 총서를 직접 살펴보았습니다. 그랬더니 17번 책은 셰익스피어의 『맥베스』였습니다. 기가 막혔지만 이 연극 작품이 비록 셰익스피어의 다른 어떤 작품보다 덜 재미있는 것이 아니었음에도 불구하고, 내가 그 작품에 대해 거의 아는 것이 없다는 사실을 인정하지 않을 수가 없었습니다. 그 작품에 살인자 레이디 맥베스, 마녀들이 나오고 〈추한 미인〉이라는 대사가 있으며, 실러가 번안한 『맥베스』가 좋았었다는 기억 정도만이 남아 있었습니다. 의심할 여지 없이 나는 이 작품을 잊어버리고 싶었던 것입니다. 계속 생각을 하다 보니, 17과 34라는 두 숫자를 17로 각각 나누면 1과 2가 나왔습니다. 그

7 Ka는 Kein을 줄여서 하는 말이다. ka lieber는 Kaliber와 발음이 같다.

런데 레클람 총서의 제1권과 2권은 괴테의 『파우스트』입니다. 저는 한때 제가 파우스트와 많이 닮은 인간이라고 생각한 적이 있습니다.

편지를 쓴 사람이 긴장하고 있었던 탓에 그의 여러 가지 생각과 기억이 의미하는 바를 파악할 수 없게 된 것이 안타까울 뿐이다. 아들러는 그에게 편지를 보낸 사람이 위의 모든 자질구레한 것을 열거했을 뿐, 종합할 수 있는 능력은 없었다고 했다. 편지는 다음과 같이 계속되는데, 이 부분을 통해 우리는 비밀을 간파할 수 있고 1734라는 숫자와 이 숫자에 관련된 일련의 생각들도 파악할 수 있게 된다. 만일 그렇지 않았다면 우리 역시 편지를 보낸 사람이 열거한 자질구레한 사실들을 아무 의미도 없는 것으로 생각할 수밖에 없었을 것이다.

오늘 아침 내게 프로이트의 생각을 이해하는 데 도움을 주는 한 사건이 일어났습니다. 자리에서 일어나는 나 때문에 잠을 깨고만 제 아내가, 도대체 무엇 때문에 레클람 총서 목록을 그렇게 뒤졌느냐고 물었습니다. 그래서 아내에게 자초지종을 들려주었습니다. 그랬더니 그녀는, 나를 그토록 괴롭혔던 맥베스의 경우는 좀 다르지만(이 부분이 흥미로운 대목이다), 나머지 모두는 아무 것도 아닌 것을 가지고 공연히 트집을 잡는 것과 같다고 했습니다. 자신은 어떤 숫자를 떠올릴 때 맹세컨대 아무 생각 없이 그렇게 한다는 것입니다. 그래서 한번 해보라고 했습니다. 그랬더니 아내는 117이라는 숫자를 댔습니다. 이 숫자를 듣고 나는 다음과 같은 말을 아내에게 들려주었습니다. 〈17이라는 숫자는 내가 방금 당신에게 말한 것과 관계가 있어. 게다가 어저께 당신에게 나는 여자가 여든두 살이고 남자가 서른다섯 살이면 상황은 결코 좋은 것이 아니라고 말했지.〉며칠 전부터 저는 아내를 여든두 살 먹은 할망구라고 놀려 대고 있었습니다. 82 + 35는 117인 것입니다.

자기 자신이 말한 숫자의 의미를 파악할 수 없었던 이 사내는, 얼른 보아서는 아내가 임의로 선택한 것처럼 보이는 숫자의 동기를 금방 알아냈다. 하지만 실제에 있어서는 아내 역시 남편이 선택한 숫자와 관련된 콤플렉스를 아주 잘 알고 있었고, 뿐만 아니라 그녀 역시 동일한 콤플렉스에서 기인하는 자신의 숫자를 선택한 것이었다. 즉 두 사람은 각각 자신의 나이와 관련된 콤플렉스를 갖고 있었던 것이다. 따라서 남편의 머리에 떠오른 숫자의 의미를 파악하는 것은 그리 어려운 일이 아니다. 아들러 박사 스스로가 말한 것처럼, 그 남편이 떠올린 1734라는 숫자는 〈자아〉의 억압된 욕망을 표현하는 것으로서 다음과 같이 해석될 수 있는 것이다. 〈나처럼 나이가 서른네 살인 남자에게는 열일곱 살 난 아내가 있어야만 한다.〉

혹시 이 숫자 〈놀음〉을 가볍게 여기는 사람이 있을지도 몰라 아들러 박사가 최근에 내게 알려 온 사실을 덧붙이고자 한다. 이 부부의 이야기가 아들러 박사에 의해 발표되고 1년이 지났을 때 두 사람은 이혼했다고 한다.[8]

아들러 역시 우리와 유사한 방식으로 강박 관념*Zwangsvortellung* 적인 숫자들을 설명하고 있다.

(4) 이른바 〈좋아하는〉 숫자들이라는 것은, 그 숫자를 좋아하

8 레클람 총서 제17번 책인 『맥베스』에 대해 아들러는 내게 편지를 보내왔는데, 문제의 그 인물은 열일곱 살 때 황제를 살해할 목적으로 조직된 한 무정부주의자들의 조직에 가입한 적이 있다고 한다. 그가 『맥베스』의 내용을 잊어버린 것은 바로 이런 이유 때문이었다.

는 사람의 삶과 관계가 있는 것이고 일정한 심리적인 동기들을 갖고 있다. 17과 19라는 두 숫자를 특히 좋아하던 한 남자가 있었는데, 이 사람은 잠시 생각을 하더니 열일곱 살 되던 해에 대학생이 됨으로써 학문의 자유를 얻었고, 열아홉 살 때에는 처음으로 큰 여행을 했으며, 곧이어 자신의 위대한 과학적 발견을 했다고 말했다. 그러나 이 두 숫자에 대한 그의 애착은 10년이 지난 후 그의 애정 생활의 결과로 생긴 것이었다. 분석해 보면, 아무런 의도 없이 습관적으로 사용하는 숫자들도 예기치 못했던 의미를 지니고 있다는 사실이 드러난다. 가령 내가 치료하고 있던 한 환자는 기분이 안 좋을 때면 늘 다음과 같이 말을 했다. 〈이미 내가 그것을 서른여섯 번은 아니라 해도 열일곱 번은 말해 주었잖아.〉 이렇게 말해 놓고 그는 이 숫자들에 어떤 동기가 있는 것은 아닌지 되묻곤 했다. 그러면서 그는 곧 동생의 생일이 26일인데 자신의 생일은 27일이라는 사실을 떠올렸고, 운명의 여신이 동생보다 자신에게 더 가혹하다고 비난했다. 그는 자신의 생일에서 10을 빼 동생의 생일에 덧붙임으로써 불공평한 운명의 여신을 비난하고 있었던 것이다. 즉 〈형임에도 불구하고 운명의 여신에 의해 내 운은 줄어들었다〉는 것이다.[9]

(5) 나는 이러한 〈숫자와 관련된 사례들〉의 중요성을 강조하고 싶은데, 왜냐하면 완전히 의식을 벗어난 상태에서 이루어지는 매우 복잡한 지적인 활동의 존재를 숫자 사례만큼 여실히 보여 주는 경우가 달리 없기 때문이다.[10] 또한 이런 사례들은 종종 비난의 대상이 되곤 하는 의사의 개입(가령 암시를 주었다는)이 거의 완벽하게 제거된 사례들이기도 하다. 그래서 내가 치료하던 한

9 이 부분은 1910년에 추가되었다.
10 사례 (5)는 1912년에 추가되었다.

환자가 보여 준 숫자 사례를 한 가지 더 이야기해 보겠다. 이 환자의 신상에 대해서는, 그가 대가족의 막내였고 어린 나이에 사랑하던 아버지를 여의었다는 정도만 이야기하겠다. 실험을 해보자고 하자 흥미를 느낀 그는 426718이라는 숫자를 말했고, 곧 다음과 같은 이야기를 덧붙였다.

「이 숫자가 어떤 생각을 떠올릴까요? 우선 농담 한마디 하겠습니다. 의사가 코감기를 치료하는 데는 42일이 걸립니다. 그러나 저절로 낫게 놔두면 6주가 걸립니다. 이것은 내가 말한 숫자의 첫 번째 숫자들과 일치하는 것이지요. 42=6×7이니까요.」

이 첫 번째 답을 하고 나서 그가 잠시 쉬는 동안, 나는 그에게 그가 선택한 숫자들이 3과 5가 빠지기는 했지만 모두 제각각이라고 일러 주었다. 이 지적을 듣자 그는 다음과 같이 말했다.

「우리 집은 일곱 형제인데 제가 막내입니다. 3은 누나인 A의 자리이고 5는 형인 L의 자리인데, 이 두 사람은 모두 나의 적들이에요. 어릴 때에는 이 두 고문자들의 손에서 풀려날 수 있게 해달라고 매일 밤 하느님에게 기도하곤 했습니다. 3과 5를 빠뜨림으로써, 다시 말해 미워하는 누나와 형을 언급하지 않음으로써 내가 원하고 있던 만족을 얻은 것이라고 할 수도 있을 것입니다.」

「숫자들이 당신의 형제자매들을 가리킨다면, 마지막에 있는 18이라는 숫자는 무엇을 뜻하는 건가요? 모두 일곱 형제가 아니었던가요?」

「나는 종종 속으로 아버지가 좀 더 오래 살아 계셨더라면 내가 막내가 아니었을 텐데 하는 생각을 하곤 했습니다. 만일 아이가 하나만 더 있었다면 우리는 여덟 명이 되는 것이고, 나보다 어린 아이에 대해 나는 형 노릇을 할 수가 있었을 것입니다.」

426718이라는 숫자의 의미는 이렇게 밝혀졌지만, 그러나 첫 번째 해석과 두 번째 해석을 연결시켜야만 할 것이다. 그런데 이 연결은 마지막 숫자들의 결합 조건으로부터 얻을 수 있다. 〈만일 아버지가 좀 더 오래 사셨더라면〉 하는 것과 〈42=6×7〉이라는 것은 곧, 아버지를 구해 내지 못한 의사들에 대한 원망의 표현이자 동시에 아버지가 오래 살지 못했다는 것에 대한 안타까움의 표현이기도 하다. 숫자 전체는 가족들에 대한 아이의 욕망들이 숫자를 통해 실현된 것임을 의미한다. 즉 나쁜 누나와 형이 죽었으면 하는 욕망과 자기보다 나이 어린 남동생이나 여동생을 갖고 있지 못하다는 안타까움이 숫자를 통해 나타난 것이다. 이 두 욕망을 다음과 같이 간략하게 표현해 볼 수 있을 것이다. 〈사랑하는 아버지 대신 누나와 형이 죽어 버렸다면!〉[11]

(6) 나는 많은 사람들과 서신을 주고받고 있는데, 그중 한 사람이 제공한 사례를 소개하고자 한다.[12] 전신 회사의 부장인 이 사람은 L이라고 하는 아들을 하나 두고 있었다. 나이가 열여덟 살 정도 되었고 의학 공부를 하고 있던 아들이 현재 일상생활의 정신 병리학에 몰두하고 있으며, 내가 제안한 이론의 정확성을 부모에게 입증해 보이려고 한다는 것이다. 아버지와 아들 사이에 벌어진 토론에 개입하지 않은 채, 이 젊은이가 행한 실험을 있는 그대로 적어 보겠다.

아들은 자기 어머니와 우연에 대해 이야기를 나누면서 어떤 노래도, 어떤 숫자도 〈우연히〉 머리에 떠오르는 것이 아니라는 주장을 폈습니다. 두 사람 사이의 대화는 다음과 같이 진행되었습니다.

11 이 외에도 환자에 대한 여러 가지 다른 생각들도 있지만 논의를 숫자에 대한 것에 한정하기 위해 생략하겠다 — 원주.
12 이 사례는 1920년에 추가되었다.

아들 아무 숫자나 하나 대보세요.

어머니 79.

아들 이 숫자를 대하면 어떤 생각이 떠오르세요?

어머니 어제 보았던 예쁜 모자가 떠오르는구나.

아들 얼마짜리 모자였는데요?

어머니 158마르크짜리였다.

아들 그러면 딱 맞았잖아요. $158 \div 2 = 79$이니까요. 아마도 엄마는 모자가 너무 비싸다고 생각했을 거고, 그래서 틀림없이 〈반만 해도 사볼 텐데〉라고 속으로 생각했을 거예요.

　아들의 이러한 추론을 듣고 있던 나는, 여자들은 보통 계산을 잘하지 못하며 어머니가 158 나누기 2가 79라는 계산을 했을 리 없다고 반박했습니다. 따라서 잠재의식이 정상적인 의식보다 더 계산을 잘한다고 가정하는 프로이트의 이론은 도저히 믿을 수 없는 이론이라고 했습니다. 그랬더니 아들은 다음과 같이 반론을 폈습니다. 〈전혀 그렇지 않아요. 엄마가 158 나누기 2는 79라는 계산을 하지 않았다 하더라도, 엄마는 어딘가에서 틀림없이 이러한 계산을 본 적이 있을 거예요. 이 모자와 관련된 꿈을 꾸면서 엄마는 가격이 얼마일까 계산해 보았을 거고, 또 가격이 조금만 쌌으면 하는 생각도 했을 거예요.〉

　(7) 존스 역시 숫자에 관한 분석을 한 바 있는데,[13] 그 분석도 인용해 보겠다.[14] 존스의 지인 중 한 사람이 983이라는 숫자를 말하더니, 사람들에게 이 숫자를 듣고 연상되는 생각이 있으면 아무것이나 말해 보라고 했다.

13　존스의 「일상생활의 정신 병리학」 참조 — 원주.
14　이 사례는 1920년에 추가되었다.

누군가 말을 했는데, 첫 번째로 연상된 것은 이미 오래전에 잊어버린 농담과 관계있는 것이었다. 6년 전 어느 무척 더운 날, 한 신문이 기온이 화씨 986도로 올라가겠다고 일기 예보를 했는데, 실제로는 98도 6부였던 것을 가지고 어처구니없이 과장했던 것이었다. 우리는 장작불이 활활 타오르고 있는 벽난로 앞에 앉아 대화를 나누고 있었다. 자신의 생각을 말한 그 사람은 좀 더웠는지 뒤로 물러앉으면서, 난로의 강한 열기 때문에 아마도 자신이 그 신문 기사의 농담을 떠올렸을 것이라고 했다. 하지만 이 설명은 내가 보기에는 충분치 않았으며, 왜 그 농담 기사가 그토록 오랫동안 그의 기억 속에 남아 있었는지 궁금해졌다. 그가 들려준 이야기에 따르면, 그 농담을 처음 들었을 때 그는 배꼽을 잡고 웃었으며, 그 후로도 그 농담 생각만 하면 미소를 짓지 않을 수가 없었다고 한다. 그 농담에서 특별히 우스운 것을 발견할 수 없었던 나로서는, 이야기를 들려준 사람이 의식하지 못하고 있는 어떤 의미가 이 농담에 숨겨져 있는 것이 아닌가 더욱더 궁금해졌다. 그가 계속 들려준 이야기에 따르면, 기온이 상승한다는 생각을 하면 그의 머리에는 유사한 많은 생각이 떠오른다고 했다. 즉 열기는 세상에서 가장 중요한 것이고, 모든 생명의 원천이며 하는 등등의 생각이 연상된다는 것이다. 매우 실증적이던 그 청년에게 이런 낭만적인 구석이 있었나 싶어 나는 조금 놀라지 않을 수 없었다. 그래서 그에게 계속 연상해 보라고 부탁했다. 그는 자기 방에서 늘 볼 수 있었던 한 공장의 굴뚝을 떠올렸다. 그는 종종 굴뚝에서 올라오는 연기와 뜨거운 열기를 바라보곤 했고, 그럴 때면 에너지를 낭비한다는 생각이 들곤 했다. 속이 뚫린 긴 관을 통해 새어 나오는 열기와 연기와 에너지 소비, 이러한 연상을 통해 상징적인 사고 속에서 흔히 그러하듯이, 열기와 연기의 이미지들이 사랑 행위와 관련된 것들임을 쉽게 알 수 있다. 즉 그는 자위행위Onanie에 대해 갖고 있던 강한 콤플렉스로 인해 그 숫자를 말하게 되었던 것이다. 이러한 해석의 진위 여부는 그가 결정할 문제일 것이다.

숫자와 관련된 문제들이 무의식적 사고 속에서 진행되는 방식에 대해 알고 싶은 사람들은 융과 존스의 논문을 참조하면 유익할 것이다.[15]

나는 숫자와 관련된 나 자신의 경험들을 분석하면서 다음과 같은 두 가지 사실에 의해 충격을 받았다. 첫째, 확실하지 않은 목표를 향해 나아가면서 머릿속으로 이런저런 계산을 하다 보면 갑자기 찾고 있던 숫자를 만나게 되는데, 이럴 때면 나는 늘 몽유병 환자가 갖고 있는 것과 같은 확신을 갖고 있었고, 일단 숫자를 찾고 나면 그 이후의 일은 신속하게 풀려 나갔다. 바로 이 몽유병 환자와 같은 나의 확신과 그 이후에 일이 해결되는 신속함이 나를 놀라게 했던 것이다. 둘째, 나는 계산에 둔감하고 집 주소나 날짜 같은 것을 거의 기억하지 못하는 사람임에도 불구하고, 무의식적인 사고 속에서는 숫자가 쉽게 떠오른다는 사실에 충격받았다. 나아가 나는 숫자에 대한 무의식적 작업들 속에서 미신적 경향을 보게 되었는데, 나는 이 미신의 기원에 대해 오랫동안 궁금했다.[16]

15 융의 「숫자 꿈의 앎에 대한 기고Ein Beitrag zur Kenntnis des Zahlentraumes」 (1911), 존스의 「무의식적인 숫자 취급Unbewußte Zahlenbehandlung」(1912) 참조 — 원주.
16 뮌헨에 사는 루돌프 슈나이더R. Schneider는 이러한 숫자에 대한 분석에 대해 매우 흥미로운 반박을 한 바 있다(「숫자 착상에 대한 프로이트의 조사 방법Zu Freuds Untersuchungsmethode des Zahleneinfalls」[1920]). 그는 아무 숫자 하나를 골랐다. 예를 들어 역사책 같은 것을 한 권 집어 들고 아무렇게나 책을 펼친 후 읽어 내려가다가 만나게 되는 첫 번째 숫자를 고르는 식으로 숫자를 고르기도 했고, 혹은 자신이 고른 숫자를 다른 사람에게 들려주고 이렇게 타인에 의해 주어진 숫자에 대해서도 그 숫자와 관계된 생각들이 떠오르는지를 알아보려고 했다. 얻어 낸 결과는 긍정적인 것이었다. 그가 밝힌 여러 예들 중의 하나로 그 자신이 연관되어 있던 사례에서 떠오른 생각들

분석적으로 검토를 해보면, 놀랍게도 단지 숫자만이 아니라 동일한 조건 속에서 주어진 그 어떤 단어들도 완벽하게 결정된 것이

은, 자발적으로 떠오른 숫자에 대해 우리가 행한 분석들에서처럼 완벽하고 의미 있는 숫자 선택의 동기들을 제공해 주었다. 반면 슈나이더의 경우에 외부에서 주어진 숫자는 그 숫자를 결정한 이유들이 필요 없었다. 낯선 사람을 상대로 실험을 하는 경우 그는, 어떤 내용의 도움을 받은 누구나 쉽게 그 결정 요인을 밝힐 수 있는 숫자인 2를 제안하는 식으로 그의 일을 쉽게 처리했다.

슈나이더는 그의 이러한 실험들을 통해 두 가지 결론을 끌어냈다. 첫째, 우리는 숫자에 있어서도 관념에 있어서와 마찬가지로 동일한 연상 능력을 갖고 있다. 둘째, 숫자 선택을 결정한 생각들은 자발적으로 떠오른 숫자들이 주어졌을 때 나타난다고 하는 사실이, 이런 숫자들이 분석에 의해 발견된 생각들에 의해 상기되었음을 입증해 주는 것은 결코 아니다. 그가 내린 두 가지 결론 중에서 첫 번째 결론은 완전히 정확한 결론이다. 한 숫자가 주어졌을 때 한 단어가 주어졌을 때처럼 쉽게 연상해 낼 수 있는 것이고, 심지어는 더 쉽게 연상될 수도 있다. 왜냐하면 단어에 비해 그 수가 훨씬 적은 숫자들로 구성된 기호들은 강력한 연상 능력을 갖고 있기 때문이다. 흔히 〈연상〉 실험이라고 불리는 경우가 이 경우인데, 이 실험은 블로일러-융 학파에 의해 그 전모가 연구되어 있다. 이 실험에 있어서는 생각(반응)은 단어(자극)에 의해 결정된다. 그러나 이 반응은 매우 다양한 양상을 띠었고, 융의 실험이 입증해 준 것처럼 반응이 어떤 것이든지 그것은 결코 〈우연〉히 일어난 것이 아니었다. 자극적 요소로 작용을 한 단어에 의해 무의식적 〈콤플렉스들〉이 충격받았을 때, 이 무의식적 콤플렉스들이 결정에 영향을 미치는 것이다.

반면에 슈나이더가 내린 두 번째 결론은 지나친 것이다. 주어진 숫자들(혹은 단어들)이 그에 알맞은 생각들을 떠올린다는 사실에서, 우리는 자발적으로 떠오른 숫자들(혹은 단어들)과 관계된 그 어떤 결론도 끌어낼 수 없다. 숫자들이(단어들이) 일정한 생각들을 떠올린다는 사실을 알기 이전에는 반드시 고려해야 할 결론도 없는 것이다. 숫자들(단어들)은 분석에 의해 드러난 생각들에 의하여 혹은 분석에 의해 드러나지 못한 생각들에 의하여 결정되었을 수도 있고 결정되지 않았을 수도 있다. 분석에 의해 드러난 생각들에 의해 결정되지 않았을 경우에는 분석이 잘못된 것이다. 하지만 편견에서는, 즉 숫자와 단어에 있어서는 문제가 각기 다르게 제기되어야 한다는 편견에서는 벗어나야만 할 것이다. 우리는 이 책에서 문제에 대한 비판적 검토를 하고자 하는 것도 아니고, 숫자와 관련된 생각들의 연상을 다루는 정신분석의 테크닉을 정당화하고자 하는 것도 아니다. 정신분석적 치료에 있어서는 숫자와 단어가 동일한 문제임을 받아들이고 있으며 대부분의 경우에 이용되고 있다. 실험 심리학의 방법론에 힘입어 시행되고 있는 포펠로이터W. Poppelreuter의 탐구들은 숫자와 단어를 동일한 문제로 보는 것이 타당하다고 일러 준다(나아가 이 문제에 대한 블로일러의 흥미로운 생각들을 그의 책에서 발견할 수 있다. 『의학에서의 자폐적이고 방종한 생각과 그 극복』 참조) — 원주. 포펠로이터의 「프링스의 〈실천적 억제와 일반적 억제의 콤플렉스 형성 제어에 대하여〉에 대한 논평 Bemerkungen zu dem Aufsatz von G. Frings 'Über den Einfluß der Komplexbildung auf die effektuelle und generative Hemmung'」(1914) 참조.

라는 사실을 확인하게 된다.[17]

(8) 융은 강박 관념적인 한 단어의 기원과 관련된 흥미로운 사례를 발표한 적이 있다.[18]

어느 부인이 찾아와 자신이 며칠 전부터 어디서 왔는지 자신도 모르는 말인 〈타간로그*Taganrog*〉[19]라는 단어에 사로잡히게 되었다고 했다. 나는 그 부인에게 정서적으로 충격받은 사건들과 가장 최근의 욕망들에 대해 물어보았다. 잠시 망설이던 부인은 실내복*Morgenrock*[20] 한 벌을 꼭 갖고 싶었는데, 남편은 자신의 이 욕망에 대해 시큰둥한 표정이었다는 이야기를 털어놓았다. *Morgenrock*과 *Tag-an-rock*,[21] 두 단어 사이에 말의 의미나 음성적 성격에 부분적인 관련이 있음을 알 수 있다. 그 부인이 러시아식의 말을 떠올리게 된 것은, 바로 그 이름을 가진 러시아의 도시에서 온 한 여인을 얼마 전에 알게 되었기 때문이었다.

(9) 히치만 박사에게서 들은 다음과 같은 사례도 있다. 같은 장소에만 가면 언제나 같은 시구절이 떠오르는 사람이 있었다. 그는 이 시의 구절이 어디서 온 것인지를 알지 못했고, 그와 문제가 된 장소의 관련성에 대해서도 모르고 있었다. 히치만 박사의 이야기를 잠시 들어 보자.

6년 전 내가 비아리츠에서 산 세바스티안으로 여행할 때의 일이다. 기차는 프랑스와 스페인의 국경 지대에 있는 비다소아강을 지나고 있었다. 다리에서 내려다본 풍경은 멋있었다. 한쪽으로는

---

17 이 문장과 사례 (8), (9)는 1912년에 추가되었다.
18 융의 『진단학적 연상 연구*Diagnostische Assoziationsstudien*』(1906) 참조 — 원주.
19 남부 러시아의 항구.
20 문자 그대로 번역하면 〈아침 옷〉이다.
21 문자 그대로 번역하면 〈낮의 옷〉인데 *Taganrog*의 변형.

넓은 계곡과 피레네산맥이 보였고, 다른 한쪽으로는 드넓은 바다가 펼쳐져 있었다. 때는 아름답고 화창한 여름날이었다. 모든 것이 햇빛을 받아 밝게 빛나고 있었다. 휴가 중이었던 나는 스페인을 구경한다는 생각에 한껏 부풀어 있었다. 그때였다. 문득 다음과 같은 시구가 떠올랐다.

그러나 영혼은 이미 자유로이,
빛의 대양 속을 헤엄쳐 가노라.[22]

지금도 기억이 나는데, 당시 나는 이 시구가 어떤 시의 한 구절인지 아무리 생각해 봐도 도무지 기억이 나지 않았다. 리듬으로 봐선 분명히 시구절인데, 어디서 읽은 시인지는 도저히 기억이 나지 않았다. 이 시구는 그 이후로도 여러 번 기억에 떠올라 여러 사람에게 물어보기도 했지만 아는 사람이 아무도 없었다.

작년에 나는 같은 길을 따라 스페인에 다시 가게 되었다. 밤이었고 비가 내리고 있었다. 국경 지대의 역 부근인 것을 알긴 했지만, 차창에 얼굴을 댄 채로 나는 정확히 어디를 지나고 있는지 알아보려고 했다. 비다소아 다리를 지나가고 있던 참이었다. 그러자 그 시구가 다시 머리에 떠올랐다. 물론 그때도 역시 나는 이 시구가 어떤 시에서 나온 것인지를 알 수가 없었다.

몇 달 후 나는 우연히 울란트의 시집을 펼쳐 보게 되었다. 책을 열고 막 첫 페이지를 넘기자 다음과 같은 시구가 눈에 들어왔다.

⟨*Aber frei ist schon die Seele, schwebet in dem Meer von Licht.*⟩
「순례자Der Waller」라는 시의 마지막 구절이었다. 나는 시를 다시 읽어 보았고, 옛날 언젠가 그 시를 암송했던 기억이 떠올랐다.

22   *Aber frei ist schon die Seele, / schwebet in dem Meer von Licht.*

스페인이 문제였다. 인용한 시구와 그 시구들이 내 기억에 떠오른 장소 사이에 관련이 있다면, 그것은 오직 스페인뿐인 것처럼 보였다. 나는 이 깨달음에 만족하지 않고 계속해서 기계적으로 시집을 읽어 내려갔다. 문제의 시구는 어떤 한 페이지의 하단에 자리 잡고 있었다. 이 페이지를 넘기자 나는 「비다소아 다리」라는 제목의 시를 대하게 되었다.

이 시는 내게 첫 번째 시보다 낯설었고 첫 줄이 다음과 같이 시작되고 있었다.

비다소아 다리 위에는 이 세상만큼이나 나이 먹은 한 성인이 서 있네.
오른손을 들어 스페인을 축복하고 왼손으론 프랑크족의 나라를 축복하고 있네.[23]

2

겉으로 보기에는 모든 면에서 임의로 선택된 것처럼 보이는 숫자와 명사들이 이미 결정되어 있는 것들이라고 보는 이러한 관점은, 그 자체로 의미 있는 것이 아니라 다른 문제를 규명하는 데 도움을 주게 된다. 많은 사람이 이러한 절대적인 심리적 결정론에 반대하여 자유 의지의 존재에 대한 확신을 천명하고 있다는 것을 우리는 알고 있다. 이 확신은 결정론을 믿지 않는다. 모든 정상적인 감정들처럼 이 심리적 결정론 역시 일정한 근거들에 의하여 정당화되어야만 한다. 그러나 나는 이 믿음이 중요한 큰 결정들

---

23 *Auf der Bidassoabrücke steht ein Heiliger altersgrau, / Segnet rechts die span'schen Berge, segnet links den fränk'schen Gau.*

을 내릴 때에는 나타나지 않는다는 점을 지적했다고 생각한다. 이런 큰 결정들을 내리는 경우에는 오히려 정신적인 압박을 경험할 것이고, 그래서 〈나는 그렇게 되었어, 달리 어쩔 수가 없어〉라고 동의하고 만다. 반대로 무의미하거나 자신과는 무관한 결정들을 내리는 경우에는, 사람들이 이와는 다르게 결정을 내리고 자유롭게 행동하며 또 동기가 불분명한 행동을 하는데, 이 점은 대부분의 사람들이 기꺼이 동의할 것이다. 자유 의지에 대한 확신이 정당한 것이라는 주장을 반박할 필요는 없다. 의식적 동기와 무의식적 동기를 일단 구분하게 되면, 우리가 내리는 모든 결정을 의식적 동기가 지배하는 것은 아니라는 것을 우리는 확인하게 된다. 〈법은 사소한 일에 관여하지 않는다 *De minimis non curat lex.*〉 동기가 부여되지 않은 나머지 행위들은 의식이 아닌 다른 곳으로부터, 즉 무의식으로부터 동기를 부여받게 되는 것이고, 심리적 결정론이 연속적으로 작용하고 있는 것처럼 보이는 것도 이 때문이다.[24]

----

24 (1907년에 추가된 각주) 겉으로 보기에는 임의적인 것처럼 보이는 정신 행위들이 이런 엄밀한 결정론에 의해 지배받고 있다는 생각들은 심리학 분야에서 이미 매우 훌륭한 결과들을 거두었고, 나아가 법학 분야에서도 일정한 성과를 나타냈다. 블로일러와 융은 이러한 관점에 입각하여, 이른바 연상 실험을 하는 도중에 나타나는 반응들을 해석할 수 있었다. 연상 실험이란 피실험자가 어떤 한 단어를 들었을 때 떠오르는 다른 단어를 말하는 것으로서(언어적 자극과 반응) 경과된 시간을 측정한다. 융은 그의 저서 『진단학적 연상 연구』에서, 이렇게 해석된 연상 실험이 정신 상태에 어떤 감각적 반응물을 나타내는지 보여 주었다. 프라하의 형법 교수인 그로스H. Gross의 두 제자, 베르트하이머M. Wertheimer와 클라인J. Klein은 이 실험에 입각하여 범죄 행위들 속에서 〈사실을 검증하는〉 테크닉을 마련한 바 있다. 현재 심리학자들과 법률가들이 이 테크닉을 검토하고 있다 — 원주. 베르트하이머와 클라인의 「심리적인 정황 진단Psychologische Tatbestandsdiagnostik」(1904) 참조.

3

우리가 다루었던 착오를 일으킨 행위들의 동기가 의식을 벗어나 있어 알 수 없는 것이라고 해도, 이러한 동기가 존재한다는 심리적 증거를 밝히는 것이 바람직할 것이다. 그런데 바로 무의식에 대한 더욱 심화된 앎을 통해 우리는 이 증거를 발견할 수 있다는 가능성을 인정할 수 있게 된다. 이 동기에 대한 무의식적인 앎, 따라서 억압되어 있는 앎인 것처럼 보이는 현상들을 나타내는 두 가지 영역을 우리는 알고 있다.

(1) 눈에 쉽게 띄는 것이고 또 이미 잘 알려진 것이지만, 편집증 환자들의 태도를 살펴보면, 그들은 타인의 행위들 속에서 일반적으로 보통 사람들이 지나쳐 버리곤 하는 아무런 의미 없는 사소한 점들에 과도한 의미를 부여하곤 한다. 그들은 이 사소한 것들을 해석하고 엄청난 의미를 지닌 결론들을 끌어낸다. 예를 들어 내가 관찰한 최근의 한 환자는 주변 사람들이 자신에 대해 음모를 꾸미고 있다는 결론을 내렸는데, 이유인즉 그가 역을 떠날 때 사람들이 어떤 손동작을 했기 때문이라는 것이다. 다른 환자는 사람들이 길을 가면서 지팡이를 휘두르는 방식을 주의 깊게 관찰하기도 했다.[25] 정상적인 사람이면 동기 없이 일어나는 행위들이 존재하며 자신의 행위들 중에도 그런 것이 있고 착오로 저질러진 행위들마저도 동기 없이 일어났다고 생각하는 반면에, 편집증 환자는 다른 사람의 정신적 움직임이 외부로 드러날 때 이 행위에 대해서는 어떤 우연적 요소도 인정하지 않는다. 그의 눈에 띈 다른 사람들의 모든 것은 의미를 지닌 것이고, 따라서 해석

25 무의미하고 우연에 지나지 않는 모습들에 대한 이러한 해석들을, 다른 관점에 의거하여 〈관계 망상〉이라고 부르기도 했다 — 원주.

할 수 있는 것으로 비친다. 편집증 환자는 어떤 이유로 인해 사물을 이렇게 보게 된 것일까? 다른 유사한 경우들에 있어서처럼 이 경우에 있어서도, 환자는 자신의 무의식 속에서 일어나고 있는 것을 타인들의 정신적 삶 속에 투사하고 있는 것인지도 모른다. 정상적인 사람이나 신경증 환자의 경우에는 무의식 속에서만 존재하는 것이어서 정신분석을 통해야만 존재가 드러나는 것들이, 편집증 환자의 경우에는 지나치게 많이 의식 속에 떠올라 서로 밀치고 있는 형국이라고 해야 할 것이다![26] 이 점에 있어서는 편집증 환자가 어느 정도는 옳다고도 볼 수 있다. 정상인들이 보지 못하는 것을 그는 보기 때문이다. 그러나 오직 자신에게만 사실인 것을 타인들에게도 사실인 것으로 확장시켜 보기 때문에 그의 앎은 가치를 지니지 못한다. 내가 편집증 환자의 이러저러한 해석을 합리화하고 있다고는 생각하지 않았으면 한다. 하지만 일정한 한도 내에서 잘못된 행위들에 대한 이러한 개념을 정당한 것으로 받아들인다면, 편집증 환자가 갖고 있는 자신들의 해석에 대한 확신을 우리는 좀 더 쉽게 이해할 수 있게 된다. 〈이 모든 것에는 진실이 들어 있다.〉 뿐만 아니라 우리의 판단 착오 역시 그것들이 병적인 것이 아니라 하더라도 확신을 갖고 있는 상태에서 저질러진 것이고, 종종 신념으로까지 이어진 것들도 있다. 우리의 일부 잘못된 추론에 의해서 정당한 것으로 인정된 이 확신, 혹은 우리의 일부 잘못된 추론이 발원한 그 기원은 일부가 아니라 우리의 추론 전체로 확장되기에 이른다.

26 히스테리 환자들이 고안해 낸 것들 중 끔찍한 성적 비행들과 관련된 것들은, 예를 들어 사소한 것들에 이르기까지 편집증 환자들의 하소연과 일치한다. 이 사실은 특기할 만한 것이지만, 그러나 변태 성욕자가 자신의 욕망을 충족시키기 위하여 동원하는 방법들을 고려할 때 현실에서도 동일한 내용이 나타나므로 쉽게 이해할 수 있는 것이기도 하다 ─ 원주.

(2) 우리는 미신들이 나타내는 전반적인 현상들 속에서도, 우연히 실수 행위로 일어난 일들의 동기에 대한 무의식적이고 억압되어 있는 앎이 존재한다는 증거를 볼 수 있다. 결론에 이르는 데 출발점 역할을 해줄 한 작은 사건을 예로 들어 내 의견을 밝혀 보고자 한다.

휴가를 마치고 돌아온 나는 새로 시작될 해에 내가 맡아야 할 환자들에 대해 생각을 했다. 우선 수년 전부터 하루에 두 번씩 만나는 한 노부인이 머리에 떠올랐다. 동일한 처방을 받도록 할 생각이었다. 이렇게 동일한 처방을 내리게 되자, 치료 도중이든 아니든 몇 가지 무의식적인 생각들을 좀 더 수월하게 표현할 수 있는 조건들이 내게 마련되었다. 그 부인은 당시 나이가 아흔 살이었고, 따라서 매년 초가 되면 나는 자연스럽게 그녀가 앞으로 몇 년이나 더 살 수 있을까 속으로 자문해 보곤 했다. 내가 이야기하고자 하는 일이 벌어진 그날, 나는 무척 시간에 쫓기고 있었던 터라 마차를 타고 노부인의 집을 찾아갔다. 우리 집 앞에 마차를 대고 서 있던 모든 마부들은 노부인의 집 주소를 훤히 알고 있었다. 노부인의 집을 몇 번씩 안 가본 마부가 없을 정도였다. 그런데 일이 벌어진 그날, 마부는 노부인의 집 앞이 아니라 바로 옆길에 위치해 있는 동일한 번지수의 다른 집 앞에 나를 내려놓았다. 사실 그 길은 노부인이 살고 있는 길과 너무 흡사하여 혼동할 만도 했다. 실수한 것을 지적하자 마부는 미안하게 되었다고 사과했다. 내가 맡고 있는 환자가 아닌 다른 사람의 집 앞에 인도되어 갔다는 것이 무언가를 의미하는 일일 수 있을까? 확언하건대 나로서는 아무런 의미도 없는 일이었다. 그러나 만일 내가 미신을 믿는 사람이었다면 이 사건 속에서 나는 하나의 경고 혹은 운명의 한 신호, 즉 노부인이 올해를 못 넘기고 죽을 것이라는 신호를 읽을 수도 있었을 것이다. 단지 어떤 경고나 신호 이상의 것이 이러한 종류의 상징에 대한 미신에 기초해 있다. 물론 나는 아무런 의미도 없는 우연한 사고라고 생각한다.

그런데 만일 내가 마차를 탄 것이 아니라 〈어떤 생각에 몰두한 채〉 조금 〈정신이 나간 상태에서〉 홀로 걸어가다가, 내 환자의 집이 아닌 다른 집 앞에 오게 되었다면 문제는 달라졌을 것이다. 그런 경우라면 우연이나 사고라는 말을 할 수가 없을 것이고, 오히려 내 실수 속에서 해석을 필요로 하는 어떤 무의식적인 지시를 볼 수도 있었을 것이다. 만일 내가 걸어가다가 〈길을 잘못 들었다면〉, 아마도 나는 내 여자 환자가 더 이상 살아 있지 않기를 원하고 있었다고 생각하면서 내가 저지른 실수를 해석해야만 했을 것이다.

나와 미신을 믿는 자를 구별시켜 주는 것은 다음과 같은 것이다. 즉 나는 미신을 믿는 자와는 달리, 나의 정신적 삶이 개입되지 않은 어떤 사건이 일어났을 때 그 사건이 앞날에 대한 숨겨진 비밀을 알려 준다고 믿지 않는다는 것이다. 하지만 나는 나 자신의 정신 활동이 비의도적으로 표현되었을 때, 이것은 오직 나와 관계가 있으며 숨겨져 있는 뭔가를 드러내는 것이라고 믿는다. 즉 나는 외부에서 일어나는 (실제의) 우연은 믿지만 내부의 (정신적인) 우연은 믿지 않는다. 내부에서 일어나는 일에는 우연이란 없는 것이다. 미신을 믿는 자는 그와 반대다. 그는 우연한 행위나 착오로 일어난 행위들의 동기에 대해서는 아무것도 모른 채, 오히려 정신적인 우연만을 믿는다. 미신을 믿는 자는 그래서 오히려 외부의 우연에 중요성을 부여하게 되고 앞으로 다가올 현실 속에서 중요한 무언가가 일어난다고 믿게 됨으로써, 우연 속에서 그가 알지 못하는 어떤 외부의 일들이 드러나는 방법을 보게 된다.

따라서 나와 미신을 믿는 자 사이에는 다음과 같은 두 가지 차이점이 있는 셈이다. 우선 미신을 믿는 자는 내가 내부에서 찾는 동기를 외부에 투사하고, 두 번째로 내가 일정한 관념에 귀착시키는 우연을 그는 하나의 사건으로 간주하는 것이다. 그가 숨겨져 있는 것으로 간주하는 것은 나에게는 무의식에 해당하는 것인데, 우리 둘 다 우연을 우연으로 그냥 놔두지 않고 해석을 한다는 면에서는 공통점을 갖고 있는 셈이다.[27]

따라서 나는 정신적 우연들이 발생하게 된 동기에 대한 이러한 의식적인 무지와 무의식적인 앎이 미신의 정신적 근원들 중 하나라고 생각한다. 자기 자신의 우연한 행위들의 동기에 대해 아무것도 모르기 때문에, 그러면서도 이 동기를 알아야만 하기 때문에, 미신을 믿는 자는 동기를 외부에 있는 것으로 간주함으로써 다른 곳으로 이동시키는 것이다. 만일 의식적인 무지와 무의식적

---

27 (1924년에 추가된 각주) 여기서 나는 오시포프N. Ossipow가 그의 「정신분석과 미신Psychoanalyse und Aberglaube」(1922)에서 미신적 견해와 정신분석적 견해, 그리고 신비적 견해 사이의 차이를 논하는 가운데 이용한 한 사례를 인용해 보겠다. 그는 러시아의 한 작은 시골 마을에서 결혼을 한 뒤, 곧바로 젊은 아내를 데리고 모스크바로 향했다. 목적지를 두 시간 앞둔 한 역에서, 그는 역을 빠져나가 시골 풍경을 보고 싶은 충동이 일어났다. 마침 기차도 제법 충분한 시간 동안 정차해 있을 거라고 생각한 그는 역을 빠져나갔다. 그러나 몇 분 후 다시 돌아온 그는 기차가 자기의 아내를 태운 채 그대로 떠나 버렸다는 사실을 알게 되었다. 고향에 돌아온 그는 이 사건을 자기를 돌봐 주던 한 늙은 간호사에게 얘기했다. 그의 이야기를 들은 그 간호사는 고개를 절레절레 흔들며 이렇게 대답했다. 〈결혼을 잘못한 것 같아.〉 오시포프는 웃으면서 그런 예언적 발언을 무시해 버렸다. 그러나 5개월 후 아내와 결별을 선언한 그는, 돌이켜 생각해 보건대 그때 기차가 떠났을 때 그가 취했던 행동은 자신의 결혼에 대한 〈무의식적인 항거〉였던 것을 깨달았다. 여러 해가 지난 뒤 기차 사건이 벌어졌던 그 마을에서 운명적인 인연을 맺게 되어, 그곳에 살고 있던 어느 사람과 마찬가지로 그 마을은 그에게도 아주 중요한 의미를 지니게 되었다. 물론 당시에 오시포프는 그 사람을 알지 못했고, 또 그 사람이 그 마을에 사는지도 알지 못했다. 그러나 오시포프가 당시에 취했던 행동을 〈신비적〉으로 설명하자면, 그 마을에서 모스크바행 기차와 아내를 두고 역을 빠져나온 것은, 장차 그 미지의 사람과 관련해서 그에게 닥칠 어떤 운명적 미래가 보였기 때문이라고 할 수 있다 ─ 원주.

인 앎 사이에 이러한 관계가 존재한다면, 이 관계가 미신의 경우에만 한정된 것일 수는 없을 것이다. 실제로 나는 가장 현대적인 종교에 이르기까지 영향을 끼치고 있는 세계에 대한 신화적 관념의 대부분은 〈외부 세계에 투사된 하나의 심리 현상에 지나지 않는다〉라는 생각을 갖고 있다. 무의식의 심리적 요인들과 현상들에 대한 불분명한 앎28(다시 말해 이러한 요소와 사실들에 대한 어렴풋한 추측)은 〈초감각적 현실〉(편집증과의 유사성을 고려해야만 하기 때문에 이를 달리 표현하기가 어렵다)을 상정한다는 사실 속에 잘 반영되어 있다. 이 초감각적 현실은 과학을 통해 〈무의식의 심리학〉으로 변형된다. 이러한 관점에 서게 되면 천국, 원죄, 하느님, 나아가서는 선과 악이나 영생 등등과 관련된 신화들도 분석 대상으로 삼을 수가 있을 것이고, 〈형이상학〉을 〈초심리학〉으로 번역해 볼 수도 있게 된다. 편집증 환자가 행하는 이동과 미신을 믿는 자의 이동을 구별시켜 주는 양자 사이의 거리는 보기보다 그리 크지 않다. 사고를 시작했을 때 인간들은 신인 동형론(神人同形論)적 사고를 함으로써, 이 세계를 자신들의 모습을 닮은 수많은 인격체로 이루어진 것이라고 생각하지 않을 수가 없었다. 따라서 그들이 미신에 근거하여 해석한 사고와 우연들은, 그들이 보기에는 사람들이 행한 행위였고 표현이었던 것이다. 다시 말해 그들은 타인들이 제공하는 사소한 기호에서 결론을 이끌어 내는 편집증 환자처럼 행동했던 것이고, 동시에 우연히 일어난 비의도적인 행위들에 근거하여 판단하는 정상적인 사람들처럼 행동한 것이기도 하다. 우리가 갖고 있는 근대적인 세계관 속에서 — 다시 말해 모든 면에서 완성되려면 아직도 가야 할 길이 멀기만 한 과학적 세계관 속에서 — 미신은 조금은 비껴 나 있는

28 진정한 앎과 구별해야만 한다 — 원주.

것처럼 보인다. 하지만 미신은 과학이 도래하기 이전의 시대에 있어서는 정당한 것이었다. 미신은 과학 이전의 세계관을 구성하는 하나의 논리적인 보완물이었던 것이다.

흉조를 나타내는 새가 날아오르는 것을 보고 중요한 계획을 포기한 로마인은, 따라서 완벽하게 오류를 범했던 것은 아니다. 그는 자신의 예감에 따라 행동했던 것이다. 그러나 문을 나서다가 헛발을 내딛게 되자 이를 불길한 전조로 여긴 나머지 계획을 포기했다면, 그는 미신을 믿지 않는 우리보다 훨씬 우월한 존재였다. 그는 우리보다 더 훌륭한 심리학자였던 것이다. 그가 헛발을 내딛게 된 것은 계획에 대해 그가 아직 확신이 없고 마음속으로 거부감을 느끼고 있다는 증거였으며, 계획을 행동으로 옮기려고 하는 순간 이 의심과 거부감이 그의 의지를 약화시켰던 것이다. 실제로도 모든 정신력을 욕망하는 목표에 집중시켜야만 성공을 확신할 수 있다. 아들의 머리 위에 놓인 사과를 맞혀서 떨어뜨리기까지 오랫동안 망설였던 실러의 빌헬름 텔에게 게슬러가 왜 또 다른 화살을 준비했느냐고 물었을 때 들려준 답은 어떤 것이었는가? 〈만일 내가 아들을 죽이게 된다면 이 화살은 아마도 당신을 쏘는 데 쓰일 것이오. 당신이 과녁이라면《나는 결코 과녁을 놓치지 않을 것이라는 점을 분명히 알아 두시오.》〉[29]

4

정신분석을 이용하여 인간의 비밀스러운 정신적 충동을 공부할 기회가 있었던 사람이라면, 미신을 통해 표현되는 무의식적 동기의 〈특질〉에 관해서도 뭔가 새로운 얘기를 할 수 있을 것

29 실러의 「빌헬름 텔」 제3막 3장.

이다.[30]

미신이 억압된 어떤 적대적인 충동이나 잔혹한 충동에서 파생된 것이라는 사실은, 강박적 사고나 상황에 빠져 있는 신경증 환자 — 그들은 대체로 지능이 높은 사람들인 경우가 많다 — 들에게서 더 분명하게 확인할 수 있다.[31] 대개 미신은 문젯거리가 발생하기를 기대하는 것과 같다. 말하자면 다른 사람들에 대해 사악한 소망을 품고는 있지만 착한 사람이 되라는 도덕 교육을 많이 받아 자신의 그 사악한 소망을 무의식 속에 억압시키고 있는 사람은, 외부에서 자신에게 가해지는 어떤 위협적인 문젯거리를 통해 자신의 무의식적인 사악함을 징벌하려는 성향이 있는 것이다.

우리가 이런 말을 통해 미신의 심리학을 꿰뚫어 볼 수는 없겠지만, 그래도 우리는 미신이 어떤 현실에 뿌리를 두고 있다는 사실을 전면 부인해야 하는가, 즉 진정한 예감이나 예언적인 꿈, 텔레파시 경험, 초자연적인 힘의 증거 등과 같은 것이 분명히 없다고 인정해야 하는가 하는 문제는 거론할 수 있어야 한다. 물론 나는 그와 같은 불가사의한 현상은 있을 수 없다는 비난을 무턱대고 싸잡아 반박할 의도는 전혀 가지고 있지 않다. 사실 그동안 뛰어난 재능을 지닌 사람들이 그런 현상에 대해 아주 세심하게 관

30 이 부분은 프로이트가 1907년에 쓴 글로 이후에 증보되었다. 처음 여섯 단락이 1907년에 쓰인 글이다.

31 예를 들어 「쥐 인간 — 강박 신경증에 관하여」(프로이트 전집 9, 열린책들)를 참조하라. 프로이트는 1904년판에 삽입한 글에서 다음과 같은 말을 한 적이 있다. 〈격노나 분노, 그리고 그에 따른 살인 충동이 강박 신경증 환자들에게는 미신의 근원이 된다. 그것은 곧 사랑과 관련된 것이면서 사랑하는 사람에게 반(反)하는 방향으로 이끌리며, 바로 그런 연관 관계, 그리고 그 감정의 강렬함으로 인해 억압될 수밖에 없는 가학증적 요소인 것이다.〉〈나 자신의 미신의 뿌리는 억압된 야망(불멸성)에 있으며, 따라서 그 미신이 삶의 불완전성에서 기인하는 죽음에 대한 불안을 대신하고 있다고 보면 된다……〉

찰한 결과도 있고, 또 그런 것이 장차의 연구 과제가 되기에 충분하다는 판단도 있다. 더 나아가 우리는 그런 관찰의 일부를 오늘날 우리가 보듬고 있는 견해를 근본적으로 변경시킬 필요 없이, 서서히 주목의 대상으로 떠오르고 있는 무의식의 정신 과정을 통해 설명할 수 있으리라는 희망도 지니고 있다.[32] 만일 그 밖의 다른 현상들 — 가령 강신술사들이 주장하는 현상들 — 의 존재 여부가 확인된다 하더라도, 우리는 세상의 질서에 대한 우리의 믿음을 그대로 유지한 채 우리가 내세우는 〈법칙들〉을 새로운 발견에 의해 요구된 방식으로 변경하기만 하면 되는 것이다.

우리 논의의 범위를 벗어나지 않는 한도 내에서 나는 앞에서 제기된 문제에 대해 오직 주관적인 답변만을 할 수 있을 뿐이다. 말하자면 나 자신의 개인적인 경험에 비추어 말할 수밖에 없다는 뜻이다. 그런데 고백하자면, 유감스럽게도 나는 어떤 신령의 힘을 경험한 적도 또 초자연적인 어떤 존재의 출현을 목격한 적도 없는, 그러니까 신비에 대한 믿음을 불러일으킬 만한 어떤 경험도 없는 사람이다. 다른 모든 사람들과 마찬가지로 나는 불길한 예감을 지닌 적도 있었고, 또 고통을 경험한 적도 있었다. 그러나 그 두 가지가 동시에 일어난 적은 없었다. 달리 말하면 불길한 예감에 뒤이어 어떤 일이 일어난 적도 없고, 아무 예고 없이 고통스러운 경험이 찾아온 적도 없었다. 내가 혼자 외국의 어느 도시에 살던 시기 — 그 당시 나는 젊었다[33] — 에, 나는 종종 불현듯 어느 아름다운 목소리가 내 이름을 부르는 듯한 소리를 들은 적이

---

32 (1924년에 추가된 각주) 히치만의 「천리안에 대한 비판Zur Kritik des Hellsehens」(1910)과 「어느 시인과 그의 아버지, 종교적 개종과 텔레파시 현상의 심리학에 관한 설명Ein Dichter und sein Vater, Beitrag zur Psychologie religiöser Bekehrung und telepathischer Phänomene」(1916) 참조 — 원주.

33 프로이트가 파리에 머물던 1885년~1886년을 말한다.

있었다. 그러면 그때 나는 그 환각의 순간을 정확히 기록하고는 집에 돌아와, 떨리는 마음으로 그 시간에 무슨 일이 일어났는지에 대해 내 나름대로 조사했다. 물론 아무 일도 없었다. 그런데 그 후에 그때의 경험과는 반대되는 경험을 겪은 적이 있다. 내 아이 하나가 피를 흘리며 죽을 위험에 처해 있는 동안, 나는 어떤 불길한 예감이나 징조도 못 느낀 채 환자를 돌본 일이 있었던 것이다. 물론 그 당시 나는 환자들이 나에게 자신이 느끼고 있는 어떤 불길한 예감을 말할 때면, 그것을 진정한 것이라고 믿을 수가 없었다. 그런데 지금에 와서는 지난 몇 년 동안 텔레파시적인 사고의 전이라는 가정을 세워야 쉽게 설명될 수 있는 그런 경험을 몇 차례 한 적이 있음을 솔직히 고백하지 않을 수 없다.[34] 꿈의 예언적 성격을 믿는 사람들이 많이 있다. 어떤 소망이 실현되기 전 꿈에 나타나는 식으로, 현실에서 이루어지는 많은 일들이 미래에 그대로 입증된다는 사실에서 사람들이 그런 믿음을 더욱 키우는 게 아닌가 싶다.[35]

사실 이런 것이 그리 놀라운 일은 아니다. 그리고 마찬가지로 꿈을 꾸는 사람들이 대체로 받아들이고 싶지 않은 일이겠지만, 꿈과 그 꿈의 실현 사이에는 커다란 차이가 있기 마련이다. 여기서 나는 예언적인 성격을 지닌 꿈의 예를 하나 들어 보기로 하겠다. 지적 능력도 있고 신뢰감도 주는 한 여자 환자가, 자기가 꾼 꿈을 자세하게 분석해 달라며 나에게 찾아온 적이 있었다. 그녀의 이야

---

34 이 마지막 문장은 1924년에 추가된 문장이다. 그 당시 프로이트는 텔레파시를 주제로 많은 글을 썼다. 특히 사후에 출간된 「정신분석과 텔레파시Psychoanalyse und Telepathie」(1941[1921]), 「꿈-해석의 전체적 의미에 대한 노트Einige Nachträge zum Ganzen der Traumdeutung」(1925), 그리고 『새로운 정신분석 강의』(프로이트 전집 2, 열린책들) 중 서른 번째 강의인 〈꿈과 심령학〉 등이 주목할 만한 글이다.

35 (1924년에 추가된 각주) 내가 쓴 논문 「꿈과 텔레파시」를 보라 — 원주.

기는 이러했다. 꿈에서 그녀는 어떤 거리의 어느 상점 앞에서 옛 친구이자 가정의였던 한 사람을 만났다. 그런데 그다음 날 아침 빈의 중심가에 볼일을 보러 간 그녀는 실제로 꿈에서와 똑같은 장소에서 그를 만났다는 것이다. 내가 보건대 그녀의 경우는, 그 이후에 일어난 일이 그 기적과도 같은 우연의 일치Zusammentreffen[36]를 뒷받침해 주는 것 같지는 않았다. 따라서 그 일은 장차 벌어질 미래의 사건으로 설명될 수 있는 것은 아니었다.

그녀의 이야기를 듣고 자세하게 물어본 결과, 그녀가 꿈을 꾼 이후 그날 아침 그 꿈을 다시 반추하여 기억했다는 증거가 전혀 없었다. 말하자면 그녀가 시내로 가서 그를 만나기 전까지는 전혀 그 꿈을 의식하고 있지 않았다는 것이다. 자연히 그녀는 그 이야기에서 기적 같은 요소는 다 없애고 오로지 심리적인 문제만을 제기하는 식의 설명에 반박할 수도 없었다. 그녀는 문제의 그날 아침 길을 걷다가 그 특정의 상점 앞에서 옛 가정의를 만났고, 그를 만나자마자 그 전날 밤 똑같은 장소에서 그를 만나는 꿈을 꾸었다는 확신을 갖게 되었던 것이다. 분석을 통해 그녀가 어떻게 그런 확신을 갖게 되었는지가 드러나게 되었고, 따라서 일반적인 법칙에 따라 그 확신 또한 믿을 만한 것으로 간주되어야 했다. 이전에 기대했던 특정 장소에서의 만남이 실제의 〈만남〉이 되었다. 사실은 옛 가정의가 그녀에게 과거를 회상하게 하는 계기가 되었다. 과거에 그녀는 그 의사의 친구이자 마찬가지로 의사였던 〈제 3자〉와 만나게 되었고, 실은 그 만남이 그녀의 삶에 아주 중요한 의미를 가져다주었다. 아무튼 그녀는 그때 이후 그 신사와 관계를 지속하고 있던 참이었고, 그 꿈을 꾸기 전날 그와 만나기로 했

36 독일어 *Zusammentreffen*은 〈우연의 일치〉라는 의미와 〈만남〉이라는 의미를 동시에 지니고 있다.

지만 혼자 기다리다 그냥 돌아왔다는 것이다. 만일 그 상황을 자세하게 보고할 수 있다면, 나로서도 그녀가 옛 친구를 만났을 때 자기가 바로 예언과도 같은 꿈을 꾸었다고 느꼈을 환상을, 바로 다음과 같은 말로 쉽게 설명할 수 있었을 것이다. 〈아! 의사 선생님. 당신을 보니 옛날이 생각나는군요. 그때 미리 약속을 제대로 했더라면 그렇게 N씨를 기다리지 않았어도 됐을 텐데 말이에요.〉37

우리가 어떤 사람을 만나는 상상을 하는 그 순간, 실제로 그 사람을 만나는 그 〈놀라운 우연의 일치〉는 흔히 경험하는 일이다. 나 자신도 그런 일을 직접 경험한 적이 있다. 내가 교수직 — 군주 통치하의 나라에서는 교수가 굉장히 권위 있는 지위다 — 에 임명38되고 난 뒤 며칠 후, 빈 중심가를 걷던 나는 어떤 결혼한 부부에 대해 복수하는 아주 유치한 환상을 하게 되었다. 몇 달 전에 그들은 어떤 꿈을 꾸고 난 뒤 강박 증세에 시달리고 있던 자기네 어린 딸을 봐달라고 나를 부른 적이 있었다. 그런 증례에 대단한 관심을 가지고 있던 나는 곧 그 아이를 세심하게 관찰했고, 그 원인이 무엇인지 알아내었다. 그러나 내가 제시한 치료 방법을 그 아이의 부모는 거절했고, 대신 최면으로 치료한다는 외국의 어떤 권위자에게 아이의 치료를 맡기겠다고 했다. 그러다 내가 교수에 임명되고 난 뒤 빈 중심가를 거닐고 있던 바로 그날, 나는 외국 권위자에게 치료를 맡겼지만 그 일이 완전히 실패로 끝나자 그 부모가 나를 다시 찾아와, 이제야 나를 완전히 신뢰하게 되었다며 제발 치료 좀 부탁한다고 애걸하는 광경을 환상 속에 그리기 시

---

37 이 일은 프로이트가 1899년 11월 10일에 쓴 글이지만 사후에 출간된 「실현된 예시의 꿈Eine erfüllte Traumahnung」(1941)에 자세하게 나와 있다.

38 1902년 3월의 일이다.

작했다. 물론 그 환상 속에서 나의 대답은 분명했다. 〈그래요. 이제 저를 신뢰할 수 있다는 말씀이죠. 저도 이제 교수가 되었습니다. 하지만 그 직위 때문에 내 능력에 무슨 변화가 생긴 건 아닙니다. 당신들이 대학 강사였을 때의 나를 믿을 수 없었다면 이제 교수가 된 나를 어떻게 믿을 수 있겠습니까?〉 그런데 바로 이 대목에서 내 환상을 방해하는 목소리가 들렸다. 〈안녕하세요, 교수님!〉 고개를 든 나는 환상 속에서 내가 복수를 감행한 바로 그 부부가 내 곁을 지나고 있는 모습을 보게 되었다. 이게 무슨 기적 같은 우연의 일치인가! 그러나 잠시 생각을 한 나는 그 기적 같은 우연을 지우게 되었다. 사실 나는 인적이 드문 텅 빈 거리를 따라 걷다가 어느 부부가 걸어오는 것을 보고 그 방향으로 가고 있었다. 그들에게서 약 스무 발자국 정도 떨어졌을 때쯤, 나는 잠시 고개를 들어 그들의 모습을 흘끗 쳐다보고는 그들이 바로 그 부부임을 알게 되었다. 그러나 바로 그 순간 나는 그들이 그 부부라는 지각을 ─ 부정적인 환각의 형태로 ─ 감정적인 이유에 맡겨 버렸고, 그것이 거의 동시에 일어난 환상 속에서 효력을 발휘하게 되었던 것이다.[39]

다음은 오토 랑크가 들려주는 〈불길한 예감의 해소〉의 예다.[40]

얼마 전에 나는 누구와 만나는 상상을 하는 바로 그 순간, 실제로 그 사람을 만나게 된 〈놀라운 우연의 일치〉를 직접 경험한 적이 있다. 크리스마스 직전 나는 선물용으로 쓰기 위해 돈을 10크로넨짜리 새 은화로 바꾸러 오스트리아-헝가리 은행으로 향했다. 나는 내가 지니고 있는 몇 푼 안 되는 돈과 은행에 쌓여 있을 막대

39 이와 똑같은 일을 「쥐 인간 ─ 강박 신경증에 관하여」에서도 찾을 수 있다.
40 1912년에 추가된 부분으로 랑크의 「일상생활의 실수 행위」를 참조.

한 돈을 상상으로 비교해 가며 헛된 환상을 품고 은행이 있는 좁은 거리로 들어섰다. 그때 은행 문 앞에 서 있는 차 한 대와 은행 문을 드나드는 많은 사람들을 보고 나는 이렇게 생각했다. 〈내가 얼마 안 되는 돈을 바꾼다 해도 은행 직원들은 시간을 내서 맞이하겠지.〉 어떻게든 나는 빨리 일을 보고 나오기로 마음먹었다. 이런 생각에 나는 창구에서 지폐를 내놓고 말했다. 〈이 돈을 금화로 바꿔 주십시오.〉 바로 그 순간 내가 실수를 저질렀다는 사실을 알 수 있었다. 금화가 아니라 은화로 바꿔 달라고 했어야 했다. 그리고 또 그 순간 나는 환상에서 깨어날 수 있었다. 일을 보고 돌아서 나오던 나는 입구에서 얼마 떨어지지 않은 곳에서 나를 향해 걸어오고 있는 한 젊은이를 보게 되었다. 누군지 알 것 같으면서도 눈이 좋지 않아 누구라고 분명하게 확인할 수는 없었다. 그러나 곧 점점 가까이 다가오는 그를 보고 나는, 그가 〈골트Gold〉라는 이름을 가진 내 동생의 학교 친구라는 사실을 알게 되었다. 그 〈골트〉라는 사람의 동생은 당시 유명한 작가였고, 나는 내가 글을 쓰기 시작하던 초기에 그 작가에게서 많은 도움을 받을 수 있으리라 기대했다. 그러나 그 기대는 무산되었고, 그 결과 나는 내가 바라던 물질적인 성공도 이루지 못했다. 그런데 바로 그 물질적인 성공이 은행으로 향하던 길에서 내 환상의 주제였던 것이다. 그러므로 내가 환상에 빠져 있을 때에도, 나는 무의식적으로나마 그 골트라는 이름의 남자가 다가오고 있는 것을 감지하고 있었음에 틀림없다. 그리고 그것이 (물질적 성공을 꿈꾸고 있던) 내 의식 속에 재현되어, 나는 은행 창구에서 은화 대신 금화를 요구했던 것이 아닌가 싶다. 그리고 다른 한편으로는, 나중에서야 내 눈이 확인할 수 있었던 어떤 대상을 나의 무의식은 먼저 감지할 수 있었다고도 할 수 있다. 그리고 그와 같은 역설적인 사실은 부분적이나마 블로일러가 말한 강박 관념적 마음가짐*Komplexbereitschaft* [41]이라는 말로 설명할 수 있을 것이다. 우리가 앞에서 살펴보았듯이 그것은 물질적인 문제와 직접 관련이 있으며, 내가 알고 있는 것과는 달리 처음부터 금과 지폐를 바꿀 수 있는 유일한 장소인 그 은행 건물로 내 발걸음을 움직이게 했던 바로 그 마음이었다.

우리는 또한 기적과도 같은 일 또는 아주 〈이상한 일〉의 범주에, 비록 분명하게 기억해 낼 순 없지만 분명 전에도 똑같은 경험을 한 적이 있다거나 전에도 똑같은 곳에 와본 적이 있다는 식의 특별한 느낌도 포함시켜야 한다. 그런 순간에 해당 당사자의 마음속에 일어나는 것을 내가 〈느낌〉이라고 말하는 것이 물론 적확한 표현은 아니라는 사실을 나도 알고 있다. 틀림없이 그것은 일종의 판단이라고 할 수 있는 것으로, 좀 더 정확히 말하면 직관적 판단이 될 것이다. 그러나 이런 경우들이라 하더라도 그 나름의 독특한 성격을 지니고 있으며, 따라서 우리는 구하는 것이 결코 기억되지 않는다는 사실도 우리의 설명에서 빠뜨리지 말아야 한다. 나는 이와 같은 〈기시(旣視) 체험〉의 현상이 한 개인의 과거의 심리적 존재물이라는 증거로 심각하게 제시된 적이 있는지 잘 모르겠다. 하지만 심리학자들이 그 체험에 관심을 쏟고 있는 것은 분명하며, 또 다양한 추론 방법을 동원하여 그 문제를 해결하려 노력하고 있다는 것도 틀림없는 사실이다. 그렇지만 내가 보기에는 지금까지 심리학자들이 내놓은 설명들 가운데 그 어떤 것도 정확한 것이 없는 것 같다. 이유는 그런 설명들이 동시적으로 발생한 사건이나 그런 현상을 설명하기에 유리한 조건들을 제외하고는 다른 어떤 것도 고려하고 있지 않기 때문이다. 오늘날까지

41 블로일러의「프로이트의 정신분석Die Psychoanalyse Freuds」(1910) 참조.

도 심리학자들은 여전히 내가 관찰한 사실, 즉 무의식적 환상이
라는 심리 과정만이 그 〈기시 체험〉을 설명할 수 있다는 사실을
애써 외면하고 있는 것이다.

내가 보기에 어떤 일을 전에도 경험한 적이 있다는 느낌을 환
각이나 착각이라고 말하는 것은 잘못된 것 같다. 오히려 그런 순
간에는 과거에 경험했던 무엇인가가 정말 다시 떠오른 것이다.
다만 그것이 의식적인 것이 아니기 때문에 우리가 의식적으로 기
억할 수 없을 뿐이다. 간단히 말하면, 〈기시 체험〉의 느낌은 어떤
무의식적인 환상을 다시 떠올리는 것과 같은 것이다. 모든 사람
들이 자신의 경험으로 알고 있는 것과 똑같은 것을 의식적으로
창조할 수 있는 것과 마찬가지로, 무의식적인 환상(혹은 백일몽)
도 존재하는 것이다.
　이 주제는 정말 철저하게 분석하고 연구해야 할 주제이긴 하
다. 하지만 여기서는 특별히 〈기시 체험〉의 느낌이 강하게 나타
나고 또 지속적으로 나타났던 한 가지 사례만을 분석해 보기로
하자. 지금 나이가 서른일곱이 된 한 여인이 열두 살 때 시골에
있는 학교 시절의 친구들을 찾아갔던 이야기를 해주었다. 그런
데 그 당시 친구 집의 뜰에 들어서던 그녀는 전에도 한 번 와본
적이 있다는 느낌을 받았다는 것이다. 응접실에 들어섰을 때에
도 그런 느낌이 계속되었고, 그래서 바로 옆에는 어떤 방이 있고,
또 그 옆에는 무엇이 있는지를 미리 다 알 것 같다는 느낌이었다
고 한다. 그러나 자신이 방문한 곳이 낯설지 않고 친숙하다는 느
낌이, 어렸을 적에 그 집과 정원을 한 번 찾아온 적이 있기 때문
이 아닌가 하는 가능성은 이내 지워야 했다. 부모에게 물어본 결
과 분명 그런 일이 없었다는 것이다. 이 이야기를 나에게 들려준

그 여자는 심리학적인 설명을 구하고자 한 것이 아니라, 그런 느낌이 들었던 것이 학교 시절 친구들이 나중에 얻게 된 정서적인 삶의 의미를 미리 예언적으로 암시하고 있는 것이 아닌가 알아보기 위해서였다. 그러나 그녀에게 그런 현상이 일어난 상황을 조사해 보자, 그 문제를 다시 검토하지 않을 수 없었다. 당시 그녀가 그 집을 찾아갔을 때 그녀의 친구에게 남동생이 하나 있었고, 그 남동생이 굉장히 아팠다고 한다. 친구 집에 있는 동안 내내 그녀는 그 남동생에게서 시선을 뗄 수가 없었다. 굉장히 아픈 얼굴을 보고는 이제 곧 죽을 것 같다는 생각을 했다는 것이다. 그런데 그즈음 그녀의 남동생이 몇 달 전에 걸린 디프테리아로 무척 아팠다. 남동생이 병에 걸려 누워 있는 동안 그녀는 집을 떠나 몇 주 동안 친척 집에 있었다. 그런데 그녀가 시골 친구 집을 방문했을 때 자기 동생이 같이 갔다고 생각했던 것이다. 심지어 동생이 병에 걸린 이후로 처음 먼 길을 여행한 것이라고 생각했을 정도였다. 그러나 그녀는 그날 자신이 무슨 옷을 입고 갔는지 등의 세세한 부분에 대한 기억은 아주 분명하게 떠올랐지만, 바로 이 대목에서는 그녀의 기억이 불분명했다. 아무튼 그 상황에 대해 세세한 정보를 알고 있는 사람이라면 누구든 쉽게 이런 결론을 내릴 수가 있을 것이다. 자기 동생이 곧 죽을 거라는 그녀의 예감이, 그것이 의식화되지 않았든 아니면 동생의 병이 치유되고 난 뒤 억압시켰든, 그 예감이 당시 그녀의 생각을 지배하고 있었다는 점이다. 만일 상황이 정반대로 전개되었다면 그녀는 아마 다른 옷, 즉 상복을 입고 있었을 것이다. 그러던 차에 그녀는 친구의 집에서 비슷한 상황을 보게 되었다. 친구의 남동생이 심한 병에 걸려 있었고, 며칠 후 숨을 거두었던 것이다. 그런 상황에서 그녀는 몇 달 전에 이 비슷한 상황을 스스로가 겪었다고 의식적으로 기억했어야 했다. 그러나 그것을 기억해 내는 대신에 —
억압에 의해 제지되었을 것이다 — 그녀는 기억의 느낌을 당시
그녀의 주변 상황, 즉 그 친구의 집, 정원 등으로 전이시켰던 것이
고, 그 결과 이 모든 상황을 전에도 본 적이 있다는 〈잘못된 인상
fausse reconnaissance〉에 빠졌던 것이다. 억압이 일어났다는 사실에
서 우리는, 자기 동생이 죽을지도 모른다는 그녀의 예감이 그녀
의 소원 환상*Wunschphantasie*에서 크게 벗어나지 않고 그 안에 포
함되었을 것이라는 결론을 내릴 수 있다. 그렇게 되면 그녀는 정
말 외동딸로 남게 된다. 나중에 신경증에 걸린 그녀는 자기 부모
를 잃을지도 모른다는 두려움으로 심한 정신적 고통을 당했다.
분석을 통해 밝혀진 것이지만, 그러한 두려움의 이면에는 바로
자기 남동생에 대해 생각했던 것과 똑같은 내용의 무의식적인 소
망이 자리 잡고 있었던 것이다.

　비슷한 방법으로 나는 순간적인 감정의 소용돌이 속에서 나 자
신이 겪은 언뜻 스치고 지나가는 그런 〈기시 체험〉의 예를 이끌어
낼 수 있다. 〈이런 기시 체험은 지금 이 순간 혹은 그 이전에 내 마
음속에 상황을 호전시키고 싶은 소망으로 형성되었던 (무의식적
이고 은밀한) 환상을 다시 일깨우는 계기가 된다.〉 이와 같은 〈기
시 체험〉의 설명은[42] 지금까지 오직 한 관찰자에 의해서만 고려
되었다. 이 책의 세 번째 판을 쓸 때 많은 도움을 주었던 페렌치
박사가 이 주제에 관해 다음과 같은 글을 보낸 적이 있다.

　　다른 사람의 경우는 물론이고 나 자신의 경우를 보고 나는 분

　42　이 단락의 나머지 부분은 1910년에 각주로 추가된 부분이며, 그다음에 이어
지는 단락은 1917년에 각주로 추가된 부분이다. 그러다 1924년에 본문 속에 편입되
었다.

명 무엇인가가 친숙하다는 그런 느낌, 말로 설명할 수 없는 그런 느낌이 현재의 어느 한 상황 속에서 되살아난 무의식적인 환상에 의해 비롯된 것이라는 확신을 가지게 되었습니다. 내 환자 가운데 한 사람의 경우, 분명 실제 일어난 일과 다르게 나타났지만 실제 따지고 보면 아주 흡사한 경우도 있었습니다. 그런 느낌이 자주 들었다고 하는데, 그런데 그의 경우는 그런 느낌이 〈전날 밤 꾸었던 꿈의 망각된(억압된) 부분〉에서 발생한 것임이 입증되었습니다. 따라서 〈기시 체험〉은 백일몽에서도 일어날 수 있고 밤에 꾸는 꿈에서 비롯된 것일 수도 있는 것 같습니다.

나중에 나는 이런 현상에 대한 그라세J. Grasset의 설명[43]이 나의 견해와 아주 가까운 것이라는 사실을 알게 되었다.[44] 1913년에 나는 〈기시 체험〉과 매우 유사한 또 다른 현상에 관해 짤막한 글을 쓴 적이 있다.[45] 그것은 바로 〈이미 말했던 것 déjà raconté〉이다. 즉 정신분석 치료를 하는 과정에서 특별히 관심이 끌리는 부분을 전에도 말한 적이 있었다는 환각이 그것이다. 이런 경우 환자들은 비록 자기 주관적으로 확실성을 가지고 하는 말이지만, 이미 오래전에 똑같은 말을 한 적이 있다고 주장한다. 그러나 의사는 그게 아니라는 확신을 가지고 있고, 환자에게 그의 오류를 설득시키게 된다. 우리는 이런 환자의 실수를, 환자가 그 사실을 의사와 얘기하고 싶은 마음이 있고 또 그럴 의도도 있었지만 실제로

43 그라세의 「이미 본 것, 이미 들은 것, 이미 느낀 것에 대한 인상과 잘못된 인식의 망상La sensation du déjà vu; sensation du déjà entendu; du déjà éprouvé; illusion de fausse reconnassance」(1904) 참조 — 원주.

44 〈기시 체험〉과 관련된 현상에 대한 논의, 즉 〈탈인격화〉의 논의는 프로이트의 「아크로폴리스에서 일어난 기억의 혼란」(프로이트 전집 11, 열린책들)을 참조.

45 마지막 두 단락은 1924년에 추가된 부분이다.

는 그렇게 하지 못하다가, 이제 그런 자신의 의도를 과거의 기억이라는 형태로 다시 끄집어내어 수행하는 것이라고 설명할 수 있을 것이다.

이와 비슷한 상황, 그리고 아마 거의 똑같은 메커니즘을 지닌 상황을 우리는 페렌치가 〈상정된〉 실수라고 부른 것에서도 찾을 수 있다.[46] 우리는 우리가 잊었거나 잘못 놔두었거나 또는 잃어버렸다고 생각하는 것 — 대상 — 이 있다고 믿는다. 그러나 우리는 그런 종류의 잘못을 저지른 적이 없고 또 모든 것이 그대로라고 확인할 수도 있다. 예를 들어 한 여자 환자가 다시 의사의 방을 찾아와 자기가 깜빡 우산을 놓고 가서 가지러 왔다고 말했다. 그런데 우산은 그녀의 손에 이미 들려 있었다.[47] 따라서 우리는 그런 실수를 저지르고자 하는 충동이 있으며, 그런 충동은 실제 어떤 일의 수행을 대신하는 대체물로 작용한다고 보는 것이다. 이런 차이를 제외하고 상정된 실수는 진짜 실수와 거의 같다고 볼 수 있다. 다만 그런 실수는 하찮은 실수에 지나지 않을 뿐이다.

5

최근에 내가 철학을 전공한 한 동료에게 이름 망각 행위의 몇 가지 사례를 분석하여 얘기해 준 적이 있다. 그때 내 말이 끝나기 무섭게 그 친구가 이렇게 말했다. 〈그래, 그럴 수 있을 거야. 근데 이름을 망각하는 일이 내 경우엔 좀 다르게 일어나거든.〉 사실 그 문제는 쉽게 거론할 성질의 것이 아니다. 나 또한 내 동료가 이름

---

46 페렌치의 「상상 속의 실수 행위에 대하여Über vermeintliche Fehlhandlungen」 (1915) 참조 — 원주.
47 이 사례는 페렌치의 글에서 인용한 것이다.

망각 행위를 분석한 경험이 있다고는 보지 않는다. 당연히 그는 자신의 경우 그 행위가 어떻게 다르게 일어났는지 제대로 설명할 위치에 있지도 않다. 그러나 어쨌든 그의 말은 많은 사람들이 어떻게든 한번 제기하고 싶은 문제를 다시 한번 짚고 넘어가게 하는 계기가 되었다. 과연 여기서 내가 제시한 실수나 우연 행위에 관한 설명을 모든 경우에 전반적으로 적용할 수 있는 것인가? 아니면 특정의 경우에만 적용할 수 있는 것인가? 만일 특정의 경우에만 적용할 수 있는 것이라면, 다른 식으로 나타날 수도 있을 여러 현상을 어떤 조건하에서 그 특정의 경우에 적용시켜 설명할 것인가? 이런 물음을 앞에 놓고 보면 나 자신의 경험은 실로 아무런 도움이 되질 못한다. 내가 할 수 있는 말이란 단지 앞에서 제시한 그런 연관 관계를 쉽게 찾아볼 수 없는, 말하자면 굉장히 드물게 찾아볼 수 있는 관계로만 생각하지 말라는 정도다. 사실 내가 나 자신이나 환자들에게 테스트를 실시할 때마다, 앞에 보고된 사례에서와 마찬가지로 어떤 연관 관계가 존재한다는 사실이 분명히 드러났다. 그리고 적어도 그런 관계가 존재한다고 가정할 만한 충분한 근거도 있다. 어떤 증상 행위의 숨은 의미를 찾아내는 일이 매번 성공을 거두지 못한다 하더라도 그리 놀랄 일은 아니다. 왜냐하면 그 문제의 해결을 거부하는 내적 저항이 결정적인 요인으로 작용하기 때문이다. 마찬가지로, 자기 자신이나 환자의 모든 꿈을 다 해석한다는 것이 가능한 일은 아니다. 일반적으로 그 이론이 타당하다는 것을 입증하기 위해선, 만일 그 감춰진 연관 관계의 일단이라도 밝혀낸다면 그것으로 충분하다. 어떤 꿈을 꾸었을 때 그다음 날 그 꿈의 의미를 찾으려 해도 안 되다가, 일주일이나 한 달이 지난 뒤, 그 사이에 어떤 현실적인 변화가 일어나고 꿈의 해석에 반발하는 심리적인 힘이 줄어들면서 꿈의 비밀이 어렵지 않게 풀리는 경우가 종종 있을 수 있다.[48] 우리는 이 것을 실수나 증상 행위의 해명에도 적용할 수 있다. 앞의 여섯 번째 장에서 언급한 잘못 읽기의 예(〈통을 타고 유럽을 지나다 *Im Faßdurch Europa*〉)에서, 나는 처음에는 해명 불가능하게 보이던 증상이라도 억압된 사고에 대한 〈현실적인 관심〉이 사라지고 나면 오히려 쉽게 분석 가능하게 된다는 사실을 보여 준 바 있다.[49] 내 동생이 나보다 앞서 그 부러운 교수 직위를 획득할 가능성이 상존해 있는 동안에는,[50] 그 잘못 읽기를 분석하려는 나의 거듭된 노력이 매번 실패로 끝날 수밖에 없었다. 그러다 나중에 나보다 앞서 동생이 교수직을 획득할 가능성이 없어진 후에 갑자기 문제 해결의 길이 활짝 열렸던 것이다. 따라서 분석을 거부하는 사례의 경우, 그것은 모두가 심리적인 메커니즘이 아닌 다른 어떤 메커니즘 때문에 그런 것이라고 주장한다면 그것은 옳지 않다. 그런 주장을 하기 위해서는 그것을 뒷받침할 수 있는 반대 증거 이상의 것이 필요하다. 더군다나 모든 정상적인 사람들에게서 발견될 수 있는 실수나 증상 행위를 다른 식으로 설명하는 것을 그대로 믿으려는 태도도 설득력이 없다. 비밀을 밝혀내는 일이나 비밀을 보존하고 그것의 해명을 거부하는 일 모두가 동일한 심리적

48 『꿈의 해석』(1900) 참조.

49 (1924년에 추가된 각주) 심리적 과정의 목표가 쾌를 얻고 불쾌는 제거하는 것이라는 사실을 고려할 때, 우리는 〈경제적〉인 속성을 지닌 재미있는 문제가 여기에 개입되어 있음을 알 수 있다. 불쾌한 동기 때문에 어떤 이름을 망각했더라도 대리 연상을 통해 그 이름을 다시 떠올릴 수 있다는 사실에도 이미 경제적인 문제가 개입되어 있는 셈이다. 아주 훌륭한 어느 한 논문에서 타우스크 Tausk는, 불쾌와의 관계로 어떤 이름을 망각했다 하더라도 그 이름을 떠올릴 때 일어나리라 예상되는 불쾌감을 쾌에 바탕을 둔 어떤 연상 작용으로 상쇄시키며 그 이름을 쾌와 연관 지을 수 있다면 그 망각된 이름이 되살아날 수 있다는 예를 아주 잘 보여 주고 있다 — 원주. 타우스크의 「보상에 의한 억압 동기의 평가 절하 Entwertung des Verdrängungsmotivs durch Rekompense」(1913) 참조.

50 이 책의 여섯 번째 장 참조.

인 힘에서 비롯된 것이기 때문이다.

또 다른 한편으로 우리가 간과하지 말아야 할 것은, 억압된 사고나 충동이 그것들의 독자적인 노력만으로는 증상 행위나 실수 행위 속에 표출될 수 없다는 사실이다. 신경 자극 전달 과정에서 어떤 부차적인 실수가 일어날 가능성이 있어야 한다. 그래야 의식적으로 표출되기를 바라는 억압된 것이 그 실수를 이용하여 목적을 달성할 수가 있는 것이다. 언어적 오류의 경우, 철학자들과 언어학자들이 어떤 구조적·기능적 관계가 그 언어적 오류 속에 숨어 있는 의도를 형성하고 있는지를 규명하기 위해 많은 노력을 경주해 왔다. 만일 우리가 실수나 증상 행위의 결정 요인들 가운데 무의식적인 동기를 생리적이고 정신 물리학적인 관계와 따로 떼어 놓고 생각한다면, 정상적인 범주 내에서 무의식적인 동기처럼 실수나 증상 행위를 유발하는 또 다른 요인이 있는지를 판별하는 문제는 계속 미결로 남게 될 것이다. 그리고 이 문제에 답하는 것은 내가 할 일도 아니다.

또한 나는 실수에 대한 정신분석학적 견해와 일반적인 견해 사이의 차이를 과장해서 말할 의도도 지니고 있지 않다.[51] 이미 그 차이가 분명하게 드러나지 않았는가? 오히려 나는 그런 차이점이 두드러지게 나타나지 않은 사례들에 더욱 많은 관심을 보이는 편이 더 나을 것이라고 생각한다. 실제로 잘못 말하기와 잘못 쓰기의 예들 중 그렇게 두드러지게 나타나는 것이 아닌 가장 단순한 예 — 가령 그냥 단어들을 압축해서 말하는 경우나 단어나 문자를 빠뜨리는 경우 — 의 경우엔 해석을 너무 정교하게 시도하면 할수록 더욱 해명이 안 되는 경우가 발생한다. 정신분석의 관점에서 우리는 그런 단순한 사례들의 경우에 이미 그 의도를 감추

51 이 단락은 1917년에 추가되었다.

려는 교란 행위가 드러난 셈이지만, 어느 대목에서 그 교란 행위의 단서를 찾을 수 있는지, 그리고 그 목적이 어디에서 드러나는지는 말할 수가 없다. 사실상 그런 교란 행위가 존재한다는 것을 입증하는 것 이외에는 아무것도 밝혀낸 것이 없는 셈이다. 또한 그런 사례에서 우리는 음성의 유사성이나 비슷한 심리적 연상에 의해 실수가 조장되고 있다는 것도 알 수가 있다. 이런 사실을 우리는 반박하지 않았다. 그러나 합리적이고 과학적인 입장에서 본다면, 아주 기본적인 잘못 말하기와 잘못 쓰기의 사례들의 경우에도 좀 더 분명하게 부각되는 사례들, 즉 연구를 통해 그런 실수의 원인에 관해 명확한 결론을 내릴 수 있는 사례들을 토대로 그것들이 판단되어야 한다는 것은 당연하다.

6

잘못 말하기에 관한 논의 이후로 우리는 어떤 실수든 그 속에는 숨은 동기가 있다는 것을 보여 주었으며,[52] 정신분석의 도움을 받아 그 동기를 이해하려는 노력을 기울여 왔다. 말하자면 지금까지 우리는 실수 행위 속에 표현된 심리적 요인들의 일반적인 속성과 독특한 특징은 거의 고려하지 않은 채 그대로 남겨 두었다. 그것들을 좀 더 면밀하게 정의 내리려는 시도도 하지 않았고, 그것들이 어떤 법칙을 따르는지도 검증해 보지 않았다. 사정은 지금도 마찬가지다. 앞으로도 우리는 근본적으로 그 문제를 다루지는 않을 것이다. 그 주제는 다른 각도에서 다루는 것이 더 좋을 듯하기 때문이다.[53] 다만 나는 여기서 다음의 질문만을 제기하고

---

52   이 부분에서 프로이트가 나중에 추가시킨 각주를 제외한 나머지 부분 모두는 1901년에 쓰인 것이다.

개괄적으로 그 문제들을 설명하고자 한다. (1) 실수 행위나 우연 행위로 표출되는 생각과 충동의 내용은 무엇이고, 그 원초적인 근원은 어디에 있는가? (2) 어떤 생각이나 충동으로 하여금 그와 같은 행위들을 표현 수단으로 이용하게끔 하고, 또 그렇게 할 수 있도록 한 결정 요인은 무엇인가? (3) 실수의 종류와 그 실수를 통해 표현되는 것의 특질 사이에 어떤 지속적이고 명확한 관계가 있다고 규정할 수 있는가?

우선 나는 여러 가지 자료를 모아 세 번째 질문에 대한 대답부터 해보겠다. 잘못 말하기의 예를 논의하는 가운데 우리는 의도된 것의 내용을 언급하는 것 이상으로 살펴볼 필요가 있다는 사실을 알게 되었고, 따라서 화자의 의도가 아닌 다른 것에서 언어 교란의 원인을 찾지 않을 수 없었다. 의도가 아닌 다른 그것이 무엇인지는 수많은 사례에서 분명하게 밝혀졌고, 또 화자가 의식적으로 알고 있는 것이었다. 가장 단순하면서도 가장 투명한 듯 보이는 사례들에서 그것 — 이것은 마치 원래의 의도와 똑같이 (그 사고를 표현할) 권리가 있음을 보여 주는 것 같기도 하고, 또 어떻게 해서 그 원래의 의도를 물리치고 그것이 부각된 것인지를 설명하지는 않은 채 사고의 표현을 교란시키는 것이다 — 은 화자의 원래 의도와 동일한 사고에서 비롯된 것으로 나타났다(이런 것들이 바로 메이어와 마이어가 말하는 〈혼합〉이다). 두 번째 집단의 사례들에서는 원래의 의도를 굴복시킨 동기가 사실 그 의도를 완전히 제어할 만큼 강력한 것이 아니라는 사실이 거론되었다(다섯 번째 장에서 언급했듯이 〈출현Vorschein〉이라는 단어를 써야 할 곳

53 (1924년에 추가된 각주) 이 책은 전반적으로 대중적인 성격의 책이다. 따라서 이 책의 목적이 있다면 그것은 여러 사례를 집성하여 〈무의식적이지만 활동성을 지닌〉 정신 과정들이 존재한다는 가정을 내세우려는 것이며, 그렇기 때문에 그 무의식의 본질에 관한 모든 이론적인 고찰은 되도록 피하고자 하는 것이다 — 원주.

에 사전에 나오지도 않는 〈Vorschwein〉이란 단어를 사용한 사례).
물론 억제된 생각은 완전히 의식적인 것이었다. 세 번째 집단의
사례에 들어서야 우리는 의도를 교란시키는 생각과 의도된 생각
이 다르다는 것을 주장할 수 있었으며, 또 사실 그런 경우라야만
본질적인 차이를 분명하게 거론할 수 있는 것이다. 의도된 생각을
교란시키는 생각은 사고 연상에 의해 교란된 생각과 연관을 맺고
있거나(내적 반발에 따른 교란), 아니면 그 성격상 교란된 생각과
는 아무런 관계가 없는 것으로, 교란된 단어를 예기치 않은 〈외
적〉 연상에 의해 우연히 교란시키는 생각 — 이것은 대개 〈무의식
적〉인 생각이다 — 과 관련이 있는 것으로 나타날 수도 있다. 내가
나 자신의 정신분석 경험에서 이끌어 제시한 사례들을 보면, 모든
발언은 활동적이면서 동시에 전적으로 무의식의 상태에 머물러
있는 그런 생각들의 영향을 받고 있음을 알 수 있다. 이런 경우, 그
런 무의식의 생각들은 교란 그 자체에 의해 드러날 수도 있으며
(내가 수집한 잘못 말하기의 사례 가운데 열 번째 사례로 거론된
〈방울뱀Klapperschlange〉과 〈클레오파트라Kleopatra〉의 예), 혹은
그 생각들이 의식적으로 의도된 발언의 각 부분들을 서로 교란시
킴으로써 간접적인 영향력을 행사할 수도 있다(〈하제나우어
Hasenaur 거리〉와 어느 프랑스 여인에 대한 회상이 배경으로 등장
하는 〈코감기와 코로 숨쉬기Ase natmen〉 혼동 사례). 발화에서의
그와 같은 교란의 원인이 되는 억압된 생각 혹은 무의식적 생각
은 그 근본 원인이 매우 다양하다. 따라서 여기서 어떤 식으로든
간단하게 일반화시키는 것이 무리일 수밖에 없다.
   잘못 읽기와 잘못 쓰기의 사례들을 비교 분석해도 똑같은 결과
가 나온다. 잘못 말하기의 경우에서 어떤 사례들은 압축의 결과
로 생긴 것이지 다른 특별한 동기가 없는 것으로 나타나는 경우

가 있었다(예를 들어 다섯 번째 장의 〈사과*Apfe*〉의 사례). 그러나 만일 꿈-작업에서는 지극히 정상적인 것이면서 깨어 있을 때의 사고 행위에서는 오류로 나타나는 그와 같은 압축 작용이 발생한다면 특별히 어떤 조건을 내세울 필요가 없는 것인지, 그것을 아는 것만으로도 족할 것이다. 이 문제와 관련해서는 사례 그 자체에서는 특별한 정보를 얻을 수 없다. 그렇다고 나는 가령 의식적인 관심 집중의 이완 이외에는 사실상 다른 조건이 없는 것이라는 식의 결론은 내리지 않겠다. 왜냐하면 나는 그것이 정확성과 신뢰성을 그 특징으로 하는 자동 행위[54]라는 사실을 다른 자료를 통해 알게 되었기 때문이다. 그리고 오히려 여기서는 생물학의 경우에 있어서 종종 그렇듯이, 정상적인 상황 혹은 정상에 근접한 상황들보다는 병리학적인 상황들이 좀 더 손쉬운 연구 대상이 된다는 사실을 언급하는 편이 더 나을 것이다. 따라서 나는 사소한 교란 행위를 설명하는 데 여전히 모호한 것으로 남아 있는 것들도 오히려 심각한 교란 행위를 설명함으로써 해명될 수 있다고 기대한다.

잘못 읽기와 잘못 쓰기의 경우에서 우리는 많은 사례가 다분히 복합적일 뿐 아니라 별 관계도 없어 보이는 동기를 지니고 있다는 것을 이미 확인한 바 있다. 〈통을 타고 유럽을 지나는〉 사례(여섯 번째 장에 언급된 잘못 읽기의 예)는 읽기의 교란으로, 그 원인이 질시와 야망이라는 억압된 충동에서 비롯된, 본질적으로는 이질적이고 전혀 상관이 없는 어떤 생각에 있다고 설명할 수 있다. 말하자면 이중적인 의미를 지닌 〈*Beförderung*(승진 혹은 운송 수단)〉이라는 〈전환 단어〉를 사용하여 자신의 의도를 그것과는 전혀 동떨어진 화젯거리와 연결시키려 했던 것이다. 〈부르크하르

---

54 의식적인 관심이 철회된 행위를 말한다.

트*Burckhard*〉(여섯 번째 장에 나오는 잘못 쓰기의 두 번째 예)의 경우는 그 이름 자체가 비슷한 〈전환 단어〉에 해당된다.[55]

발화 기능에 있어서의 교란은 좀 더 적극적으로 일어나며, 다른 심리적 활동에서보다도 그 교란 세력에 대한 요구가 더 약하게 나타나는 것은 틀림없는 사실이다.

본래적인 의미에서 망각 — 다시 말해 과거 경험의 망각 — 을 연구하게 될 때는 입장이 달라진다. (본래적인 의미에서의 망각을 더 구체적이고 엄밀한 의미의 망각과 구별하기 위해, 우리는 첫 번째 장과 두 번째 장에서 고유의 이름이나 외국어의 망각은 〈기억 착오〉라 했으며 의도의 망각은 〈생략〉이라고 했다.) 보통 망각이 이루어지는 〈정상적〉인 과정의 결정 요인이 무엇인지는 아직 알려져 있지 않다.[56] 또 한 가지 우리가 상기해야 할 것은 우

55 이 용어는 도라의 증례 연구에서도 두세 군데 나타난다. 프로이트는 또한 〈언어의 다리〉나 〈연상의 다리〉와 같은 표현을 쓰기도 했다.

56 (1907년에 추가된 각주) 본래적인 의미의 망각 메커니즘과 관련하여 다음과 같은 제안을 할 수도 있을 것이다. 기억 자료는 일반적으로 압축과 왜곡이라는 두 가지 힘의 영향을 받는다. 왜곡은 정신적 삶의 지배적 추세가 작용한 결과로 생기는 것으로, 계속 활동적인 상태에 있으면서 압축에 대해 상당한 정도의 반발력을 내보이고 있는 기억 흔적에 대해 마찬가지로 어긋나는 방향으로 향하는 작용이다. 그리고 왜곡과는 아무 상관 없이 무관하게 이어지는 흔적은 별수 없이 압축 과정에 굴복하게 된다. 그러나 이런 경우 이외에도 왜곡의 힘은, 만일 그것들이 그 힘을 행사하려는 지점에서 만족을 얻지 못하면 아무 상관이 없는 다른 자료들에까지 영향력을 행사하게 된다. 이러한 압축과 왜곡의 과정이 장기간 계속됨에 따라, 그리고 계속 추가되는 새로운 경험이 기억의 내용을 변화시키려는 방향으로 나아감에 따라, 이제는 시간이 기억을 불확실하고 불분명한 것으로 만드는 결정 요인으로 등장하게 된다. 망각에 있어서 시간이 행사하는 직접적인 기능에 대해서는 이제 더 이상 의문의 여지가 없는 듯하다. 〈억압된〉 기억의 경우, 그 기억의 흔적은 아무리 장기간의 시간이 흐른다 하더라도 아무런 변화를 겪지 않는다. 무의식은 무시간적인 속성을 지니고 있기 때문이다. 심리적인 고착의 가장 중요한 특징이면서 또 가장 낯선 특징 중의 하나가 바로 모든 인상이라는 것이 처음에 지각된 형태 그대로 보존될 뿐만 아니라, 나중에 더 발달된 형태 속에서도 그대로 보존된다는 사실이다. 이 사실은 어떤 다른 영역과의 비교를 통해 해명하고 설명할 수 있는 부분이 아니다. 이론적으로 말해 기억 내용의 초기 상태는, 비록 그 내용의 요소들이 오래전에 원래의 연관 관계를 좀 더 최근의 연관 관계로 대체했다

리가 생각하는 것처럼 사실 모든 것이 다 망각되는 것은 아니라는 점이다. 여기서 우리의 설명은 망각이라는 것이 우리에게 놀라움을 불러일으키는 경우, 즉 중요하지 않은 것은 망각되고 중요한 것은 기억에 그대로 살아 있다는 일반적인 법칙에 어긋나는 경우에만 해당된다고 보면 된다. 특별히 설명을 요하는 듯 보이는 망각의 경우에도 그것을 분석해 보면, 망각의 동기는 변함없이 불쾌한 감정을 불러일으키는 그 무엇인가를 기억하지 않으려는 것에서 나온다는 사실이 드러난다. 따라서 우리는 이 동기가 일반적으로 정신적인 삶에서 그 스스로를 드러내려는 것을 목적으로 삼고 있기 때문에, 그 동기에 반대로 작용하는 다른 힘에 의해서는 전혀 작용하지 않는다고 생각한다. 불쾌한 감정을 유발하는 것을 기억하지 않으려는 이와 같은 심적인 태도의 범위와 그 의미는 심리학적인 측면에서 아주 세심한 검토가 이루어져야 할 부분이다. 더 나아가 우리는 이런 맥락에서 가능하면 각각의 개별적인 사례에서 어떤 특별한 조건이 이런 망각을 촉발케 했는지도 살펴보아야 한다.

의도의 망각에서는 또 다른 요인이 두드러지게 나타난다. 불쾌감을 유발하는 기억 자료를 억압시켜야만 〈사라지는〉 갈등이 이 부분에서는 다시 주요한 요인으로 등장하는 것이다. 이 의도의 망각 사례를 분석해 보면, 그 의도를 아예 없애지는 않고 다만 의도에 반하는 반대 의지가 나타나고 있음을 알 수 있다. 이미 앞에서 설명한 실수의 경우에서처럼 여기서도 두 가지 유형의 심리적

하더라도, 다시 기억에 의해 회복될 수 있다 — 원주. 이 부분이 바로 무의식의 〈무시간성〉을 최초로 명확하게 언급한 부분이다. 기억과 망각의 본질에 관해 길게 논의한 「문명 속의 불만」(프로이트 전집 12, 열린책들)에 나와 있듯이, 프로이트는 이 기억의 문제를 로마에 대한 고고학적 탐사와의 비교를 통해 설명하려고 했다가 포기한 적이 있다.

과정이 나타난다. 즉 반대 의지가 직접적으로 의도에 반하는 경우(의도의 목적이 아주 중요한 경우)이거나 아니면 반대 의지가 그 속성상 의도 그 자체와는 아무 상관 없이 다만 〈외적〉인 연상에 의해 그 의도와 관련이 있는 경우(의도가 거의 상관없는 경우)이다.

잘못 잡기에도 이와 똑같은 갈등이 나타난다. 행위를 교란시키는 가운데 표출되는 충동은 종종 반대 충동이다. 그러나 더 많은 경우 그것은 원래의 의도와는 전혀 관련 없는 충동으로, 지금 행해지고 있는 행위를 교란시킴으로써 스스로를 표출할 기회를 노리고 있는 것들이다. 내적인 반발에 의해 교란이 일어나는 사례들이 좀 더 의미가 있는 사례들이며, 그 속에는 물론 더욱 중요한 행위들이 관련되어 있다.

우연 행위나 증상 행위의 경우에는 내적 갈등이 그리 중요하지 않다. 의식이 그다지 중요한 가치를 부여하지 않거나 때론 아예 무시해 버리는 이런 자동적인 행위의 표출은, 따라서 다양한 무의식적 충동 혹은 억압된 충동을 표현한다고 볼 수 있다. 대개의 경우 이런 행위들은 환상이나 소망의 상징적 재현이기 때문이다.

첫 번째 질문 — 실수를 통해 표현되는 사고와 충동의 근원이 무엇이냐는 질문 — 과 관련해, 우리는 많은 경우에서 의도를 교란시키는 사고가 억압된 충동에서 파생되어 나온 것이라는 점을 쉽게 입증할 수 있었다. 정상적인 사람의 경우, 도덕적 소양을 쌓으면서 가능한 한 억눌러야 하는 감정들, 가령 이기심, 질투, 적대감, 섣부른 충동 등이 분명 존재하지만 더 높은 정신 기관이 인정하지 않는 그 힘을 내보이기 위해 실수가 제공하는 통로를 이용한다. 이처럼 실수나 우연 행위 속에 그러한 감정이 묵인되는 것은 크게 보아 부도덕한 것을 마음 좋게 참아 내는 것과 같다고 할 수 있다. 이 억압된 충동들 가운데 성적 충동이 하는 역할은 거의 없다. 이 특정의 충동들이 내가 수집한 사례들의 분석에서는 거의 나타나지 않고 있다는 것은 그냥 우연한 일일 뿐이다. 내가 분석한 사례들 대부분이 나 자신의 정신적 삶에서 끌어낸 것인데, 대개 성적인 것과 관련된 경우는 배제시켰기 때문이다. 다른 경우에서는 의도를 교란시키는 사고가 거의 순수한 목적이나 생각에서 비롯되었다고 보면 된다.

이제는 두 번째 질문, 즉 완결된 형태가 아니라 다른 생각을 변화시키고 교란시키는 파생적인 형태 속에 표출될 수밖에 없는 어떤 생각이 있다면, 그 생각을 심리적으로 결정하는 요인이 무엇인가 하는 질문에 대답해야 할 차례다. 가장 뚜렷하게 부각되는 실수 사례들을 보면, 그러한 결정 요인들이 의식에 들어갈 수 있느냐 하는 문제 — 즉 그 요인들이 어느 정도 〈억압된 것〉이냐 하는 문제 — 와 관련해서 모색되는 것 같다. 그러나 만일 우리가 각 사례를 통해 이 억압된 성격만을 좇는다면 문제는 더 모호한 채로 남게 될 것이다. 시간 낭비라고 하여 어떤 것을 물리치려는 성향, 혹은 지금 이 생각이 바로 코앞에 닥친 문제와는 아무 관련이 없다는 생각 등이 그 생각(이 생각은 또 다른 생각을 교란시킴으로써 그 자신의 표출 기회를 찾을 때까지 그대로 남게 된다)을 물리치는 동기로 나타나는 것이다. 이것은 어떤 부적절하고 감정적인 충동을 도덕적으로 비난하는 것이나 전적으로 무의식적인 사고의 흐름에서 파생된 것들이 하는 작용과 똑같은 역할을 한다고 볼 수 있다. 그런데 이런 식으로는 어떻게 실수나 우연 행위가 결정되는가 하는 본질적인 성격을 파헤칠 수가 없다. 이와 같은 식으로 모색을 하다 보면 단 한 가지 의미 있는 사실이 나타나게 된다. 그것은 어떤 한 실수의 동기가 순수하면 순수할수록, 그 생각의 표현에 대한 거부감이 덜하게 되고 자연히 의식에 접근하기가 더 쉬워져, 결국 관심이 그쪽으로 쏠리게 되고 그 현상을 설명하기가 더욱 쉬워진다는 사실이다. 아주 사소한 잘못 말하기의 경우, 그것은 즉각 감지되면서 동시에 그 자리에서 교정이 된다. 실제로 그 동기가 억압된 충동에 있는 경우라면 그 경우는 더욱 자세한 분석을 통해 설명되어야 하고, 때로는 그 설명이 난관에 부딪히거나 제대로 된 설명이 되지 못하는 일도 일어나는 것이다.

따라서 우리가 실수나 우연 행위의 심리적 결정 요인에 대해 만족스러운 설명을 하기 위해서는 다른 식의 모색 방법, 다른 식의 접근 방법이 필요하다는 생각이 든다. 그렇기 때문에 이 글을 자세하게 읽은 독자라면 아마 우리의 이 논의가 전체적인 맥락과는 다소 동떨어진 데가 없지 않다는 점도 발견할 수 있을 것이다.

7

전체적인 맥락이 어떤 방향으로 잡혀야 하는지에 관해 몇 마디 말을 하지 않을 수 없다. 우리가 분석을 통해 알게 된 것처럼 실수나 우연 행위의 메커니즘은 가장 본질적인 면에서 내가 『꿈의 해석』의 〈꿈-작업〉에 관한 장에서 논의한 꿈-형성의 메커니즘과 일치한다고 볼 수 있다. 이 두 경우에서 우리는 압축과 타협 형성을 발견하게 된다. 상황은 동일하다. 낯선 길을 따라, 외적인 연상에 의해, 무의식의 사고는 다른 사고들의 변형으로서 나타나는 것이다. 비록 꿈이 일상생활에서 우리가 흔히 저지르는 실수처럼 바로 가까이에 있는 수단을 자유롭게 활용하고 있기는 하지만, 그 꿈을 도저히 정신 활동의 산물로 볼 수 없을 정도로 꿈-내용이 조화롭지 못하고 불합리하고 오류투성이인 것처럼 보이는 것도 바로 동일한 방식으로 꿈이 형성되기 때문이다. 두 경우에서 〈어떤 잘못된 기능이 출현하는 것은 두 개 이상의 올바른 기능들 사이에 독특한 상호 간섭이 이루어지기 때문〉이라고 설명할 수 있다.

아무튼 이처럼 두 경우가 서로 일치한다는 사실에서 우리는 한 가지 중요한 결론을 도출해 낼 수 있다. 꿈의 내용에서 가장 현저하게 나타나는 독특한 작용 방식을 정신적 삶이 잠의 상태에 빠졌기 때문이라고 탓할 수는 없다는 것이다. 그것은 우리가 흔히 저지르는 실수가 깨어 있는 동안에 일어나는 일이라는 점을 생각하면 쉽게 이해할 수 있다. 또 같은 맥락에서 우리는 우리에게 비정상적이고 기이한 것으로 보이는 그런 정신 과정들이 정신 활동의 쇠퇴나 병리적인 기능 상태에 기인하는 것이라고 가정할 수도 없을 것이다.[57]

우리는 정신 신경증 증상, 특히 히스테리나 강박 신경증의 심리 형성 과정을 볼 때 그 메커니즘 속에 똑같은 작용 방식이 적용된다는 사실을 알기 전까지는 실수나 꿈-표상 Traumvorstellung을 출현시킨 그 낯선 심리 작용에 관해 정확히 알 수가 없을 것이다. 따라서 앞으로 우리가 연구를 계속한다면 이 부분이 바로 연구의 출발점이 되어야 한다. 그러나 앞에서 언급한 비유에 비추어 실수나 우연 행위나 증상 행위를 볼 때 또 하나 각별히 관심을 요하는 부분이 있다. 만일 우리가 그런 행위들을 정신 신경증의 결과나 신경증 증상과 비교한다면 종종 반복되어 나타날 두 가지 진술, 즉 신경증과 관련해서 정상적인 것과 비정상적인 것 사이의 경계가 흐려지게 되고, 우리 모두는 약간씩 신경증의 증세를 지

57 『꿈의 해석』 참조 — 원주.

니고 있다는 진술이 의미 있는 것으로 와닿으며 설득력을 지니게
된다. 결과적으로 우리는 어떤 의학적인 경험이 없이도 단지 암
시적으로 나타날 뿐인 ─〈불분명한 형태〉의 신경증, 즉 증상도
거의 없고 자주 나타나는 것도 아니고 심각한 것도 아닌 신경증
형태 ─ 다시 말해 그것의 병리적인 표출 양상이 지니는 수나 강
도나 지속력을 볼 때 비교적 가벼운 형태의 다양한 신경 질환을
그려 낼 수도 있다. 하지만 그렇다고 추측에 의해 가장 빈번하게
나타나는 유형을 끄집어내 그것이 바로 건강과 질병 사이의 경계
선에 있는 유형이라고 결론 내릴 수도 없다. 왜냐하면 우리가 지
금 거론하고 있는 그런 유형이 병리적으로 표출된 것이 바로 실
수이고 증상 행위이기 때문이며, 그러한 행위들의 특징은 가장
중요하지 않은 심리 기능에 증상이 자리 잡고 있고, 더 높은 심리
적 가치를 지니고 있다고 생각되는 모든 것들은 교란받지 않는
자유로운 상태에 있다는 사실이기 때문이다. 그러나 반대 방향으
로 증상이 나타나는 경우, 즉 증상이 가장 중요한 개인적·사회적
기능 속에 출현하여 영양이나 성관계, 전문적인 작업, 사회생활
등을 교란시킬 때 이것이 바로 아주 심각한 신경증의 경우고, 바
로 그것이 어떤 다른 병리적인 증상보다 더 두드러진 신경증의
특징이라는 사실을 염두에 두어야 할 것이다.

그러나 가장 심각한 경우든 가장 가벼운 경우든 모든 사례가
다 공통적으로 지니고 있으며, 실수나 우연 행위 속에서 똑같이
발견되는 것이 하나 있다. 그것은〈그 현상들의 근원을 따지면 모
두가 불완전하게 억압된 심리 재료에 기인하는 것으로 볼 수 있
는데, 그 심리 재료는 의식에 의해 거부되긴 했어도 그 표출 능력
을 완전히 박탈당한 것은 아니라는 사실〉이다.

프로이트의 삶과 사상

— 제임스 스트레이치

지크문트 프로이트Sigmund Freud는 1856년 5월 6일, 그 당시에는 오스트리아-헝가리 제국의 일부였던 모라비아의 소도시 프라이베르크에서 출생했다. 83년에 걸친 그의 생애는 겉으로 보기에는 대체로 평온무사했고, 따라서 장황한 서술을 요하지 않는다.

그는 중산층 유대인 가정에서 두 번째 부인의 맏아들로 태어났지만, 집안에서 그의 위치는 좀 이상했다. 프로이트 위로 첫 번째 부인 소생의 다 자란 두 아들이 있었기 때문이다. 그들은 프로이트보다 스무 살 이상 나이가 많았고, 그중 하나는 이미 결혼해서 어린 아들을 두고 있었다. 그랬기에 프로이트는 사실상 삼촌으로 태어난 셈이었지만, 적어도 그의 유년 시절에는 프로이트 밑으로 태어난 일곱 명의 남동생과 여동생 못지않게 조카가 중요한 역할을 했다.

그의 아버지는 모피 상인이었는데, 프로이트가 태어난 후 얼마 지나지 않아 사업이 어려워지기 시작했다. 그래서 프로이트가 겨우 세 살이었을 때 그는 프라이베르크를 떠나기로 결심했고, 1년 뒤에는 온 가족이 빈으로 이주했다. 이주하지 않은 사람은 영국 맨체스터에 정착한 두 이복형과 그들의 아이들뿐이었다. 프로이트는 몇 번인가 영국으로 건너가서 그들과 합류해 볼까 하는 생각을 했지만, 그것은 거의 80년 동안 실행에 옮겨지지 못했다.

프로이트가 빈에서 어린 시절을 보내는 동안 그의 집안은 몹시 궁핍한 상태였지만, 어려운 형편에도 불구하고 그의 아버지는 언제나 셋째 아들의 교육비를 최우선으로 꼽았다. 프로이트가 매우 총명했을 뿐 아니라 공부도 아주 열심히 했기 때문이다. 그 결과 그는 아홉 살이라는 어린 나이에 김나지움에 입학했고, 그 학교에서 보낸 8년 가운데 처음 2년을 제외하고는 자기 학년에서 수석을 놓친 적이 없었다. 그는 열일곱 살 때 아직 어떤 진로를 택할 것인지 결정을 하지 못한 채 김나지움을 졸업했다. 그때까지 그가 받았던 교육은 지극히 일반적인 것이어서, 어떤 경우에든 대학에 진학할 것으로 보였으며, 서너 곳의 학부로 진학할 길이 그에게 열려 있었다.

프로이트는 수차례에 걸쳐, 자기는 평생 동안 단 한 번도 〈의사라는 직업에 선입관을 가지고 특별히 선호한 적이 없었다〉고 주장했다.

나는 그보다는 오히려 일종의 호기심을 느꼈다. 하지만 그것은 자연계의 물체들보다는 인간의 관심사에 쏠린 것이었다.[1]

그리고 어딘가에서는 이렇게 적었다.

어린 시절에 나는 고통받는 인간을 도우려는 어떤 강한 열망도 가졌던 기억이 없다. (……) 그러나 젊은이가 되어서는 우리가 살고 있는 세상의 수수께끼들 가운데 몇 가지를 이해하고, 가능하다면 그 해결책으로 뭔가 기여도 하고 싶은 억누를 수 없는 욕망을

1 「나의 이력서」(1925) 앞부분 참조.

느꼈다.[2]

또 그가 만년에 수행했던 사회학적 연구를 논의하는 다른 글에서는 이렇게 적기도 했다.

나의 관심은 평생에 걸쳐 자연 과학과 의학과 심리 요법을 두루 거친 뒤에 오래전, 그러니까 내가 숙고할 수 있을 만큼 충분히 나이가 들지 않았던 젊은 시절에 나를 매혹시켰던 문화적인 문제들로 돌아왔다.[3]

프로이트가 자연 과학을 직업으로 택하는 데 직접적인 계기가되었던 사건은 — 그의 말대로라면 — 김나지움을 졸업할 무렵괴테가 썼다고 하는(아마도 잘못된 것으로 보인다) 〈자연〉에 관한 매우 화려한 문체의 에세이를 낭독하는 독회에 참석한 일이었다고 한다. 하지만 그 선택이 자연 과학이긴 했지만, 실제로는 의학으로 좁혀졌다. 그리고 프로이트가 열일곱 살 때인 1873년 가을, 대학에 등록했던 것도 의과대 학생으로서였다. 하지만 그는서둘러 의사 자격을 취득하려고 하지는 않았다. 한두 해 동안 그가 다양한 과목의 강의에 출석했던 것만 보더라도 이를 알 수 있다. 그러나 차츰차츰 관심을 기울여 처음에는 생물학에, 다음에는 생리학에 노력을 집중했다. 그가 맨 처음 연구 논문을 쓴 것은대학 3학년 때였다. 당시 그는 비교 해부학과 교수에게 뱀장어를해부해서 세부 사항을 조사하라는 위임을 받았는데, 그 일에는 약4백 마리의 표본을 해부하는 일이 포함되었다. 그로부터 얼마 지

2 「비전문가 분석의 문제」(1927)에 대한 후기 참조.
3 「나의 이력서」에 대한 후기 참조.

나지 않아서 그는 브뤼케Brücke가 지도하는 생리학 연구소로 들어가 그곳에서 6년 동안 근무했다. 그가 자연 과학 전반에 대해 보이는 태도의 주요한 윤곽들이 브뤼케에게서 습득되었다는 것은 의심할 여지가 없는 일이다. 그 기간 동안 프로이트는 주로 중추 신경계의 해부에 대해서 연구했고, 이미 책들을 출판하고 있었다. 그러나 실험실 연구자로서 벌어들이는 수입은 대가족을 부양하기에는 충분하지 못했다. 그래서 마침내 1881년 그는 의사 자격을 따기로 결정했고, 그로부터 1년 뒤에는 많은 아쉬움을 남긴 채 브뤼케의 연구소를 떠나 빈 종합 병원에서 근무하기 시작했다.

　그러나 결국 프로이트의 삶에 변화를 가져다준 결정적인 계기가 있었다면, 그것은 생각보다도 더 절박한 가족에 대한 것이었다. 1882년에 그는 약혼을 했고, 그 이후 결혼을 성사시키는 데 모든 노력을 기울였다. 그의 약혼녀 마르타 베르나이스Martha Bernays는 함부르크의 이름 있는 유대인 집안 출신으로, 한동안 빈에서 지내고 있었지만 얼마 안 가서 곧 머나먼 독일 북부에 있는 그녀의 집으로 돌아가야 했다. 그 뒤로 4년 동안 두 사람이 서로를 만나 볼 수 있었던 것은 짧은 방문이 있을 때뿐이었고, 두 연인은 거의 매일같이 주고받는 서신 교환으로 만족해야 했다. 그 무렵 프로이트는 의학계에서 지위와 명성을 확립해 가고 있었다. 그는 병원의 여러 부서에서 근무했지만, 얼마 지나지 않아 곧 신경 해부학과 신경 병리학에 몰두하기 시작했다. 또 그 기간 중에 코카인을 의학적으로 유용하게 이용하는 첫 번째 연구서를 출간했고, 그렇게 해서 콜러에게 그 약물을 국부 마취제로 사용하도록 제안하기도 했다. 바로 뒤이어 그는 두 가지 즉각적인 계획을 수립했다. 하나는 객원 교수 자리에 지명을 받는 것이었고, 다른 하나는 장학금을 받아 얼마 동안 파리로 가서 지내려는 것이었다. 그곳에서는 위대한 신경 병리학자 샤르코Charcot가 의학계를 주도하고 있었다. 프로이트는 그 두 가지 목적이 실현된다면 자기에게 커다란 도움이 될 것이라고 생각했고, 열심히 노력한 끝에 1885년에 두 가지 모두를 얻어 냈다.

프로이트가 파리 살페트리에르 병원(신경 질환 치료로 유명한 병원)의 샤르코 밑에서 보냈던 몇 달 동안, 그의 삶에는 또 다른 변화가 있었다. 이번에는 실로 혁명적인 변화였다. 그때까지 그의 일은 전적으로 자연 과학에만 관련되었고, 파리에 있는 동안에도 그는 여전히 뇌에 관한 병력학(病歷學) 연구를 계속하고 있었다. 그 당시 샤르코의 관심은 주로 히스테리와 최면술에 쏠려 있었는데, 빈에서는 그런 주제들이 거의 생각할 만한 가치가 없는 것으로 여겨졌다. 그러나 프로이트는 그 일에 몰두하게 되었다. 비록 샤르코 자신조차 그것들을 순전히 신경 병리학의 지엽적인 부문으로 보았지만, 프로이트에게는 그것이 정신의 탐구를 향한 첫걸음인 셈이었다.

1886년 봄, 빈으로 돌아온 프로이트는 신경 질환 상담가로서 개인 병원을 열고, 뒤이어 오랫동안 미루어 왔던 결혼식을 올렸다. 하지만 그렇다고 해서 그가 당장 자기가 하던 모든 신경 병리학 업무를 그만둔 것은 아니었다. 그는 몇 년 더 어린아이들의 뇌성 마비에 관한 연구를 계속했고, 그 분야에서 주도적인 권위자가 되었다. 또 그 시기에 실어증에 관해서 중요한 연구 논문을 쓰기도 했지만, 최종적으로는 신경증의 치료에 더욱 노력을 집중했다. 전기 충격 요법 실험이 허사로 돌아간 뒤 그는 최면 암시로 방향을 돌려서, 1888년에 낭시를 방문하여 리에보Liébeault와 베르넴Bernheim이 그곳에서 괄목할 만한 성공을 거두는 데 이용한 기법을 배웠다. 하지만 그 기법 역시 불만족스러운 것으로 밝혀지자, 또 다른 접근 방법을 강구하지 않을 수 없었다. 그는 빈의 상담가이자 상당히 손위 연배인 요제프 브로이어Josef Breuer 박사가 10년 전쯤 아주 새로운 치료법으로 어떤 젊은 여자의 히스테리 증세를 치료했다는 사실을 알고 있었다. 그는 브로이어에게 그 방법을 한 번 더 써보도록 설득하는 한편, 그 스스로도 새로운 사례에 그 방법을 몇 차례 적용해서 가망성 있는 결과를 얻었다. 그 방법은 히스테리가 환자에게 잊힌 어떤 육체적 충격의 결과라는 가정에 근거를 둔 것이었다. 그리고 치료법은 잊힌 충격을 떠올리기 위해 적절한 감정을 수반하여 환자를 최면 상태로 유도하는 것으로 이루어져 있었다. 얼마 지나지 않아 프로이트는 그 과정과 저변에 깔린 이론 모두에서 변화를 일으키기 시작했고, 마침내는 그 일로 브로이어와 갈라설 정도까지 되었지만, 자기가 이루어 낸 모든 사상 체계의 궁극적인 발전에 곧 정신분석학이라는 이름을 붙였다.

그때부터 — 아마도 1895년부터 — 생을 마감할 때까지 프로이트의 모든 지성적인 삶은 정신분석학의 발전과 그 광범위한 언외(言外)의 의미, 그리고 그 학문의 이론적이고 실제적인 영향을 탐구하는 데 바쳐졌다. 프로이트의 발견과 사상에 대해서 몇 마디 말로 일관된 언급을 하기란 물론 불가능하겠지만, 그가 우리의 사고 습관에 불러일으킨 몇 가지 주요한 변화를 단절된 양상으로나마 지적하기 위한 시도는 얼마 안 가서 곧 이루어질 것이다. 그러는 동안 우리는 그가 살아온 삶의 외면적인 과정을 계속 좇을 수 있을 것이다.

빈에서 그가 영위했던 가정생활에는 본질적으로 에피소드가 결여되어 있다. 1891년부터 47년 뒤 그가 영국으로 떠날 때까지 그의 집과 면담실이 같은 건물에 있었기 때문이다. 그러나 행복한 결혼 생활과 불어나는 가족 — 세 명의 아들과 세 명의 딸 — 은 그가 겪는 어려움들, 적어도 그의 직업적 경력을 둘러싼 어려움들에 견실한 평형추가 되어 주었다. 의학계에서 프로이트에 대해 편견을 가지고 있었던 이유는 그가 발견한 것들의 본질 때문만이 아니라, 어쩌면 그에 못지않게 빈의 관료 사회를 지배하고 있던 강한 반유대 감정의 영향 때문이기도 했을 것이다. 그가 대학교수로 취임하는 일도 정치적 영향력 탓으로 끊임없이 철회되었다.

그러한 초기 시절의 특별한 일화 한 가지는 그 결과 때문에 언급할 필요가 있다. 그것은 프로이트와, 명석하되 정서가 불안정한 베를린의 의사 빌헬름 플리스Wilhelm Fließ의 우정에 관한 것이다. 플리스는 이비인후과를 전공했지만 인간 생태학과 생명 과정에서 일어나는 주기적 현상의 영향에 이르기까지 관심 범위가 매우 넓었다. 1887년부터 1902년까지 15년 동안 프로이트는 그와 정기적으로 편지를 교환하면서 자기의 발전된 생각을 알렸고, 자기가 앞으로 쓸 책들의 윤곽을 개술한 긴 원고를 그에게 미리 보냈다. 그리고 무엇보다도 중요한 것은 「과학적 심리학 초고」라는 제목이 붙은 약 4만 단어짜리 논문을 보낸 것이었다. 이 논문은 프로이트의 경력에서 분수령이라고도 할 수 있는, 즉 그가 어쩔 수 없이 생리학에서 심리학으로 옮겨 가고 있던 1895년에 작성된 것으로, 심리학의 사실들을 순전히 신경학적 용어들로 서술하려는 시도였다. 다행스럽게도 이 논문과 프로이트가 플리스에게 보낸 다른 편지들도 모두 보존되어 있는데, 그것들은 프로이트의 사상이 어떻게 발전되었는가에 대해 매혹적인 빛을 던질 뿐 아니라, 정신분석학에서 나중에 발견된 것들 중 얼마나 많은 것이 초기 시절부터 이미 그의 마음속에 있었는지를 보여 준다.

플리스와의 관계를 제외한다면, 프로이트는 처음에는 외부의 지원을 거의 받지 못했다. 빈에서 점차 프로이트 주위로 몇몇 문하생이 모여들었지만, 그것은 대략 10년쯤 후인 1906년경, 즉 다수의 스위스 정신 의학자가 그의 견해에 동조함으로써 분명한 변화가 이루어진 뒤의 일이었다. 그들 가운데 중요한 인물로는 취리히 정신 병원장인 블로일러E. Bleuler와 그의 조수인 융C. G. Jung이 있었는데, 그것으로 우리는 정신분석학이 처음으로 확산되기 시작했음을 알 수 있다. 1908년에는 잘츠부르크에서 정신분석학자들의 국제적인 모임이 열린 데 이어, 1909년에는 미국에서 프로이트와 융을 초청해 여러 차례의 강연회를 열어 주었다. 프로이트의 저서들이 여러 나라 말로 번역되기 시작했고, 정신분석을 실행하는 그룹들이 세계 각지에서 생겨났다. 그러나 정신분석학의 발전에 장애가 없지는 않았다. 그 학문의 내용이 정신에 불러일으킨 흐름들은 쉽게 받아들이기에는 너무 깊이 흐르고 있었던 것이다. 1911년 빈의 저명한 프로이트 지지자들 중 한 명인 알프레트 아들러Alfred Adler가 그에게서 떨어져 나갔고, 이삼 년 뒤에는 융도 프로이트와의 견해 차이로 결별했다. 그 일에 바로 뒤이어 제1차 세계 대전이 발발하자, 정신분석의 국제적인 확산은 중단되었다. 그리고 얼마 안 가서 곧 가장 중대한 개인적 비극이 닥쳤다. 딸과 사랑하는 손자의 죽음, 그리고 삶의 마지막 16년 동안 그를 가차 없이 쫓아다닌 악성 질환의 발병이었다. 그러나 어떤 질병도 프로이트의 관찰과 추론의 발전을 막을 수는 없었다. 그의 사상 체계는 계속 확장되었고, 특히 사회학 분야에서 더욱더 넓은 적용 범위를 찾았다. 그때쯤 그는 세계적인 명사로서 인정받는 인물이 되어 있었는데, 1936년 그가 여든 번째 생일을 맞던 해에 영국 왕립 학회Royal Society의 객원 회원으로 선출된 명예보다 그를 더 기쁘게 한 일은 없었다. 1938년 히틀러가 오스트리아를 침공했을 때 국가 사회주의자들의 가차 없는 박해로부터 그를 보호해 주었던 것도 — 비록 그들이 프로이트의 저서들을 몰수해서 없애 버리기는 했지만 — 들리는 말로는 루스벨트 대통령까지 포함된, 영향력 있는 찬양자들의 노력으로 뒷받침된 그의 명성이었다. 그렇다 하더라도 프로이트는 어쩔 수 없이 빈을 떠나 그해 6월 몇몇 가족과 함께 영국으로 건너갔고, 그로부터 1년 뒤인 1939년 9월 23일 그곳에서 세상을 떠났다.

프로이트를 현대 사상의 혁명적인 창립자들 중 한 사람으로 일컬으며, 그의 이름을 아인슈타인Albert Einstein에 결부시켜 생각하는 것은 신문이나 잡지에 실릴 법한 진부한 이야기가 되었다. 그러나 대부분의 사람은 그나 아인슈타인에 의해 도입된 변화들을 간략하게 설명하기가 매우 어려울 것이다.

프로이트의 발견들은 물론 서로 연관되어 있기는 하지만 크게 세 가지로 묶을 수 있다. 연구의 수단, 그 수단에 의해 생겨난 발견들, 그리고 그 발견들에서 추론할 수 있는 이론적 가설들이 그것이다. 그런데 여기서 우리는 프로이트가 수행했던 모든 연구 이면에 결정론 법칙의 보편적 타당성에 대한 믿음이 있었다는 사실을 인정해야 한다. 자연 과학 현상과 관련해서는 이 믿음이 아마도 브뤼케의 연구소에서 근무한 경험에서 생겨났을 것이고, 궁극적으로는 헬름홀츠Helmholtz 학파로부터 생겨났을 것이다. 그러나 프로이트는 단호히 그 믿음을 정신 현상의 분야로 확장시켰는데, 그러는 데는 자기의 스승이자 정신 의학자인 마이네르트Meynert에게서, 그리고 간접적으로는 헤르바르트Herbart의 철학에서 영향을 받았을 수도 있다.

　무엇보다도 먼저 프로이트는 인간의 정신을 과학적으로 탐구하기 위한 첫 번째 도구를 찾아낸 사람이었다. 천재적이고 창조적인 작가들은 단편적으로 정신 과정을 통찰해 왔지만, 프로이트 이전에는 어떤 체계적인 탐구 방법도 없었다. 그는 이 방법을 단지 점차적으로 완성시켰을 뿐인데, 그것은 그러한 탐구에서 장애가 되는 어려움들이 점차적으로 분명해졌기 때문이다. 브로이어가 히스테리에서 설명한 잊힌 충격은 가장 최초의 문제점을 제기했고, 어쩌면 가장 근본적인 문제점을 제기했을 수도 있다. 관찰자나 환자 본인 모두에 의해서 검사에 즉각적으로 개방되지 않는, 정신의 활동적인 부분들이 있다는 것을 결정적으로 보여 주었기 때문이다. 정신의 그러한 부분들을 프로이트는 형이상학적 논쟁이나 용어상의 논쟁을 고려하지 않고 〈무의식〉이라고 기술했다. 무의식의 존재는 최면 후의 암시라는 사실로도 증명되는데, 이 경우 환자는 암시 그 자체를 완전히 잊었다 하더라도 충분히 깨어 있는 상태에서 조금 전 그에게 암시되었던 행동을 수행한다. 그러므로 어떠한 정신의 탐구도 그 범위에 이 무의식적인 부분이 포함되지 않고는 완전한 것으로 여겨질 수 없었다. 그렇다면 이것이 어떻게 완전해질 수 있었을까? 명백한 해답은 〈최면 암시라는 수단에 의해서〉인 것처럼 보였다. 그리고 이 방법은 처음엔 브로이어에 의해, 다음에는 프로이트에 의해 이용된 수단이었다. 그러나 얼마 안 가서 곧 그 방법은 불규칙하거나 불명확하게 작용하고, 때로는 전혀 작용하지 않는 불완전한 것임이 밝혀졌다. 따라서 프로이트는 차츰차츰 암시의 이용을 그만두고 나중에 〈자유 연상〉이라고 알려진 완전히 새로운 방법을 도입했다. 즉 정신을 탐구하려는 상대방에게 단순히 무엇이든 머릿속에 떠오르는 것을 말하라고 요구하는, 전에는 들어 보지 못했던 계획을 채택했다. 이 중대한 결정 덕분에 곧바로 놀라운 결과가 도출되었다. 프로이트가 채택한 수단이 초보적인 형태였음에도 불구하고 그것은 새로운 통찰력을 제시했던 것이다. 한동안은 이런저런 연상들이 물 흐르듯 이어진다 하더라도 조만간 그 흐름은 고갈되기 마련이고, 환자는 더 말할 것을 아무것도 생각하지 않거나 또는 할 수 없게 된다. 그렇게 해서 저항의 진상, 즉 환자의 의식적인 의지와 분리되어 탐구에 협조하기를 거부하는 힘의 진상이 드러난다. 여기에 아주 근본적인 이론의 근거, 즉 정신을 뭔가 역동적인 것으로, 일부는 의식적이고 일부는 무의식적이며, 때로는 조화롭게 작용하고 때로는 서로 상반되는 다수의 정신적인 힘들로 이루어져 있다고 가정할 근거가 있었다.

그러한 현상들은 결국 보편적으로 생겨난다는 것이 밝혀지기는 했지만, 처음에는 신경증 환자들에게서만 관찰 연구되었고, 처음 몇 년 동안 프로이트의 연구는 주로 그러한 환자들의 〈저항〉을 극복하여 그 이면에 있는 것을 밝혀낼 수단을 발견하는 일과 관련되었다. 그 해결책은 오로지 프로이트 편에서 극히 이례적인 자기 관찰 — 지금에 와서는 자기 분석이라고 기술되어야 할 — 을 함으로써만 가능해졌다. 다행스럽게도 우리는 앞에서 얘기한, 그가 플리스에게 보냈던 편지로 그 당시의 상황을 직접적으로 알 수 있다. 즉 그는 분석 덕분에 정신에서 작용하는 무의식적인 과정의 본질을 발견하고, 어째서 그 무의식이 의식으로 바뀔 때 그처럼 강한 저항이 있는지를 이해할 수 있었다. 또 그의 환자들에게서 저항을 극복하거나 피해 갈 기법을 고안할 수 있었고, 무엇보다도 중요한 것, 즉 그러한 무의식적인 과정의 기능 방식과 익히 알려진 의식적인 과정의 기능 방식 사이에 아주 큰 차이점이 있음을 알아낼 수 있었다는 것이다. 다음 세 가지는 그 하나하나에 대해서 언급이 좀 필요할 것 같다. 왜냐하면 사실 그것들은 정신에 관한 우리의 지식에 프로이트가 미친 공적들의 핵심을 구성하고 있기 때문이다.

정신의 무의식적인 내용들은 대체로 원초적인 육체적 본능에서 직접 그 에너지를 이끌어 내는 능동적인 경향의 활동 — 욕망이나 소망 — 으로 이루어져 있는 것으로 보인다. 이 무의식은 즉각적인 만족을 얻는 것 외에는 전혀 아무것도 고려하지 않고 기능하며, 따라서 현실에 적응하고 외부적인 위험을 피하는 것과 관련된, 정신에서 더욱더 의식적인 요소들과 동떨어져 있기 마련이다. 더군다나 이러한 원초적인 경향은 훨씬 더 성적이거나 파괴적인 경향을 지니며, 좀 더 사회적이고 개화된 정신적인 힘들과 상충할 수밖에 없다. 이것을 계속 탐구함으로써 프로이트는 오랫동안 숨겨져 있던 어린아이들의 성적인 삶과 오이디푸스 콤플렉스의 비밀을 알아낼 수 있었다.

두 번째로, 그는 자기 분석을 함으로써 꿈의 본질을 탐구하기 시작했다. 이 꿈들은 신경증 증상들과 마찬가지로 원초적인 무의식적 충동과 2차적인 의식적 충동 사이에서 생겨나는 갈등과 타협의 산물임이 밝혀졌다. 그것들을 구성 요소별로 나누어 분석함으로써 프로이트는 숨어 있는 무의식적인 내용들을 추론할 수 있었으며, 꿈이 거의 모든 사람들에게 보편적으로 일어나는 공통된 현상인 만큼 꿈의 해석이 신경증 환자의 저항을 간파하기 위한 기술적 도구 중의 하나임을 밝혀냈다.

마지막으로, 꿈에 대해 면밀하게 고찰함으로써 프로이트는 그가 생각의 1차적 과정과 2차적 과정이라고 명명한 것, 즉 정신의 무의식적 영역에서 일어나는 일과 의식적 영역에서 일어나는 일

사이의 엄청난 차이점들을 분류할 수 있었다. 무의식에서는 조직이나 조화는 전혀 발견되지 않고, 하나하나의 독립적인 충동이 다른 모든 충동과 상관없이 만족을 추구한다. 그 충동들은 서로 영향을 받지 않고 진행되며, 모순은 전혀 작용하지 않고 가장 대립되는 충동들이 아무런 갈등 없이 병존한다. 그러므로 무의식에서는 또한 생각들의 연상이 논리와는 아무런 관련도 없는 노선들을 따라 진행되며, 유사한 것들은 동일한 것으로, 반대되는 것들은 긍정적으로 동등하게 다루어진다. 또 무의식에서는 능동적인 경향을 수반한 대상들이 아주 이례적으로 가변적이어서, 하나의 무의식이 아무런 합리적 근거도 없는 온갖 연상의 사슬을 따라 다른 무의식으로 대체될 수도 있다. 프로이트는 원래 1차적 과정에 속하는 심리 기제가 의식적인 생각으로 침투하는 것이 꿈뿐만 아니라 여러 가지 다른 정상적 또는 정신 병리학적인 정신적 사건의 기이한 점을 설명해 준다는 사실도 분명히 알아냈다.

프로이트가 했던 연구의 후반부는 모두 이러한 초기의 사상들을 무한히 확장하고 정교하게 다듬는 데 바쳐졌다고 해도 과언이 아닐 것이다. 그러한 사상들은 정신 신경증과 정신 이상의 심리 기제뿐 아니라 말이 헛나온다거나 농담을 한다거나 예술적 창조 행위라거나 정치 제도 같은 정상적인 과정의 심리 기제를 설명하는 데도 적용되었고, 여러 가지 응용과학 — 고고학, 인류학, 범죄학, 교육학 — 에 새로운 빛을 던지는 데도 일익을 담당했다. 그리고 정신분석 요법의 효과를 설명하는 데도 도움이 되었다. 마지막으로, 프로이트는 이러한 근본적인 관찰들을 근거로 해서 그가 〈초심리학〉이라고 명명한 좀 더 일반적인 개념의 이론적인 구조를 세우기도 했다. 그러나 많은 사람들이 이 일반적 개념을 매혹적이라고 생각할지라도, 프로이트는 언제나 그것이 잠정적인 가설의 속성을 띤다고 주장했다. 만년에 그는 〈무의식〉이라는 용어의 다의성과 그것의 여러 가지 모순되는 용법에 많은 영향을 받아 정신에 대한 새로운 구조적 설명 — 여러 가지 문제점을 해명하기 위해 만들어진 것이 분명한 새로운 설명 — 을 제시했는데, 거기에서는 조화되지 않은 본능적인 경향은 〈이드〉로, 조직된 현실적인 부분은 〈자아〉로, 비판적이고 도덕적인 기능은 〈초자아〉로 불렸다.

지금까지 훑어본 내용으로 독자들은 프로이트의 삶에 있었던 외면적인 사건들의 윤곽과 그가 발견한 것에 대해 어느 정도 조망했을 것이다. 그런데 더 많은 것을 요구하는 것이, 좀 더 깊이 파고들어 가서 프로이트가 어떤 부류의 사람이었는지를 알아보는 것이 과연 적절할까? 아마도 그렇지 않을 것이다. 그러나 위인에 대한 사람들의 호기심은 만족할 줄 모르며, 그 호기심이 진실된 설명으로 충족되지 않으면 필연적으로 꾸며 낸 이야기라도 붙잡으려고 할 것이다. 프로이트는 초기에 낸 두 권의 책(『꿈의 해석』과 『일상생활의 정신 병리학』)에서 그가 제기한 논제로 인해 개인적인 사항들을 예외적으로 많이 제시하지 않을 수 없었다. 그럼에도 불구하고, 또는 바로 그런 이유로 그는 자기의 사생활이 침해당하는 것을 완강히 거부했으며, 따라서 여러 가지 근거 없는 얘깃거리의 소재가 되었다. 일례로 처음에 떠돌았던 아주 단순한 소문에 따르자면, 그는 공공 도덕을 타락시키는 데 온 힘을 쏟는 방탕한 난봉꾼이라는 것이었다. 또 이와 정반대되는 터무니없는 평가도 없지 않았다. 그는 엄격한 도덕주의자, 가차 없는 원칙주의자, 독선가, 자기중심적이고 웃지도 않는 본질적으로 불행한 남자로 묘사되었다. 그를 조금이라도 알고 있는 사람들이라면 누구에게나 위의 두 가지 모습은 똑같이 얼토당토않은 것으로 보일 것이다. 두 번째 모습은 분명히 부분적으로는 그가 말년에 육체적으로 고통받았다는 것을 아는 데서 기인한 것이다. 그러나 또 한편으로는 가장 널리 퍼진 그의 몇몇 사진이 불러일으킨 불행해 보이는 인상에 기인한 것일 수도 있다. 그는 적어도 직업적인 사진사들에게는 사진 찍히기를 싫어했으며, 그의 모습은 때때로 그런 사실을 드러냈다. 화가들 역시 언제나 정신분석학의 창시자를 어떻게든 사납고 무서운 모습으로 표현할 필요를 느꼈던 것처럼 보인다. 그러나 다행히도 좀 더 다정하고 진실한 모습을 보여 주는 다른 증거물들도 있다. 예를 들면 그의 장남이 쓴 아버지에 대한 회고록(마르틴 프로이트Martin Freud, 『명예로운 회상』, 1957)에 실려 있는, 휴일에 손자들과 함께 찍은 스냅 사진 같은 것들이다. 이 매혹적이고 흥미로운 책은 실로 여러 가지 면에서 좀 더 형식적인 전기들 — 그것들도 매우 귀중하기는 하지만 — 의 내용에서 균형을 회복하는 데 도움을 주는 한편, 일상생활을 하는 프로이트의 모습도 얼마간 드러내 준다. 이러한 사진들 가운데 몇 장은 그가 젊은 시절에 매우 잘생긴 용모였다는 것을 보여 준다. 하지만 나중에 가서는, 그러니까 제1차 세계 대전 뒤 병이 그를 덮치기 얼마 전부터는 더 이상 그렇지 못했고, 그의 용모는 물론 전체적인 모습(대략 중간 키 정도인)도 주로 긴장된 힘과 빈틈없는 관찰력을 풍기는 인상으로 널리 알려졌다. 그는 공식적인 자리에서는 진지하되 다정하고 사려 깊었지만, 사사로운 곳에서는 역설적인 유머 감각을 지닌 유쾌하고 재미있는 사람이기도 했다. 그가 가족에게 헌신적인 애정을 기울인 사랑받을 만한 남자였다는 것을 알아보기란 그리 어려운 일이 아니다. 그는 다방면으로 여러 가지 취미가 있었고 — 그는 외국 여행과 시골에서 보내는 휴일, 그리고 등산을 좋아했다 ─ 미술, 고고학, 문학 등 좀 더 전념해야 하는 주제에도 관심이 많았다. 프로이트는 독일어 외에 여러 외국어에도 능통해서 영어와 프랑스어를 유창하게 구사했을 뿐 아니라, 스페인어와 이탈리아어에도 상당한 지식을 갖고 있었다. 또 그가 후기에 받은 교육은 주로 과학이었지만(대학에서 그가 잠시 철학을 공부했던 것은 사실이다), 김나지움에서 배웠던 고전들에 대한 애정 또한 잃지 않았다. 우리는 그가 열일곱 살 때 한 급우[4]에게 보냈던 편지를 가지고 있는데, 그 편지에서 그는 졸업 시험의 각기 다른 과목에서 거둔 성과들, 즉 로마의 시인 베르길리우스에게서 인용한 라틴어 구절, 그리고 무엇보다도 『오이디푸스왕』에서 인용한 30행의 그리스어 구절을 적고 있다.

한마디로 우리는 프로이트를, 영국에서라면 빅토리아 시대 교육의 가장 뛰어난 산물과 같은 인물로 볼 수도 있을 것이다. 그러므로 프로이트의 문학과 예술에 대한 취향은 분명 우리와 다를 것이며, 윤리에 대한 견해도 자유롭고 개방적일지언정 프로이트 이후 세대에 속하지는 않을 것이다. 그러나 우리는 그에게서 많은 고통을 겪으면서도 격한 태도를 보이지 않는, 충만한 감성을 지닌 인간형을 본다. 그에게서 두드러지는 특징들은 완전한 정직과 솔직성, 그리고 아무리 새롭거나 예외적이더라도 자기에게 제시된 사실을 어떤 것이든 기꺼이 받아들여 숙고할 준비가 되어 있는 지성이다. 그가 이처럼 놀라운 면을 지니게 된 것은, 아마도 표면적으로 사람들을 싫어하는 태도가 숨기지 못한 전반적인 너그러움을 그러한 특징들과 결합하여 확장시킨 필연적인 결과일 것이다. 미묘한 정신을 지녔음에도 불구하고 그는 본질적으로 순

---

4 에밀 플루스Emil Fluss. 이 편지는 『프로이트 서간집』(1960)에 들어 있다.

박했으며, 때로는 비판 능력에서 예기치 않은 착오를 일으키기도 했다. 예를 들어 이집트학이나 철학 같은 자기 분야가 아닌 주제에서 신빙성이 없는 전거(典據)를 받아들이는 실수를 한다든가, 그리고 무엇보다도 이상한 것은 그 정도의 인식력을 지닌 사람으로 믿기 어려울 만큼 때로는 그가 알고 있는 사람들의 결점을 보지 못한 것 등이 그렇다. 그러나 프로이트가 우리와 같은 인간이라고 단언함으로써 허영심을 만족시킬 수 있다 하더라도, 그 만족감은 쉽사리 도를 넘어설 수 있다. 이제까지는 정상적인 의식에서 제외되었던 정신적 실체의 모든 영역을 처음으로 알아볼 수 있었던 사람, 처음으로 꿈을 해석하고, 유아기의 성욕이라는 사실을 처음으로 인정하고, 사고의 1차적 과정과 2차적 과정을 처음으로 구분한 사람 — 우리에게 무의식을 처음으로 현실로 제시한 사람 — 에게는 사실상 매우 비범한 면들이 있었을 것이다.

프로이트 연보

1856년 5월 6일, 오스트리아 모라비아의 프라이베르크에서 태어남.

1860년 가족들 빈으로 이주, 정착.

1865년 김나지움(중등학교 과정) 입학.

1873년 빈 대학 의학부에 입학.

1876년 1882년까지 빈 생리학 연구소에서 브뤼케의 지도 아래 연구 활동.

1877년 해부학과 생리학에 관한 첫 번째 논문 출판.

1881년 의학 박사 과정 졸업.

1882년 마르타 베르나이스와 약혼. 1885년까지 빈 종합 병원에서 뇌 해부학을 집중 연구, 논문 다수 출판.

1884년 1887년까지 코카인의 임상적 용도에 관한 연구.

1885년 신경 병리학 강사 자격(프리바트도첸트) 획득. 10월부터 1886년 2월까지 파리의 살페트리에르 병원(신경 질환 전문 병원으로 유명)에서 샤르코의 지도 아래 연구. 히스테리와 최면술에 대해 소개하기 시작.

1886년 마르타 베르나이스와 결혼. 빈에서 개업하여 신경 질환 환자를 치료하기 시작. 1893년까지 빈 카소비츠 연구소에서 계속 신경학을 연구. 특히 어린이 뇌성 마비에 관심을 가지고 많은 출판 활동을 함. 신경학에서 점차 정신 병리학으로 관심을 돌리게 됨.

1887년 장녀 마틸데 출생. 1902년까지 베를린의 빌헬름 플리스와 교분을 맺고 서신 왕래. 이 기간에 프로이트가 플리스에게 보낸 편지는 프로이트 사후인 1950년에 출판되어 그의 이론 발전 과정에 많은 시사점을 주고 있음. 최면 암시 요법을 치료에 사용하기 시작.

1888년 브로이어를 따라 카타르시스 요법을 통한 히스테리 치료에 최면술을 이용하기 시작. 그러나 점차 최면술 대신 자유 연상 기법을 시도하기 시작.

1889년 프랑스 낭시에 있는 베르넴을 방문. 그의 〈암시〉 요법을 연구. 장남 마르틴 출생.

1891년 실어증에 관한 연구 논문 발표. 차남 올리버 출생.

1892년 막내아들 에른스트 출생.

1893년 브로이어와 함께 히스테리의 심적 외상(外傷) 이론과 카타르시스 요법을 밝힌 『예비적 보고서』 출판. 차녀 소피 출생. 1896년까지 프로이트와 브로이어 사이에 점차 견해차가 생기기 시작. 방어와 억압의 개념, 그리고 자아와 리비도 사이의 갈등의 결과로 생기는 신경증 개념을 소개하기 시작. 1898년까지 히스테리, 강박증, 불안에 관한 연구와 짧은 논문 다수 발표.

1895년 브로이어와 함께 치료 기법에 대한 증례 연구와 설명을 담은 『히스테리 연구』 출판. 감정 전이 기법에 대한 설명이 이 책에서 처음으로 나옴. 『과학적 심리학 초고』 집필. 플리스에게 보내는 편지 속에 그 내용이 포함되어 있는 이 책은 1950년에야 비로소 첫 출판됨. 심리학을 신경학적인 용어로 서술하려는 이 시도는 처음에는 빛을 보지 못했지만 프로이트의 후기 이론에 관한 많은 시사점을 담고 있음. 막내딸 아나 출생.

1896년 〈정신분석〉이란 용어를 처음으로 소개. 부친 향년 80세로 사망.

1897년 프로이트의 자기 분석 끝에 심적 외상 이론을 포기하는 한편, 유아 성욕과 오이디푸스 콤플렉스에 대해 인식하게 됨.

1900년 『꿈의 해석』 출판. 책에 표시된 발행 연도는 1900년이지만 실제로 책이 나온 것은 1899년 11월임. 이 책의 마지막 장에서 정신 과정, 무의식, 〈쾌락 원칙〉 등에 대한 프로이트의 역동적인 관점이 처음으로 자세하게 설명됨.

1901년 『일상생활의 정신 병리학』 출판. 이 책은 꿈에 관한 저서와 함께 프로이트의 이론이 병적인 상태뿐만 아니라 정상적인 정신생활에까지 적용된다는 것을 분명히 보여주고 있음.

1902년 특별 명예 교수에 임명됨.

1905년 「성욕에 관한 세 편의 에세이」 발표. 유아에서 성인에 이르기까지 인간의 성적 본능의 발전 과정을 처음으로 추적함.

1906년 융이 정신분석학의 신봉자가 됨.

1908년 잘츠부르크에서 제1회 국제 정신분석학회가 열림.

1909년 프로이트와 융이 미국으로부터 강의 초청을 받음. 〈꼬마 한스〉라는 다섯 살 어린이의 병력(病歷) 연구를 통해 처음으로 어린이에 대한 정신분석을 시도. 이 연구를 통해 성인들에 대한 분석에서 수립된 추론들이 특히 유아의 성적 본능과 오이디푸스 콤플렉스 및 거세 콤플렉스에까지 적용될 수 있음을 확인함.

1910년 〈나르시시즘〉 이론이 처음으로 등장함.

1911년 1915년까지 정신분석 기법에 관한 몇 가지 논문 발표. 아들러가 정신분석학회에서 탈퇴. 정신분석학 이론을 정신병 사례에 적용한 슈레버 박사의 자서전 연구 논문이 나옴.

1912년 1913년까지 『토템과 터부』 출판. 정신분석학을 인류학에 적용한 저서.

1914년 융의 학회 탈퇴. 「정신분석 운동의 역사」라는 논문 발표. 이 논문은 프로이트가 아들러 및 융과 벌인 논쟁을 담고 있음. 프로이트의 마지막 주요 개인 병력 연구서인 『늑대 인간』(1918년에 비로소 출판됨) 집필.

1915년 기초적인 이론적 의문에 관한 〈초심리학〉 논문 12편을 시리즈로 씀. 현재 이 중 5편만 남아 있음. 1917년까지 『정신분석 강의』 출판. 제1차 세계 대전까지의 프로이트의 관점을 광범위하고도 치밀하게 종합해 놓은 저서임.

1919년 나르시시즘 이론을 전쟁 신경증에 적용.

1920년 차녀 사망. 『쾌락 원칙을 넘어서』 출판. 〈반복 강박〉이라는 개념과 〈죽음 본능〉 이론을 처음 명시적으로 소개.

1921년 『집단 심리학과 자아 분석』 출판. 자아에 대한 체계적이고 분석적인 연구에 착수한 저서.

1923년 『자아와 이드』 출판. 종전의 이론을 크게 수정해 마음의 구조와 기능을 이드, 자아, 초자아로 나누어 설명. 암에 걸림.

1925년 여성의 성적 발전에 관한 관점을 수정.

1926년 『억압, 증상 그리고 불안』 출판. 불안의 문제에 대한 관점을 수정.

1927년 『어느 환상의 미래』 출판. 종교에 관한 논쟁을 담은 책. 프로이트가 말년에 전념했던 다수의 사회학적 저서 중 첫 번째 저서.

1930년 『문명 속의 불만』 출판. 이 책은 파괴 본능(〈죽음 본능〉의 표현으로 간주되는)에 대한 프로이트의 첫 번째 본격적인 연구서임. 프랑크푸르트시로부터 괴테상(賞)을 받음. 어머니 향년 95세로 사망.

1933년 히틀러 독일 내 권력 장악. 프로이트의 저서들이 베를린에서 공개적으로 소각됨.

1934년 1938년까지 『인간 모세와 유일신교(有一神敎)』 집필. 프로이트 생존 시 마지막으로 출판된 책.

1936년 80회 생일. 영국 왕립 학회의 객원 회원으로 선출됨.

1938년 히틀러의 오스트리아 침공. 빈을 떠나 런던으로 이주. 『정신분석학 개요』 집필. 미완성의 마지막 저작인 이 책은 정신분석학에 대한 결정판이라 할 수 있음.

1939년 9월 23일 런던에서 사망.

자연 과학의 영역을 떠난 무의식에 관하여

프로이트 이론의 특징은 우선 의식 영역을 한 줌도 안 되는 것으로 본다는 점이다. 그것이 프로이트의 출발점이다.

의식의 영역, 즉 기존 과학이 탐구 대상으로 삼은 영역은 지나치게 한정되어 있기 때문에 현실의 복잡성과 다양성을 제대로 파악할 수 없으며, 결국 의식이 아닌 또 하나의 영역을 설정하게 되는데 그것이 바로 무의식의 영역이다. 문제는 무의식이 말 그대로 의식이 아닌 것이어서 기존 의식 영역의 언어, 즉 과학적 용어로는 적극적으로 그 실체를 보여 줄 수 없다는 점이다.

결국 우회로를 통해 무의식에 접근하는 수밖에 없는데, 프로이트는 다양한 정신병 증상들을 분석해 무의식의 영역으로 들어가려고 했다. 그러기 위해서 이용된 길이 꿈이었다. 그는 꿈 말고도 또 다른 하나의 길을 제시하는데, 그것이 바로 이 책에서 다루는 일상생활에서의 다양한 실수와 착오 행위들이다. 실수를 그저 실수로 볼 것이 아니라, 그 배후에 담긴 무의식이 영향을 미친 결과로 보자는 것이 이 책의 골자다.

그런데 이 책을 읽으면 과연 이런 접근법을 〈과학〉의 영역에 포함시킬 수 있는가 하는 의문이 자연스럽게 제기된다.

우선 프로이트 자신의 대안을 들어 보자. 그는 과학성의 문제와 관련해 다음과 같이 주장하고 있다.

> 과학적 탐구의 본질적인 성격은 연구 대상의 특수한 본성에서 나오는 것이 아니라, 사실들을 정립하는 엄밀한 방법과 언뜻 상관 없어 보이지만 탐구를 통해 연관이 드러나는 그런 상호 관계의 탐색에 있다.[1]

결국 그는 사실들 자체가 아니라 어떻게 그것들의 연관 방식을 정립하느냐에 따라 과학성의 여부가 결정된다고 밝히고 있다.

사실 이런 주장만 놓고 본다면 그것은 분석 철학자나 마르크스주의자와 전혀 다를 바가 없다. 분석 철학자들도 자연 과학적 방법을 사회 과학에 그대로 적용할 수 있다고 주장하면서 자신들의 접근 방법의 과학성을 내세웠고, 마르크스주의자들도 사회와 역사 탐구를 통해 얻은 변증법을 자연 영역에까지 확대할 수 있다고 믿었기 때문이다.

따라서 프로이트의 이 언급만으로는 심리학계가 흔히 그에 대해 가하는 비판을 충분히 반박했다고 보기 어렵다. 사실 그의 생애 전체를 통해 프로이트는 이 같은 비판에 시달렸고, 그의 책 곳곳에는 과학성 문제가 거의 강박 관념의 하나로 자리 잡고 있음을 알 수 있을 정도다.

게다가 『일상생활의 정신 병리학』은 그의 책들 중에서는 보기 드물게 일반인들도 쉽게 접할 수 있는 일상어로 저술되었기 때문에, 정신분석학의 과학성 문제를 충분히 음미해 보기는 미흡하다는 점을 우선 밝혀 둔다.

그렇지만 이 책은 정신분석학이 노리는 바가 무엇인지, 그 개

1 『일상생활의 정신 병리학』일곱 번째 장에서 인용.

요를 명확하게 이해하고 싶은 사람에게는 가장 적합한 것이 아닌가 생각된다. 일상생활에서 우리가 흔히 보게 되는 이름 망각, 외국어 단어 망각, 잘못 쓰기, 잘못 놓기, 실수, 착각, 착오, 심지어 길에서 미끄러지는 행위까지, 그냥 일어난 우연이 아니라 이해 가능한 연관을 맺고 있는 무의식의 영향으로 일어난다고 프로이트는 주장한다. 그는 이 점을 〈그런 행위들을 정신분석학적으로 보면 의식의 범위를 벗어나 있는 이유들에 의해 생겨나고 결정된다〉고 설명한다.

이 책은 사실 사례집에 가깝다. 지금 말한 이 한 구절을 입증하기 위한 방증(傍證) 자료들을 일정한 유형에 따라 모아 놓은 것이다. 그래서 어느 장부터 읽어도 전혀 문제될 것이 없을 정도이다. 사례들을 읽다 보면 자연스럽게 정신분석학이 어떤 것인지 일반인들도 쉽게 알게 된다.

문제는 결론 부분에서 나온다. 그의 정신분석학은 그동안 과학계가 미신이나 신화에 대해 분명하게 그어 두었던 경계선을 허물어뜨린다. 그는 대담하게도 〈미신을 믿는 자가 숨겨져 있는 것으로 간주하는 것이 나에게 있어서는 무의식에 해당하는 것인데, 우리는 둘 다 우연을 우연으로 그냥 놔두지 않고 해석한다는 면에서는 공통점을 갖고 있는 셈〉이라고 주장한다.[2] 차이가 있다면 미신의 해석 방식은 비과학적이고 정신분석학의 방법은 과학적이라는 것인데, 이런 주장은 사실 정신분석학 세계의 내부에서만 인정된다는 문제점이 있다.

실제로 나는 가장 현대적인 종교에 이르기까지 영향을 끼치고 있는 세계에 대한 신화적 관념의 대부분은 〈외부 세계에 투사된

2 『일상생활의 정신 병리학』 열두 번째 장 참조.

하나의 심리 현상에 지나지 않는다〉라는 생각을 갖고 있다.[3]

신화 자체도 얼마든지 정신분석을 거쳐 하나의 정돈된 심리 현상으로 설명할 수 있다는 것이다.

프로이트의 이런 주장은 물론 정신 의학계에서는 전폭적 지지를 받기 힘들지만 상상력의 분야, 즉 문학을 비롯한 인문학계에서는 상당한 지지자들을 만날 수 있다. 그것은 사실 정신분석학 자체의 탁월성 때문이라기보다는 인문학계 자체의 과학성 혹은 학문성 때문이라고 할 수 있을 것이다.

서양의 경우 19세기를 거치면서 자연 과학의 눈부신 성과로 말미암아, 자연 과학의 방법을 사회 영역에 적용하면 과학적인 사회 연구가 가능할 것이라는 신념이 확산되어 왔다. 그러나 자연 현상과 인간 현상은 다른 것이다(이런 점에서 프로이트의 주장은 맥락을 달리하는 것이라고 할 수 있다). 자연 과학과 인문 과학(혹은 정신과학이나 문화 과학)이 다른 길을 갈 수밖에 없다는 것이 점차 분명해지면서, 인문 과학은 자신만의 방법을 만들어야 하는 새로운 상황에 직면하게 되었다.

그러나 20세기가 끝나 가는 지금도 자연 과학의 방법에 견줄 만한 확고부동한 인문 과학의 방법은 없다. 그저 변증법, 현상학, 해석학, 실증주의, 구조주의 등이 서로 일부 강점을 갖고서 명함을 내밀고 있지만, 동시에 결정적 약점으로 인해 방법론계를 통일하지 못하고 있는 상황인 것이다. 정신분석학은 그중 하나의 자리를 차지하는 것으로 보인다.

정신분석학에 대한 이런 자리매김은 이 책을 읽으면서도 전혀 바뀌지 않았다. 오히려 견강부회(牽强附會)가 아닌가 하는 의구심

---

3 『일상생활의 정신 병리학』열두 번째 장에서 인용.

을 갖게 하는 사례들이 많고 또 결과론적 해석이 아닌가 의심케 하는 것들이 많았다. 그러나 수많은 사례에 대한 설명을 보면서 그럴 수 있겠구나 하는 생각을 갖게 하는 사례가 그렇지 않은 사례보다 많았던 것은 사실이다. 여기에 프로이트의 매력이 있다.

즉 일정한 유보 조항만 둔다면, 일단 설명력에서 정신분석학은 강력한 힘을 발휘할 수 있을 것이라는 점을 강조하고 싶다. 우리가 정신분석학에서 배워야 하는 점도 바로 이것이다. 그런 점에서 본다면 언젠가는 프로이트가 정신 의학계에서 추방되겠지만 그는 외롭지 않을 것이다. 인문학이 그를 위한 망명지를 이미 마련해 놓았기 때문이다. 실제로 최근 국내외적으로 확산되고 있는 프로이트 열풍은 바로 이런 맥락에서 나타나는 것으로 보인다.

이 책의 대본은 The Hogarth Press and Institute of Psycho-Analysis에서 출간된 『표준판 전집 *The Standard Edition of the Complete Psychological Works of Sigmund Freud*』 제6권을 사용했으며, 독일 피셔 출판사에서 출간된 *Zur Psychopathologie des Alltagslebens*를 참조했다.

1997년 12월
이한우

참고 문헌

프로이트의 저술은 『표준판 전집』에 있는 논문 제목과 권수를 표시하고 열린책들 프로이트 전집의 권수를 병기했다.

Abraham, K. (1922a) "Über Fehlleistungen mit überkompensierender Tendenz", *Int. Z. Psychoanal.*, 8, 345.

(1922b) "Vaterrettung und Vatermord in den neurotischen Phantasiegebilden", *Int. Z. Psychoanal.*, 8, 71.

Adler, A. (1905) "Drei Psycho-Analysen von Zahleneinfällen und obsedierenden Zahlen", *Psychiat-neurol. Wschr.*, 7, 263.

Bernheim, H. (1891) *Hypnotisme, suggestion et psychoth rapei: études nouvelles*, Paris.

Bleuler, E. (1906) *Affektivität, Suggestibilität, Paranoia*, Halle.

(1910) "Die Psychoanalyse Freuds", *Jb. psychoanalyt. psychopath. Forsch.*, 2, 623.

(1919) *Das autistisch-undisziplinierte Denken in der Medizin und seine Überwindung*, Berlin.

Brill, A. A. (1909) "A Contribution to the Psychology of Everyday Life", *Psychotherapy*, 2, 5.

(1912) *Psychanalysis: its Theories and Practical Application*, Philadelphia and London. (2nd ed., 1914; 3rd ed., 1922.)

Darwin, C. (1958) *The Autobiography of Charles Darwin 1809-1882. With Original Omissions Restored* (ed. N. Barlow), London.

DattnerA, B. (1911) "Eine historische Fehlleistung", *Zentbl. Psychoanal.*, 1, 550.

Eibenschütz, M. (1911) "Ein Fall von Verlesen im Betrieb der philologischen Wissenschaft", *Zentbl. Psychoanal.*, 1, 242.

Eitingon, M. (1915) "Ein Fall von Verlesen", *Int. Z. ärztl. Psychoanal.*, 3, 349.

Emden, J. E. G. van(1912) "Selbstbestrafung wegen Abortus", *Zentbl. Psychoanal.*,

2, 467.

Ferenczi, S. (1915) "Über vermeintliche Fehlhandlungen", *Int. Z. ärztl. Psychoanal.*, 3, 338.

Freud, M. (1957) *Glory Reflected*, London.

Freud, S. (1891b) *On Aphasia*, London and New York, 1953.

(1892a) Translation of H. Bernheim's *Hypnotisme, suggestion et psychothérapeie: études nouvelles*, Paris, 1891, under the title *Neue Studien über Hypnotismus, Suggestion und Psychotherapie*, Wien.

(1892-94) Translation with Preface and Footnotes of J. -M. Charcot's *Leçons du mardi(1887-8)*, Paris, 1888, under the title *Poliklinische Vorträge*, 1, Wien.

(1893a) & Breuer, J. "On the Psychial Mechanism of Hysterical Phenomena: Preliminary Communication", in *Studies on Hysteria, Standard Ed.*, 2, 3; 열린책들 3.

(1895d) & Breuer, J. *Studies on Hysteria*, London, 1956; *Standard Ed.*, 2; 열린책들 3.

(1897a) *Die infantile Cerebrallähmung*, II, Theil. II. Abt. of Nothnagel's *Specielle Pathologie und Therapie*, 9, Wien.

(1898b) "The Psychical Mechanism of Forgetfulness", *Standard Ed.*, 3, 289.

(1899a) "Screen Memories", *Standard Ed.*, 3, 301.

(1900a) *The Interpretation of Dreams*, London and New York, 1955; *Standard Ed.*, 4-5; 열린책들 4.

(1900b) "Cerebrale Kinderlähmung [III]" (22 reviews and abstracts), *Jbr. Leist. Neurol.*, 3(1899), 611.

(1901a) *On Dreams*, London and New York, 1951; *Standard Ed.*, 5, 633.

(1901b) *The Psychopathology of Everyday Life, Standard Ed.*, 6; 열린책들 5.

(1905c) *Jokes and their Relation to the Unconscious, Standard Ed.*, 8; 열린책들 6.

(1905d) *Three Essays on the Theory of Sexuality*, London, 1962; *Standard Ed.*, 7, 125; 열린책들 7.

(1905e[1901]) "Fragment of an Analysis of a Case of Hysteira", *Standard Ed.*, 7, 3; 열린책들 8.

(1906c) "Psycho-Analysis and the Establishment of the Facts in Legal Proceedings", *Standard Ed.*, 9, 99.

(1907a) *Delusions and Dreams in Jensen's "Gradiva", Standard Ed.*, 9, 3; 열린책들 14.

(1909b) "Analysis of a Phobia in a Five-Year-Old Boy", *Standard Ed.*, 10, 3; 열

린책들 8.

(1909d) "Notes upon a Case of Obsessional Neurosis", *Standard Ed.*, 10, 155; 열린책들 9.

(1910a[1909]) *Five Lectures on Psycho-Analysis, Standard Ed.*, 11, 3; in *Two Shor Accounts of Psycho-Analysis*, Penguin Books, Harmondsworth, 1962.

(1910c) *Leonardo da Vinci and a Memory of his Childhood, Standard Ed.*, 11, 59; 열린책들 14.

(1911c[1910]) "Psycho-Analytic Notes on an Autobiographical Account of a Case of paranoia (Dementia paranoides)", *Standard Ed.*, 12, 3; 열린책들 9.

(1911i) ["A Contribution to the Forgetting of Proper Names"], included in 1901b, *Standard Ed.*, 6, 3; 열린책들 5.

(1912-13) *Totem and Taboo*, London, 1950; New York, 1952; *Standard Ed.*, 13, 1; 열린책들 13.

(1913j) "The Claims of Psycho-Analysis to Scientific Interest", *Standard Ed.*, 13, 165; 열린책들 15.

(1914a) "Fausse Reconnaissance ('déjà raconté') in Psycho-Analytic Treatment", *Standard Ed.*, 13, 201.

(1914d) "On the History of the Psycho-Analytic Movement", *Standard Ed.*, 14, 3; 열린책들 15.

(1915e) "The Unconscious", *Standard Ed.*, 14, 161; 열린책들 11.

(1916-17[1915-17]) *Introductory Lectures on Psycho-Analysis*, New York, 1966; London, 1971; *Standard Ed.*, 15-16; 열린책들 1.

(1917b) "A Childhood Recollection from *Dichtung und Wahrheit*", *Standard Ed.*, 17, 147; 열린책들 14.

(1918b[1914]) "From the History of an Infantile Neurosis", *Standard Ed.*, 17, 3; 열린책들 9.

(1920g) *Beyond the Pleasure Principle*, London, 1961; *Standard Ed.*, 18, 7; 열린책들 11.

(1921c) *Group Psychology and the Analysis of the Ego*, London and New York, 1959; *Standard Ed.*, 18, 69; 열린책들 12.

(1922a) "Dreams and Telepathy", *Standard Ed.*, 18, 197.

(1922b) "Some Neurotic Mechanisms in Jealousy, Paranoia and Homosexuality", *Standard Ed.*, 18, 223; 열린책들 10.

(1923a) "Two Encyclopaedia Articles", *Standard Ed.*, 18, 235; 열린책들 15.

(1923b) *The Ego and the Id*, London and New York, 1962; *Standard Ed.*, 19, 3;

열린책들 11.

(1923d) "A Seventeenth-Century Demonological Neurosis", *Standard Ed.*, 19, 69; 열린책들 14.

(1925d[1924]) *An Autobiographical Study*, *Standard Ed.*, 20, 3; 열린책들 15.

(1925i) "Some Additional Notes upon Dream-Interpretation as a Whole", *Standard Ed.*, 19, 125.

(1926d[1925]) *Inhibitions, Symptoms and Anxiety*, London, 1960; *Standard Ed.*, 20, 77; 열린책들 10.

(1927a) "Postscript to The Question of Lay Analysis", *Standard Ed.*, 20, 251; 열린책들 15.

(1927c) *The Future of an Illusion*, London, 1962; *Standard Ed.*, 21, 3; 열린책들 12.

(1930a) *Civilization and its Discontents*, New York, 1961; London, 1963; *Standard Ed.*, 21, 59; 열린책들 12.

(1932a) "The Acquisition and Control of Fire", *Standard Ed.*, 22, 185; 열린책들 13.

(1933a[1932]) *New Introductory Lectures on Psycho-Analysis*, New York, 1966; London, 1971; *Standard Ed.*, 22, 3; 열린책들 2.

(1935a) Postscript(1935) to *An Autobiographical Study*, new edition, London and New York; *Standard Ed.*, 20, 71; 열린책들 11.

(1936a) Letter to Romain Rollard: "A Disturbance of Memory on the Acropolis", *Standard Ed.*, 22, 239; 열린책들 11.

(1939a[1934-8]) *Moses and Monotheism*, *Standard Ed.*, 23, 3; 열린책들 13.

(1940a[1938]) *An Outline of Psycho-Analysis*, New York, 1968; London, 1969; *Standard Ed.*, 23, 141; 열린책들 15.

(1941c[1899]) "A Premonitory Dream Fulfilled", *Standard Ed.*, 5, 623.

(1941d[1921]) "Psycho-Analysis and Telepathy", *Standard Ed.*, 18, 177.

(1950a[1887-1902]) *The Origins of Psycho-Analysis*, London and New York, 1954. (Partly, including "A Project for a Scientific Psychology", in *Standard Ed.*, 1, 175.)

(1960a) *Letters 1873-1939* (ed. E. L. Freud), New York, 1960; London, 1961.

(1963a[1909-39]) *Psycho-Analysis and Faith. The Letters of Sigmund Freud and Oskar Pfister* (ed. H. Meng and E. L. Freud), London and New York, 1963.

(1965a[1907-26]) *A Psycho-Analytic Dialogue. The Letters of Sigmund Freud and Karl Abraham* (ed. H. C. Abraham and E. L. Freud), London and New York, 1965.

(1966a[1912-36]) *Sigmund Freud and Lou Andreas-Salomé: Letters* (ed. E. Pfeiffer), London and New York, 1972.

(1968a[1927-39]) *The Letters of Sigmund Freud and Arnold Zweig* (ed. E. L. Freud), London and New York, 1970.

(1970a[1919-35]) *Sigmund Freud as a Consultant. Recollections of a Pioneer in Psychoanalysis* (Freud가 Edoardo Weiss에게 보낸 편지, Weiss의 회고와 주석, Martin Grotjahn의 서문과 해설 포함), New York, 1970.

(1974a[1960-23]) *The Freud/Jung Letters* (ed. W. McGurie), London and Princeton N.J., 1974.

Grasset. J. (1904) "La sensation du déjá vu; sensation du déjá entendu; du déjá éprouvé; illusion de fausse reconnaissance", *J. psychol. norm. et path.*, 1, 17.

Gross, H. (1898) *Kriminalpsychologie*, Graz.

Haiman, H. (1917) "Eine Fehlhandlung im Felde", *Int. Z. ärztl. Psychoanal.*, 4, 269.

Haupt. J. (1872) "Über das mittelhochdeutsche Buch der Märterer", *Sitzb. kais. Akad. Wiss.* Wien, 70.

Heijermans, H. (1914) *Schetsen van Samuel Falkland*, 18, Amsterdam.

Henri, V. and C. (1897) "Enquête sur les premiers souvenirs de l'enfance", *L'année psychologique*, 3, 184.

Hitschmann, E. (1910) "Zur Kritik des Hellsehens", Wien. *klin. Rundsch.*, 24, 94.

(1913a) "Zwei Fälle von Namenvergessen", *Int. Z. ärztl. Psychoanal.*, 1, 266.

(1913b) "Ein wiederholter Fall von Verschreiben bei der Rezeptierung", *Int. Z. ärztl. Psychoanal.*, 1, 265.

(1916) "Ein Dichter und sein Vater, Beitrag zur Psychologie religiöser Bekehrung und telepathischer Phänomene", *Imago*, 4, 337.

Hug-Hellmuth, H. von(1912) "Beiträge zum Kapitel 'Verschreiben' und 'Verlesen', *Zentbl. Psychoanal.*, 2, 277.

Jekels, L. (1913) "Ein Fall von Versprechen", *Int. Z. ärztl. Psychoanal.* 1, 258.

Jones, E. (1910a) "Beitrag zur Symbolik im Alltagsleben", *Zentbl. Psychoanal.*, 1, 96.

(1901b) "Freud's Theory of Dreams", *Am. J. Psychol.*, 21, 283; in *Paper on Psycho-Analysis*, London and New York, 1913.(5th ed., London and Baltimore, 1948.)

(1911a) "Analyse eines Falles von Namenvergessen", *Zentbl. Psychoanal.*, 2, 84

(1911b) "The Psychopathology of Everyday Life", *Am. J. Psychol*, 22, 477; in *Papers on Psycho-Analysis*, London and New York, 1913.(5th ed. London and

Baltimore, 1948.)

(1912) "Unbewußte Zahlenbehandlung", *Zentbl. Psychoanal.*, 2, 241.

(1953) *Sigmund Freud: Life and Work*, Vol. 1, London and New York.

(1955) *Sigmund Freud: Life and Work*, Vol. 2, London and New York.

(1957) *Sigmund Freud: Life and Work*, Vol. 3, London and New York.

Jung, C. G. (1906) (ed.) *Diagnostische Assoziationsstudien* (Vol. 1), Leipzig.

(1907) *Über die Psychologie der Dementia praecox*, Halle.

(1911) "Ein Beitrag zur Kenntnis des Zahlentraumes", *Zentbl. Psychoanal.*, 1, 567.

Kleinpaul, R. (1892) *Menschenopfer und Ritualmorde*, Leipzig.

Lichtenberg, G. C. von (The Elder) (1853) *Witzige und satirische Einfälle*, Leipzig.

Maeder, A. (1906) "Contributions à la psychopathologie de la vie quotidienne", *Archives de psychologie*, 6, 148.

(1908) "Nouvelles contributions à la psychopathologie de la vie quotidienne", *Archives de psychologie*, 7, 283.

(1909) "Une voie nouvelle en psychologie-Freud et son école", *Coenobium*, 3, 100.

Meringer, R. (1895) & Mayer, C. *Versprechen und Verlesen, eine psychologisch-linguistische Studie*, Wien.

(1900) "Wie man sich versprechen kann", *Neue Freie Presse*, August 23.

(1908) *Aus dem Leben der Sprache*, Berlin.

Müller, D. (1915) "Automatische Handlungen im Dienste bewußter, jedoch nicht durchführbarer Strebungen", *Int. Z. ärztl. Psychoanal.*, 3, 41.

Ossipow, N. (1922) "Psychoanalyse und Aberglaube", *Int. Z. Psychoanal.*, 8, 348.

Pick, A. (1905) "Zur Psychologie des Vergessens bei Geistes- und Nervenkranken", *Arch, KrimAnthrop.*, 18, 251.

Poppelreuter, W. (1914) "Bemerkungen zu dem Aufsatz von G. Frings 'Über den Einfluß der Komplexbildung auf die effektuelle und generative Hemmung'", *Arch. ges. Psychol*, 32, 491.

Potwin, E. (1901) "Study of Early Memories", *Psycholog, Rev.*, 8, 596.

Rank, O. (1907) *Der Künstler, Ansätze zu einer Sexualpsychologie*, Leipzig und Wien.

(1910) "Ein Beispiel von poetischer Verwertung des Versprechens", *Zentbl. Psychoanal.*, 1, 109.

(1911) "Das Verlieren als Symptomhandlung", *Zentbl. Psychoanal.*, 1, 450.

(1912) "Fehlleistungen aus dem Alltagsleben", *Zentbl. Psychoanal.*, 2, 265.

(1913) "Zwei witzige Beispiele von Versprechen", *Int. Z. ärztl. Psychoanal.*, 1, 267.

(1915a) "Ein determinierter Fall von Finden", *Int. Z. ärztl. Psychoanal.*, 3, 157.

(1915b) "Fehlhandlung and Traum", *Int. Z. ärztl. Psychoanal.*, 3, 158.

Reik, T. (1915) "Fehlleistungen im Alltagsleben", *Int. Z. ärztl. Psychoanal.*, 3, 43.

(1920) "Überkollektives Vergessen", *Int. Z. Psychoanal.*, 6, 202.

Roscher, W. H. (ed.) (1884–97) *Ausführliches Lexikon der griechischen und römischen Mythologie*, Leipzig.

Ruths, W. (1898) *Experimentaluntersuchungen über Musikphantome*, Darmstadt.

Sachs, H. (1917) "Drei Fälle von 'Kriegs'-Verlesen", *Int. Z. ärztl. Psychoanal.*, 4, 159.

Schneider, R. (1920) "Zu Freuds Untersuchungsmethode des Zahleneinfalls", *Int. Z. Psychoanal.*, 6, 75.

Silberber, H. (1922) "Tendenziöse Druckfehler", *Int. Z. Psychoanal.*, 8, 350.

Spitzer, D. (1912) *Wiener Spaziergänge II, Gesammelte Werke*, 2, München.

Sträcke, J. (1916) "Aus dem Alltagsleben", *Int. Z. ärztl. Psychoanal.*, 4, 21 and. 98.

Stekel, W. (1904) "Unbewusste Geständnisse", Berliner Tageblatt, January 4.

(1910) "Ein Beispiel von Versprechen", *Zentbl. Psychoanal.*, 1, 40.

Storfer, A. J. (1914) "Zur Psychopathologie des Alltagsleben", *Int. Z. ärztl. Psychoanal.*, 2, 170.

(1915) "Ein politischer Druckfehler", *Int. Z. ärztl. Psychoanal.*, 3, 45.

Stout, G. F. (1938) *A Manual of Psychology* (5th ed.), London.

Tausk, V. (1913) "Entwertung des Verdrängungsmotivs durch Rekompense", *Int. Z. ärztl. Psychoanal.*, 1, 230.

(1917) "Zur Psychopathologie des Alltagslebens", *Int. Z. ärztl. Psychoanal.*, 4, 156.

Wagner, R. (1911) "Ein kleiner Beitrag zur 'Psychopathologie des Alltagslebens'", *Zentbl. Psychoanal.*, 1, 594.

Weiss, K. (1912) "Über einen Fall von Vergessen", *Zentbl. Psychoanal.*, 2, 532.

(1913) "Strindberg über Fehlleistungen", *Int. Z. ärztl. Psychoanal.*, 1, 268.

Wertheimer, M. (1904) & Klein, J. "Psychologische Tatbestandsdiagnostik", *Arch. KrimAnthrop.*, 15, 72.

Wilson, P. (1922) "The Imperceptibel Obvious", *Rev. Psiquiat.*, Lima. 5.

Wundt, W. (1900) *Völkerpsychologie*, 1, Part 1, Leipzig.

찾아보기

210, 216, 221, 224, 233, 235, 236, 241, 251, 280, 291, 319~322, 326~328, 355,
265, 372, 375~377

◉

아들러Adler, Alfred 377, 340, 341, 394, 408

아브라함Abraham, Karl 119, 208

알렉산더Alexander 123, 154~156

암시Suggestion / suggestion 23, 24, 36, 49, 65, 76, 158, 179, 182, 88, 206, 11, 230,
232, 236, 238, 241, 261, 298, 302, 304, 307, 310, 342, 369, 386, 391, 396, 406

압축Verdichtung / condense 86, 90, 111, 150, 151, 76, 375, 378~380, 384

억압Verdrängung / repression 13~18, 26~28, 33, 58, 68, 103, 107, 110, 117, 120,
150, 155, 171, 200, 202, 203, 206, 214, 246, 254, 269, 284, 301, 302, 304, 312, 341,
353, 355, 360, 369~371, 374, 375, 378~384, 386, 406, 409

억제Unterdrückung / supression 12, 70, 88, 89, 93, 94, 104, 107, 127, 319, 323, 348,
378

엠던Emden, J. E. G. van 249, 273

연상Assoziation / association 11, 12, 16, 26, 33, 38, 41, 44, 46~48, 51, 52, 63, 68, 82,
86, 88, 89, 97, 104, 118, 119, 144, 148, 150, 157, 195, 227, 260, 265, 284, 320, 334,
345, 346, 348, 349, 352, 374, 376, 78, 380, 382, 384, 396, 397, 399, 406

와일드Wilde, O. 44

왜곡Entstellung / distortion 30, 36, 72, 80, 118, 121, 167, 168, 183, 305, 380

외상Trauma / trauma 228, 238, 242, 249, 406, 407

외상성 신경증die traumatische Neurose / traumatic neurosis 163, 164

욕구Anspruch / need 20, 34, 119, 158, 218, 240

우연 행위Zufallshandlung / chance action 224, 239, 254, 259, 260, 262~265, 278,
287, 288, 373, 377, 382~386

우울증Melancholie / melancholia 247, 296

융Jung, C. G. 33, 34, 38, 42, 44, 144, 297, 347~349, 352, 394, 407, 408

의식Bewußtsein / consciousness 13, 15, 17, 21, 27, 41, 62, 71, 75, 81, 84~88, 90, 91,
93, 94, 100, 106, 110, 112, 113, 117, 119~121, 123, 144, 150,157, 163, 170, 186,
189, 191, 199, 200, 205, 208, 210, 212, 213, 221, 224, 230, 234, 239, 240, 242,
245~247, 249, 251, 253, 254, 259, 288, 297, 301, 319, 322, 328, 329, 331, 332,
336, 342, 345, 346, 352~354, 357, 363, 366, 368, 369, 375, 377~379, 382~384,
386, 397~399, 403, 411, 413

이름 망각Namenvergessen / name-forgetting 11, 16~18, 37, 38, 41, 43, 45, 49, 51,

옮긴이 이한우 고려대학교 영문과와 동 대학원 철학과를 졸업했고 한국외국어대학교 철학과에서 박사 과정을 수료했으며, 문화일보 문화부 기자를 거쳐 조선일보 논설위원, 문화부장을 역임했다. 현재 논어등반학교 교장이다. 저서로는 『우리의 학맥과 학풍』, 『거대한 생애 이승만 90년』, 『논어를 읽으면 사람이 보인다』, 『이한우의 사서삼경』(전4권) 등이 있으며, 역서로는 『해석학이란 무엇인가』(리차드 팔머), 『해석학적 상상력』(조셉 블레이처), 『마음의 개념』(길버트 라일), 『역사의 의미』(칼 뢰비트), 『체험, 표현, 이해』(빌헬름 딜타이), 『완역 한서』(전10권), 『이한우의 태종실록』 외 다수가 있다.

프로이트 전집 5

일상생활의 정신 병리학

발행일	1997년 12월 20일	초판	1쇄
	1999년 1월 30일	초판	3쇄
	2003년 9월 30일	2판	1쇄
	2020년 2월 15일	2판	13쇄
	2020년 10월 30일	신판	1쇄
	2023년 4월 20일	신판	2쇄

지은이 지크문트 프로이트
옮긴이 이한우
발행인 홍예빈 · 홍유진
발행처 주식회사 열린책들

경기도 파주시 문발로 253 파주출판도시
전화 031-955-4000 팩스 031-955-4004
www.openbooks.co.kr

Copyright (C) 주식회사 열린책들, 1997, 2020, *Printed in Korea.*
ISBN 978-89-329-2053-5 94180
ISBN 978-89-329-2048-1 (세트)

이 도서의 국립중앙도서관 출판예정도서목록(CIP)은 서지정보유통지원시스템 홈페이지(http://seoji.nl.go.kr)와 국가자료공동목록시스템(http://www.nl.go.kr/kolisnet)에서 이용하실 수 있습니다.(CIP제어번호:CIP2020039858)